物业服务
实用表格与流程图汇编
（下册）

高荣江　唐婷婷　徐晓良◎编著

中山大学出版社
·广州·

版权所有　翻印必究

图书在版编目（CIP）数据

物业服务实用表格与流程图汇编/高荣江，唐婷婷，徐晓良编著. —广州：中山大学出版社，2017.12

ISBN 978-7-306-05979-6

Ⅰ.①物… Ⅱ.①高… ②唐… ③徐… Ⅲ.①物业管理—商业服务 Ⅳ.①F293.33

中国版本图书馆 CIP 数据核字（2017）第 017707 号

出版人：	徐　劲
策划编辑：	李　文
责任编辑：	李　文
封面设计：	曾　斌
责任校对：	曹丽云
责任技编：	何雅涛
出版发行：	中山大学出版社
电　　话：	编辑部 020-84110771，84113349，84111997，84110779
	发行部 020-84111998，84111981，84111160
地　　址：	广州市新港西路 135 号
邮　　编：	510275　　传　真：020-84036565
网　　址：	http://www.zsup.com.cn　E-mail：zdcbs@mail.sysu.edu.cn
印　刷　者：	佛山市浩文彩色印刷有限公司
规　　格：	787mm×1092mm　1/16　47.5 印张　905 千字
版次印次：	2017 年 12 月第 1 版　2018 年 2 月第 2 次印刷
定　　价：	120.00 元（上、下册）

如发现本书因印装质量影响阅读，请与出版社发行部联系调换

目 录

第五章 工程维修 ································· 411
  一、流程图 ··································· 412
    报修流程 ···································· 412
    程控交换机管理流程 ························· 413
    电机类故障维修操作流程 ····················· 414
    电器控制柜内控制线路维修操作流程 ··········· 415
    发电机操作流程 ······························ 416
    上门维修工作流程 ····························· 417
    大屏幕及闭路电视操作流程 ····················· 418
    维修工作流程 ································· 420
    项目返修整改流程 ····························· 421
    物业接管流程 ································· 422
    交楼入住工作流程 ····························· 423
    公共消防设施检查工作流程 ····················· 424
    设施设备维护与管理流程 ······················· 425
    业主装修流程 ································· 426
    与服务分包方沟通流程 ························· 427
    与开发建设单位沟通服务流程 ··················· 428
    与施工单位沟通服务流程 ······················· 429
    装修服务流程 ································· 430
  二、实用表格 ································· 431
    房屋初始设施情况表 ··························· 431
    房屋建筑情况表 ······························ 432
    物业接管验收单 ······························ 433
    接管验收遗留问题汇总表 ······················· 434
    工程部交接班记录表 ··························· 435
    维修单 ······································ 436
    维修统计表 ·································· 437
    设备标识卡 ·································· 437
    设备台账 ···································· 438
    设备检修保养计划 ····························· 439

设备保养记录表……440
设备对外委托维修保养申请单……441
临时用水、用电申请表……442
临时用电（用水）许可证……443
测量、计量器具台账……444
检测仪器、仪表校验计划表……444
测量、计量器具校验记录表……445
项目申报表……446
应急处理报告……447
外委维修保养工程报告……448
临时停水、停电申请单……449
水池清洗及消毒记录表……450
高压配电设备运行记录表……451
低压配电设备运行记录表……452
配电房倒闸操作票……453
低压配电柜月检查保养表……454
电梯运行月巡查记录表……455
中央空调开、停机时间表……456
消防系统设备运行巡查表……457
安防系统设备运行巡查表……458
施工整改通知书（业主联）……459
施工整改通知书（存根联）……459
绝缘电阻测试记录……460
协调单……461
装修房检查日报表……462
接房验收表……463
工程维修单……464
管理处工程部设备设施巡查表……465
小区资料接管交接清单……476
装修验收记录表……477
部门日常工作行为、信息报送考核汇总表……478
房屋交付验收表……479
每周工作量化表……480
工程返修单……481

工程建设中严重质量问题（质量事故）一览表 …………………… 482
工作计划完成情况表 …………………… 483
工程遗留问题跟进表 …………………… 483
工程遗留问题处理记录表（存根） …………………… 484
工程遗留问题处理记录表（通知） …………………… 484
工程材料库房巡视检查表 …………………… 485
工程材料、备品备件盘库清单 …………………… 485
房屋及设备设施维护报修确认登记表 …………………… 486
房屋年度检修计划 …………………… 486
防雷接地系统测试、检查记录表 …………………… 487
电缆绝缘测试记录表 …………………… 487
消防水泵二级保养记录表 …………………… 488
消防水泵一级保养记录表 …………………… 491
低压配电设备设施例保记录表 …………………… 494
低压配电设备设施一级保养记录表 …………………… 495
低压配电设备设施二级保养记录表 …………………… 496
水、电表抄表记录表 …………………… 498
违章用电（水）处理记录表 …………………… 499
设备外委安装、维修、保养记录表 …………………… 500
水泵运行巡查表 …………………… 501
水泵电机保养记录表 …………………… 502
电梯运行周巡查表 …………………… 503
发电机组巡查记录表 …………………… 504
中央空调主机运行记录表 …………………… 505
中央空调机房巡查记录表 …………………… 506
防雷设施检查表 …………………… 506
水、电表移交记录表 …………………… 507
闭路监控系统保养维修记录表 …………………… 507
给排水设备设施例保记录表 …………………… 508
公共区域各部位周检记录表 …………………… 509
顾客投诉/建议处理表 …………………… 510
事故/故障处理报告单 …………………… 511
监视及测量装置限制使用记录表 …………………… 512
监视及测量装置年检记录表 …………………… 513

目录项	页码
监视及测量装置年检合格标签	513
交接清单（附页）	514
交接手续完善表	515
紧急事件处理记录表	516
紧急事件登记表	517
工程竣工验收表	518
内部质量审核观察项/不合格项报告	519
派工单	520
设备/设施保养维修记录表	521
设备卡	521
设备抢修（大修）记录表	522
重大事件报告单	523
设备维护保养记录	524
设备运行状态月报表	524
设施、设备检查记录表	526
生活冷水停水申请单	527
施工变更单	528
施工变更单（附）	528
天然气停气申请单	529
停电申请单	530
停水、电、气通知会签单	531
停水、电试消防设施申请表	532
停、送电操作表	533
土建定期维护保养巡检记录表	534
维修工工作日记	535
维修作业记录表	536
物业接管验收情况通报表	537
物业接管资料移交清单	538
消防设备年保养记录	539
交验报告	542
消防设施交验表	543
消防巡查异常情况记录表	545
消防器材维修记录	546
消防联动柜运行记录表	547

消防设备、设施日检记录表 …………………………………… 548
消防设施清单 ……………………………………………………… 549
消防系统日巡检进度表 …………………………………………… 550
消防中控设备交验备忘录 ………………………………………… 551
消防中控系统统计表 ……………………………………………… 552
消防主机运行记录表 ……………………………………………… 554
新风机房检查表 …………………………………………………… 555
住宅工程质量分户验收记录 ……………………………………… 556
住宅工程质量分户验收汇总表 …………………………………… 557
专项报告表 ………………………………………………………… 558
公共设备年度检修计划 …………………………………………… 559
公共照明设施检查表 ……………………………………………… 559
公共走道设施自检表 ……………………………………………… 560
监视及测量装置汇总表 …………………………………………… 561
燃气系统巡查表 …………………………………………………… 561
设备/工具汇总表 ………………………………………………… 562
（部门）设备/设施检查记录表 ………………………………… 562
生活水箱巡查记录表 ……………………………………………… 563
消防设备安装日报表 ……………………………………………… 564
消防设备安装调试日报表 ………………………………………… 564

第六章 安防工作 …………………………………………………… 565
一、流程图 ………………………………………………………… 566
安防交接班基本流程 ……………………………………………… 566
安防巡逻工作流程 ………………………………………………… 567
车辆进场登记放行工作流程 ……………………………………… 568
车辆出场收费放行工作流程 ……………………………………… 569
大件物品放行登记工作流程 ……………………………………… 570
公共区域消防报警确认工作流程 ………………………………… 571
公共消防设施检查工作流程 ……………………………………… 572
火警火灾应急处理工作流程 ……………………………………… 573
监控中心受理业户报事工作流程 ………………………………… 574
停车场车辆巡检工作流程 ………………………………………… 575
外来人员登记工作流程 …………………………………………… 576

消防演习基本流程…… 577
治安监控发现可疑情况工作流程…… 578
巡逻保安工作流程…… 579
闭路监控系统日常工作流程…… 580
消防管理流程…… 581
火警信息判断处理流程…… 582
消防应急处理流程（1）…… 583
消防应急处理流程（2）…… 584
园区智能化系统…… 585
治安应急流程…… 586
火警火灾应急处理流程…… 587
治安案件处理流程…… 588
突发事件应急流程…… 589
打架斗殴处理流程…… 590
电梯困人处理流程…… 591
紧急事件处理工作流程…… 592
高空坠物处理流程…… 592
交通事故处理流程…… 593
群体事件处理流程…… 594
燃气泄漏处理流程…… 595
水浸事故处理流程…… 596
醉酒、精神病肇事处理流程…… 597
噪音处理流程…… 597
智能化设施、设备分类…… 598
智能化系统的维护保养流程…… 598
消防组织架构…… 599
事故误报分析…… 599
安防服务流程…… 600
紧急事件处理流程…… 601
业主来访沟通服务流程…… 602

二、实用表格 …… 603
安全值班记录表…… 603
安全交接班记录表…… 604
中控室监控运行记录表…… 605

值班记录表 …… 606
顾客投诉与建议记录 …… 607
信息记录（含请修、服务需求等记录） …… 608
邮件存寄、领取登记表 …… 609
邮件签收登记表 …… 610
夜间查岗情况登记表 …… 611
钥匙借用登记表 …… 612
安全巡逻岗作业记录表 …… 613
小区巡场记录表 …… 614
小区信件收发表 …… 615
消防器材维修记录 …… 615
消防联动柜运行记录表 …… 617
物资搬运放行表 …… 618
楼层巡视记录表 …… 619
临时出入证件发放申请表 …… 620
控制中心交接班记录表 …… 621
紧急事件登记表 …… 622
紧急集合情况记录表 …… 623
消防设备监控运行记录 …… 624
安防服装申领单 …… 625
大件物品进出申请（放行条） …… 626
大件物品放行条 …… 626
查岗工作报告 …… 627
物业管理小区安全检查及限期整改通知单 …… 628
保卫部、物业部最低耗量统计表 …… 629
夜间情况检查表 …… 630
门岗进、出记录表 …… 631
二次供水泵房外来人员登记表 …… 632
机动车辆以及特种车辆进出记录表 …… 633
查岗计划及完成情况记录 …… 634
闭路监控系统保养维修记录表 …… 635
保安员基础训练考核考评表 …… 636
应急服务记录 …… 637
事故报告记录表 …… 638

重大事故报告记录表 ··· 639
突发事件处理登记表 ··· 640
应急分队队员名单 ··· 641
报警记录表 ··· 642
突发事件处理记录表 ··· 643
物资搬运放行条 ··· 644
来访人员情况登记表 ··· 645
租住人员情况登记表 ··· 646
交接班记录表 ··· 647
安全检查记录表 ··· 649
危险物品巡查记录 ··· 651

第七章 环卫工作 ··· 653
一、流程图 ··· 654
道路保洁工作业流程 ··· 654
垃圾清运工作业流程 ··· 655
楼道保洁工作业流程 ··· 656
灭"四害"用药作业流程 ··· 657
公共区域日常清洁工作流程 ······································· 658
客户室内楼层保洁工作流程 ······································· 658
客户物业区域内大堂保洁工作流程 ································· 659
公共清洁和绿化保养外包服务质量考核工作基本流程 ················· 660
公共清洁和绿化外包服务日常监管工作基本流程 ····················· 661
有害生物防治服务流程 ··· 662
重点时段保洁服务模式 ··· 662
二、实用表格 ··· 663
清洁工作抽检表 ··· 663
清洁用具领用登记表 ··· 664
垃圾装运记录表 ··· 665
消杀记录表 ··· 666
保洁部员工安排表 ··· 667
保洁部工作情况考核表 ··· 668
保洁队绿化情况日检表 ··· 671
保洁队物料消耗盘点月报表 ······································· 673

保洁消杀工作记录表 …… 674
保洁作业日检表 …… 675
管理处绿化养护巡查周记表 …… 677
每周计划清洁工作安排表 …… 678
绿化、清洁卫生日检表 …… 679
绿化苗木变更或工程改造审验表 …… 680
保洁队作业情况日检表 …… 681
绿化项目更改申请表 …… 683
绿化养护工作月检表 …… 684
水池（箱）清洗及消毒记录表 …… 685
洗手间定时清洁记录表 …… 686
小区花木统计一览表 …… 687
保洁员工上下班签到表 …… 688
每周工作量化表 …… 689
周期性保洁工作记录表 …… 690
保洁部清洁质量标准 …… 691
保洁工作检查记录表 …… 695
鼠、蟑密度检测记录表 …… 696
消杀工作记录表 …… 697

第八章 车库管理 …… 699

一、流程图
车辆进场登记放行工作流程 …… 700
停车场车辆巡检工作流程 …… 701
停车场管理员备案手续及流程 …… 702
停车许可证办理流程 …… 702

二、实用表格 …… 703
车位租赁记录表 …… 703
车位登记一览表 …… 704
临时车辆出入登记表 …… 705
车库车辆出入登记表 …… 706
驶出车辆异常情况登记表 …… 707
停车场车辆巡检状况登记表 …… 708
停车场车辆情况登记表 …… 709

红外系统报警记录表 …………………………………… 710
停车场交接班记录 …………………………………… 711
停车收费统计表 ……………………………………… 712
续期通知单 …………………………………………… 712
未收费车辆登记表 …………………………………… 713
停车票使用情况月统计表 …………………………… 714
停车场收费岗交接班记录 …………………………… 715
停车场票据登记表 …………………………………… 716
停车场车辆状况登记表 ……………………………… 717
临时停放车辆收费登记表 …………………………… 718
定额停车票缴款单 …………………………………… 718
车位费减免统计表 …………………………………… 719
车位租赁清单 ………………………………………… 720
车位租用协议书 ……………………………………… 721
车位服务协议书 ……………………………………… 723

后　记 ………………………………………………………… 725

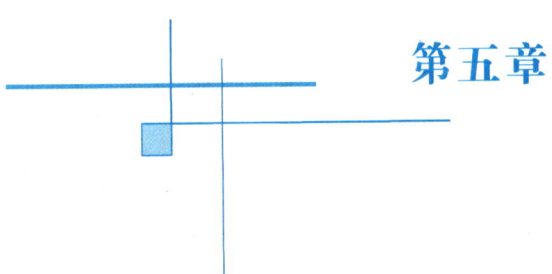

第五章

工 程 维 修

一、流程图

报修流程

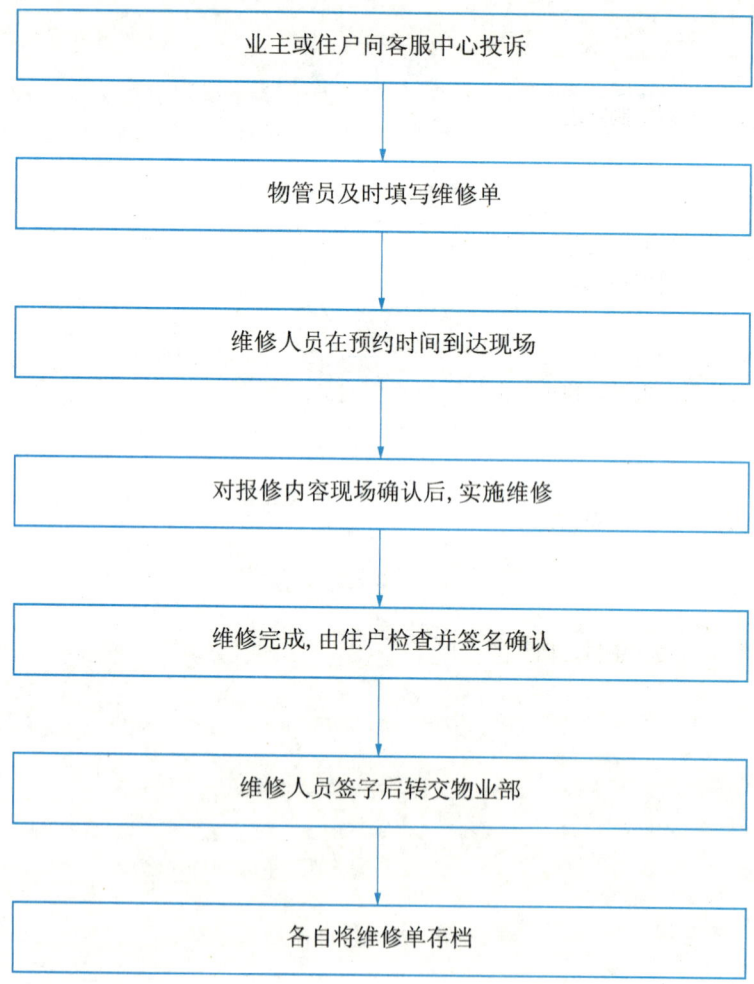

程控交换机管理流程

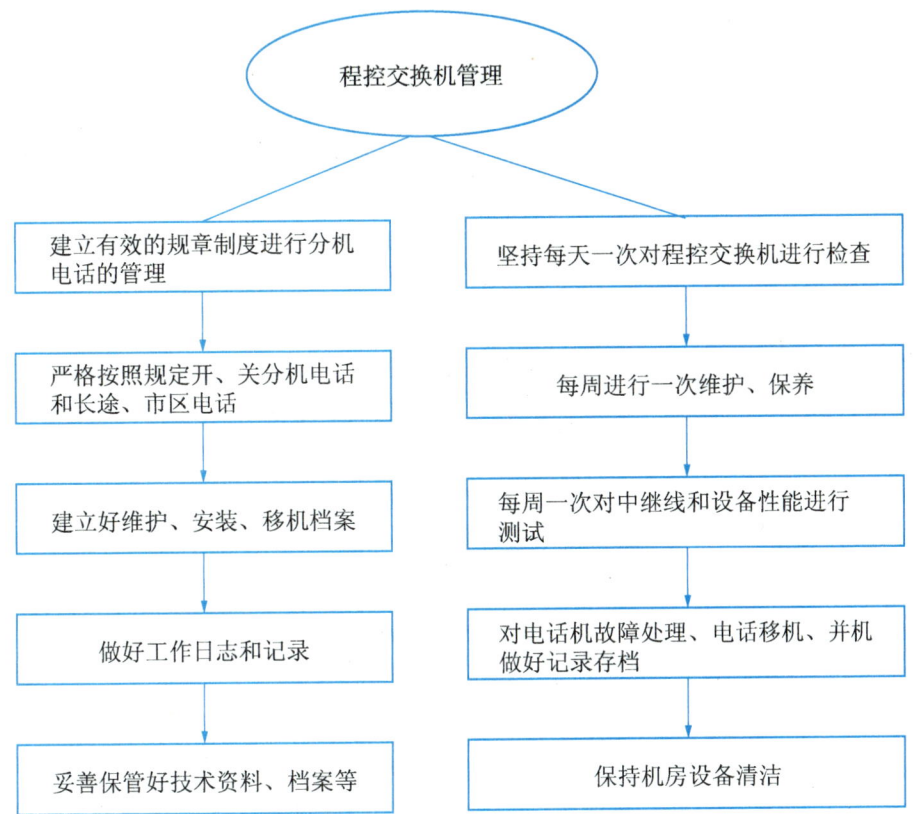

电机类故障维修操作流程

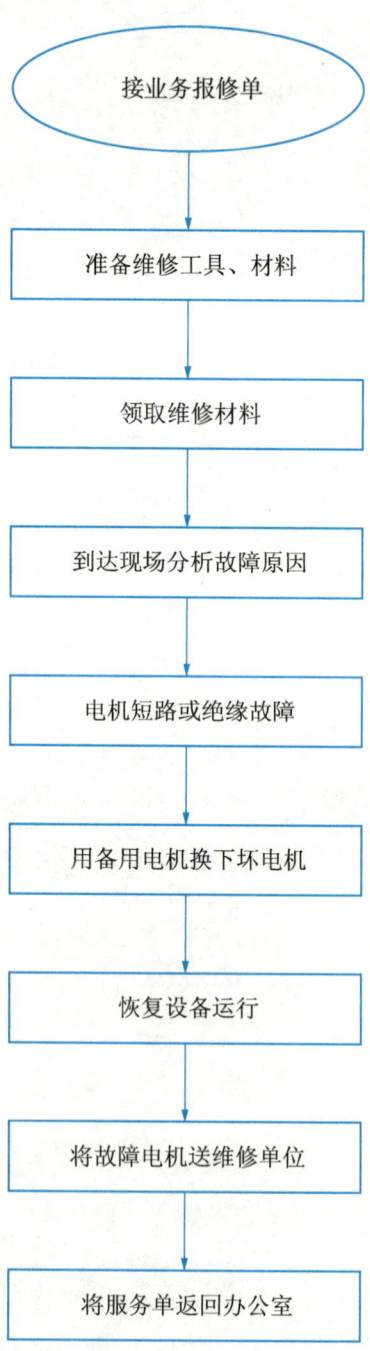

电器控制柜内控制线路维修操作流程

接维修通知单
↓
领取备用材料
↓
到达现场
↓
分析故障
↓
对故障线路进行检查
↓
检查对应的按钮、保险、接触器、转换开关
↓
换下损坏元件，排除故障
↓
恢复运行
↓
做好记录

发电机操作流程

```
程控交换机管理
     │
  ┌──┴──────────────┐
  ▼                 ▼
打电话到电梯机房    正班通知开发电机
  │                 │
  ▼                 ▼
电梯是否关人      到负四层机房启动发电机并做好记录
 ├─是─→将人救出    │
 └─否              ▼
                 切断市电空开，合上发电机电源
                   │
                   ▼
                 检查油箱油位，阀门是否开启
                   │
                   ▼
                 启动送风机、排风机、循环泵、冷却泵、排烟风机
                   │
                   ▼
                 检查循环泵压力
                   │
                   ▼
                 ATS箱投入
                   │
                   ▼
                 通知正班恢复大楼供电
                   │
                   ▼
                 推入发电机联络小车合闸
                   │
                   ▼
                 逐步恢复供电（电梯、电脑主机房、消防中心营业厅）
```

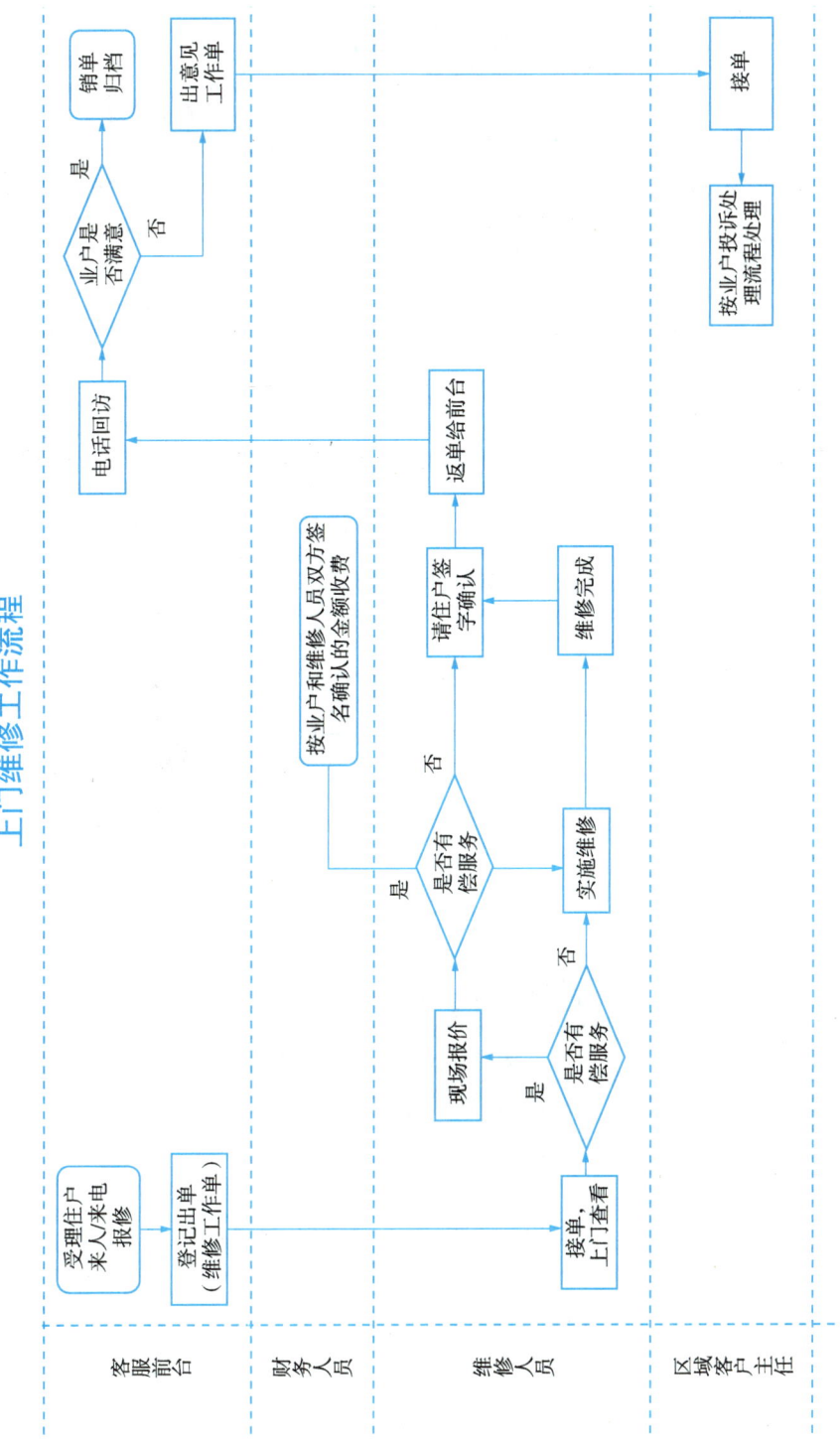

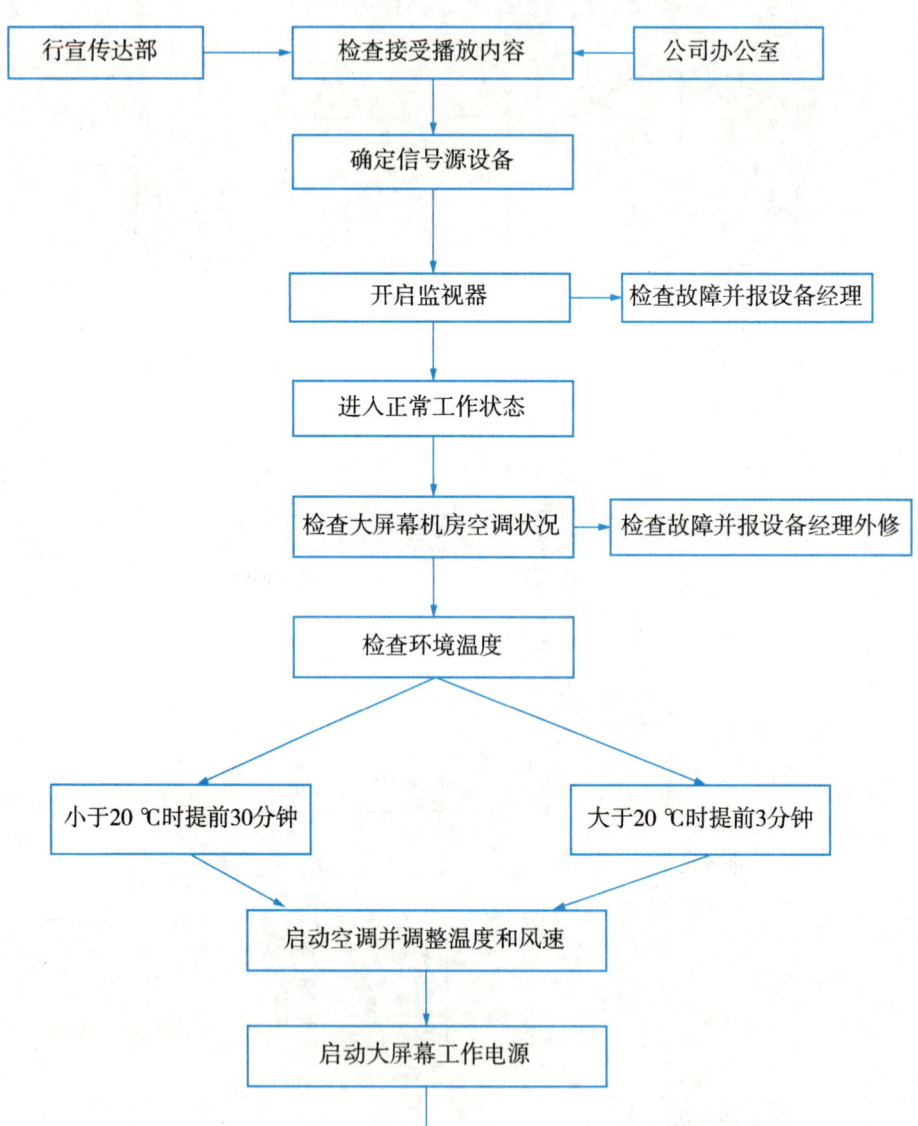

第五章 工程维修

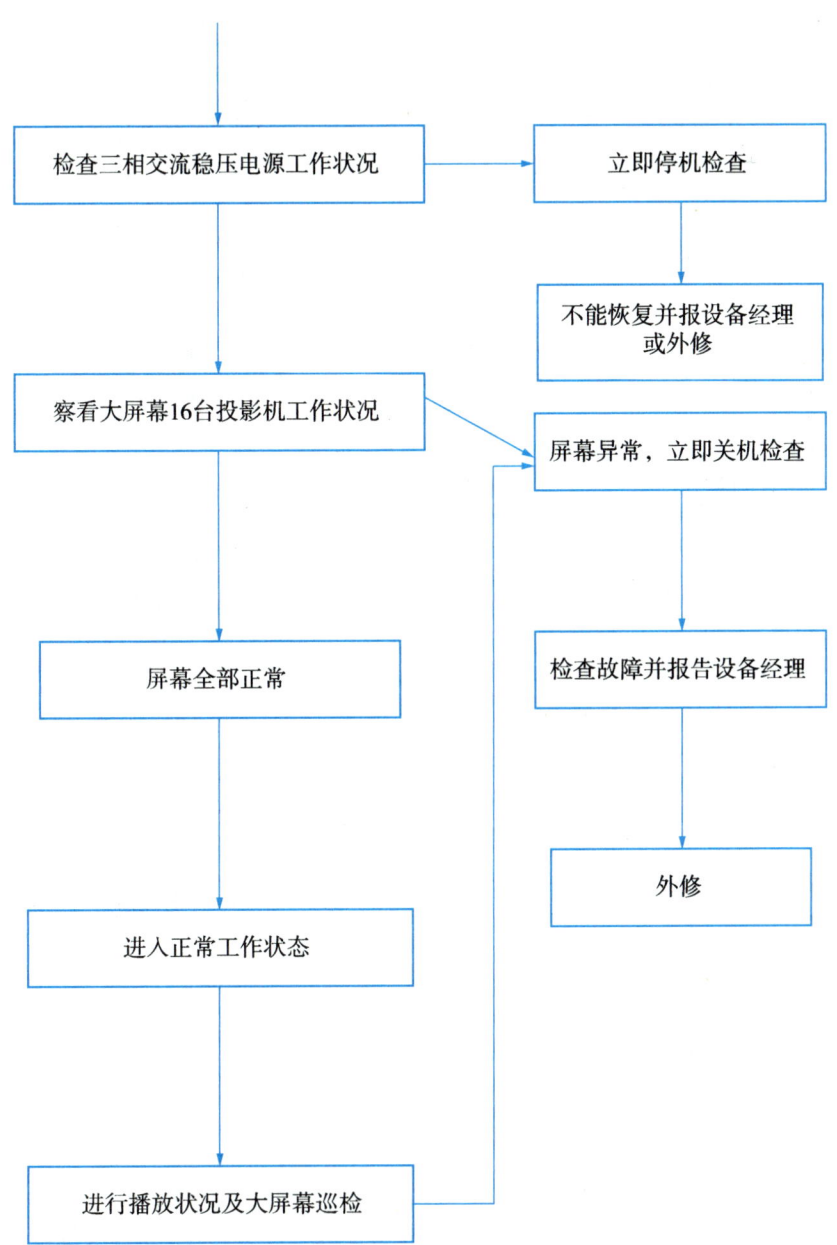

419

维修工作流程

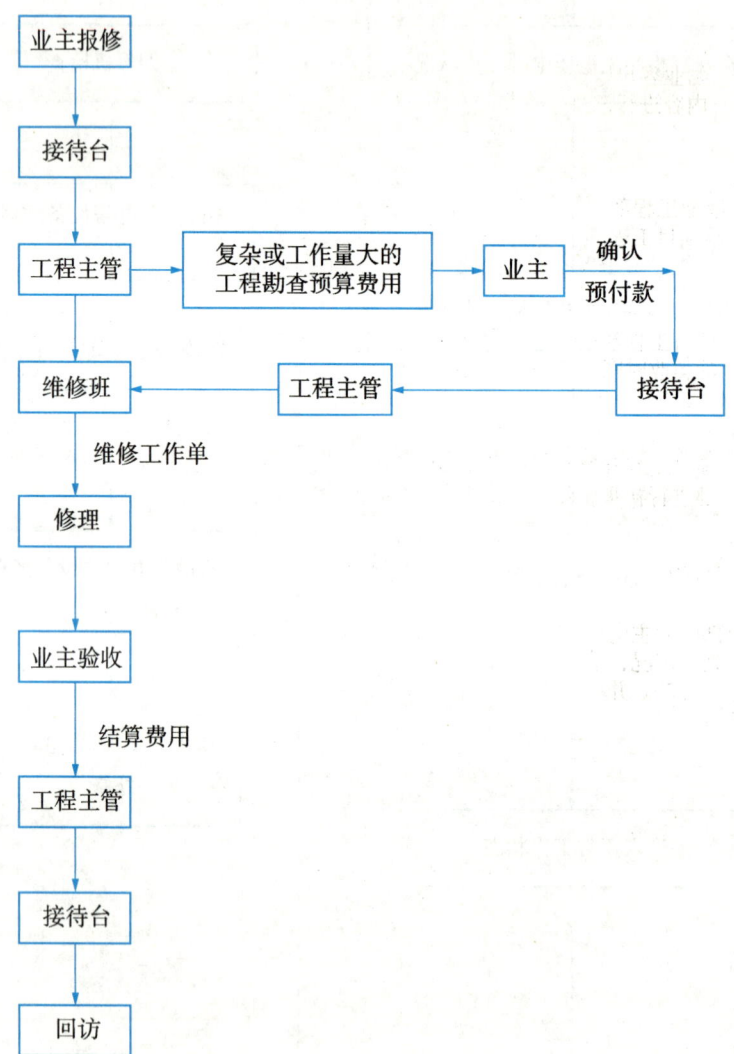

项目返修整改流程

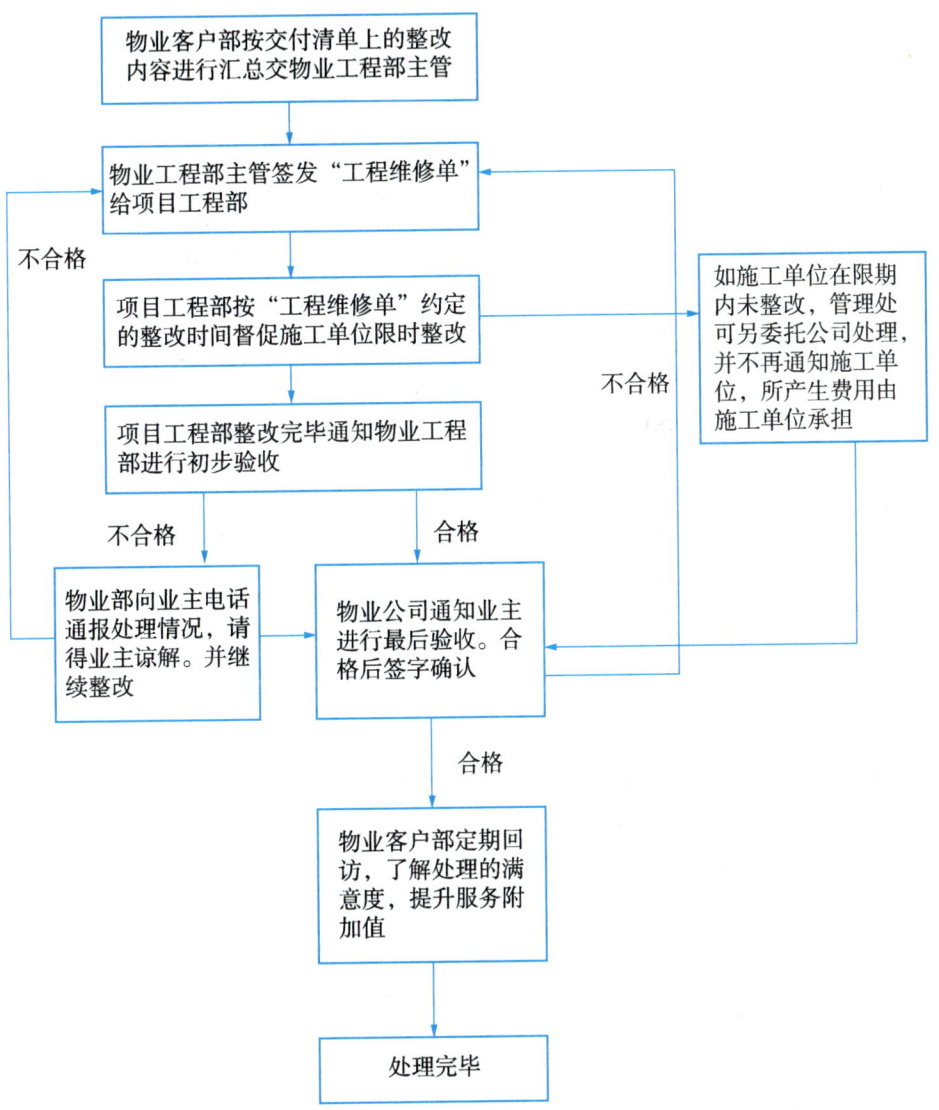

物业接管流程

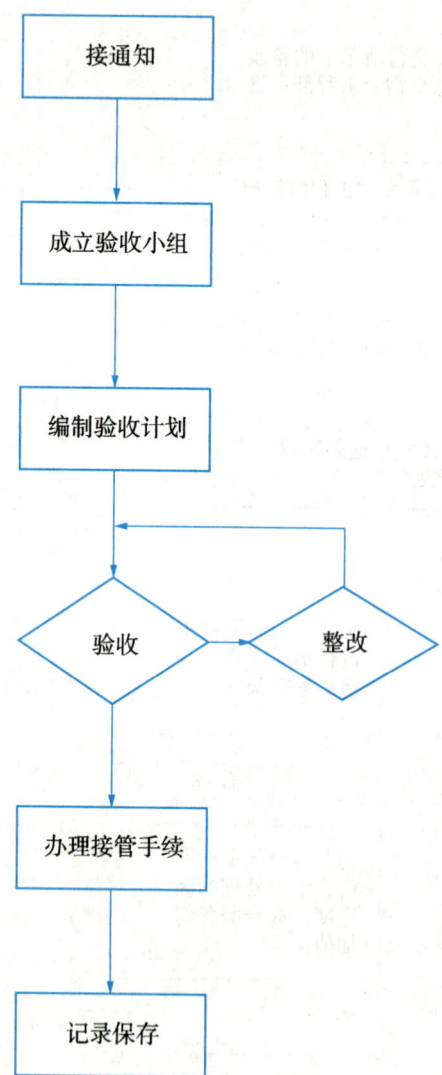

交楼入住工作流程

凭"交楼通知书""业主资料登记卡"及其他相关资料到交楼验证组审核是否具备收楼条件

具备

验证组审核合格后到收费组核算收楼需要缴纳的费用,凭开具的现金送款单到银行缴交相关费用,并开设缴费存折,签署"划账协议书"

交清

到签约组签收"住宅使用说明书""住宅质量保证书""业户手册"等,签署"业主承诺书""区域防火责任协议书""钥匙签收确认书""收楼确认书""委托供电局分摊公共用电申请表"

已签

现场验房:确认水、电、煤气表底数等,并填写"水、电、煤气记录表";查验房屋质量、房内设备设施完好情况,并填写"收楼记录表"

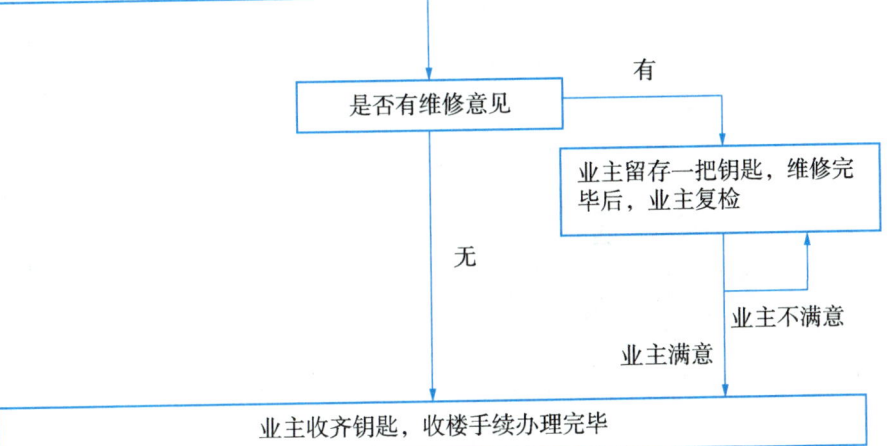

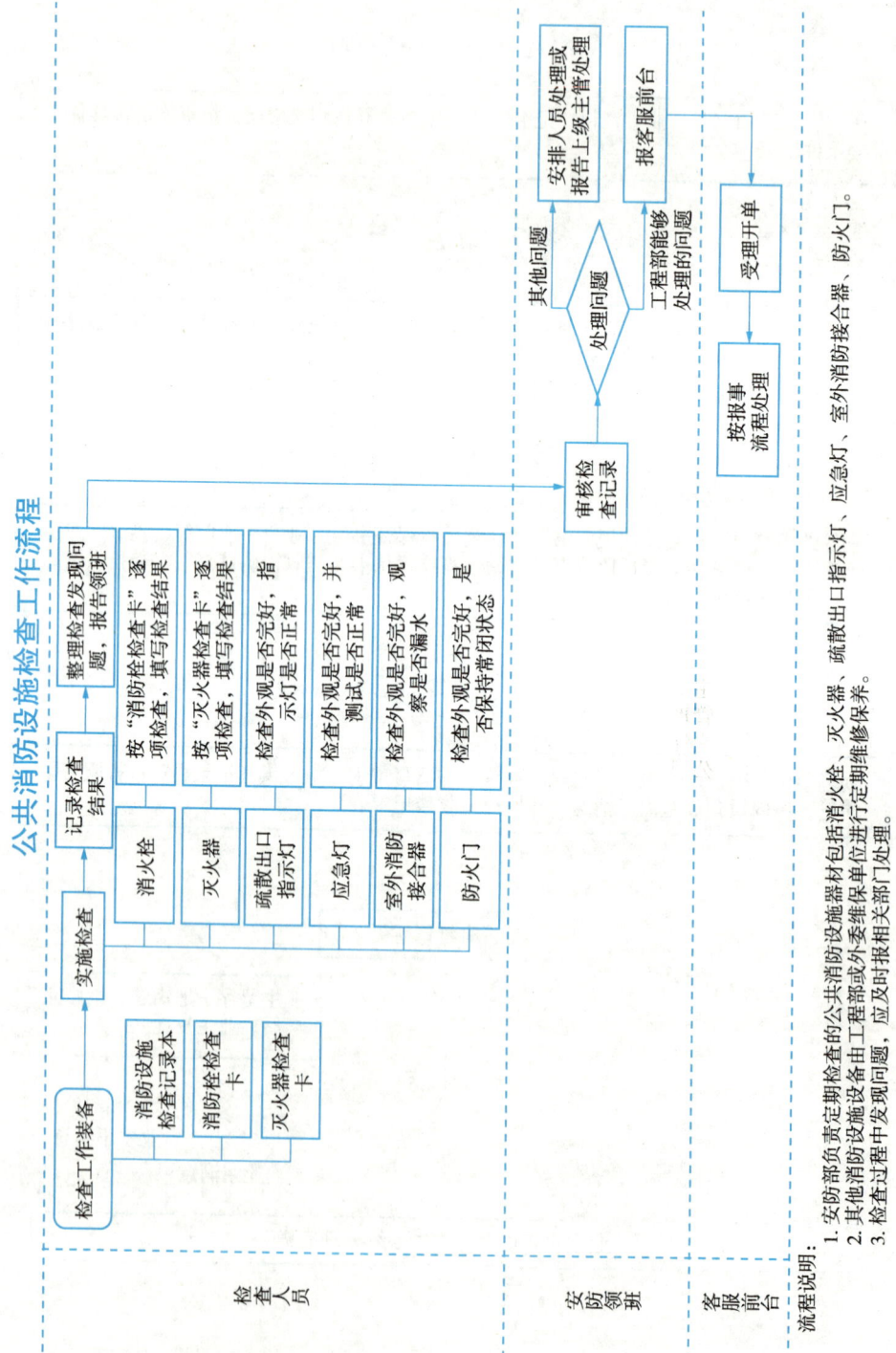

设施设备维护与管理流程

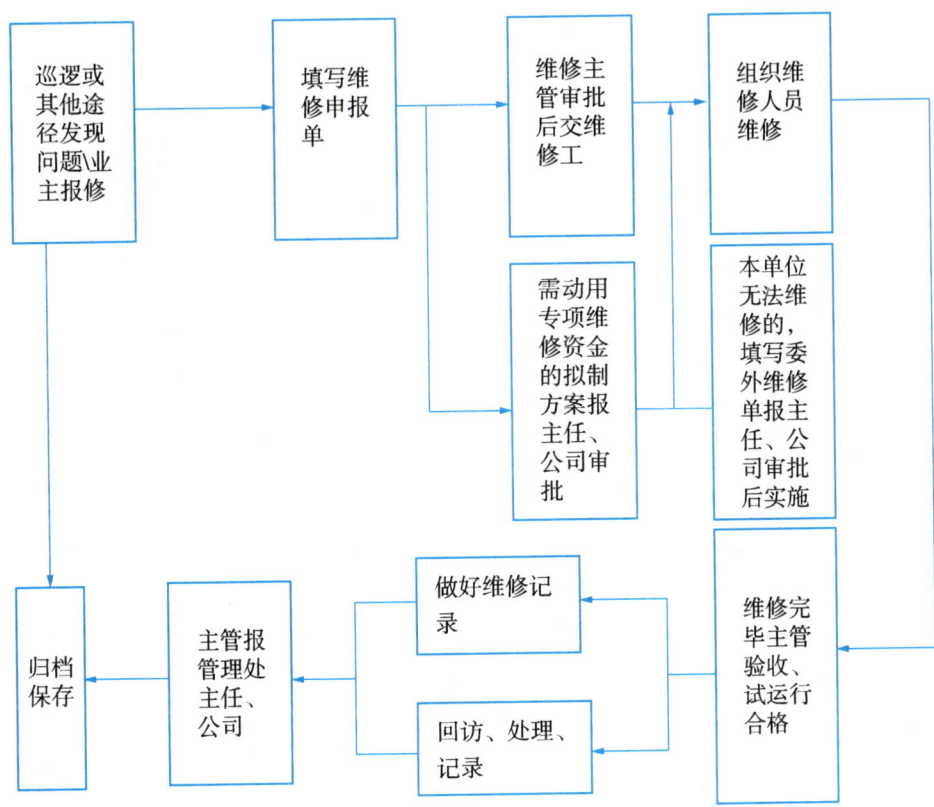

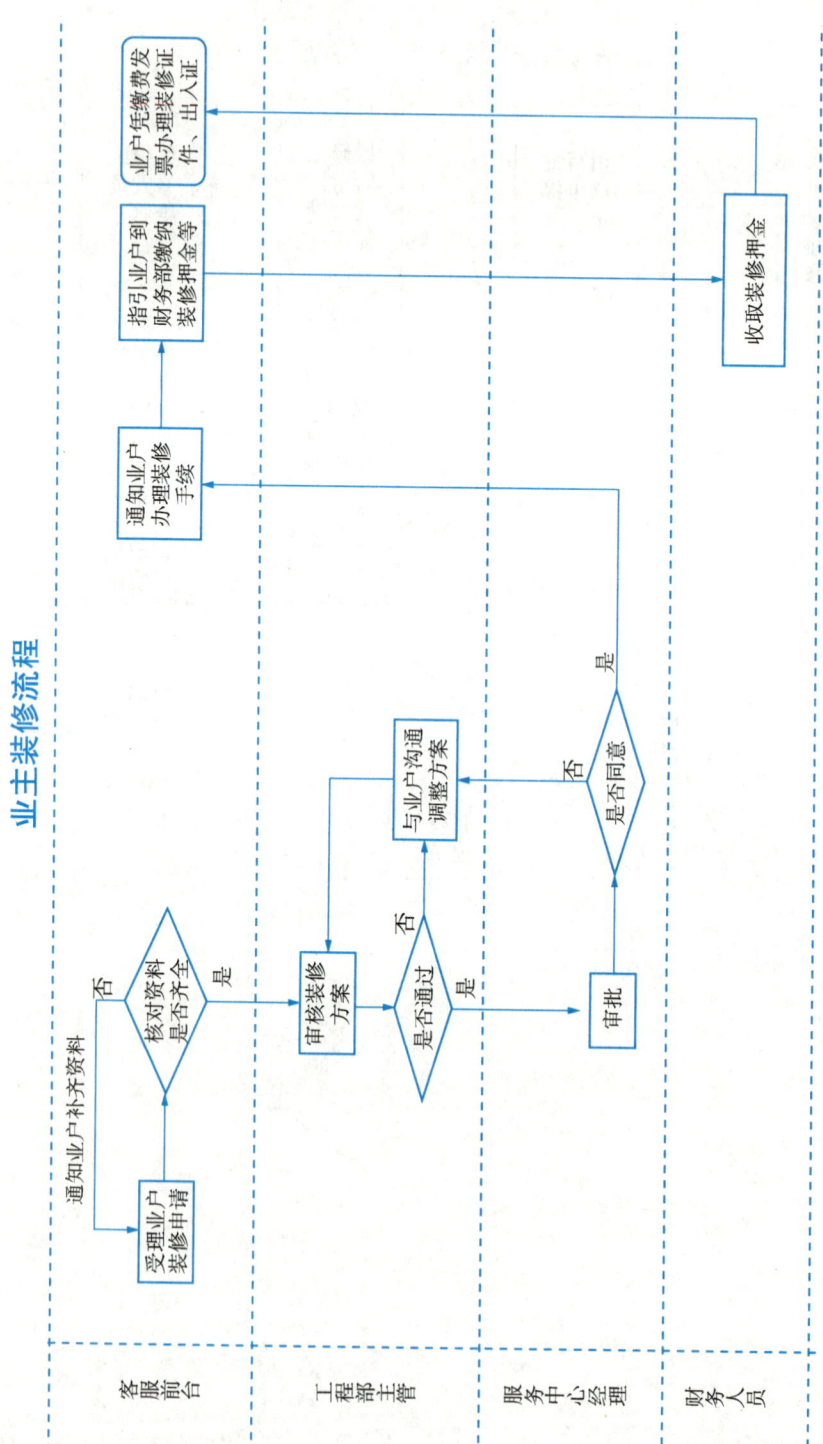

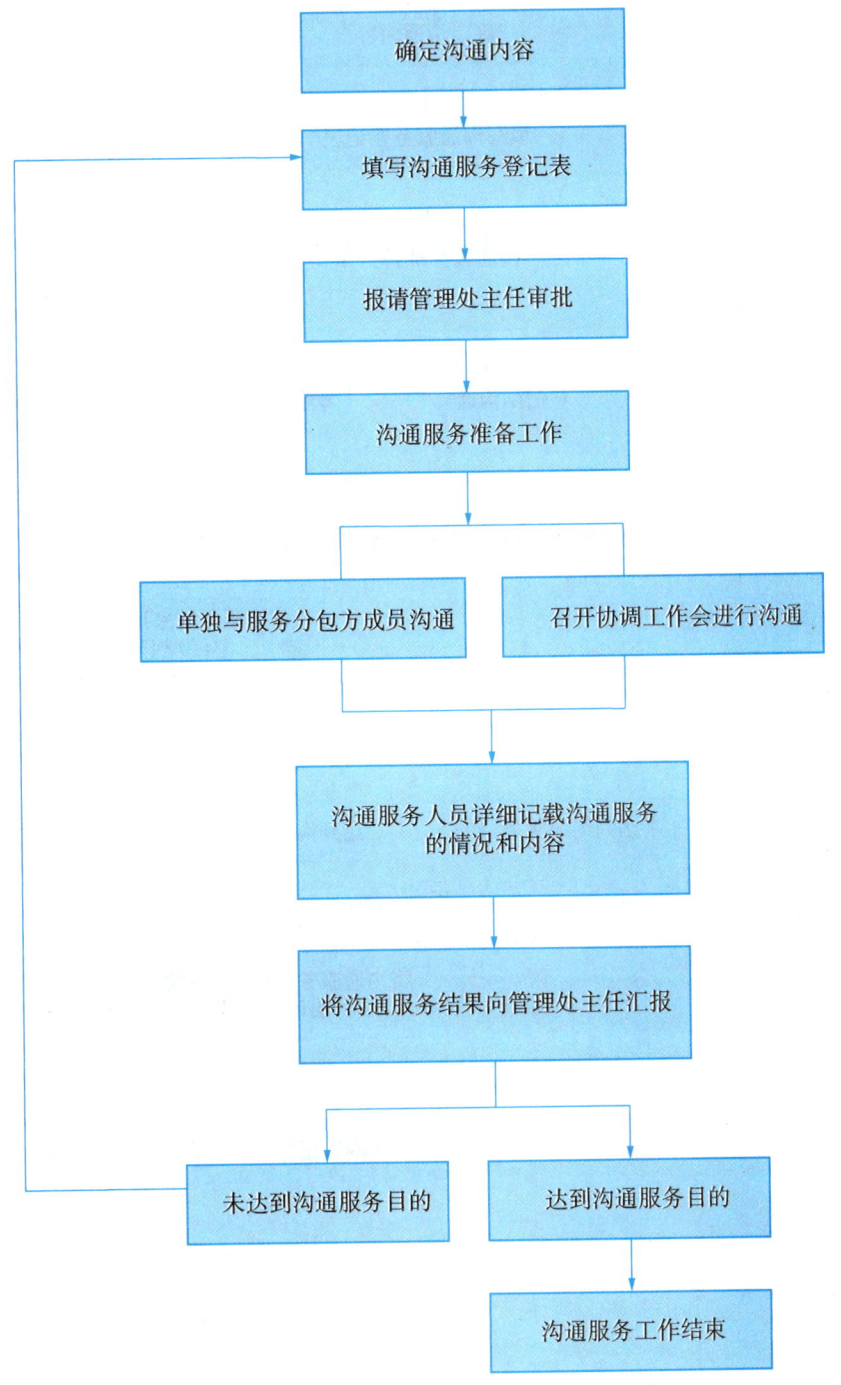

与开发建设单位沟通服务流程

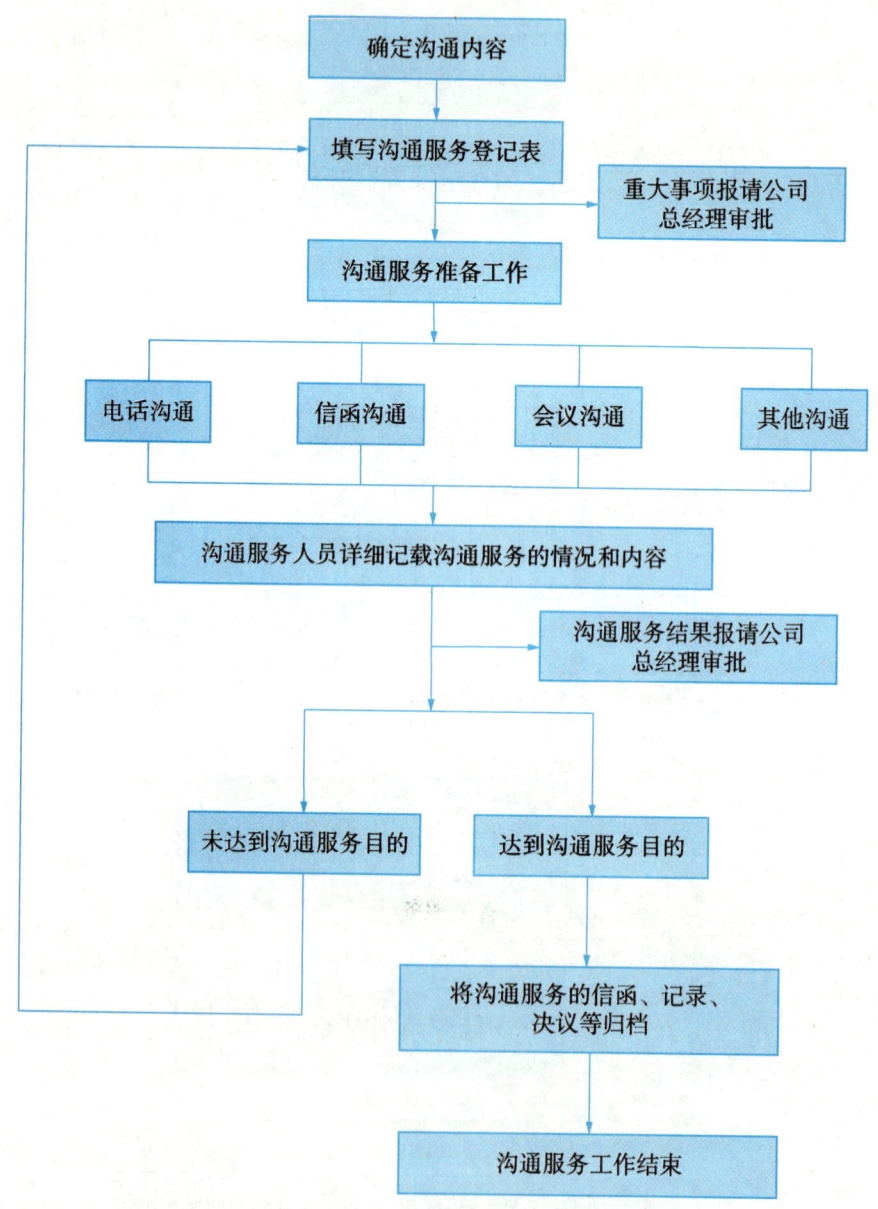

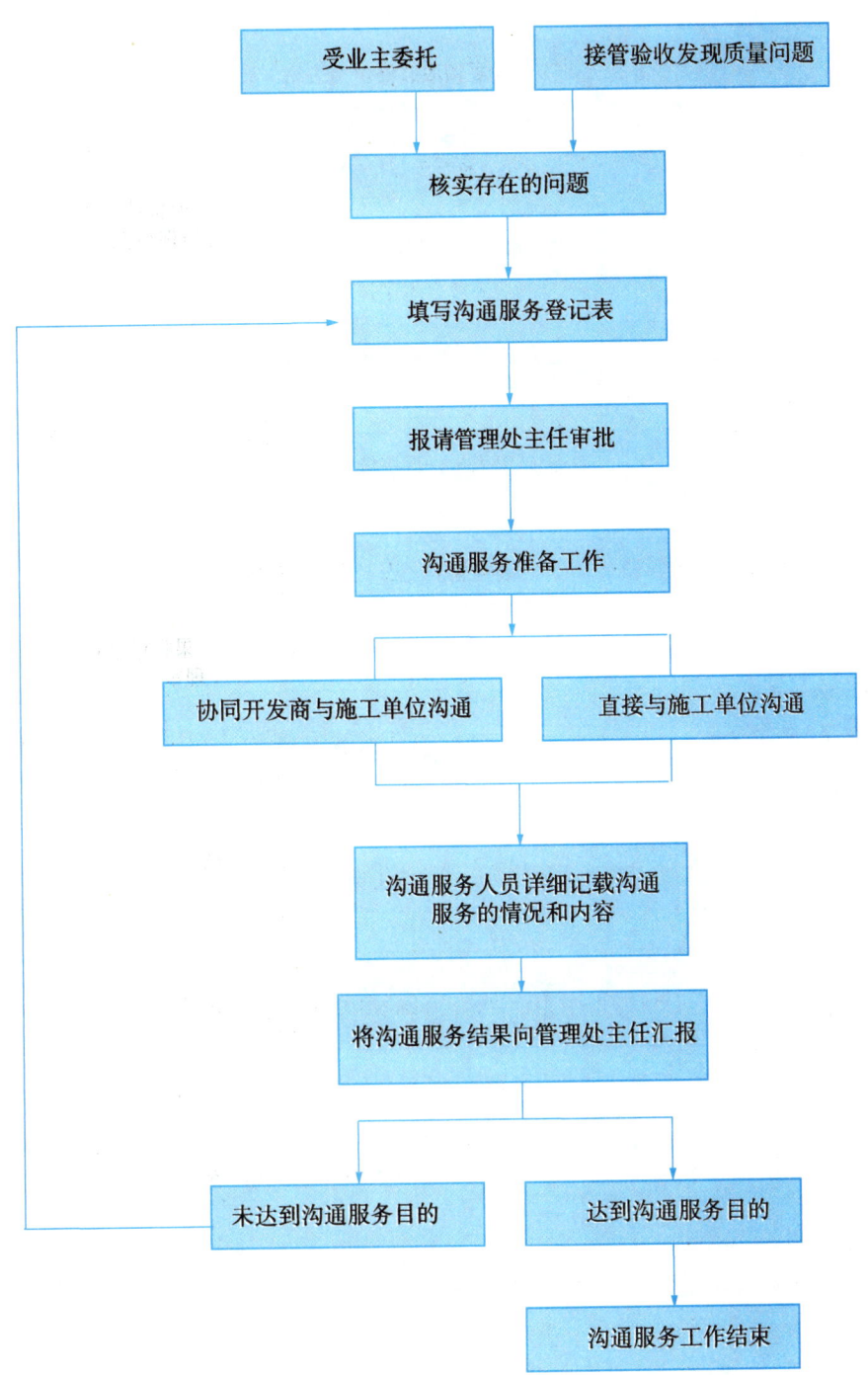

装修服务流程

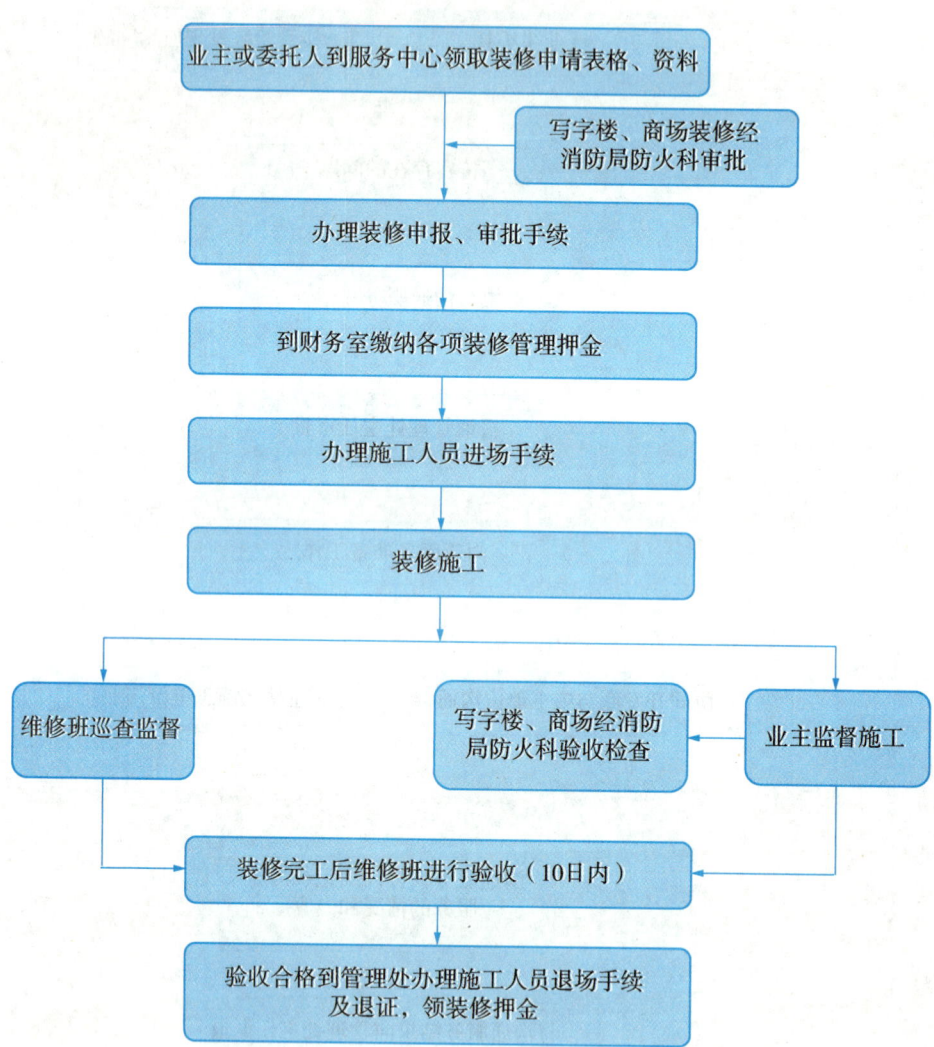

二、实用表格

房屋初始设施情况表

楼号：

房号	用途	门窗（材质、数量）				对讲机	水表	电表	燃气表	有线接口	电话接口	电源插座	电源开关	电力控制箱	宽带接口	智能化	红外线探头	煤气报警器	紧急求助按钮	其他
		分户门及门镜	玻璃窗	五金件	纱窗															

房屋建筑情况表

楼号：   地址：

栋号	建筑形式	房屋结构	层数	用途	总户数	居室间数	底商套数	占地面积	建筑面积	防火、防震等级	交付使用日期

栋号	建筑构造情况					
	屋顶部分	楼层部分	厕厨防水	下水管道	门窗部分及阳台	屋面部分	墙身部分
	防水层＿＿＿ 找平层＿＿＿ 保温层＿＿＿	楼板＿＿＿ 楼梯＿＿＿ 外走廊＿＿＿ 楼层高度＿＿＿	厨性＿＿＿ 厕性＿＿＿	厨独立＿＿＿ 厕独立＿＿＿	材料＿＿＿ 纱窗＿＿＿ 数量＿＿＿	屋面材料＿＿＿ 屋架形式＿＿＿ 楼板形式＿＿＿	砌体材料＿＿＿ 抹灰材料＿＿＿ 墙厚外＿＿＿内＿＿＿
	防水层＿＿＿ 找平层＿＿＿ 保温层＿＿＿	楼板＿＿＿ 楼梯＿＿＿ 外走廊＿＿＿ 楼层高度＿＿＿	厨性＿＿＿ 厕性＿＿＿	厨独立＿＿＿ 厕独立＿＿＿	材料＿＿＿ 纱窗＿＿＿ 数量＿＿＿	屋面材料＿＿＿ 屋架形式＿＿＿ 楼板形式＿＿＿	砌体材料＿＿＿ 抹灰材料＿＿＿ 墙厚外＿＿＿内＿＿＿
备注						

物业接管验收单

验收项目： 验收日期： 年 月 日

序号	验收内容	规格型号	单位	数量	状况记载	备注
1						
2						
3						
4						
5						
6						
7						
8						
9						
10						
11						
12						
13						
14						
15						
16						
17						
18						
19						
20						
备注						
验收意见签署	开发商		监理方		物业公司	

接管验收遗留问题汇总表

验收项目： 　　　　　　　　　日期： 　年　月　日

序号	遗留问题摘要	备注
1		
2		
3		
4		
5		
6		
7		
8		
9		
10		

物业公司意见：	开发商意见：

工程部交接班记录表

年　　月　　日

班次			交班人		接班人	
交接情况	物品备件	钥匙＿＿＿条			工具＿＿＿件	
		其他：				
	设备运行	配电房设备：				
		水泵房设备：				
已完成工作情况						
未完成工作及原因						
备注						
交班人			接班人		主管	

注：1. 接班人员应提前 15 分钟到岗进行交接。
　　2. 交班人员应认真、清晰地填写记录。
　　3. 物品备件遗失，责任自负。

维 修 单

责任部门：　　　　　派单人：　　　　　派单日期/时间：

时间	房号	姓名	电话
处理情况： 使用材料： 服务质量：□满意　□一般　□不满意 物品设施：□完好　□损坏　□丢失			
经办人：	接单人： 接单时间：	处理时间：	人工费： 材料费：
预约时间：		服务人员：	业主签字：

注：第一联：存根；第二联：执行人；第三联：检查人。

维修统计表

统计月份： 年 月　　　　　　　　序号：

栋号	报修宗数	及时维修宗数	返修宗数	维修及时率	返修率	备注
合计						

统计人：　　　　　统计日期：　　　　　　审核：　　　　　日期：

设备标识卡

物业名称：　　　　　　序号：　　　　　　　年 月 日

设备名称		设备编号		型号规格	
生产日期		安装日期		验收日期	
使用日期		折旧年限		安装位置	
制造商		出厂编号		负责人	

月份	1	2	3	4	5	6
检查人						
月份	7	8	9	10	11	12
检查人						
备注						

设 备 台 账

物业名称：　　　　　　　　设备系统：
建账日期：　　　年　　月　　日

设备名称		设备编号		型号规程	
生产日期		安装日期		验收日期	
使用日期		安装位置		安装单位	
制造商		出厂编号		负责人	
设备总值		折旧年限		标识卡号	
设备技术参数					
名称					
参数					
名称					
参数					
附属设备					
设备名称			数量		
型号规格			备注		
维修记录					

设备检修保养计划

××年度　　　　　　　　　　　　　　　　　　　　序号：

序号	检查保养项目	保养周期	检修保养记录	保养目的
1	电梯	1次/周		确保电梯技术性能处于良好状态，保证安全运行
2	备用发电机	1次/月		确保柴油发电机处于良好的技术状态，满足大厦保安、消防、应急用电的需要
3	保安闭路电视监控系统	1次/月		确保用户有一个安全、放心的生活环境
4	中央空调制冷机组	1次/月	暂无	确保系统处于良好的运行状态，保证用户的生命和财产安全
5	潜水泵	1次/月		保证排水设备处于良好的技术状态，保证大厦正常运行
6	消防系统设备（设施）	1次/季		确保各设备设施处于良好的技术状态，为火灾发生时的报警、扑救及人员疏散提供必要的帮助
7	低压配电开关柜	1次/季		保证配电设备的安全运行
8	生活和消防水泵	1次/半年		确保给水设备处于良好的技术状态，保证生活、消防用水的需要
9	消防风机	1次/半年		保证排、送风设备处于良好的技术状态，确保火灾发生时人员疏散有一个相对安全的通道
10	电表箱	1次/半年		确保用电安全
11	高压配电开关柜	1次/半年		保证供电设备的安全运行
12	变压器	1次/年		保证供电设备的安全运行
13	污排、雨排管网	1次/季		保证管网畅通
14	生化池	1次/年		保证生化池干净、畅通
15	公共区栏杆、灯杆	1次/1.5年		保证栏杆、灯杆无锈蚀
16	公共区导示系统	1次/年		保证字迹清晰、指示明确
17	公共区道路、路沿	2次/年		保证路面完好、畅通
备注				

制定：　　　　　　　　　　　　审批：

设备保养记录表

_____管理处　　　　　　　　　　　　　　　　序号：

设备名称		保养单位	
设备编号		保养时间		结束时间	

实施保养原因：

保养处理方式	□外委　　□自保
保养过程及安全措施：	
保养人：　　　　　　负责人：　　　　　年　月　日	

实施保养后审核（含技术参数及功能）：
审核人：　　　　　年　月　日

备注：

设备对外委托维修保养申请单

申请部门：		序号：		
设备名称		内部诊断结果：		
设备型号		要求修复时间：		
设备编号		拟维修内容：		
数量/台		技 术 员：	年 月 日	
维修费用报价		工程主管：	年 月 日	
部门经理意见： 签名： 年 月 日				
主管领导意见： 签名： 年 月 日				
总经理批示： 签名： 年 月 日				

临时用水、用电申请表

序号：

使用单位			负责人		联系电话	
使用类型		□临时用水　　□临时用电		使用原因		
使用地点			使用期限	从　　年　月　日至　年　月　日		
使用负荷/kW			机械台数			
使用容量/t·h⁻¹						
使用电表号			使用水表号			
使用前读数			使用前读数			
完工后读数			完工后读数			
确认签名			确认签名			
使用单位申请内容					签章：　　　　　　日期：	
工程部意见					签章：　　　　　　日期：	
客服意见	押金				签章：　　　　　　日期：	
	水费					
	其他					
管理单位审核意见					签章：　　　　　　日期：	
备注						

临时用电（用水）许可证

序号：

用电（用水）单位：_____

用电（用水）地点（位置）：_____

用电（用水）参数：_____

用电（用水）原因：_____

用电（用水）日期：从_____年___月___日至_____年___月___日止

用电（用电）责任人：_____ 联系电话：_____

发证单位：_____管理处

发证日期：_____年___月___日

注：第一联：存根；第二联：使用单位。

测量、计量器具台账

物业名称：　　　　　　　　　　　　　　　　　　　　　　　年　　月　　日

器具名称		器具编号		型号	
出厂日期		误差范围		量程	
使用日期		折旧年限		使用部门	
制造商		出厂编号		负责人	
其他参数					
名称					
参数					

检测仪器、仪表校验计划表

序号	仪器、仪表名称	仪器、仪表编号	校验周期	校验时间
1				
2				
3				
4				
5				
6				
7				
8				
9				
10				
备注				

填表人：　　　　　　　　　　　审批人：

测量、计量器具校验记录表

序号	器具名称	器具编号	校验时间	校验结果	有效时间
1					
2					
3					
4					
5					
6					
7					
8					
9					
10					
11					
12					
13					
14					
15					
备注					

项目申报表

序号：

部门		项目	□水电 □土建 □市政		申报日期	
费用来源				费用估算		
项目养护维修原因						
				签名： 年 月 日		
领导意见						
				签名： 年 月 日		
备注						

注：本表为一式两联。

应急处理报告

序号：

应急事件		发生地点		发生时间	
事件经过： 记录人：　　　　　日期：					
损失情况： 记录人：　　　　　日期：					
预防改进措施	负责人：　　　　　日期：				
领导意见	签名：　　　　　日期：				
备注					

外委维修保养工程报告

序号：

工程项目		开工时间	
施工单位		完工时间	
维修养护结果			
检查情况记录			
审核			
备注			

维修养护结果　　签字：　　年　月　日

检查情况记录　　检查人：　　年　月　日

审核　　审核人：　　年　月　日

填表人：　　　　填表日期：　年　月　日

临时停水、停电申请单

序号:

申请部门		受影响范围	
时间：从　　年　　月　　日至　　年　　月　　日止			
原因：			
申报人：		审批人：	
注意事项（要求）： 年　　月　　日			
备注：			

水池清洗及消毒记录表

序号：

消毒日期		水池名称（编号）	
清洗时间	时　　分至　　时　　分		
共用时间	小时　　分	总容量	_____ m³
清洗及消毒有关记录			
水质监测结果	合格：	不合格：	
不合格处理意见			
备注			

工程主管：　　　　　　　清洗（消毒）负责人：

高压配电设备运行记录表

设备房名称（编号）： 　　　　　　　　　　　　　　　年　　月

日期	高压来电显示	有功电度	无功电度	各相温度/℃			检查人	备注
				A相	B相	C相		
1								
2								
3								
4								
5								
6								
7								
8								
9								
10								
11								
12								
13								
14								
15								
16								
17								
18								
19								
20								
21								
22								
23								
24								
25								

审核： 　　　　　　　　　　　　　　　　　　　　日期：

低压配电设备运行记录表

设备房名称（编号）：　　　　　　　　　　　　　　　　　年　月　日

时间	总屏						有功电度/kW·h	功率因数	出线					
	电压/V			电流/A					商业用电			动力用电		
	AB	BC	CA	A	B	C			电压/V	电流/A	电度/kW·h	电压/V	电流/A	电度/kW·h
值班记事														

正常班：

夜班：

巡检人：

巡检人：

配电房倒闸操作票

设备房名称（编号）：　　　　　　　　　序号：

操作开始时间：	年　月　日　时　分
操作完成时间：	年　月　日　时　分

操作任务：

√	顺序	操作项目内容
	1	
	2	
	3	
	4	
	5	
	6	
	7	
	8	

备注：

操作人：　　　　　　　监护人：　　　　　　　工程主管：

说明：1. 值班操作人员应认真填写操作内容，不得掉缺项，负责人认真审核。
2. 操作前应对照模拟图复核，操作程序严格按顺序号逐项进行。
3. 一人唱票，一人执行；受令人应复述后才操作。每完成一项操作，就在表格中打"√"符号以确认。

低压配电柜月检查保养表

序号：

工作负责人		作业时间		值班电工	

参加作业人员：

检查保养项目：

工作条件：□停电　□不停电

注意事项（安全措施）：

检查保养后情况：

签名：　　　　　日期：

工程部意见：

签名：　　　　　日期：

检查意见：

签名：　　　　　日期：

电梯运行月巡查记录表

序号：

检查日期		电梯编号									备注
	检查项目	1	2	3	4	5	6	7	8	9	
机房	照明、通风、温度、湿度正常										
	灭火器材、指示标志无缺损										
	机房干净，无杂物										
	机房与轿厢通话正常										
	控制柜无积尘										
	盘车专用工具整齐无缺损										
	电机无异响										
轿厢	求救警铃正常										
	门安全角板动作有效										
	开关门灵活可靠										
	选层按钮正常										
	外呼电梯按钮及显示器正常										
	天花、照明、通风正常										
	装修物无损坏										
	监控头无损坏										
其他	钢线绳无断丝、松散										
	减速箱温度、机油尺均符合正常范围										
	"乘梯须知"、年检标志完好										
	电梯前室干净无杂物										

中央空调开、停机时间表

机组名称（编号）： 　　　　　　　　　　　　　　　　　　　　年　　月

日期	开启		关机		负责人
	时间	执行者	时间	执行者	

消防系统设备运行巡查表

班次：　　　　　　　　　　　　　　　　　　　　　　　　年　　月　　日

项目	巡查内容	巡查结果	巡查人	备注
消防自动报警主机	测试复位、系统工作情况、故障显示等			
消防紧急广播	测试音响、电源是否正常			
消防防火卷帘	检查有无阻挡物，操作箱有无上锁，联动和升降情况			
疏散出口指示灯	检查安装是否牢固，电源是否正常			
消防泵、消喷泵	检查管网水压是否正常，阀门和控制开关是否处于正确位置			
烟感、破玻探头	检查是否安装到位，是否完好无损			
防排烟风机	检查电源、开关是否正常			
消防接合器	检查开关是否良好，结合器是否灵活、完好			

安防系统设备运行巡查表

区域：　　　　　　　　　　　　　　　　　　　　　　　年　　月　　日

项目	巡查内容	巡查结果	巡查人	备注
闭路监控系统	摄像机镜头后端设备、录像正常			
周界防范报警系统	感应电缆、支架交接箱、摄像机、报警正常			
门禁楼宇对讲系统	门机、呼叫正常，三方通话正常			
电子巡更系统	巡更棒、系统记录正常			
车辆出入管理系统	道闸系统、收费系统正常			
室内安防	烟感、红外探头紧急按钮正常			
弱电机房	设备完好、清洁整齐			

施工整改通知书（业主联）

_____业主/施工单位：

您在对_____（房屋）_____施工过程中_____

请于____年___月___日____时前_____

如有疑问请联系服务中心，电话：

物业管理处

____年___月___日

业主/现场施工人员签字：_____ 服务中心签字：_____

施工整改通知书（存根联）

编号：

_____业主/施工单位：

您在对_____（房屋）_____施工过程中_____

请于____年___月___日____时前_____

如有疑问请联系服务中心，电话：

物业管理处

____年___月___日

业主/现场施工人员签字：_____ 服务中心签字：_____

绝缘电阻测试记录

编号：

被测试地点			测试日期		
测量仪器			天气	温度	/℃

测试部位	回路编号	实测电阻/MΩ	
		线间	对地

存在问题及处理意见	
业主签字：　　　　年　月　日	测试人员签字：　　　　年　月　日

说明：1. 做此测试系统是物管公司为减少或避免装修过程及入住使用过程中对业主或邻里造成损失或隐患而提供的附加服务。
2. 本测试结果只表示在当时条件下的数值。
3. 业主签字表示业主同意上述测试结果。

 第五章 工程维修

协 调 单

报事编号：			
户位：	业主姓名：	报事时间：	协调人：

报事内容：

协调内容：

完成情况：	完成时间：

业主满意度留言：

回访情况：

回访时间：

装修房检查日报表

检查人：　　　　　　　　　　　　　　　　　　　　编号：

装修房号		业主姓名	
装修施工单位		负责人及电话	
装修期限		装修许可证号	
结构变更			

日期	检查项目 结构、防水、管道、电气、清洁、占道、燃气	处理意见	复查情况	复查人

说明：1. 对装修中损坏房屋结构、厨卫防水层的应及时制止并摘要记录。
　　　2. 对管道及电气施工应按平面布置及施工验收规范进行检查并记录。
　　　3. 对出渣清声、公共场地占用情况应做检查记录，对违者应及时制止。

接房验收表

_____栋_____号房。检查情况如下：

项目	验收情况							
土建								
防水								
入户门								
塑钢门窗								
栏杆								
给排水管道								
强电箱	型号							
	数量							
弱电箱	端口							
	数量							
室内安防系统	名称	可视对讲主机		紧急按钮		红外探头		煤气探头
	数量							
能源表	表名	水表			电表			气表
	读数							
	表况							
备注								

业主签名：　　　　　　　　　　　　接待员：
日期：　　年　　月　　日　　　　　日期：　　年　　月　　日

工程维修单

部门：　　　　　　　　　　　　　　　　　　　　　　　　　编号：

致（受理部门）：项目部				
检验区域					
检验时间		检验人	物管人员、工程人员、＿＿＿＿＿	
具体内容：□无附页　　□详见附页，共＿＿＿页		处理结果（执单部门/人填写）		
就上述事宜，请贵部于＿＿＿＿＿＿前处理完毕。逾期由此事引起的行为及后果皆由贵部负责。				
主管领导：＿＿＿＿　管理处经理：＿＿＿＿　客服跟进人：＿＿＿＿　工程跟进人：＿＿＿＿ 日期：＿＿＿＿　　日期：＿＿＿＿　　　日期：＿＿＿＿　　　日期：＿＿＿＿				
回复： 基于以上情况，＿＿＿＿（部门）同意于＿＿＿＿＿＿＿前处理完毕以上事宜。 主管领导：＿＿＿＿　经办人：＿＿＿＿　施工单位：＿＿＿＿ 日期：＿＿＿＿　　日期：＿＿＿＿　　日期：＿＿＿＿				
由于原施工单位未按规定时间完成维修，地产客服部、物业公司将安排第三方整改，三方对整改项目现场核价： 物业公司工程部：　　　　　第三方施工单位：　　　　　地产客服部： 时间：　　　　　　　　　　时间：　　　　　　　　　　时间：				

注：1. 接单部门须当场签署回复意见，本单不能简单退回，必须注明拒签原因。
　　2. 接单部门经办人负责跟进该项事宜在本部门内处理的进程直至完毕，并及时以回复单回复发单部门。
　　3. 重大、紧急事宜，发单部门跟进人可以持单催办，必要时发单部门可复印本单送总经理要求协调。
　　4. 此单整改项目在规定时间内未完成的，将由第三方负责整改，地产客服部、物业公司、第三方现场核价，费用由原单位双倍承担，此单可作结算凭证。（整改时限：一周为限，特殊原因延迟须有相关人员签字确认）

管理处工程部设备设施巡查表

序号	项目	服务要求	服务标准	检查情况	备注
1	变配电设备	1. 所有非值班人员进入都须登记审批。 2. 工作人员进入变配电房应按要求提醒检查，严禁穿拖鞋上班。 3. 变配电房内严禁吸烟。 4. 定期清洁与通风	非工作人员，未经许可禁止进入变配电房		
2			变配电房内地面无杂物堆放		
3			门窗完整、光洁、明亮，照明、通风良好		
4			温、湿度正常，雨天无漏雨、积水现象		
5			设置防止小动物窜入室内的设施		
6			变配电房内无明显灰尘，无渍，无蜘蛛网		
7			配备专用灭火器		
8			每班须对变配电房巡视不少于1次		
9		日常运行	变配电房内无异常声响。电压、电流计量表运行指示正常		
10			每班抄表不少于1次		
11			所有操作应填写工作票与操作票		
12			操作工具应放在特定的位置，标识明显且便于取用		
13		标识系统	合闸、分闸、启动、停止及其他具体指示牌齐全		
14			系统图及设备标识完整清晰明了		
15		维修保养	维修保养时，禁止带电工作，并应做好技术与安全措施，设专人监护	设备完好率在99%以上		
16			每年进行1次全面保养		

续上表

序号	项目	服务要求	服务标准	检查情况	备注
17	发电机房	1. 所有非值班人员进入都须登记审批。 2. 发电机房内严禁吸烟，严禁明火。 3. 定期清洁与通风	非工作人员，未经许可禁止进入发电机房		
18			机房内禁止（除发电必需用品）存放易燃、易爆物品		
19			地面无杂物堆放		
20			机房无明显灰尘，无渍，无蜘蛛网		
21			机房及油库内消防须定期检查，确保设施完好、有效		
22			油库内应放置沙桶并配备专用灭火器		
23	发电机		每班须对发电机房巡视不少于1次		
24		1. 配备固定的操作人员。 2. 发电时应密切监视柴油发电机的运行，并每隔一小时进行1次记录	每月试运行2次，每次手动启动机组5～10分钟		
25		日常运行	机油箱内储备4小时满负荷用油量		
26			发电机平时置于自动待发状态，蓄电池置于浮充电状态，须定期进行充放电		
27		维修保养	维修保养时，应做好技术与安全措施，设专人监护	设备完好率在99%以上	
28			每年进行1次全面保养		
29		巡视检查		每班须对发电机房巡视不少于1次		
30			发电时每小时巡视1次		

续上表

序号	项目	服务要求	服务标准	检查情况	备注
31	水泵房	1. 所有非值班人员进入都须登记审批。2. 若需改动机房线路、器材，须经工程主管批准后方可进行。3. 定期清洁与通风	保持良好的通风及照明状况，门窗开启灵活		
32			不得擅自改动机房线路、器材		
33			消防设施应保持完好		
34			保持机房干净整洁，无积尘，不得堆放杂物		
35			水池观察孔应加盖并上锁，钥匙由值班人员专人管理；透气管（孔）应用不锈钢网包扎		
36			每班须对水泵房巡视不少于1次		
37	给排水	排污泵	雷雨天气加强对排污泵、污水井的巡视检查，确保其正常运行	排污泵控制箱上转换开关应打在"自动"位置，排污泵每月转换1次		
38				每月应手动点动操作1次		
39		水池（箱）	清洗单位应持有"二次供水设施清洗消毒许可证"	下水池及屋顶水箱每年清洗消毒2次		
40				清洗后取水样送市卫生防疫检测站化验取证		
41		运行	1. 设备运行正常，无泛水、跑水。2. 阀门、管网无跑、冒、滴、漏、锈蚀，阀门转动灵活。机房无积水、浸泡	泵房的机电设备由运行人员负责操作，其他人不得擅自操作		
42				控制柜上转换开关，无特殊情况应打在"自动"位置		
43				生活水泵每隔2天进行轮换		
44		生活水泵保养		每季进行1次保养，每年进行1次全面保养		
45		排水泵、潜水泵保养		排水泵、潜水泵每半年进行1次全面保养		

续上表

序号	项目		服务要求	服务标准	检查情况	备注
46	闭路监控系统	摄像机镜头	每季度进行1次除尘处理，清扫玻璃上的灰尘，并用镜头纸擦拭干净镜头，清理降温风扇	主机操作系统的各项操作功能正常		
47				录像回放清晰，图像资料保存时间合理并满足物业管理要求		
48				系统各设备的机壳干净		
49		后端设备	不定期进行调试与保养，保证各项监控设备24小时正常运行，能清楚显示出入人员的面部特征和车辆的车牌号，录像功能正常	系统设备的各调节旋钮能正常进行调节		
50				摄像机的安装立杆稳固，立杆表面无锈迹，并进行防腐处理（如刷防锈油漆等）		
51				摄像机护罩紧固且保持密封，护罩内外壳及玻璃上无灰尘，且干净清洁		
52				系统设备巡视、维保记录等清楚详细，记录保存完全		
53	周界安全防范系统		1. 不定期进行调试与保养。 2. 中心控制室能通过显示屏、报警控制器或电子地图准确地识别报警区域，收到警情时，能同时发出声光报警信号	主机报警准确及时。感应电缆、支架完好		
54				主机内外、控制键盘清洁干净		
55				系统能进行正常布防、撤防，消除声、光报警等功能操作		
56				报警探头安装准确且紧固牢靠，密封程度良好，能及时准确地报警		
57				探头内外壳及镜面无灰尘，干净清洁		
58				系统设备巡视、维保记录等清楚详细，记录保存完全		

续上表

序号	项目	服务要求	服务标准	检查情况	备注
59	门禁	1. 不定期进行调试与保养，选呼功能、对讲（可视）功能正常，语音（图像）清晰，开锁功能、闭门器自动闭门功能正常。2. 控制主机应能准确显示报警或故障发生，并同时发出声、光报警信号	主机、解码器等内外无灰尘，干净清洁		
60	楼宇对讲系统		监控中心管理机及住户家分机能正常振铃、对讲通话、开锁，可视画面清晰		
61			主机操作系统的各项操作功能正常		
62			门禁读卡器能正常读卡，控制器开锁及时无误		
63			闭门器或地弹闭门灵活准确，力度适当		
64			门禁系统的机械部分灵活轻便，外观清洁无污迹、锈斑等，清洁干净		
65			系统设备巡视、维保记录等清楚详细，记录保存完全		
66	电子巡更系统	根据需要设定巡更路线、时间，不定期地进行调试与保养	主机操作系统的各项操作功能正常并稳定		
67			系统主机与数据采集器能正常通信		
68			现场的巡更信息点安装稳固，无破损、松脱等		
69			系统设备外观清洁干净		
70			系统设备巡视、维保记录等清楚详细，记录保存完全		

续上表

序号	项目	服务要求	服务标准	检查情况	备注
71	车辆出入管理系统	不定期进行调试与保养	系统主机与控制器能正常通信		
72			发卡器、读卡器能正常工作，读卡、发卡准确无误		
73			闸机及控制器内外无灰尘及油污等，干净清洁		
74			电动闸杆启闭正常，机械部分润滑加油并灵活		
75			主机操作系统的各项操作功能正常		
76			车辆视频监视镜头的焦距调节准确，视频信号能正常传输给电脑控制主机		
77			监控的镜头、防护罩等干净清洁，视频图像清晰		
78			系统设备巡视、维保记录等清楚详细，记录保存完全		
79	电梯管理系统	委托专业维修保养单位进行定期保养，有专人对电梯保养进行监督，并对电梯运行进行管理	电梯24小时正常运行，轿厢内按钮、灯具等配件保持完好，轿厢整洁		
80			每年进行安全检测并持有有效的"安全使用许可证"		
81			电梯发生一般故障的，专业维修人员2小时内到达现场修理		
82			发生电梯困人或其他重大事件时，管理处人员须在5分钟内到现场应急处理，专业技术人员须在半小时内到现场进行救助		
			电梯机房干净无杂物，机柜整洁，盘车工具齐全		

续上表

序号	项目	服务要求	服务标准	检查情况	备注
83	消防联动台		各类指示灯（含电源、信号）指示正常		
84			各类开关处于开启或自动状态		
85			各电源、信号线导线无破损、烧焦现象		
86			控制台表面及内部无尘		
87	火灾报警器		电源指示灯指示正常		
88			直流电源、电压指针指示在正常范围（如+24 V、±5 V等）		
89			自检功能主机上所有指示灯闪亮，回路工作电流正常		
90			信号（电源）线导线无破损、老化		
91			表面及内部无尘		
92	火灾探测器	安全部巡检，工程部维保	感烟探测器运行正常		
93			感温探测器运行正常		
94	消防设备设施		手动报警按钮运行正常		
95		防火卷帘门		控制箱内部各电器元件接线端子无烧伤或松动		
96				机械部分（齿轮、锋条）无锈蚀且表面涂有润滑油		
97				卷帘门门体无锈蚀		
98				升降按钮动作灵活，到位准确		
99		防火门		防火门玻璃完好无损		
100				防火门弹簧铰链完好，弹性适度		
101				消防通道、防火门消防通道畅通，防火门开闭自如		
102		排烟系统	排烟风机	排烟风机表面无尘		
103				控制柜控制启停正常		
104				控制柜电源指示灯明亮		
105			排烟阀	微动开关机内部接线端子无松动，微动开关固定良好		
106				导轮、钢丝、转轴复位按钮控制无误，排烟口开启灵活		
107				风机、排烟阀手动、自动功能试验手动、联动功能正常		

续上表

序号	项目	服务要求	服务标准	检查情况	备注
108	加压送风系统		加压送风机表面除尘无尘		
109			控制柜控制启停正常		
110			控制柜电源指示灯明亮		
111			送风口百叶位置正确		
112	管道及附件		各消防阀门开启自如，不漏水		
113			各减压阀、排气阀排气正常、不漏水。减压阀工作正常		
114			消防管道管路无渗漏或锈蚀		
115	应急照明		疏散指示灯亮且处于等待状态，无松动、损伤		
116			应急灯按测试键后，应急灯亮，且充放电正常		
117	消防设备设施 风机房		表面除尘表面无灰尘		
118			机房卫生机房整洁、干净		
119			机房内照明、电话照明完好、电话通话正常		
120	推车式灭火器	完好无损，压力在正常范围			
121	手提式灭火器	安全部巡检，工程部维保	压力正常，指针指在绿色安全区内，配件齐全		
122	喷淋水泵	每年进行1次全面保养，	每半月应手动点动操作1次，确保消防泵在紧急状态下的正常使用，转轴转动灵活		
123		根据需要添加盘根	点动时，漏水在正常范围内		
124		每季度加润滑油1次	水泵运转灵活。螺栓有黄油		
125		根据需要给水泵、电机除尘，压力表指示正常	无尘。压力表完好，指示正常		
126	消火栓	安全部巡检，工程部维保	消火栓各阀门开启自如，不漏水		

续上表

序号	项目		服务要求	服务标准	检查情况	备注
127	消防设备设施	配件		水带、接扣、消火栓按钮及其他配件齐全,水带不发霉,水喉不漏水,按钮盒完好		
128		功能试验		消火栓泵启动时在管网顶部试消火栓出口喷水射程达6米以上		
129		水泵	每年进行1次全面保养	每半月应手动点动操作1次,转轴转动灵活		
130			根据需要添加盘根	水泵添加盘根点动时,漏水在正常范围内		
131			每季度加润滑油1次	水泵加润滑油运转灵活		
132			根据需要给水泵、电机除尘	水泵、电机除尘无尘		
133		阀门及水流指示器	自动喷淋各阀门开启自如,不漏水,压力指示正常	自动喷淋各阀门开启自如,不漏水,压力指示正常		
134			放水阀压力表指示正常,开启自如	放水阀压力表指示正常,开启自如		
135			信号阀关闭时有电信号在中控室显示	信号阀关闭时有电信号在中控室显示		
136			水流指示器在中控室有电信号显示	水流指示器在中控室有电信号显示		
137		喷淋头	喷淋头表面油灰不可过多	喷淋头表面油灰不可过多		
138		气体灭火系统		各气瓶气压指示正常		
139				执行元件电磁阀、放气阀、瓶头阀、分配阀气压正常,各阀无泄露,放气阀、瓶头阀、分配阀能正常工作		
140				气体控制箱触点无锈蚀,无松动,模拟功能正常		
141				瓶体及管路表面除尘无尘		

续上表

序号	项目		服务要求	服务标准	检查情况	备注
142		消防应急广播		主机各电源、控制信号及音量调节器信号指示正常，音量调节位置合适		
143				各切换器、控制器转换工作正常		
144				各放大器音质、音量良好		
145				磁带机、CD机磁头表面无粉尘		
146				各层扬声器接线牢固，纸盒完好		
147	公共部位	上人屋面	每周1次巡视	对损坏的面层及时进行修补，屋面无渗漏		
148		外墙饰面	每周1次巡视	按要求进行清洗、修补、更换、外墙粉刷		
149		内墙饰面	每周1次巡视	按要求进行（瓷砖）更换、粉刷		
150		楼面、地面	每周1次巡视	按要求进行（瓷砖）更换、修理		
151		天棚	每周1次巡视	按要求进行抹灰层空鼓处理，天棚重新粉刷，装修吊顶的调平、破损处理		
152		室外道路（地面）	每周1次巡视	按要求进行大理石地面、广场砖地面及其他地面裂缝、缺角系统修补		
153		门窗	每天巡视楼内公共部位门窗	保持玻璃、门窗配件完好，门、窗开闭灵活并无异常声响。按要求进行变形复位，防腐防蛀处理		
154		防盗网、围栏	每月1次巡视	根据损坏情况刷油漆		
155		沟井池渠	每季1次巡视	及时疏通、清淤，井盖、箅子定期刷漆		

续上表

序号	项目	服务要求	服务标准	检查情况	备注
156	公共部位	休闲椅、凉亭	每日巡查1次，发现损坏立即修复，	保持原有面貌，保证其安全使用		
		雕塑、景观小品				
157		室外健身设施	每日巡查1次，发现损坏立即修复	保证器械、设施的安全使用		
		儿童乐园等				
158		安全标志等	每月检查1次	保证标志清晰完整，设施运行正常		
159		避雷设施	每年2次检查避雷装置，18层以上的楼宇每年测试1次	保证其性能符合国家相关标准		
160		水景（动力）	每周巡视1次检查，损坏部位及时修复	保证其正常运行		
161	资料管理	设备档案规范	"设备卡""消防泵房巡查记录""电梯巡查记录""公共设备设施巡视记录""发电机房巡查记录""设备设施维修记录""小区报修单""工程维修单""工作日志"按规定时间和格式规范填写		
		设备日常运行检查与维护记录填写规范			
		客户报修记录规范			

小区资料接管交接清单

分类	序号	卷宗号	卷宗号题名	移交人	接收人	数量	备注
一、综合资料	1		红线图				
	2		单项工程竣工验收证书				
	3		竣工验收及质量评审材料、竣工报告、竣工验收证书				
	4		消防设施验收合格证				
	5		总平面布置图				
	6		分户验收资料				
	7		户型图				
二、工程资料	1						
	2						
	3						
	4						
	5						
	6						
	7						
	8						
	9						
	10						
	11						
	12						
	13						
	14						
	15						
	16						
	17						
	18						
	19						
	20						

装修验收记录表

房号		业主		电话	
施工单位		负责人		电话	
装修日期		年　月　日至　年　月　日			
检查内容 1. 是否破坏外立面的统一；2. 是否有违规搭建；3. 是否损坏公共线路及管道；4. 是否有违规施工行为；5. 是否损坏公共设施设备；6. 是否有不文明施工行为；7. 是否有其他违反施工管理协议的行为					
工程部意见（初检）：			签字：		日期：
工程部意见（复检）：			签字：		日期：
管理员意见：			签字：		日期：
工程部意见：			签字：		日期：
业主意见：			签字：		日期：
管理处意见：			签字：		日期：
财务部意见：			签字：		日期：
备注：					
说明：凭此单初检 3 个月后办理退还保证金手续。					

部门日常工作行为、信息报送考核汇总表

编号： 　　版本： 　　表格生效期： 　　序号：

自　　年　　月　　日起至　　年　　月　　日止

部门	扣分事项	扣分总计	本年度累计扣分
办公室			
人力资源部			
财务部			
工程部			
客服部			
保安部			
保洁部			

房屋交付验收表

编号：＿＿＿＿＿　　版本：＿＿＿＿＿　　表格生效期：＿＿＿＿＿　　序号：＿＿＿＿＿

楼座		房号		业主姓名		联系电话	
业主验收意见：							
燃气表底数：＿＿＿＿＿ 水表底数：＿＿＿＿＿ 电表底数：＿＿＿＿＿				业主签名： 　　　　　年　　月　　日			
处理情况：							
				经手人签名：　　　　　年　　月　　日			
验收人（业主）签名： 　　　　　年　　月　　日				管理处经理签名： 　　　　　年　　月　　日			

每周工作量化表

部门：工程部　　　　　　姓名：　　　　　　　年第　周

根据公司____年度"精于细、诚于心"的工作要求，拟制本表，以将各项基础工作落到实处。				
序号	内容	单位	数量	备注
1	完成报事报修	件		
2	投诉处理	宗		
3	制止违章搭建，发出整改通知书和停工通知书	份		
4	跟踪维修服务、上门家访	户		
5	办理装修	户		
6	装修巡察	户		
7	设施保养	宗		
8	解决业主随机问题	件		
9	发现问题	件		
10	配合性工作	件		
11	完成上级下达的随机任务	件		
12	员工培训	次		
13				

工程返修单

日期：

项目	工程内容	工程质量问题

施工单位签字：　　　日期：　　　监理签字：　　　日期：
开发商签字：　　　日期：　　　物业签字：　　　日期：

注：本单一式两联。一联工程部留存，一联保修单位留存。

工程建设中严重质量问题（质量事故）一览表

工程名称： 　　　　　　　　　　　　　　　　　　　　第　　页共　　页

次数	工程进度	发生时间	质量问题描述			检查		整改情况	处理意见和措施	备注
			部位（系统）	性质	描述	违反条文	单位	文书形式及编号			

经全面汇总统计，本工程累计发生严重质量问题＿＿＿次，质量事故＿＿＿次，整改完成＿＿＿条，现场技术处理＿＿＿条，返工重做＿＿＿条，完善资料和鉴定检测符合要求＿＿＿条；鉴定检测后加固处理＿＿＿条，经设计核定认可＿＿＿条，经加固处理＿＿＿条，根据设计认可的技术处理方案或协商文件处理＿＿＿条。质量事故已按质量事故相关程序处理完毕。除此以外工程未发生其他严重质量（问题）事故。

开发商：	监理单位：	施工单位：
项目负责人： （公章） 　　年　　月　　日	总监理工程师： （公章） 　　年　　月　　日	项目经理： （公章） 　　年　　月　　日

注：1. 工程建设中严重质量问题和质量事故及时填写，分户验收前三方予以确认。
　　2. 质量问题部位（系统）包括分部分项及层次、轴线。
　　3. 质量问题性质分为严重质量问题、质量事故等。
　　4. 检查单分为监理联系单、通知单、指令单和备忘录等。
　　5. 文书形式包括监理联系单、通知单、指令单和备忘录，质量监督单位的工程质量整改通知书、工程局部停工（暂停）通知书。
　　6. 涉及结构安全和重要使用功能的质量问题（隐患）、事故应予以汇总。

工作计划完成情况表

序号	工作内容	工作性质			执行部门	配合部门	计划完成日期	完成情况	核查部门
		经营指标	重点工作	综合工作					
1									
2									
3									
4									
5									
6									
7									
8									
9									
10									
11									
12									
13									
14									
15									

总经理：　　　　　　　　审核：　　　　　　　　分公司负责人：
部门经理：　　　　　　　编制人：　　　　　　　编制日期：　　　年　　月　　日

工程遗留问题跟进表

日期：

序号	专业	问题	跟进结果	备注

工程遗留问题处理记录表（存根）

编号：		版本：		表格生效期：		序号：	
收文单位				须完成时间		年　月　日	
通知时间	年　月　日　时						
返修地点/房号		返修内容		结果（或未处理原因）			
				处理人： 验证人：			
发展商（甲方）/监理方意见：							

发展商（甲方）/监理方：　　　　　　　　管理处：

工程遗留问题处理记录表（通知）

编号：		版本：		表格生效期：		序号：	
收文单位				须完成时间		年　月　日	
通知时间	年　月　日　时						
返修地点/房号		返修内容		结果（或未处理原因）			
				处理人： 验证人：			
发展商（甲方）/监理方意见：							

发展商（甲方）/监理方：　　　　　　　　管理处：

注：1. 请于规定时间内完成，完成后将结果报管理处（紧急情况请在1小时内到达现场）。
　　2. 未能完成请说明原因，并通知管理处存档。
　　3. 不按时完成又不说明原因的，管理处将自行处理，费用从施工款或保修款中扣除。

工程材料库房巡视检查表

项目	第一周					第二周					第三周					第四周				
	周一	周二	周三	周四	周五	周一	周二	周三	周四	周五	周一	周二	周三	周四	周五	周一	周二	周三	周四	周五
卫生																				
消防设备																				
电气安全																				
货架摆放																				
库房设施																				
抽查记录																				

库管员： 　　　　　　主管： 　　　　　　　　　部门经理：

工程材料、备品备件盘库清单

工程材料：

序号	材料名称	规格	单位	最低月耗数量	平均月耗数量	盘库数量	账面数	单价	账面金额	实物金额	末次领料日期	保管员/部门	备注

盘库日期： 　　　　　　库管员： 　　　　　　　　综合部：

房屋及设备设施维护报修确认登记表

序号	报修单位	报修区域	维修内容	更换部位及品名	完成结果	未完成原因	协调部门计划时间	负责人确认	日期	备注
年 *月* *日* 项目:										
1										
2										
3										
4										
5										
6										
7										
8										
9										

房屋年度检修计划

编号：　　　　　版本：　　　　　表格生效期：　　　　　序号：

部门				年度				
序号	房屋名称	房屋类型	修缮部位、面积	修缮类型	计划时间	预计金额	费用来源

编制：　　　　　　　　　　审核：　　　　　　　　　　批准：
日期：　　　　　　　　　　日期：　　　　　　　　　　日期：

防雷接地系统测试、检查记录表

编号：　　　　　版本：　　　　　表格生效期：　　　　　序号：

序号	日期	楼号	测试点位置	设计要求电阻	实测电阻	检查情况

电缆绝缘测试记录表

编号：　　　　　版本：　　　　　表格生效期：　　　　　序号：

| 序号 | 电缆用途 | 型号 | 起止点 | 绝缘电阻值/MΩ | | | | | | | | | 备注 |
				A-B	A-C	B-C	A-0	B-0	C-0	A-地	B-地	C-地	0-地	

消防水泵二级保养记录表

管理处年设备编号：　　　　　保养周期：每年　　　　　责任人：

保养项目	二级保养	二级保养记录		维修保养情况审核	备注
		完成情况	时间		
保养项目	机械：全面清洗，调整，解体检查修理、噪声、振动、泄露检测 电机：绝缘遥测、抽芯检查、清扫、轴承上油 电气：全面清扫，母线、导线端子压接面除氧化，参数整定，耐压绝缘测试 电子：除尘，插接件接口清洗，系统功能、参数测试 管道：除锈、防腐、刷漆 阀门：渗漏、故障处理或更换				
电动机	绝缘电阻≤0.5 MΩ，烘干处理				
	更换有异响、阻滞的轴承				
	修整有碰壳现象的风叶				
	清洁外壳				
	油漆外壳				
水泵机组	更换有异常摩擦声响的轴承				
	更换轴、键、槽损坏的轴承				
	更换有卡住、碰撞现象的叶轮				
	对漏水成线压盘根处加压盘根				
	清洁外表				
	重新油漆				
弹性联轴器	更换损坏的联轴器				
水泵机组螺栓	紧固所有螺栓				
控制柜	清洁控制柜内外使之无尘、无污物				
	紧固所有接线头，更换烧蚀严重的接头				
	补上脱落的号码管				

续上表

保养项目	二级保养	二级保养记录		维修保养情况审核	备注
	机械：全面清洗，调整，解体检查修理，噪声、振动、泄露检测 电机：绝缘遥测、抽芯检查、清扫、轴承上油 电气：全面清扫，母线、导线端子压接面除氧化，参数整定，耐压绝缘测试 电子：除尘，插接件接口清洗，系统功能、参数测试 管道：除锈、防腐、刷漆 阀门：渗漏、故障处理或更换	完成情况	时间		
交流接触器	清除灭弧罩内的炭化物、金属颗粒				
	清除触头表面及四周的污物，更换烧蚀严重的触头				
	清洁铁芯上的油污及脏物				
	检查复位弹簧情况				
	拧紧所有紧固件				
自耦减压启动器	绝缘电阻≤0.5 MΩ，烘干处理				
	拧紧接地线				
	接地线油漆				
热继电器	更换损坏的绝缘盖板				
	更换达不到要求的导线接头				
自动空气开关	绝缘电阻≤100 MΩ，烘干处理				
	更换破裂的灭弧罩				
	可动部分应灵活无卡住现象				
	清除触头表面小金属颗粒				
中间继电器、信号继电器	更换动作不可靠的中间继电器、信号继电器				
信号灯、指示仪表	修整不亮的信号灯				
	更换调整不好的仪表				
远传压力表	有积水，干燥处理				
	重新焊接腐蚀的信号线接头				
	拆换偏差大、信号线腐烂的仪表				

续上表

保养项目	二级保养	二级保养记录		维修保养情况审核	备注
	机械：全面清洗，调整，解体检查修理，噪声、振动、泄露检测 电机：绝缘遥测、抽芯检查、清扫、轴承上油 电气：全面清扫，母线、导线端子压接面除氧化，参数整定，耐压绝缘测试 电子：除尘，插接件接口清洗，系统功能、参数测试 管道：除锈、防腐、刷漆 阀门：渗漏、故障处理或更换	完成情况	时间		
闸阀	更换漏水的密封胶垫				
	更换漏水的加压黄油麻绳				
	阀杆加黄油润滑				
	重新油漆				
止回阀	更换损坏的密封胶垫				
	更换弹力不足的弹簧				
	重新油漆				
浮球阀	更换老化的密封胶垫				
	校直弯曲的连杆				
	更换磨损严重的连杆插销				
潜水泵、排污泵	绝缘电阻≤0.25 MΩ，烘干线圈				
	更换老化的密封圈				
	更换有问题的轴承				
	紧固所有螺母、软管				
	重新油漆				
明装给排水管	整改不醒目的流向标识				
	加强不牢固的支持托架				
	处理连接处漏水				
	重新油漆				
其他					
保养人：			审核人：		

注：逢高级保养，低级保养可以不做。已做的项目画"√"，没做的画"/"，更换部件在备注栏记录。

消防水泵一级保养记录表

管理处年设备编号：　　　　　保养周期：每季　　　　　责任人：

保养项目	一级保养 机械：检查、检测、局部解体、清洗、调整、维修更换 电机：绝缘遥测 电气：清扫，检查仪表、电器 电子：除尘、触头研磨、更换、功能检查 管道：除锈、防腐 阀门：渗漏、故障处理	一级保养记录									维修保养情况审核	备注
		完成情况	时间	完成情况	时间	完成情况	时间	完成情况	时间	完成情况		
电动机	绝缘电阻≤0.5 MΩ，烘干处理											
	更换有异响、阻滞的轴承											
	修整有碰壳现象的风叶											
	清洁外壳											
水泵机组	给轴承加注润滑油											
	更换有卡住、碰撞现象的叶轮											
	对漏水成线压盘根处加压盘根											
	清洁外表											
弹性联轴器	更换损坏的联轴器											
水泵机组螺栓	紧固所有螺栓											
控制柜	清洁控制柜内所有元器件											
	紧固所有接线头，更换烧蚀严重的接头											
	补上脱落的号码管											
交流接触器	清除灭弧罩内的炭化物、金属颗粒											
	清除触头表面及四周的污物											
	清洁铁芯上的油污及脏物											
	检查复位弹簧情况											
	拧紧所有紧固件											

续上表

保养项目	一级保养 机械：检查、检测、局部解体、清洗、调整、维修更换 电机：绝缘遥测 电气：清扫，检查仪表、电器 电子：除尘，触头研磨、更换、功能检查 管道：除锈、防腐 阀门：渗漏、故障处理	一级保养记录									维修保养情况审核	备注
		完成情况	时间	完成情况	时间	完成情况	时间	完成情况	时间	完成情况	时间		
自耦减压启动器	拧紧接地线											
	接地线除锈											
热继电器	更换损坏的绝缘盖板											
	修整有过热痕迹、烧伤的导线接头											
自动空气开关	清除灭弧罩内的炭化物、金属颗粒											
	可动部分应灵活无卡住现象											
	清除触头表面小金属颗粒											
中间继电器、信号继电器	进行模拟试验，应动作可靠											
信号灯、指示仪表	修整不亮的信号灯											
	调整有偏差的仪表											
远传压力表	有积水，干燥处理											
	重新焊接腐蚀的信号线接头											
	拆换偏差大、信号线腐烂的仪表											
闸阀	更换漏水的密封胶垫											
	更换漏水的加压黄油麻绳											
	阀杆加黄油润滑											
止回阀	更换损坏的密封胶垫											
	更换弹力不足的弹簧											

续上表

保养项目	一级保养 机械：检查、检测、局部解体、清洗、调整、维修更换 电机：绝缘遥测 电气：清扫，检查仪表、电器 电子：除尘，触头研磨、更换、功能检查 管道：除锈、防腐 阀门：渗漏、故障处理	一级保养记录									维修保养情况审核	备注
		完成情况	时间	完成情况	时间	完成情况	时间	完成情况	时间		
浮球阀	更换老化的密封胶垫										
	校直弯曲的连杆										
	更换磨损严重的连杆插销										
潜水泵、排污泵	绝缘电阻≤0.25 MΩ，烘干线圈										
	更换老化的密封圈										
	更换有问题的轴承										
	紧固所有螺母、软管										
明装给排水管	整改不醒目的流向标识										
	加强不牢固的支持托架										
	处理连接处漏水										
其他											
保养人：					审核人：						

注：逢高级保养，低级保养可以不做。已做的项目画"√"，没做的画"/"，更换部件在备注栏记录。

低压配电设备设施例保记录表

管理处年设备编号：　　　　　保养周期：半月　　　　　责任人：

保养项目	日常维护保养 检查、清洁、防腐、紧固、润滑、小故障排除	日常维护保养记录				维修保养情况审核	备注
		完成情况	时间	完成情况	时间		
熔断器	更换熔断的熔体，同规格，同形状						
	修整接触不好的熔体与保险座						
刀开关	空气开关紧固，安装螺栓						
交流接触器	清洁表面、进/出线端相间的污垢						
	紧固所有紧固件						
自耦减压启动器	紧固接地线						
	外壳除锈						
电容器	清洁外壳灰尘						
	拧紧接地线						
	接地线除锈						
热继电器	更换不完整的绝缘盖板						
二次回路	补上不清晰或脱落的号码管						
	拧紧所有紧固件						
主回路	补上不清晰或掉落的标识牌						
	拧紧所有紧固件						
其他							
保养人：				审核人：			

注：逢高级保养，低级保养可以不做。已做的项目画"√"，没做的画"/"，更换部件在备注栏记录。

低压配电设备设施一级保养记录表

管理处年设备编号：　　　　保养周期：半年　　　　责任人：

保养项目	一级保养 电气：清扫、检查仪器 电子：除尘，触头研磨、更换、功能检查	一级保养记录				维修保养情况审核	备注
		完成情况	时间	完成情况	时间		
熔断器	更换熔断的熔体，同规格、同形状						
	修整接触不好的熔体与保险座						
刀开关、空气开关	紧固安装螺栓						
	转动部位加注润滑油						
	调整、维修三相不同步、接触不好的						
交流接触器	清洁表面、进/出线端相间的污垢						
	紧固所有紧固件						
	清扫触头表面及四周污物、研磨触头						
	清洁铁芯表面的油污及脏物						
自耦减压启动器	紧固接地线						
	外壳除锈						
电容器	清洁外壳灰尘						
	拧紧接地线						
	接地线除锈						
	更换有膨胀、漏油、异常响声的电容器						
热继电器	更换不完整的绝缘盖板						
	整修有过热痕迹或烧伤的导线接头						
二次回路	补上不清晰或脱落的号码管						
	拧紧所有紧固件						

续上表

保养项目	一级保养 电气：清扫、检查仪器 电子：除尘，触头研磨、更换、功能检查	一级保养记录				维修保养情况审核	备注
		完成情况	时间	完成情况	时间		
主回路	补上不清晰或掉落的标识牌						
	拧紧所有紧固件						
	修复有烧伤、过热痕迹的接头						
其他							
保养人：				审核人：			

注：逢高级保养，低级保养可以不做。已做的项目画"√"，没做的画"/"，更换部件在备注栏记录。

低压配电设备设施二级保养记录表

管理处年设备编号：　　　　　　保养周期：每年　　　　　　责任人：

保养项目	二级保养 电气：全面清扫，导线、电气端子压接面除氧化，参数整定，耐压绝缘测试 电子：除尘，插接件接口清洗，系统功能、参数测试	二级保养记录		维修保养情况审核	备注
		完成情况	时间		
熔断器	更换熔断的熔体，同规格、同形状				
	修整接触不好的熔体与保险座				
刀开关、空气开关	紧固、安装螺栓				
	转动部位加注润滑油				
	调整、维修三相不同步、接触不好的				
	绝缘电阻≤10 MΩ，烘干处理或更换				
交流接触器	清洁表面、进/出线端相间的污垢				
	紧固所有紧固件				
	更换烧伤严重的触头				
	清洁铁芯表面的油污及脏物				

续上表

保养项目	二级保养 电气：全面清扫，导线、电气端子压接面除氧化，参数整定，耐压绝缘测试 电子：除尘，插接件接口清洗，系统功能、参数测试	二级保养记录		维修保养情况审核	备注
		完成情况	时间		
自耦减压启动器	紧固接地线				
	外壳除锈				
	绝缘电阻≤0.5 MΩ，烘干处理或更换				
电容器	清洁外壳灰尘				
	拧紧接地线				
	接地线油漆				
	更换三相平衡电流超过额定值15%或缺相的电容器				
热继电器	更换不完整的绝缘盖板				
	更换无法修复的热继电器				
二次回路	补上不清晰或脱落的号码管				
	拧紧所有紧固件				
主回路	补上不清晰或掉落的标识牌				
	拧紧所有紧固件				
	修复有烧伤、过热痕迹的接头				
	油漆母线排				
其他					
保养人：			审核人：		

注：逢高级保养，低级保养可以不做。已做的项目画"√"，没做的画"/"，更换部件在备注栏记录。

水、电表抄表记录表

栋号	门牌号	电表号	上次行度	本次行度	实际用量	水表号	上次行度	本次行度	实际用量	备注

抄表人员：　　　　　　　　　　　　抄表日期：

违章用电（水）处理记录表

序号：

日期	姓名	所属单位	违章事件	处理措施及情况	处理人	查核人

设备外委安装、维修、保养记录表

序号：

安装、维修、保养项目	日期	作业单位	处理结果及情况	技术员	检查人

水泵运行巡查表

水泵房名称：　　　　　　　　　　　　　　　　　年　　月　　日

时间	泵组编号	控制柜	电路系统	电动机AAA	电机温度/℃	水泵	管网	水压/kPa	水池	环境卫生	值班人	备注

水泵电机保养记录表

水泵房名称： 　　　　　　　　　　　　　　　　　　　　　年　　月　　日

设备编号		设备名称		供水范围		责任人		保养人	
扬程		额定功率		额定电流		转速		审核人	
保养记录									
检查项目	润滑油		盘根	联轴器连接	接地	电缆头紧固	电机接线端紧固	基座及其安装固定	软接头
检查情况									
处理结果									
检查项目	单向阀		进水阀	出水阀	放空阀	压力阀	水泵外观	管道外周清扫	防锈处理
检查情况									
处理结果									
检测项目	电机绕组阻值/Ω			电机对地绝缘/MΩ		启动电机检查电机运行电流/A			压力表指示/MPa
	AB	BC	AC			A相	B相	C相	
检测值									
备注									

电梯运行周巡查表

电梯编号：　　　　　　　　　　　　　　　　序号：

检查内容		检查日期				备注
机房	室内照明及通风					
	灭火器材正常无缺损					
	机房干净无杂物					
	机房与轿厢通话正常					
	控制柜无灰尘					
	电梯运行正常无停梯					
	盘车专用工具整齐无缺损					
	电机无异响					
轿厢及按钮	轿内求救警铃正常有效					
	轿内与中控室通话正常					
	门安全触板动作有效					
	开关门灵活可靠					
	选层按钮正常					
	外呼梯按钮及显示器正常					
	候梯室照明正常					
其他	乘梯须知、年检标识完好					
	电梯前室干净无杂物					
检查人员						

审核人员：　　　　　　　　　　　　　　　　日期：

发电机组巡查记录表

_____管理处　　　　　　　　　　　　　　　　　　年　月　日

巡查日期	电池电压	机油油位	水箱水位	柴油油位	有无泄露	消防设施	机房照明	机房卫生	自动开关	巡检人员

记事：

中央空调主机运行记录表

班次：　　　　　值班员：　　　　　　　　　年　　月　　日

	检查时间	冷冻水温度		低压显示	高压显示	系统电压显示	压缩机电流/A		油位	油温	主机电表行度	副机电表行度	备注
		出水	进水				1#	2#					
主机	启机												
	2小时												
	4小时												
	6小时												
	8小时												

	检查时间	设备名称	运行状态				电流/A				出水压力/MPa				电磁阀开启状态	备注
			1#	2#	3#	4#	1#	2#	3#	4#	1#	2#	3#	4#		
辅助设备	启机	冷却水泵														
	2小时															
	4小时															
	6小时															
	8小时															
	启机	冷冻水泵														
	2小时															
	4小时															
	6小时															
	8小时															
	启机	冷却风机									—	—	—	—	—	
	2小时										—	—	—	—	—	
	4小时										—	—	—	—	—	
	6小时										—	—	—	—	—	
	8小时										—	—	—	—	—	

中央空调机房巡查记录表

序号：

日期/时间	电压	照明	指示灯	排水	通风	仪表	显示屏	卫生	开关	阀门	管道	温度	检查人	备注

记事：

防雷设施检查表

检查地址： 　　　　　　　　　　　　　　　　　　　　年　月　日

名称	项目	检查情况	检查人	处理情况	责任人	备注
接闪线	支撑是否牢固					
	是否被腐蚀、锈蚀					
	是否受机械损坏					
引下线	镀锌、涂漆是否完好					
	保护维修是否完好					
接地线	连接是否牢固					
	电阻是否符合要求					

审核：　　　　　　　　　　　　　　　　　　　　　　日期：

水、电表移交记录表

_____区_____栋_____单元　　　　　　　　序号：

户号	水表读数	电表号	电表读数	备注	户号	水表读数	电表号	电表读数	备注

交方代表签名：　　　　　日期：　　　　　接方代表签名：　　　　　日期：

闭路监控系统保养维修记录表

编号：　　　　　版本：　　　　　表格生效期：　　　　　序号：

部门							责任人			
时间	摄像机			录像机		主机		电源	保养人	监督人	备注
	除尘	加油	调整	外部除尘	磁头清洗	指示灯	除尘	接头			

给排水设备设施例保记录表

管理处年设备编号：　　　　　保养周期：半月　　　　　责任人：

保养项目	日常维护保养 检查、清洁、防腐、紧固、润滑 盘车、试车、小故障排除	日常维护保养记录				维修保养情况审核	备注
		完成情况	时间	完成情况	时间		
电动机	检查电动机轴承运行情况						
	检查电动机风叶有无碰壳现象						
	清洁外壳						
水泵机组	给轴承加注润滑油						
	对漏水成线压盘根处加压盘根						
	清洁外表						
弹性联轴器	检查弹性联轴器						
水泵机组螺栓	紧固所有螺栓						
控制柜	清洁控制柜外壳						
	紧固所有接线头						
	补上脱落的号码管						
交流接触器	检查复位弹簧情况						
	拧紧所有紧固件						
自耦减压启动器	拧紧接地线						
	接地线除锈						
热继电器	检查绝缘盖板						
	检查导线接头						
自动空气开关	可动部分应灵活无卡住现象						
信号灯、指示仪表	修整不亮的信号灯						
远传压力表	有积水的，干燥处理						
	重新焊接腐蚀的信号线接头						

续上表

保养项目	日常维护保养 检查、清洁、防腐、紧固、润滑 盘车、试车、小故障排除	日常维护保养记录				维修保养情况审核	备注
		完成情况	时间	完成情况	时间		
潜水泵、排污泵	更换老化的密封圈						
	轴承转动是否灵活，有无异响						
	紧固所有螺母、软管						
明装给排水管	整改不醒目的流向标志						
	加强不牢固的支持托架						
	处理连接处漏水						
其他							
保养人：				审核人：			

注：逢高级保养，低级保养可以不做。已做的项目画"√"，没做的画"/"，更换部件在备注栏记录。

公共区域各部位周检记录表

楼层	检查项目	检查记录	处理意见
	地面		
	地面		
	墙（柱）面		
	墙（柱）面		
	踢脚		
	踢脚		
	天花		
	天花		
	门（窗）		
	门（窗）		

检查人：　　　　　　　检查日期：　　　年　　月　　日

顾客投诉/建议处理表

编号：		版本：		表格生效期：		序号：	
业主姓名				联系方式			
业主地址							
投诉/建议内容							
记录人				记录日期			
责任部门处理措施							
要求完成期限		天		周		月	
记录人/经理签名				记录日期及时间			
办公室/领导意见							
记录人				日期			
措施完成情况							
责任人签名				日期			
验证结果							
验证人				记录日期及时间			
所在管理处				类别			

事故/故障处理报告单

事故/故障编号：　　　　　　报告日期：

事故地点		故障时间	

故障现象及事故原因	现象：
	原因：

故障分析、处理	
	执行工程师：　　　日期：　年　月　日

故障恢复时间		结果确认	

纠正和预防对策	
	对策建议工程师：　　　日期：　年　月　日

总经理批示	管线领导	部门领导	报告人

监视及测量装置限制使用记录表

编号：　　　　　版本：　　　　　表格生效期：　　　　　序号：

日期	名称	编号	限制使用原因	限制使用区段/范围	记录人

监视及测量装置年检记录表

编号：　　　　版本：　　　　表格生效期：　　　　序号：

部门		设备名称		规格型号		精度级别		设备编号	
档位	标准/实测	误差	标准/实测	误差	标准/实测	误差	平均误差	备注	
检定结论					检定人：		年　月　日		
办公室意见					签名：		年　月　日		

监视及测量装置年检合格标签

编号：　　　　版本：　　　　表格生效期：　　　　序号：

测量仪器年检合格

检定人：　　　　检定日期：_____

海宇物业管理有限公司

交接清单（附页）

编号：　　　　　　　版本：　　　　　　　表格生效期：

序号	工作内容	对接部门/人	进展情况	完成期限
1				
2				
3				
4				
5				
6				
7				
8				
9				
10				
11				
12				
备注				

工作内容包括：1. 交接人在短期内计划进行的工作。
　　　　　　　2. 交接人正在跟进的工作。
　　　　　　　3. 交接人已完成但仍须跟进的工作。

交接手续完善表

编号：　　　　版本：　　　　表格生效期：　　　　序号：

部门		交接岗位/业务		
类别	名称		数量	备注
文件资料类				
电子表格类				
其他类				

我确保已将本岗位/本业务保存的文件、资料、物品，须跟进的工作全部移交完毕，否则愿承担相应责任。	我已收到以上文件、资料、物品，并明确须跟进的工作，本人愿承担相应责任。	本人证明：以上资料及工作均已妥善移交。
移交人签名： 　　　年　月　日	接收人签名： 　　　年　月　日	证明人签名： 　　　年　月　日

紧急事件处理记录表

编号：		版本：		表格生效期：		序号：		
事件主题								
发生部门			事发时间			事发地点		
□紧急事件　□质量事故　□重大质量事故								
事件记录：（可另附件） 　　　　　　　　　　　　　记录人：　　　　　　　年　　月　　日								
处理意见及情况： 　　　　　　　　　　　　　签名：　　　　　　　　年　　月　　日								
部门经理意见： 　　　　　　　　　　　　　签名：　　　　　　　　年　　月　　日								
办公室意见： 　　　　　　　　　　　　　签名：　　　　　　　　年　　月　　日								
处理结果： 　　　　　　　　　　　　　经办人：　　　　　　　年　　月　　日								
结果验证： 　　　　　　　　　　　　　签名：　　　　　　　　年　　月　　日								

紧急事件登记表

编号：　　　　　版本：　　　　表格生效期：　　　　序号：

办公室序号	部门序号	事件主题	发生日期	处理情况

注：办公室序号：在公司范围内，以年度为单位编制。
　　部门序号：在本部门范围内，以年度为单位编制。
　　处理情况标识：部门经理意见（完）、办公室意见（完）、部门处理结果（完）、办公室验证（完）。

工程竣工验收表

工程名称：					
施工单位		验收日期		整改期限	
验收参与部门：					
验收参与人员：					
验收内容	验收项目	验收意见		施工单位回复	复验结果
工程未完项					

验收单位：	施工单位：	移交单位：
	自检合格	
日期：	日期：	日期：

内部质量审核观察项/不合格项报告

编号：　　　　版本：　　　　表格生效期：　　　　序号：

被审核部门		审核时间		审核编号	
序号	问题点描述及评定	纠正措施			纠正措施验证

审核员：　　　　　　被审核方：　　　　　　验证人：

审核组长：

派 工 单

派工日期：	月 日		修复日期：	月 日
用户姓名		电话		自编号
详细地址				
电气型号			故障现象	
维修类别		收取金额（人工）：		
		收取金额（材料）：		
维修措施				
负责维修员		派工主管		
维修结果：				
客户满意程度：		客户签字：		
		单位盖章		
用户设备档案：	维修内容：	购买材料：		

设备/设施保养维修记录表

编号：　　　　　　版本：　　　　　表格生效期：　　　　序号：

部门		设备/设施名称			责任人	
型号规格						
时间	原因	内容		维修人	监督人	保养级别

设 备 卡

编号：　　　　　　版本：　　　　　表格生效期：　　　　序号：

制卡日期：＿＿＿＿＿＿＿＿＿＿	
设备名称：＿＿＿＿＿＿＿＿＿＿	设备编号：＿＿＿＿＿＿＿＿＿＿
设备型号：＿＿＿＿＿＿＿＿＿＿	安装地点：＿＿＿＿＿＿＿＿＿＿
主要参数：＿＿＿＿＿＿＿＿＿＿	制 造 厂：＿＿＿＿＿＿＿＿＿＿
功　　率：＿＿＿＿＿＿＿＿＿＿	出厂日期：＿＿＿＿＿＿＿＿＿＿
电　　压：＿＿＿＿＿＿＿＿＿＿	投运日期：＿＿＿＿＿＿＿＿＿＿
运行状况：＿＿＿＿＿＿＿＿＿＿	保 养 人：＿＿＿＿＿＿＿＿＿＿

设备抢修（大修）记录表

编号：		版本：		表格生效期：			序号：		
部　　门					设备责任人				
设备名称					设备检修类别				
修理时间		年　　月　　日　　时至　　年　　月　　日　　时							
参加人员									
检修前情况（初步判断故障）：									
检修内容：									
检修后试运行情况：									
更换器件及材料：									
记录人签名：							年　　月　　日		
工程部经理意见：							年　　月　　日		
办公室意见：							年　　月　　日		
备注：									

重大事件报告单

致：	时期：		年　　月　　日	
由：	时期：	年　月　日	时　分	
地点：				
事故主要原因（简要说明）：				
处理经过（简要说明）：				
报告人：				
部门：				
部门主管签名：				

设备维护保养记录

设备名称						维保类型					
设备地点						维护人员					
计划维保时间	从	年	月	日	时	实际维保时间	从	年	月	日	时
	至	年	月	日	时		至	年	月	日	时
工作间断时间	年	月		日	时	分	工作恢复时间	年	月	日	时	分
维保内容											
维保结果											
消耗耗材											
试运行情况						试运行人员：					
验收情况						验收人：				日期：	
备注											

设备运行状态月报表

_____小区　　　　　　　　　　　填报时间：　年　月　日

系统	序号	设备名称	规格型号	运行状态自我评价			备注
				O	F	U	
供电		电力变压器					
		高压配电柜					
		高压计量柜					
		低压配电柜					
		电容补偿柜					
		低压计量柜					
		楼梯间开关箱					
		柴油发电系统					
照明		设备房、公共区照明					
		控制箱、公共区开关					

续上表

系统	序号	设备名称	规格型号	运行状态自我评价			备 注
				O	F	U	
给水		市管网进水总阀、水表					
		栋、单元总阀、水表					
		二次供水设备					
净水		生产系统					
		计量系统					
排水		各种排水泵					
		管道井坑及护盖					
游泳池		循环水设备系统					
		投药系统					
		进、排水系统					
暖通		送、排风系统					
		制冷、热系统					
电梯		轿箱、钢缆、门开关等					
		主控柜设备					
音乐		主设备系统					
		音箱					
消防		报警主控柜					
		喷淋设备、管路					
		防火门、排烟					
		普消设施、开关、阀门					
监控		主控制设备					
		摄像头、探头、线路					
弱电		电视、电话、对讲					
		远程计费					

说明：1. 评价标准：O：完好，F：维修完成，U：需修理。
   2. 请在备注栏内填写需修理设备的故障情况及未及时维修的原因。
   3. 工程部将以此表为基础进行复查、评定。

设施、设备检查记录表

日期：　　　　　　　　专业：

姓名	检查项目	存在问题	备注

专业负责人签字：

生活冷水停水申请单

申请单位		申请人		联系电话			
申请时间	年 月 日	申请停水时间	年　　月　　日　　时　　分至 年　　月　　日　　时　　分				
停水区域							
停水原因：							
停水影响区域：							
需通知部门及部门意见：							
物业部：							
保卫部：							
批示人	设备主管		执行人		工程部经理		总经理
签字							
日期							

注：在停水前，要提前两天通知停水区域的客户。

施工变更单

施工单位：□工程部施工　□外委单位施工　□用户装修施工

单位名称：_____　　负责人：_____

施工性质：□施工延期　□施工整改　□公司内部施工

施工时间：　　年　月　日　时　分开始至　　年　月　日　时　分结束

　　　　　□连续施工

办理证件：□许可证：编号_____　□施工证：人数_____

影响范围：_____

_____

审　　批：施工方：_____　　管业部：_____

　　　　　保卫部：_____　　工程部：_____

注：本变更单一式一联，由管业部留存。

施工变更单（附）

施工单位：□工程部施工　□外委单位施工　□用户装修施工

单位名称：_____　　负责人：_____

施工性质：□施工延期　□施工整改　□公司内部施工

施工时间：　　年　月　日　时　分开始至　　年　月　日　时　分结束

　　　　　□连续施工

办理证件：□许可证：编号_____　□施工证：人数_____

影响范围：_____

_____

审　　批：施工方：_____　　管业部：_____

　　　　　保卫部：_____　　工程部：_____

注：本变更单一式一联，由管业部留存。

天然气停气申请单

申请单位		申请人		联系电话	
申请时间	年 月 日	申请停气时间			
停气区域					

年 月 日 时 分至
年 月 日 时 分

停气原因：

停气影响区域：

需通知部门及部门意见：

物业部：

保卫部：

批示人	设备主管	执行人	工程部经理	总经理
签字				
日期				

注：在停气前，要提前两天通知停气区域的客户。

停电申请单

申请单位		申请人		联系电话	
申请时间	年 月 日	申请停电时间		年 月 日 时 分至 年 月 日 时 分	
停电区域		□变配电高压系统　□公共区域照明（动力）　□客户区域照明（动力） □设备机房动力　□事故照明			
停电原因：					
停电影响区域：					
需通知部门及部门意见：					
物业部：					
保卫部：					
批示人	设备主管	执行人		工程部经理	总经理
签字					
日期					

注：在停电前，要提前两天通知停电区域的客户。

停水、电、气通知会签单

部门		发文人	
部门经理		日期	

通知内容：

影响范围：

管业部：
经理签字_____ 日期：_____

保卫部：
经理签字_____ 日期：_____

总经理批示：
总经理签字：_____ 日期：_____

注：会签单和通知单同时给会签部门。

停水、电试消防设施申请表

编号：	版本：	表格生效期：	序号：

申请人		申请时间	
申请原因			
范围			
需要采取的安全措施			
设备停止时间	年　月　日　时　分到　年　月　日　时　分止		
工程部经理意见	签名：　　　　　　日期：		
相关部门意见	签名：　　　　　　日期：		
备注：			

停、送电操作表

编号：　　　　　版本：　　　　　表格生效期：　　　　　序号：

配电房名称		停送线路名称	
停电原因			
停电范围			
检修人员			
要求停送电时间	年　月　日　时　分到 年　月　日　时　分		
工作负责人			
许可停送电时间	年　月　日　时　分到 年　月　日　时　分		
设备主管			
实施安全措施			
实际停电时间	年　月　日　时　分		
值班负责人		工作负责人	
工作完成时间	年　月　日　时　分		
工作负责人			
解除安全措施			
实际送电时间	年　月　日　时　分		
工程部经理		值班负责人	工作负责人

土建定期维护保养巡检记录表

____周检 ____月检 ____年检

日期	检查部位/项目	完好情况	问题	处理情况	检查人	备注

维修工工作日记

日期	维修地点	维修内容	维修人员	材料（费用）	完成情况	备注

维修作业记录表

项目：　　　　　　　　　　　　　　　　　　　　　　　　　　　年　　月

原因：由于___栋___楼___室的业主投诉或是___巡查发现。地点：___的地方发生___的故障，现特派员工___及时处理此事					所用材料：___
事因：					作业工时：___
处理：					发生费用：___
^					材料费用：___
结果：					特约服务费：___
派工主管	作业员	业主签名	回访		日期：　年　月　日
原因：由于___栋___楼___室的业主投诉或是___巡查发现。地点：___的地方发生___的故障，现特派员工___及时处理此事					所用材料：___
事因：					作业工时：___
处理：					发生费用：___
^					材料费用：___
结果：					特约服务费：___
派工主管	作业员	业主签名	回访		日期：　年　月　日
派工主管	作业员	业主签名	回访		日期：　年　月　日

物业接管验收情况通报表

编号： 版本： 表格生效期： 序号：

致：

由：管理有限公司＿＿＿＿管理处

事项：

管理处经理：＿＿＿＿
年　　月　　日

发展商签字确认： 年　　月　　日

物业接管资料移交清单

项目	内容	份	页	项目	内容	数量
（一）征用地	1. 用地规划许可证			（七）图纸	1. 建筑竣工图	
	2. 建设用地通知书附图及批文				2. 结构竣工图	
	3. 用地批准书附图及批文				3. 给排水竣工图	
	4. 土地使用证				4. 供电竣工图	
（二）规划	1. 规划设计要点				5. 弱电竣工图	
	2. 规划方案批文及附图				6.	
	3. 规划方案修改批复及附图				7.	
（三）报建	1. 报建审核书			（八）资料	1. 建筑竣工图	
	2. 四置图				2. 结构竣工图	
	3. 首层平面图				3. 给排水竣工图	
	4. 立面图				4. 供电竣工图	
	5. 消防审核意见				5. 弱电竣工图	
	6. 煤气报批审批意见				6.	
	7. 户外管线审核书				7.	
	8. 建设工程规划许可证				8.	
（四）建管	1. 验收册			（九）验收	1. 单项工程验收证明	
	2. 建筑工程验收合格证				2. 隐蔽工程验收签证	
					3. 验收备案表	
					4. 综合验收合格	
（五）其他	1. 改变结构、外观、功能补报手续				5.	
	2. 配套报建或取消的批文				6.	
	3. 电信工程批文及附图				7.	
	4.			综合数据	1）项目名称：_____	
	5.				2）建筑面积：_____	
	6.				3）开工时间：_____	
（六）说明					4）竣工时间：_____	
					5）施工单位：_____	
					6）联系电话：_____	

消防设备年保养记录

(大厦)名称：　　　　　　　　　　　　　　　　　年　　月　　日

设备名称	交验项目/保养项目	交验情况及处理	交验人	日期	核验人
消防栓	检查水带并交接摺边				
	检查阀门、阀杆上油				
	栓内清洁无异物				
	各接口无损坏，连接方便可靠				
	检查指示灯，试验报警按钮				
手提灭火器	清查各部位个数，急取方便				
	压力表指针在绿色区				
	手感检查每个重量，抽样10%称量，减轻10%需补充				
	逐个检查铅封及操作手柄，应达到紧固良好，但不卡阻				
	检验标志				
防火阀	开闭灵活，挂钩可靠，位置有标志				
	阀内无异物、锈蚀，位置显示正确，油漆良好				
正压压送风口	叶片无脱落，无变形				
	开闭操作正常，信号显示正确，线头紧固				
	风口内外抹灰除尘				

539

续上表

设备名称	交验项目/保养项目	交验情况及处理	交验人	日期	核验人
排烟、送风风机	紧固风机控制柜内接线头，抹灰除尘				
	电器动作顺序、控制正确，手柄位置与实际相符，指示灯、电压、电流表完好				
	转向正确，运行无异声，电流平衡				
	运行24小时之后，电机及轴承正常				
防火卷帘门	门锁良好，开闭按钮牢固，导轨、卷帘无变形				
	油漆良好				
	按钮手动操作开闭方向正确，开闭灵活，无卡滞，无异常声响，上下限位开关动作正确				
	控制中心手动操作卷帘门动作正常				
	烟感器喷烟后卷帘门自动关闭，控制中心信号正确				
	电机绝缘高于0.5 MΩ，线头压接良好，继电器接触良好				
	全面清洁控制箱、卷帘门、导轨、电动机、限位开关				

续上表

设备名称		交验项目（原）保养项目	交验情况及处理	交验人	日期	核验人
消防水系统	水泵控制柜	拆盖整理主电器主触头，保证接触良好，运行无声				
		柜内所有接头紧固，元件无破损、脱落				
		线路标号清晰，柜门内有本柜电气原理图				
		线路绝缘电阻不低于兆欧，无破皮裸露				
		电路连接正确，启、停过程电器运作顺序正确				
		指示灯完好，操作手柄灵活指示与实际相符，各设备手动、自动的启、停正确				
		柜内外清洁无灰尘、杂物，门锁好				
报警系统	控制器	逐个测试公共场所烟感报警器信号点、报警的正确性、电源电压显示的正确性				
		主电源、备用电源及互相切换检查				
		自检、消音、复位功能检查				
		全面坚固柜内所有接线端子				
		柜内及电子板、各电器元件表面灰尘清理，电子板元件表面状态检查、抹灰除尘				
		同报警器联合检查各点报警的正确性				

说明：消防设备年检修时间在每年 11 月；所列保养结果用文字准确地表达。

交 验 报 告

序号：

内容：
交验人：
验收人：
总经理：

消防设施交验表

名称：　　　　　　　　　　　　　　年　　月　　日　　序号：

设备名称	交验项目	交验情况及处理	交验人	日期	核验人
火灾报警控制系统	自检、消音、复位功能正常				
	主电源与备用电源功能正常				
	井道分线箱与 3440 界面箱正常				
	随机抽 5% 烟感报警验证				
	烟、温感检查点位图				
	各接线端子紧固				
	各集装箱内抹灰除尘				
广播	喇叭的固定				
	进行选层广播 1 次				
风机	开机试运转 5 分钟				
烟感探测器	器身抹灰除尘				
	界面功能正常				
	环境恶劣处烟感做特别检查				
	按 5% 比例喷烟验证报警				
温感探测器	器身抹灰除尘				
	探测器与底座接触良好				
	安装牢固				
	按 5% 比例加温验证报警				
手动报警按钮	安装牢固				
	器身除尘，破损修补或替换				
	报警检验（任选 2 处）				
	易碎玻璃报警				
疏散出口指示	灯箱抹灰除尘，灯具牢固完好				
	交流试验指示灯正常				
	电池充放电正常				
	安装位置正确				

续上表

设备名称	交验项目	交验情况及处理	交验人	日期	核验人
地下车库气体自动灭火充气系统	气泵压力符合规定				
	系统无机械损伤，无失灵				
	铅封完好无损				
	喷嘴空间位置正确				
	联动反馈信号				
	系统各部件抹灰除尘				
干粉灭火器	压力表指针指在绿色区				
	手托试重量基本符合要求				
	器件清洁，有检验标志				
自动喷水灭火系统	喷头外观检查				
	打开试警铃阀试验报警				
	压力表指示正确				
	末端放水试验水流指示器，压力开关、报警控制器联动情况正常				
	手动、自动试运行启动正常				
	检查控制阀门处于开启状态				
消火栓	栓门、锁玻璃无损				
	指示灯、报警按钮、警铃齐全，无脱落和损坏				
	抽取总数5%按动报警按钮检查报警情况				
	消火栓出口压力试验				
消防泵	手动、自动试运行启动正常				
补压泵	手动、自动试运行启动正常				

消防巡查异常情况记录表

班次：　　　　　　　　　　　　　　　　　　　　　　　年　　月　　日

时间	地点	异常情况记录	处理措施	备注

消防器材维修记录

部门：　　　　　　　　　　　　　　　　　　　　　　　　　　年　　月　　日

器材名称	开始使用时间	维修情况	是否停止使用	维修人签名	备注

消防联动柜运行记录表

编号：　　　　版本：　　　　表格生效期：　　　　序号：

部门							年　　月			
日期/班次	送排烟阀	送排烟机	消防栓泵	喷淋泵	警铃	电梯归首层	值班人	责任人	监督人	备注

注：上列任一消防设备动作必须记录，在备注栏予以说明；无动作则用"√"表示即可。

消防设备、设施日检记录表

　　　　　　　　　　　　　　　　　　　　　　　　_____座　　年　月　日

班次			巡视员	
项目	楼层	位置	存在问题	处理结果
消火栓箱				
灭火器				
手动按钮				
送风口				
排烟口				
防火门				
探测器				
喷洒头				
疏散楼梯				
可燃物堆放				
消防电梯				
安全出口灯				
疏散指示灯				
施工场所				
摄像头				
插孔电话				
消防喇叭				
卷帘门				
其他				

领班签字：　　　　　　　　　主管签字：

消防设施清单

编号：　　　　版本：　　　　表格生效期：　　　　序号：

名称	分布情况	数量	有效期	保养周期	备注

统计时间：　　　　　　　　统计人：

消防系统日巡检进度表

年　　月　　日

区/层	设备名称	检查内容	安装测试进度	备注
	排烟风机			
	正压送风机			
	卷帘门			
	排烟风口（排烟阀）			
	正压送风口（防火阀）			
	喷淋泵（主/备）			
	消火栓泵（主/备）			
	击碎报警、手动报警			
	插孔电话、广播喇叭			
	消防主机柜			
	消防联动台			
	烟感探头			
	煤气探头、温感探头			

现设备安装测试出现问题：

巡视人：

日期：　　年　　月　　日

消防中控设备交验备忘录

序号：

交验单位：	交验人：
检验单位：	检验人：

交验设备名称、型号：	

主要功能用途：

现存问题	
	交验时间：　　年　月　日
二次检验要求	
	预定交验时间：预定于　　年　月　日进行二次交验
备注	

注：此备忘录一式两份，交验方、检验方各一份。

消防中控系统统计表

主要消防设施				
消火栓系统	名称	数量	分布	完好度
	室内消火栓			
	室外消火栓			
	消防水泵			
	水泵接合器			
	气压水罐			
	稳压泵			
通风空调系统	名称	数量	分布	完好度
	风机			
	防火阀			
防排烟系统	部位	自然排烟	机械排烟	通风兼排烟
	防烟楼梯间			
	前室及合用前室			
	走道			
	房间			
	名称	数量	分布	完好度
	防火阀			
	送风机			
	排烟阀			
	排风机			
	自然排烟口面积/m²：	机械排烟送风量/m²·h⁻¹：		机械排烟排风量/m²·h⁻¹：
安全疏散系统	名称	数量	分布	完好度
	指示标志			
	防火门			
	防火卷帘			
	消防电梯			
	消防电源：□有　□无		事故照明：□有　□无	

续上表

主要消防设施					
通风空调系统	名称	数量		分布	完好度
	烟感探视器				
	温感探测器				
	气体探测器				
	集中报警器				
	事故广播				
	手动按钮				
喷洒灭火系统	系统类型：□喷雾水冷却　□喷雾水灭火　□喷洒水灭火				
	喷洒类型：□干式　□湿式　□预作用式　□开式				
	名称	数量		分布	完好度
	喷洒头				
	水流报警阀				
	压力开关				
火灾事故广播	名称	数量		分布	完好度
	扩音机				
	喇叭				
	备用扩音机				
消防通信设备	名称	数量		分布	完好度
	对讲电话				
	插孔电话				
	外线电话				
	对讲机				
	控制室位置				
消防控制室	应有控制功能：			实有控制功能：	
	缺何种控制功能：		控制室面积：		
	^		耐火等级：		
	^		出入口数量：		

消防主机运行记录表

编号：　　　　　版本：　　　　　表格生效期：　　　　　序号：

部门						年　　月	
时间	运行情况	故障点（地址码）及故障原因	解除故障时间	火警点（地址码）及火警原因	解决方式	值班人签名	
责任人				监督人			

注：每次出现故障点或火警点报警都必须记录，重复或多次发生必须查明原因予以解决。

新风机房检查表

___座___层　　　　　　　　　　　　　　　日期：

检查内容	检查意见
箱体	
风量	
防火阀	
管道保温	
运行噪声	
机房卫生	
管道压力表	
管道温度表	
管道阀门	

　　　　　　　　　　　　　　　　　　　　检查人：

住宅工程质量分户验收记录

工程名称		房（户）号		栋　单元　室
开发商		开/竣工日期		年　月　日至 年　月　日
施工单位		监理单位		

序号	验收项目	验收内容	验收结论及记录
1	楼地面、墙面和天棚	裂缝、空鼓、脱层、地面起砂、墙面暴灰	
2	门窗	窗台高度、渗漏、门窗开启、安全玻璃标识	
3	栏杆	栏杆高度、竖杆间距、防攀爬措施、栏杆渗漏	
4	防水工程	屋内渗漏、卫生间等防水地面渗漏、外墙渗漏	
5	室内空间尺寸	室内净高、净开间尺寸	
6	给排水工程	管道渗漏、坡向、地漏水封、阻火圈（防火套管）设置	
7	电气工程	插座相位、接地、控制箱配置	
8	其他	烟道等	
综合验收结论			

开发商：	监理单位：	施工单位：	物业公司：
验收人员：	验收人员：	验收人员：	验收人员：
年　月　日	年　月　日	年　月　日	年　月　日

住宅工程质量分户验收汇总表

工程名称		结构及层数		面积	平方米
开发商		监理单位		总户数	
施工单位		开/竣工日期			
内容	验收情况				
概况	组织相关单位于____年___月___日至____年___月___日对本工程进行了分户验收。 对屋面进行了24小时蓄水（2小时淋水）试验，发现屋面渗漏___处，外窗设置淋水带___层（带）并进行了淋水试验，发现外窗渗漏___个，室内有防水要求房间进行了24小时蓄水试验___间（其中卫生间___间，厨房___间，阳台___间），发现渗漏___间。 以上检查过程中存在问题经整改后均已处理完毕				
室内	共验收___户，形成"住宅工程质量分户验收记录（室内）"___份，验收合格___户，验收不合格___户。 验收不合格户经整改后问题均已处理完毕，符合分户验收要求				
公共部位	共验收公共部位___个检查单元［其中外墙___个检查单元，楼（电）梯通道___个检查单元，地下室___个检查单元］，形成"住宅分户验收记录（公共部位）"___份，验收合格___个检查单元，验收不合格___个检查单元。 以上检查过程中存在问题经整改后均已处理完毕				
验收结论					
开发商 项目负责人： （公章） 年　　月　　日	监理单位 总监理工程师： （公章） 年　　月　　日				
施工单位 项目经理： （公章） 年　　月　　日					

注：本表是在开发商组织分户验收并形成了完整的"住宅工程质量分户验收记录"的基础上进行汇总填写，相关单位及人员签章，公章为法人章。

专项报告表

编号：	版本：	表格生效期：	序号：
报告事项			
报告内容：			

报告部门		报告人	
日期		备注	

公共设备年度检修计划

编号：_____ 版本：_____ 表格生效期：_____ 序号：_____

部门：			（　　）年度	检修时间（　月　日）	
序号	设备编号	设备名称	周（半月）检	月检	季（半年）检	年检

编制：_____　审核：_____　批准：_____
日期：_____　日期：_____　日期：_____

公共照明设施检查表

设备名称	编号	配电柜	仪表标志	开关按钮操作	绝缘测试	管线接线盒	灯具防火设施	灯具座	各紧固件	清洁	责任保养人	备注

公共走道设施自检表

_____座_____楼层

项目	应有	实有	实缺	损坏	缺损原因	备注
安全指示灯						
电表箱						
吊灯						
烟感						
消防手动报警器						
声控开关						
消防栓						
地面						
墙面						
天花						
竖井门						
防火门						
闭门器						
盲板						
火警通信电话						
消防广播						
消防排烟口						
走道灯						
照明开关						
走道地面						
筒灯						

检查人：   日期：   年   月   日

监视及测量装置汇总表

编号：　　　　　版本：　　　　　表格生效期：　　　　　序号：

部门										
序号	名称	编号	生产厂家	精度等级	最大量程	最小分度值	使用日期	责任/持有人	用途	备注

燃气系统巡查表

时间	调压箱				燃气表房									
					中压						低压			表房通风及卫生状况
	中压压力	低压压力	通风及卫生	设备状况	异常情况	压力	温度	流量	燃气用量	紧急切断阀	其他	燃气用量	紧急切断阀	其他	

注：1. 每日巡查2次，由专人负责。
　　2. 巡查中认真填写巡查表。
　　3. 发现异常情况，立即报告主管、经理，并通知燃气公司进行抢修。
　　4. 燃气公司电话：＿＿＿＿＿＿＿＿＿＿　　　　　抢修人：＿＿＿＿＿＿＿

设备/工具汇总表

编号：　　　　　版本：　　　　　表格生效期：　　　　　序号：

部门										
设备名称	型号规格	产地	责任人或持有人变更情况							备注
			姓名	时间	姓名	时间	姓名	时间	姓名	时间	

（部门）设备/设施检查记录表

编号：　　　　　版本：　　　　　表格生效期：　　　　　序号：

设备/设施名称	检查日期	检查情况	检查人	整改期限	确认人	纠正措施	复查情况	复查日期	复查人	备注

生活水箱巡查记录表

水箱间位置	日期	时间	水位	水质感观现状	加压泵工作情况	热水循环泵工作情况	生活水泵工作情况	系统压力	系统有无泄漏	水箱间及水箱卫生	巡查人	备注

主管签字： 　　　　部门经理签字： 　　　　部门：

消防设备安装日报表

年　月　日

科目	技术负责人	工程进展情况	工程问题	备注

消防设备安装调试日报表

年　月　日　施工单位：　　　联系人：　　　电话：

调试项目	设备名称及型号	调试进展情况	目前存在问题	备　注

制表人：　　　　　　　审核：

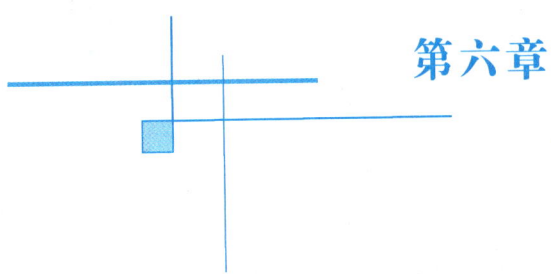

第六章

安防工作

一、流程图

安防交接班基本流程

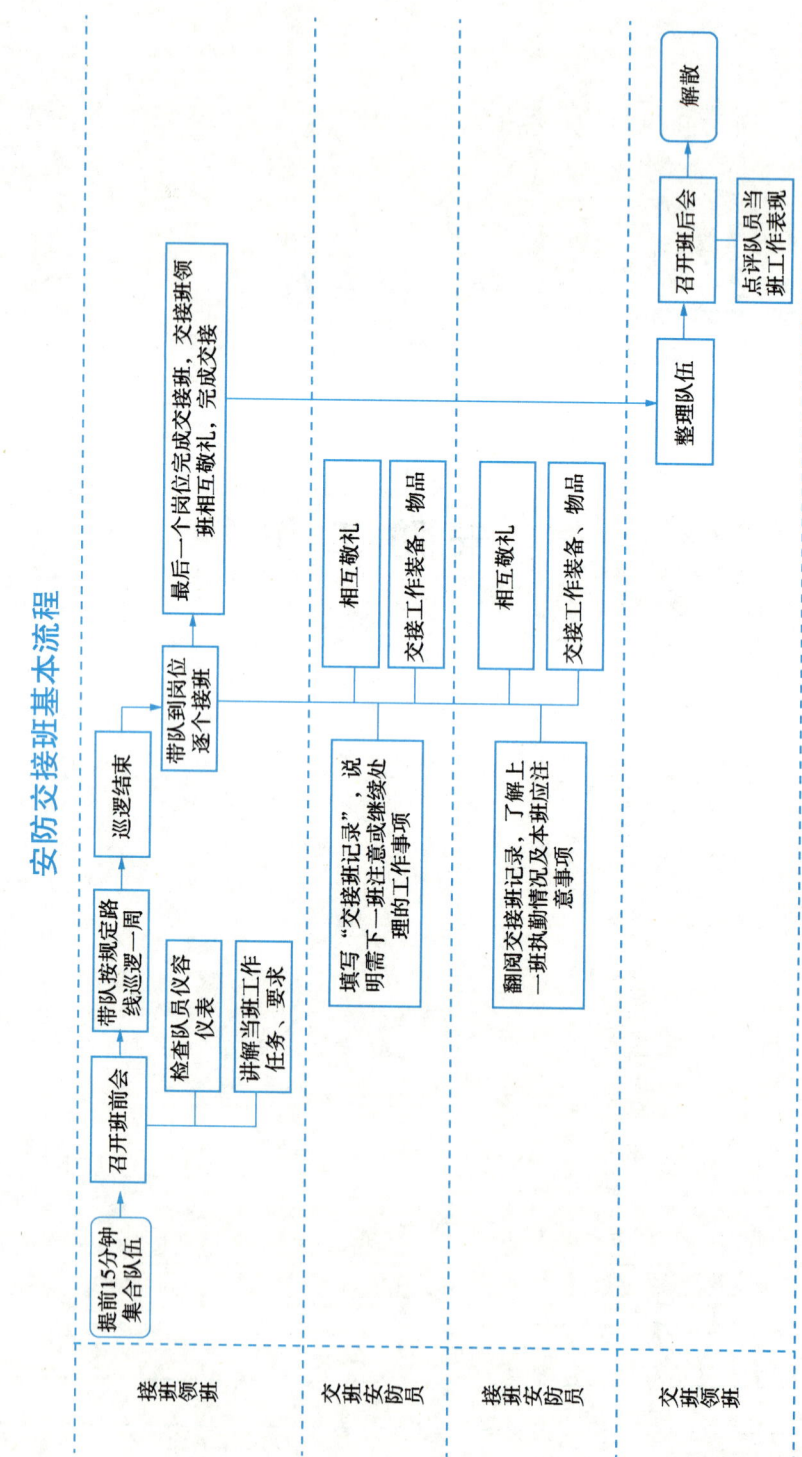

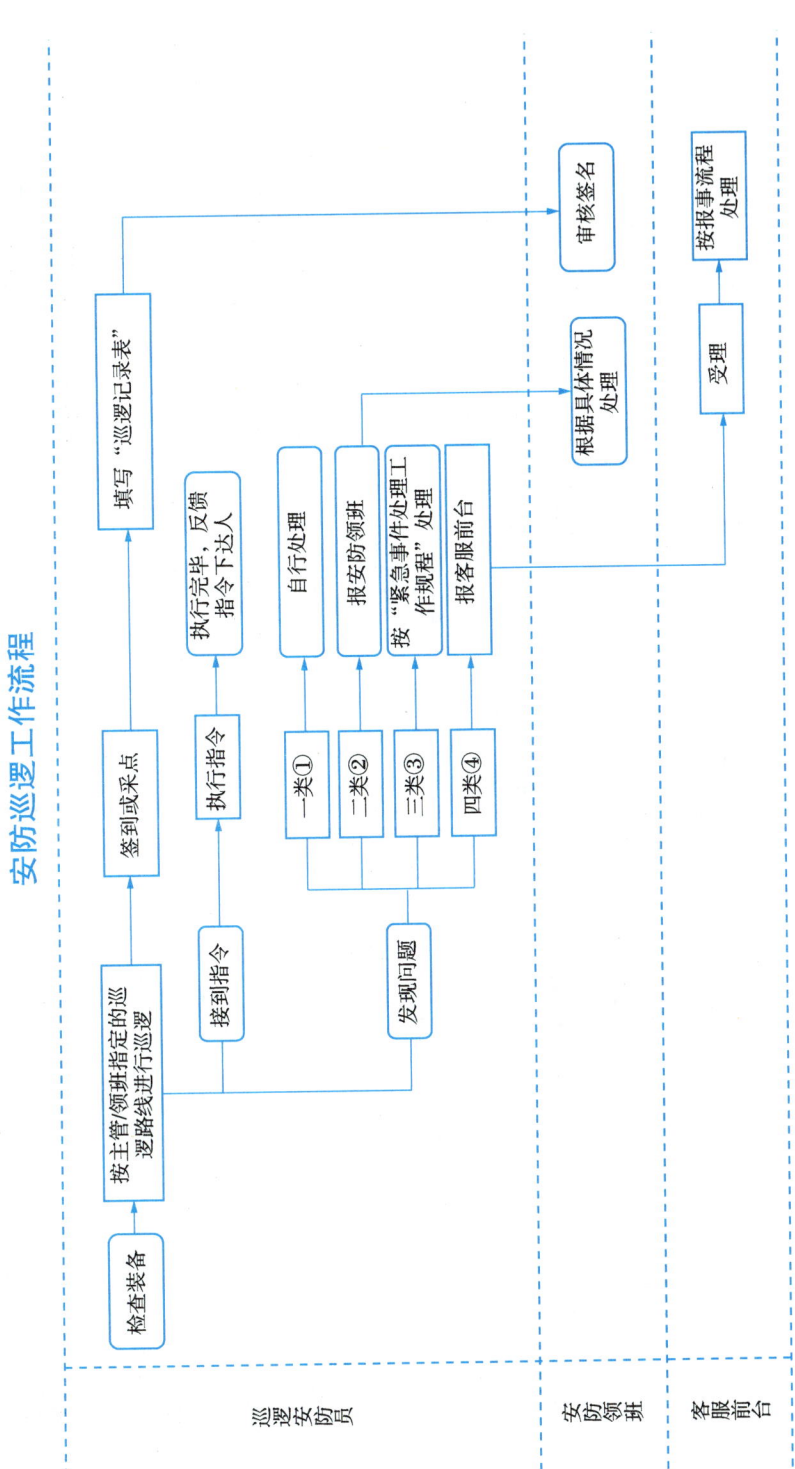

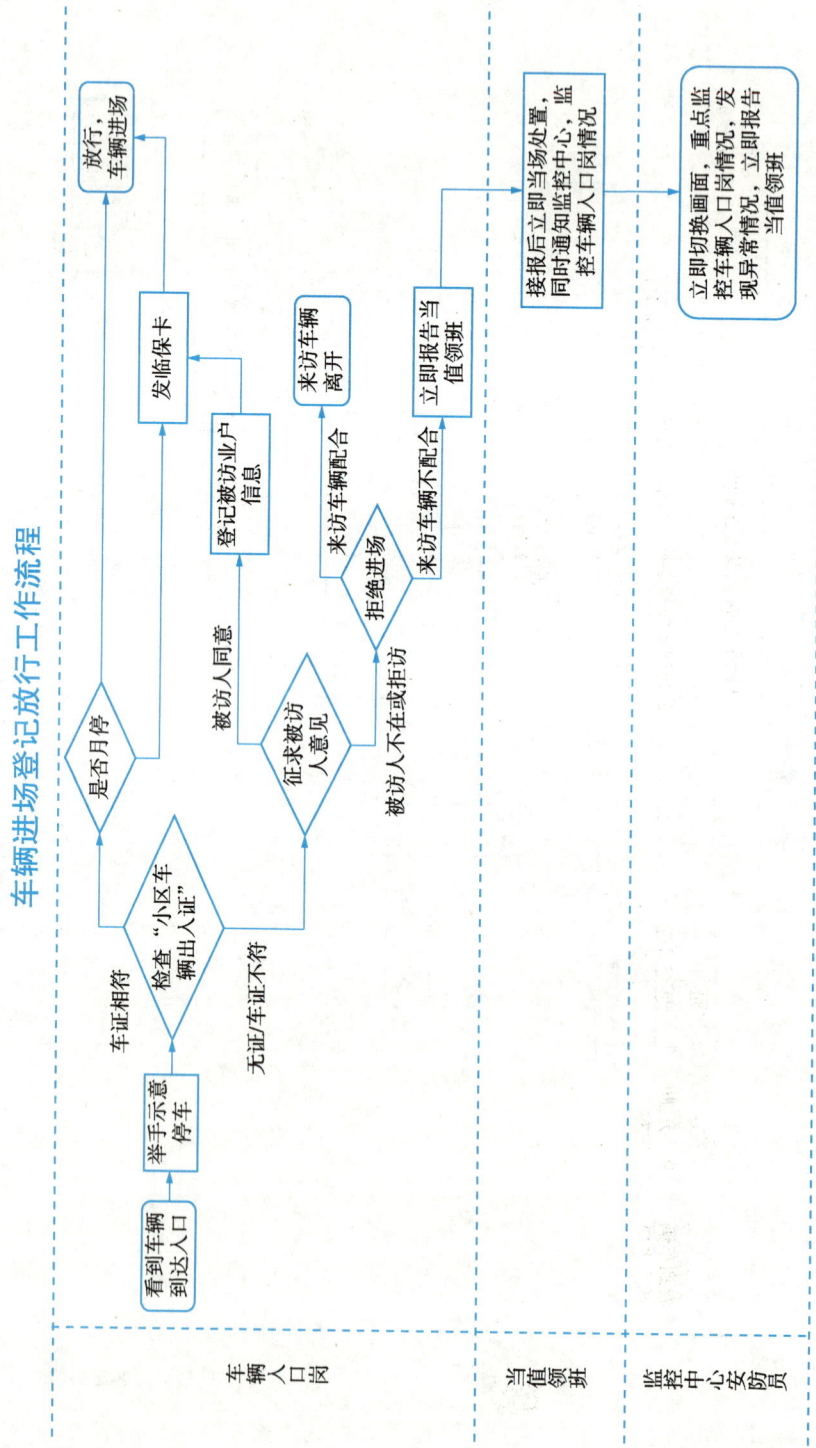

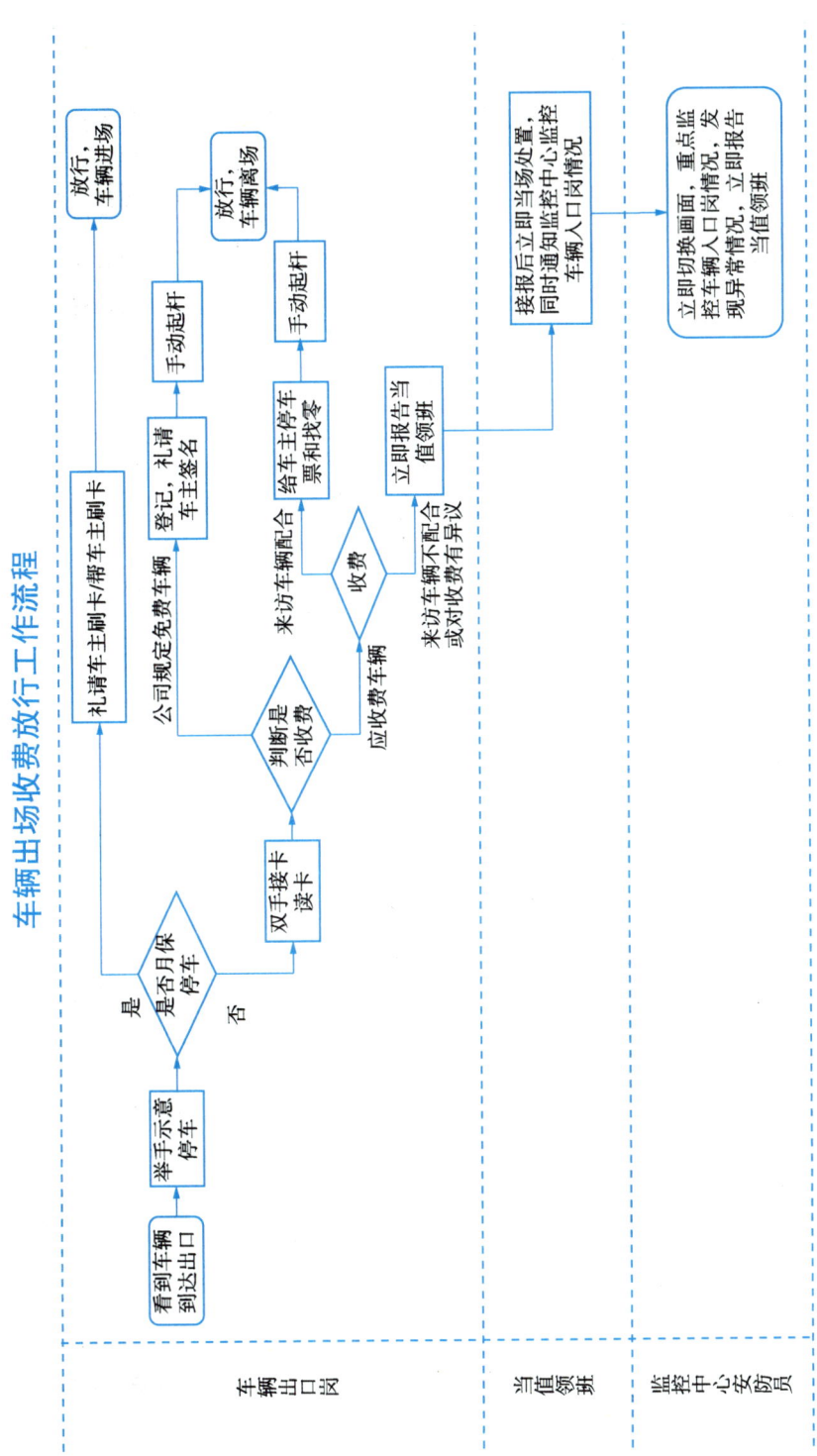

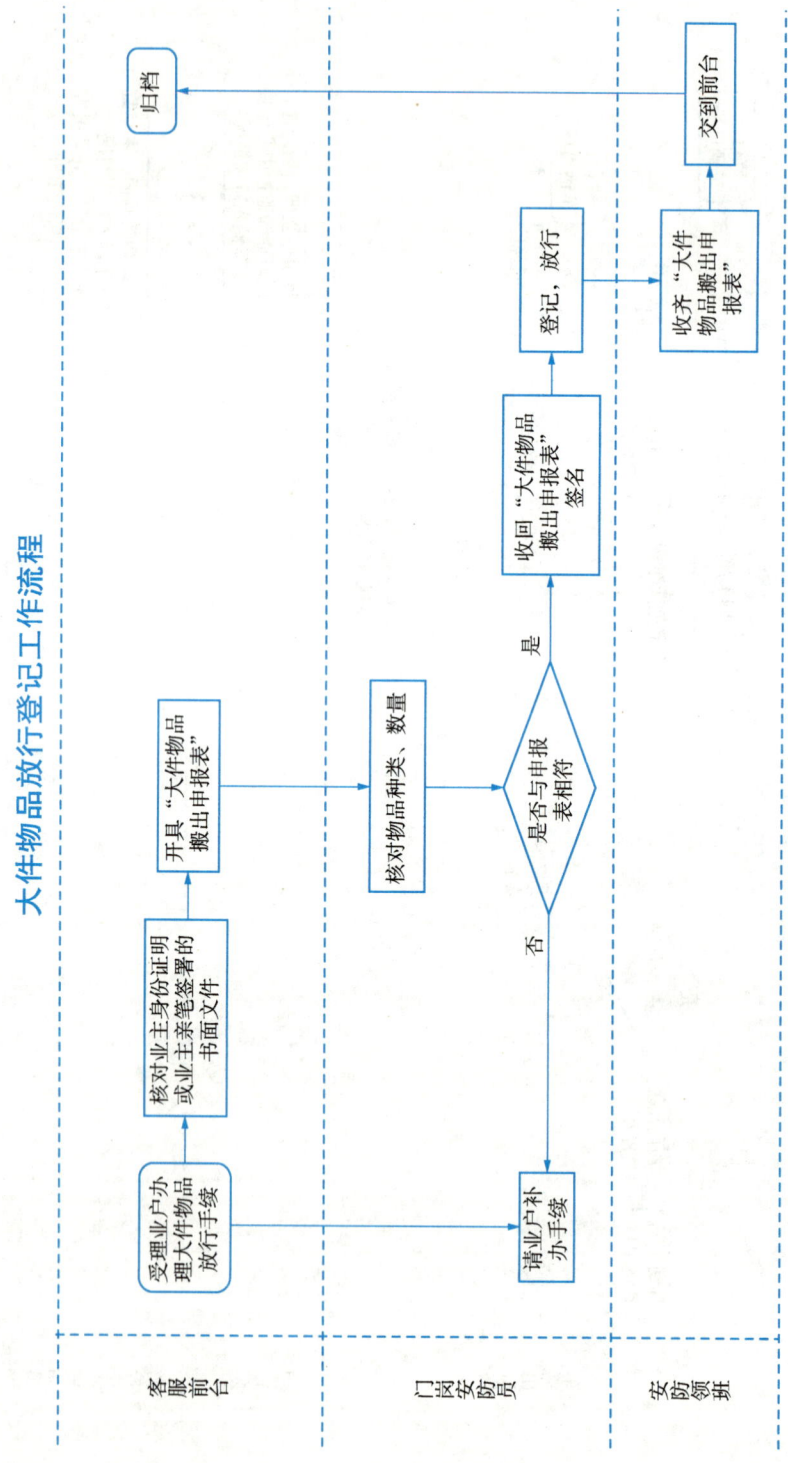

公共区域消防报警确认工作流程

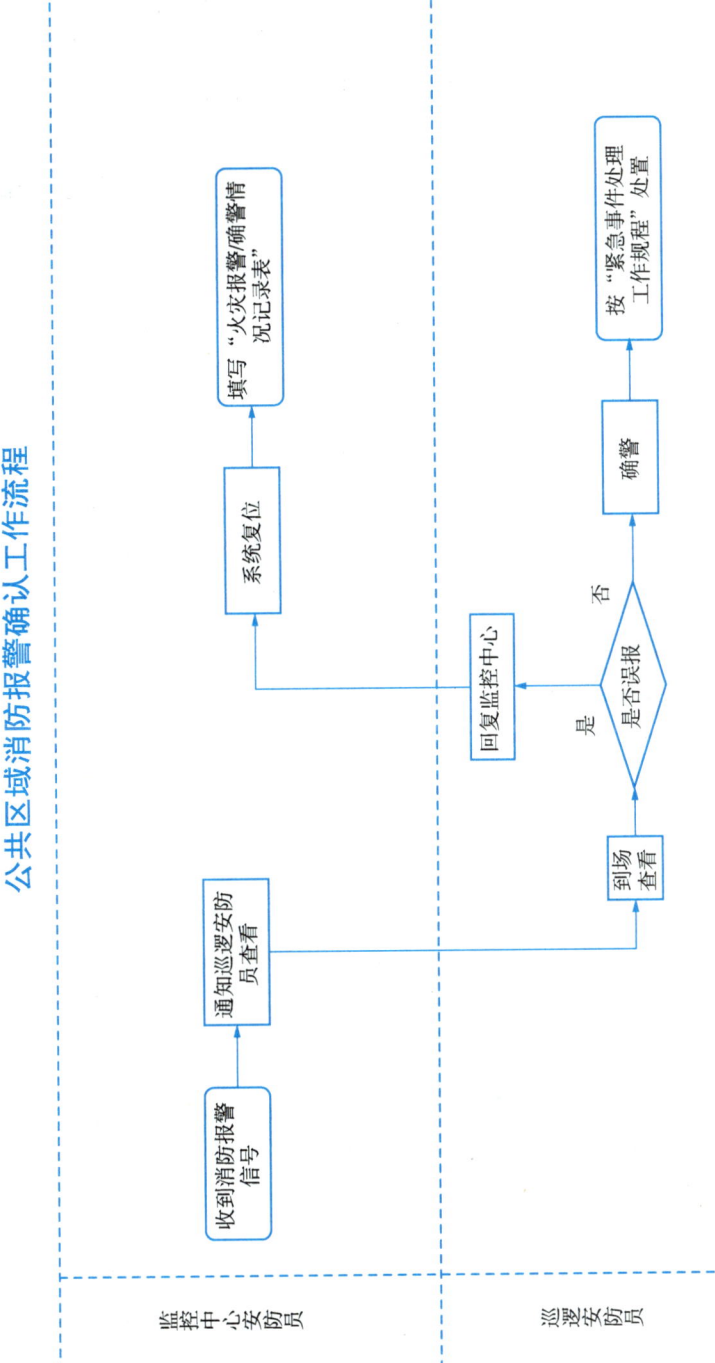

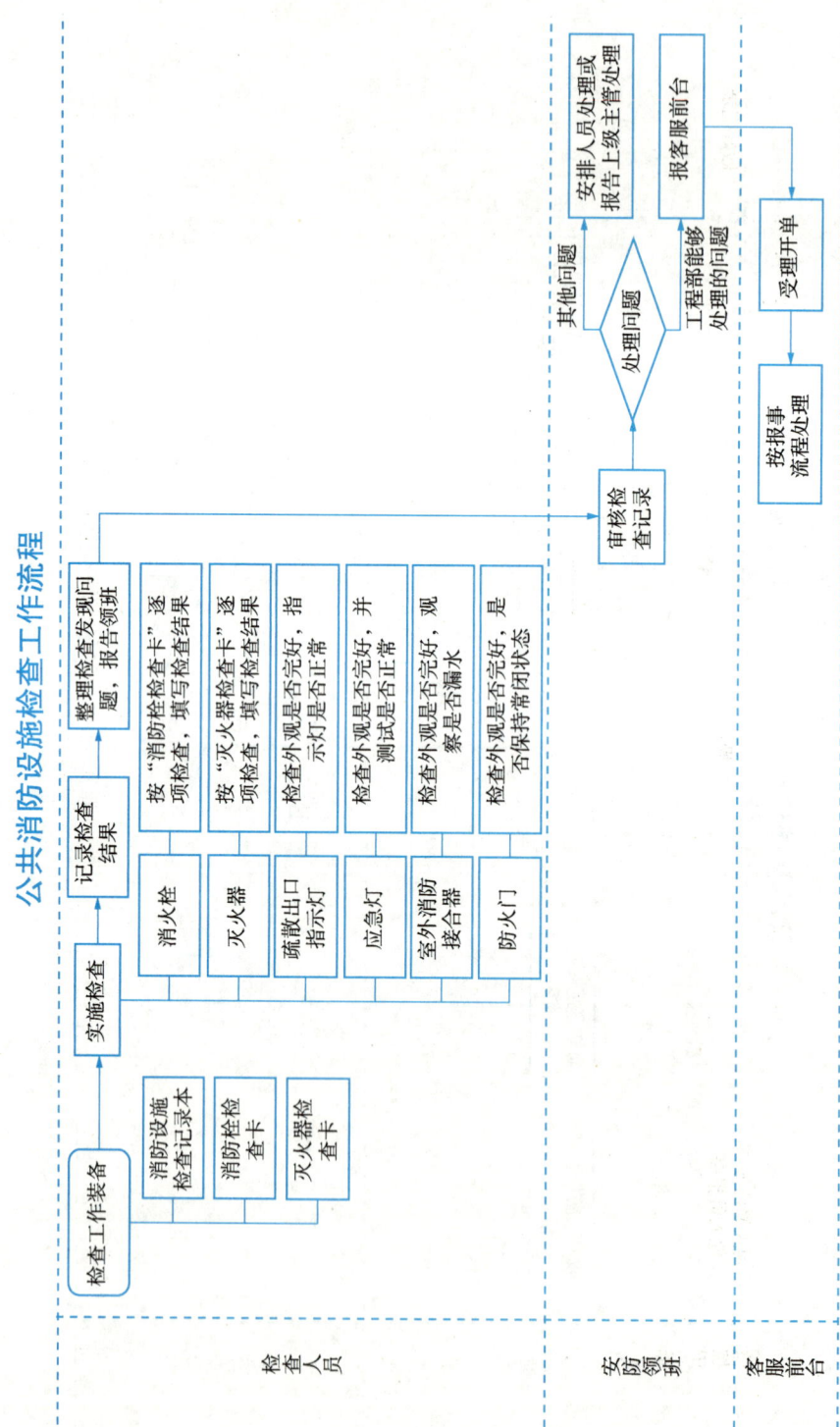

火警火灾应急处理工作流程

监控中心安防员

接到火警信号或其他人员报警 → 通知巡逻安防员 → 操作复位 → 做好记录
立即报火警"119" → 通知巡逻安防员

安防当值领班

立即报告上级主管和服务中心当值主管,同时调集最高巡逻人员立即赶赴现场 → 到达现场判断火势 → 组织扑救
- 在安全的情况下,利用灭火器械,控制火势
- 组织疏散周边人员
- 安排人员接应消防车
- 消防人员到场配合对方开展扑救工作
- 清理现场善后工作
- 编制"事故报告"

巡逻安防员

立即查看现场 → 是否火警
- 否 → 误报,反馈监控中心
- 是 → 立即报告当值领班和监控中心 → 确保自身安全 → 同时实施扑救

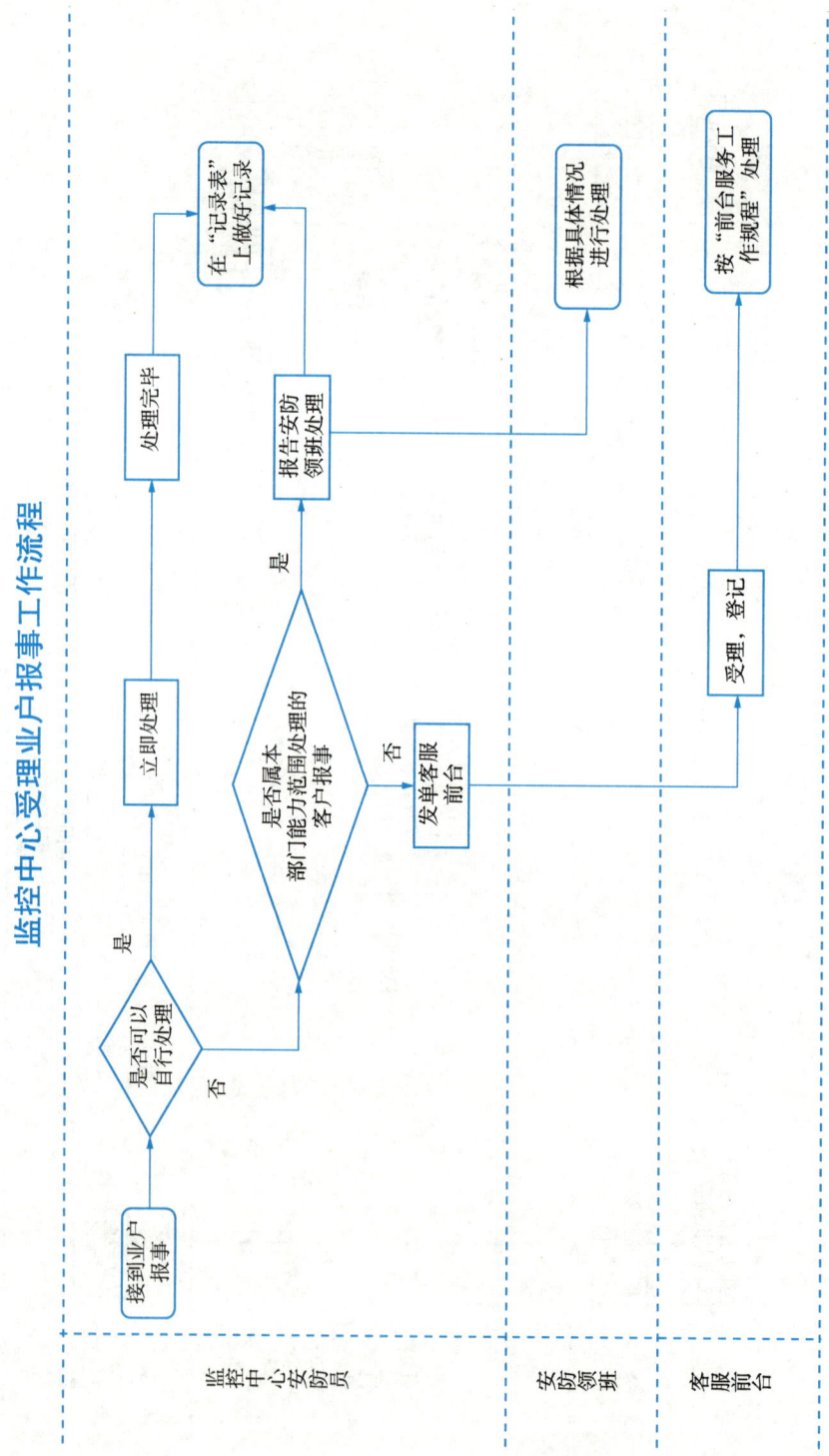

停车场车辆巡检工作流程

车辆巡检岗：
- 整理工作装备进入车辆巡检
- 处理巡检中发现的问题
  - 车中有人睡觉 → 轻敲车窗，提醒车主并留意
  - 车窗、车灯未关，车门未锁 → 轻敲车窗，提醒车主并留意
  - 发现车辆严重漏油 → 准备灭火器材 → 报告当值领班并在现场守候
  - 乱停放车身受损
    - 严重妨得交通严重划痕、受损 → 报告当值领班并在现场守候
    - 未妨碍交通轻微划痕、受损 → 在车头贴温馨提示（针对乱停车）→ 拍照记录留存
  - 查看有无"车辆出入证"
    - 是 → 通知监控中心联系车主
    - 否 → 通知车辆人口岗查询该房号 → 联系被访业户
      - 联系到车主
      - 无法联系到车主 → 通知车主到场处理
- 记录巡检情况

当值领班：
- 接报后，立即到现场处置 → 拍照，记录留存
- 审核当班车场巡检记录

监控中心安防员：
- 报告当值领班，反馈给巡检岗
- 联系到车主

575

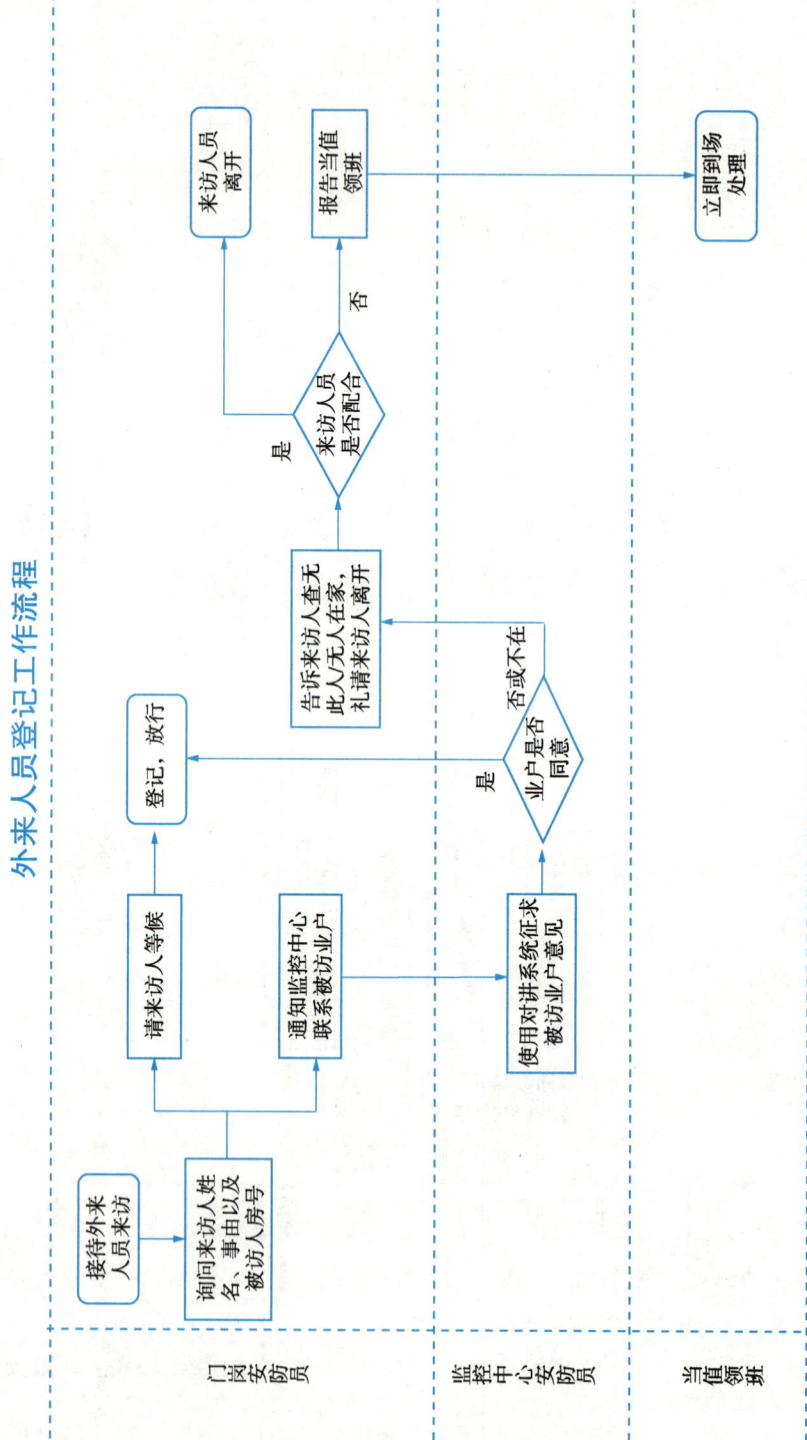

消防演习基本流程

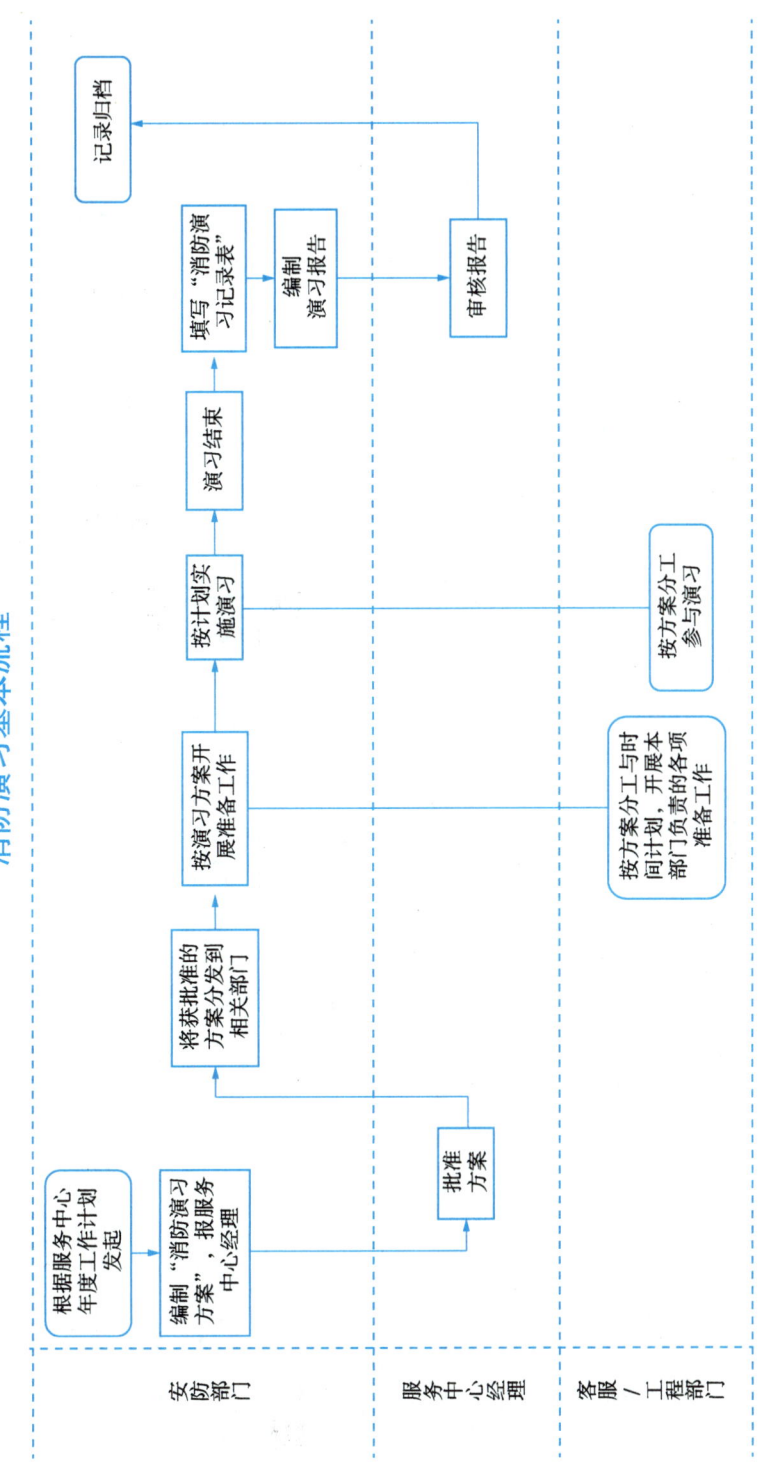

治安监控发现可疑情况工作流程

监控中心安防员： 从监控画面发现可疑情况 → 通知附近巡逻安防员

巡逻安防员： 接到指令 → 能否立即赶赴现场
- 否 → 立即回复 → （监控中心安防员）通知领班
- 是 → 立即赶赴现场查看 → 反馈现场情况和处理结果 → （监控中心安防员）记录反馈情况和处理结果

安防领班： （通知领班后）安排其他人员查看 → 反馈现场情况和处理结果 → 记录反馈情况和处理结果

578

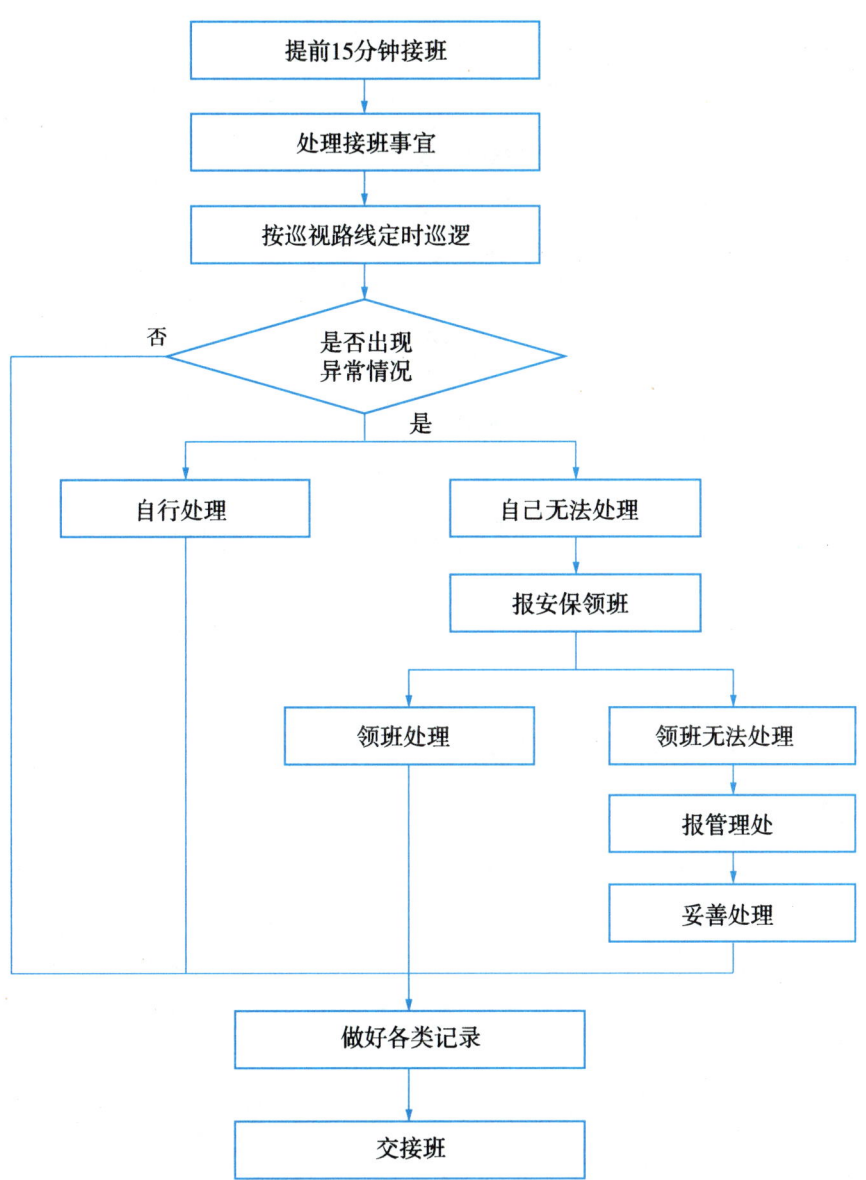

闭路监控系统日常工作流程

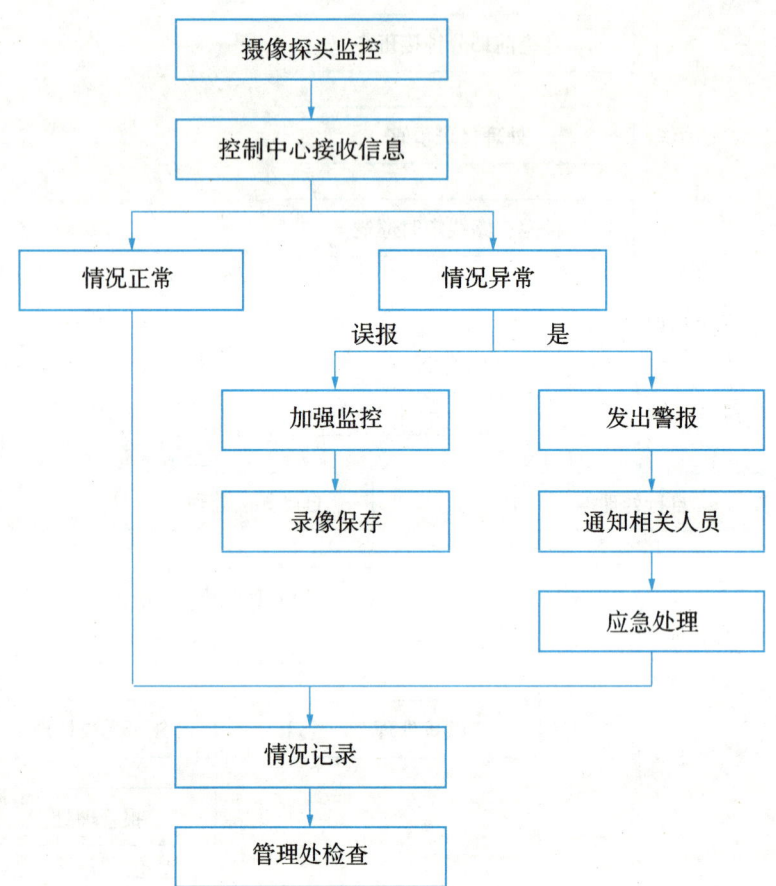

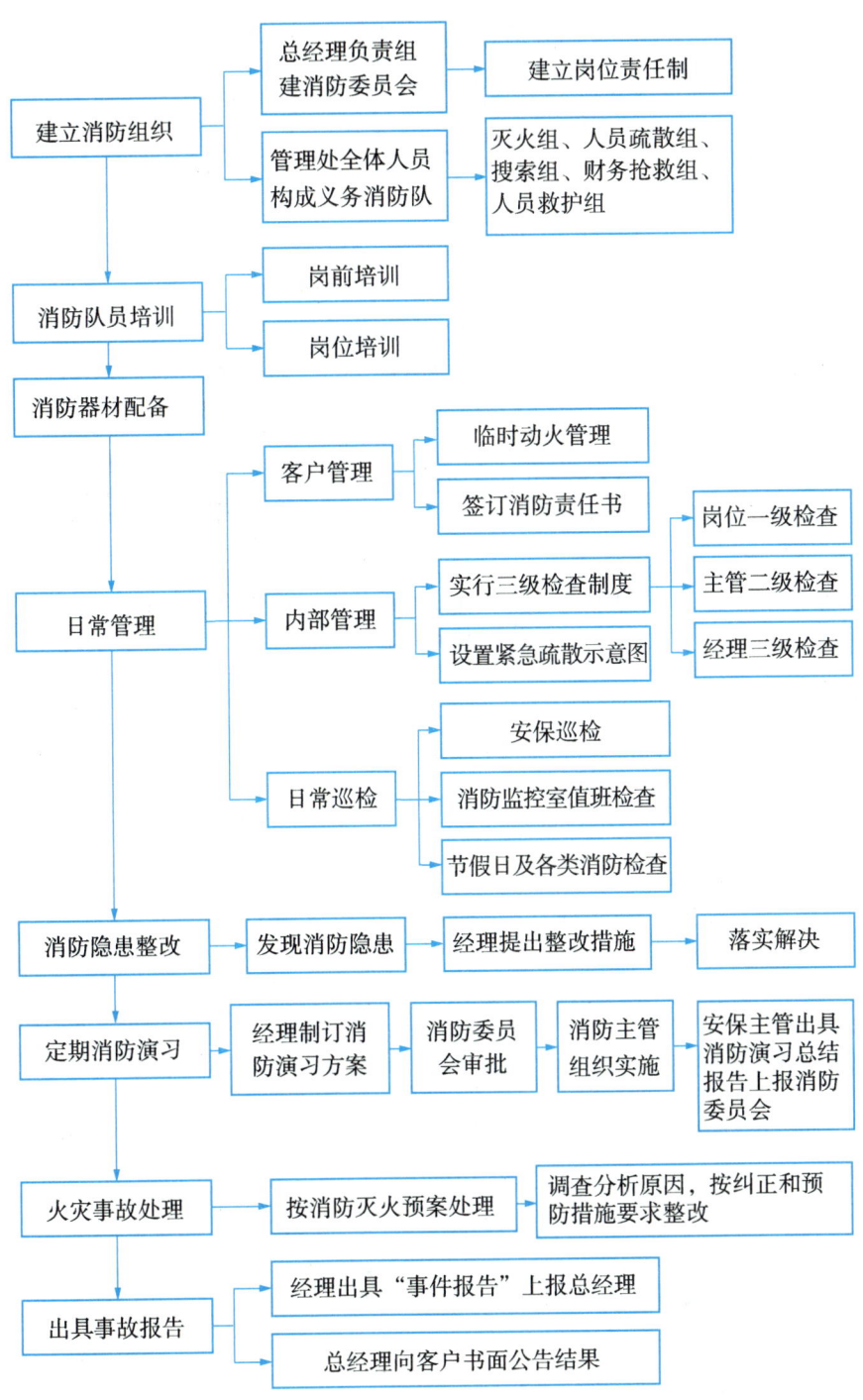

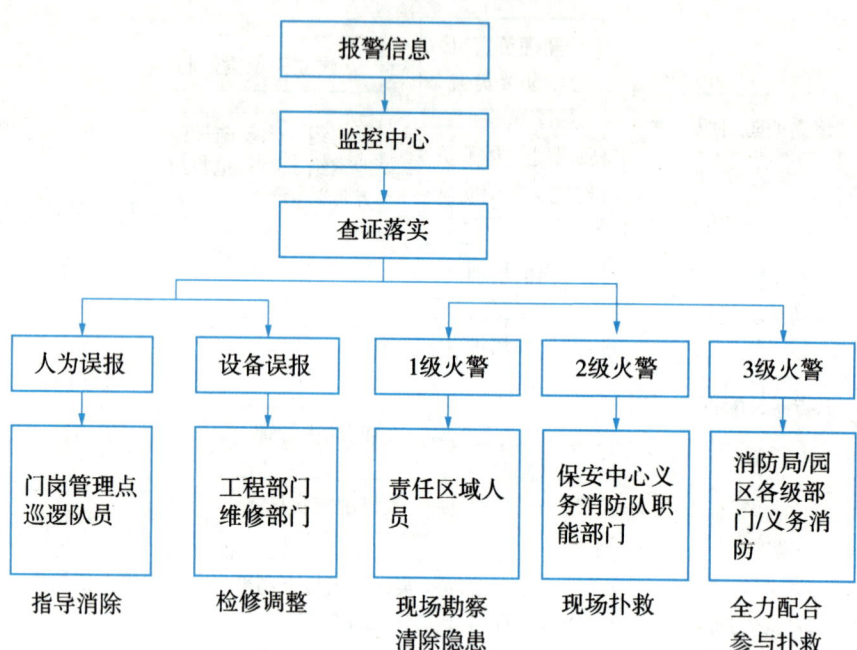

消防应急处理流程（1）

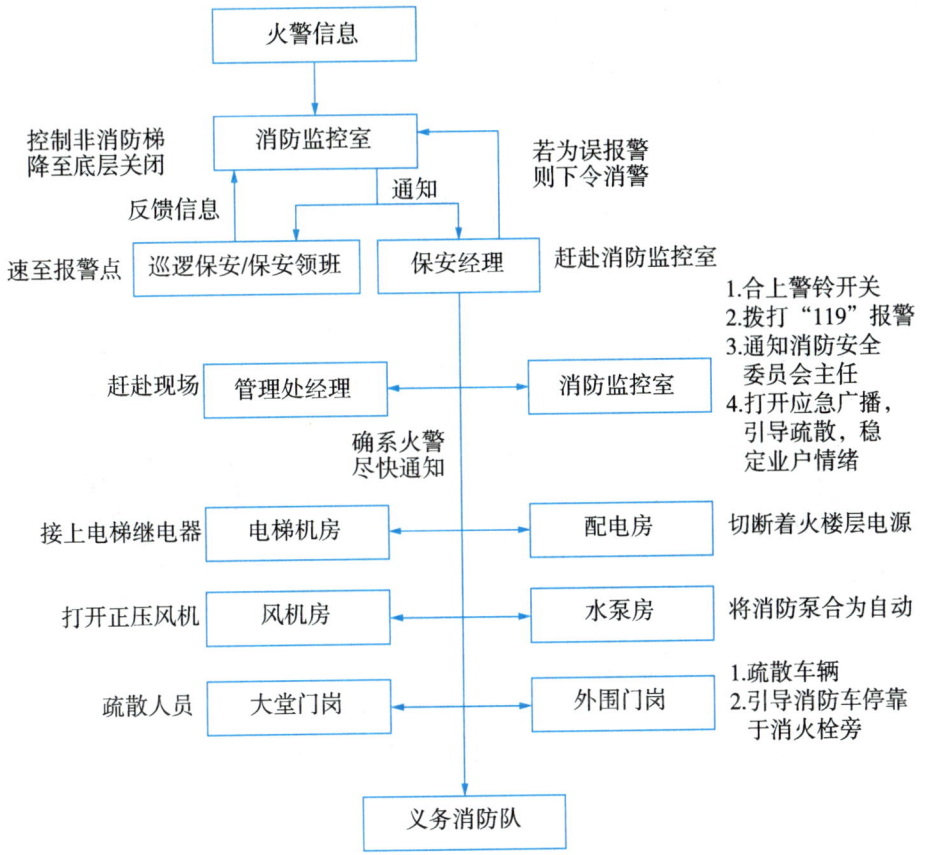

消防应急处理流程（2）

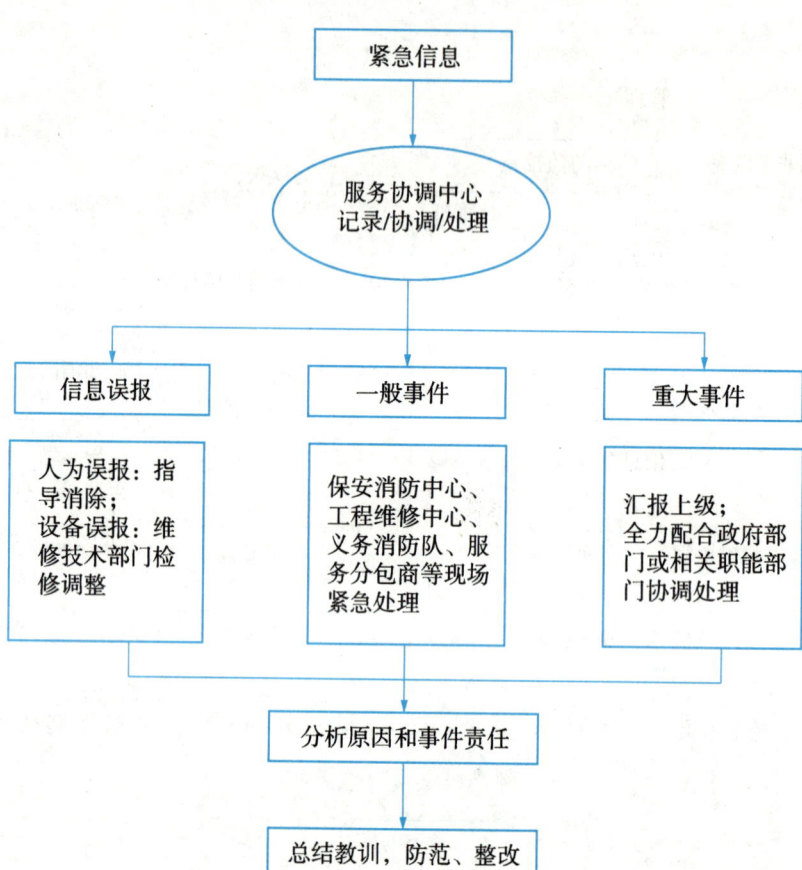

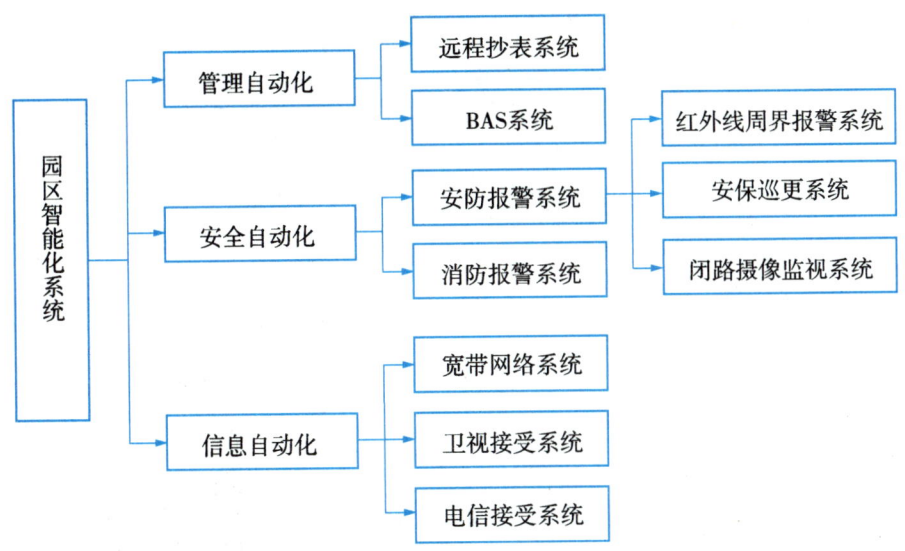

治安应急流程

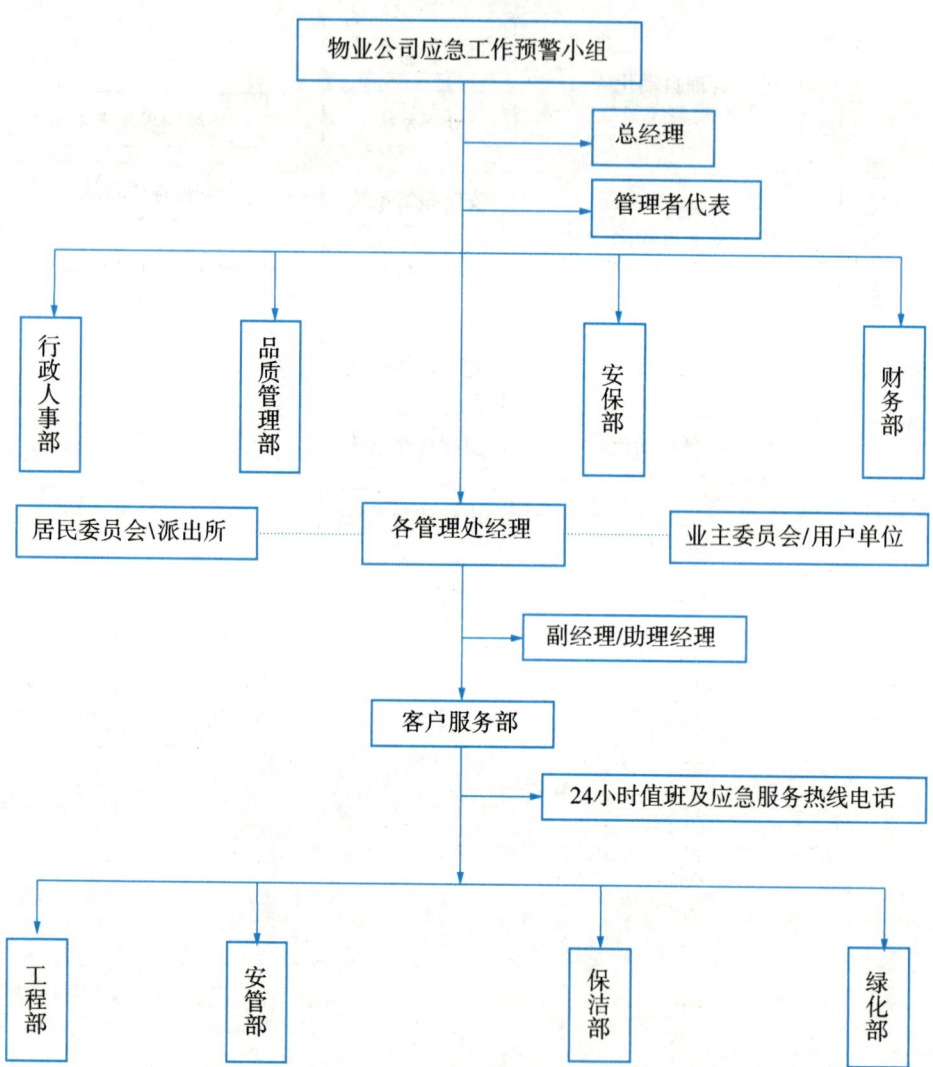

火警火灾应急处理流程

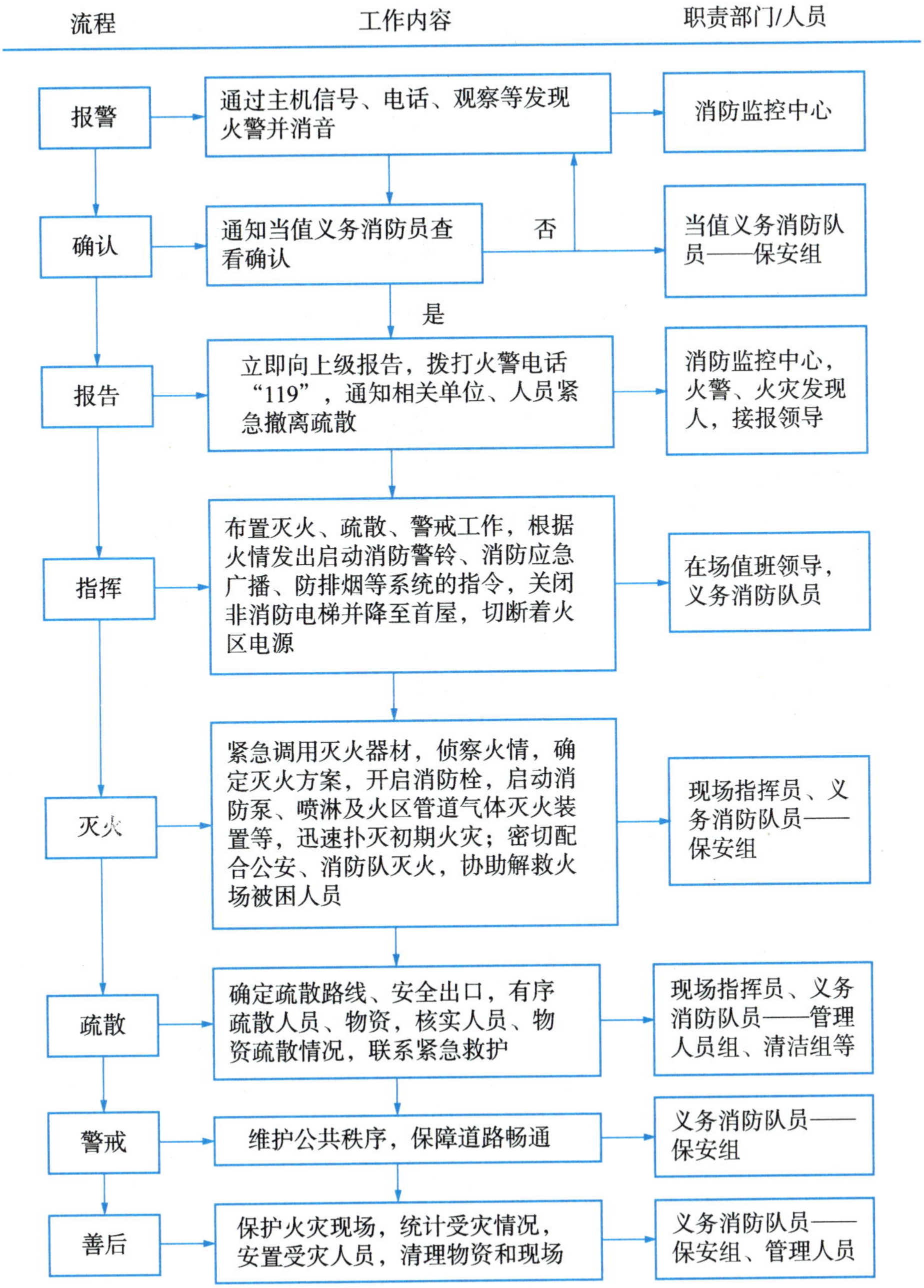

流程	工作内容	职责部门/人员
报警	通过主机信号、电话、观察等发现火警并消音	消防监控中心
确认	通知当值义务消防员查看确认（否）	当值义务消防队员——保安组
报告	（是）立即向上级报告，拨打火警电话"119"，通知相关单位、人员紧急撤离疏散	消防监控中心，火警、火灾发现人，接报领导
指挥	布置灭火、疏散、警戒工作，根据火情发出启动消防警铃、消防应急广播、防排烟等系统的指令，关闭非消防电梯并降至首层，切断着火区电源	在场值班领导，义务消防队员
灭火	紧急调用灭火器材，侦察火情，确定灭火方案，开启消防栓，启动消防泵、喷淋及火区管道气体灭火装置等，迅速扑灭初期火灾；密切配合公安、消防队灭火，协助解救火场被困人员	现场指挥员、义务消防队员——保安组
疏散	确定疏散路线、安全出口，有序疏散人员、物资，核实人员、物资疏散情况，联系紧急救护	现场指挥员、义务消防队员——管理人员组、清洁组等
警戒	维护公共秩序，保障道路畅通	义务消防队员——保安组
善后	保护火灾现场，统计受灾情况，安置受灾人员，清理物资和现场	义务消防队员——保安组、管理人员

治安案件处理流程

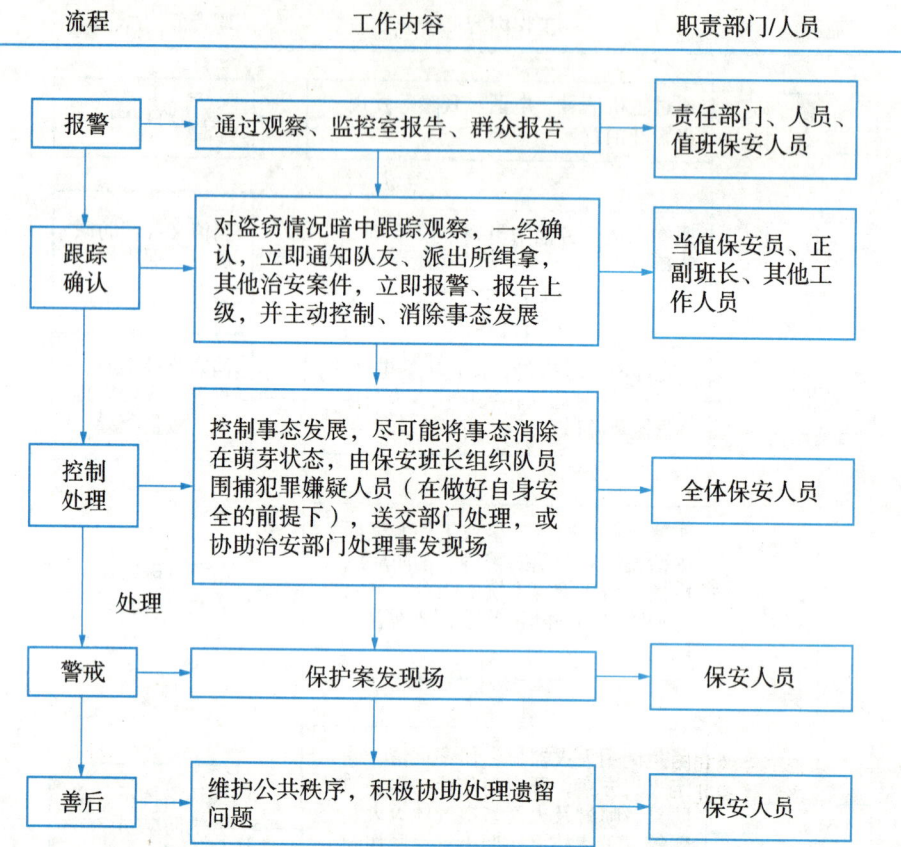

突发事件应急流程

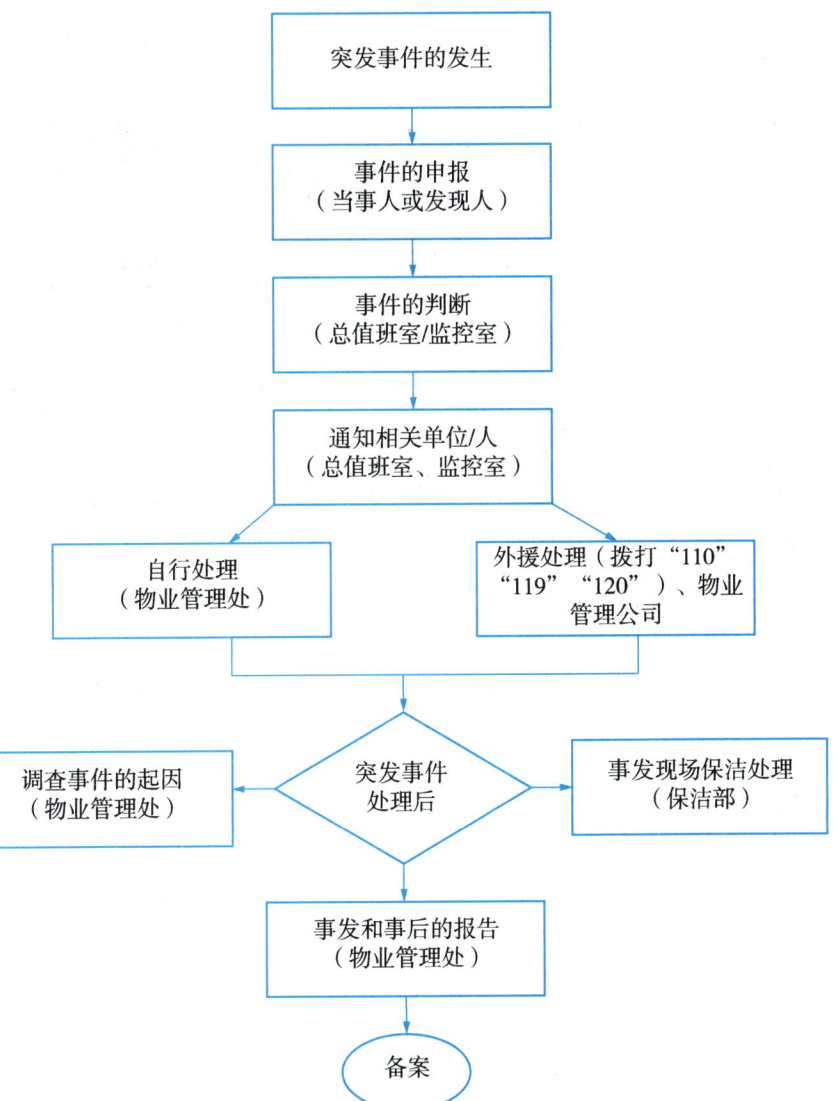

打架斗殴处理流程

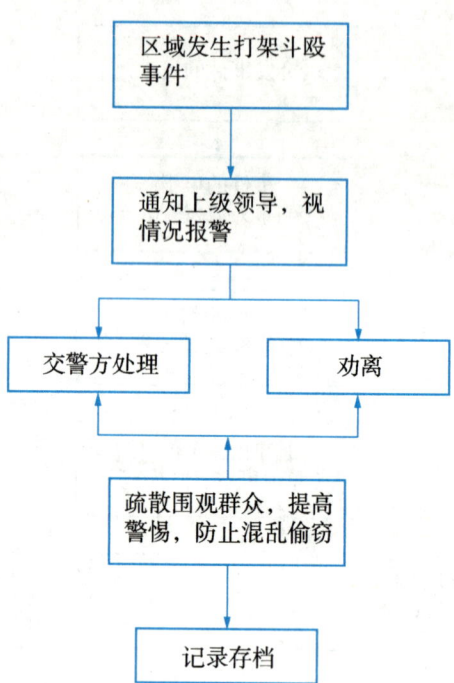

电梯困人处理流程

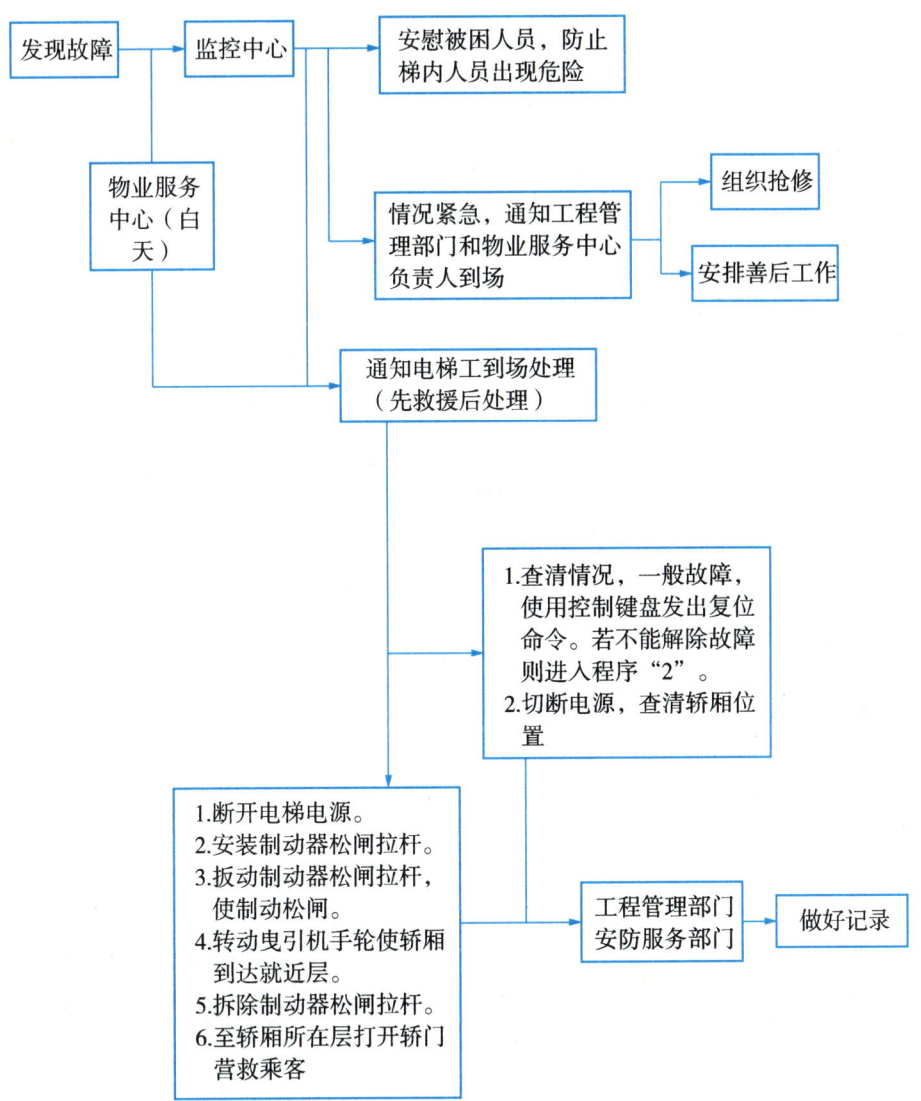

紧急事件处理工作流程

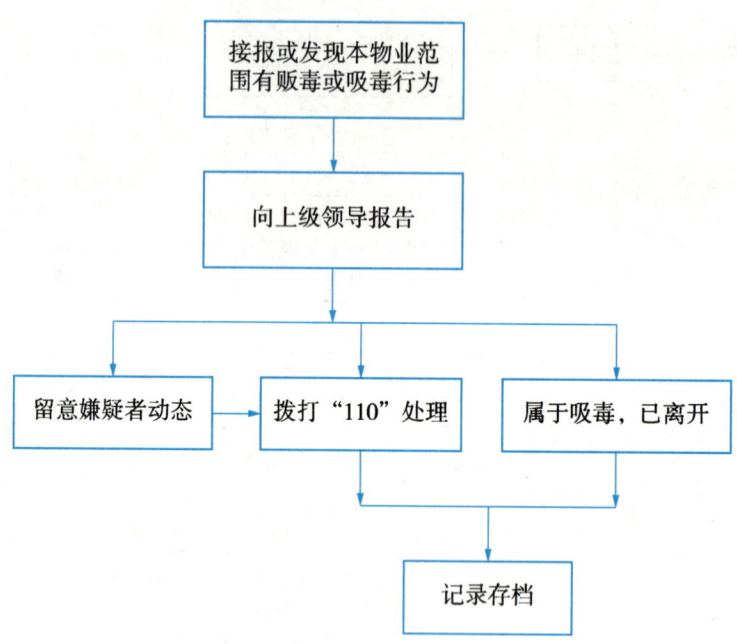

高空坠物处理流程

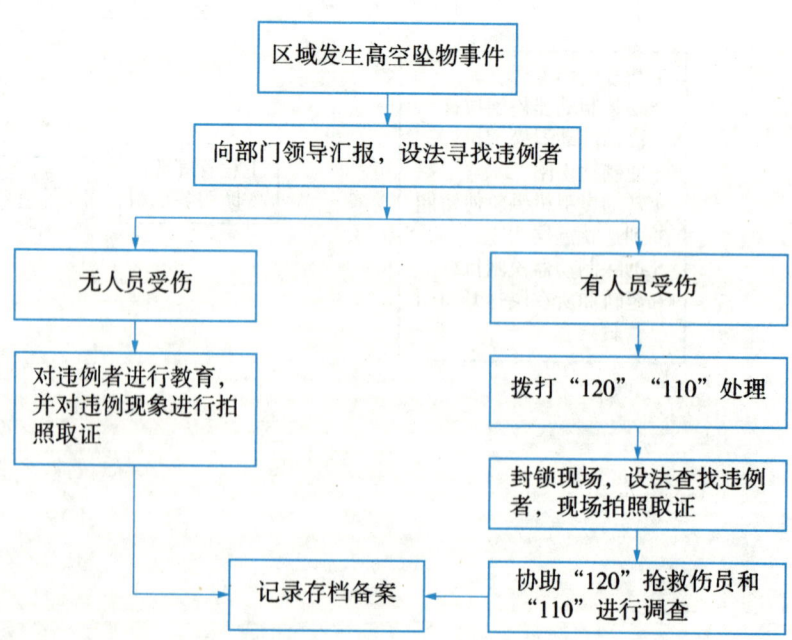

交通事故处理流程

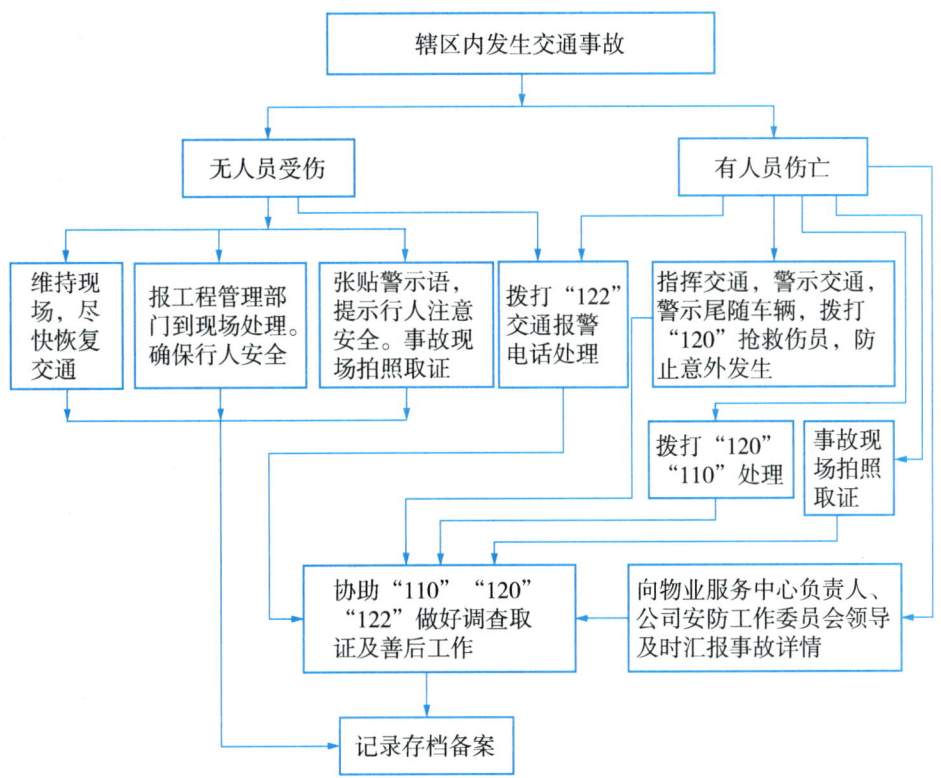

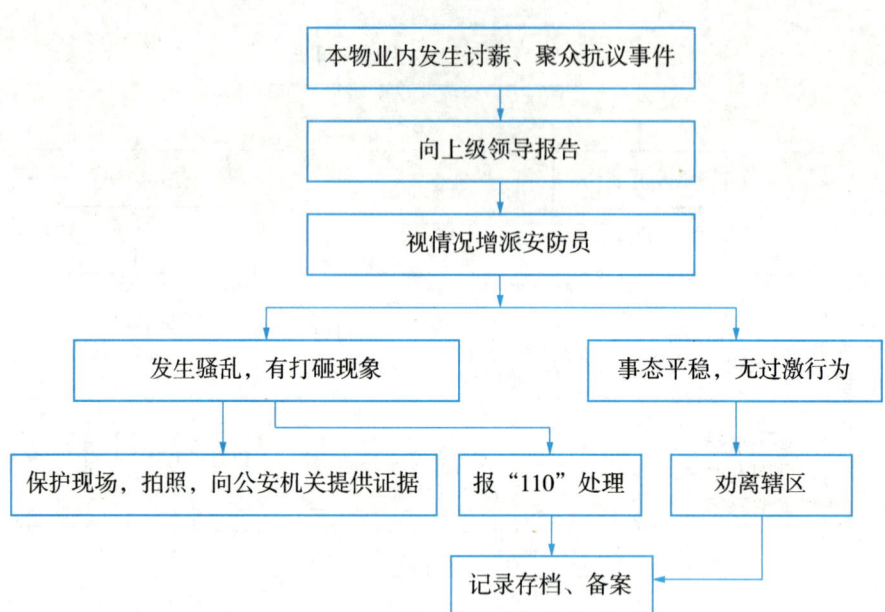

燃气泄漏处理流程

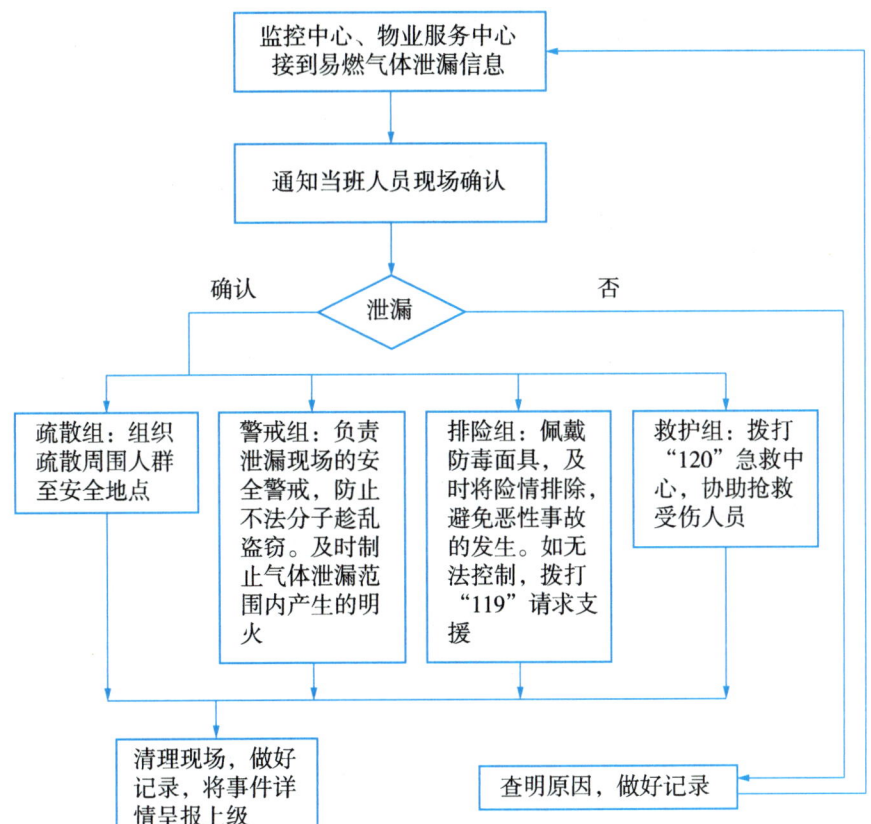

水浸事故处理流程

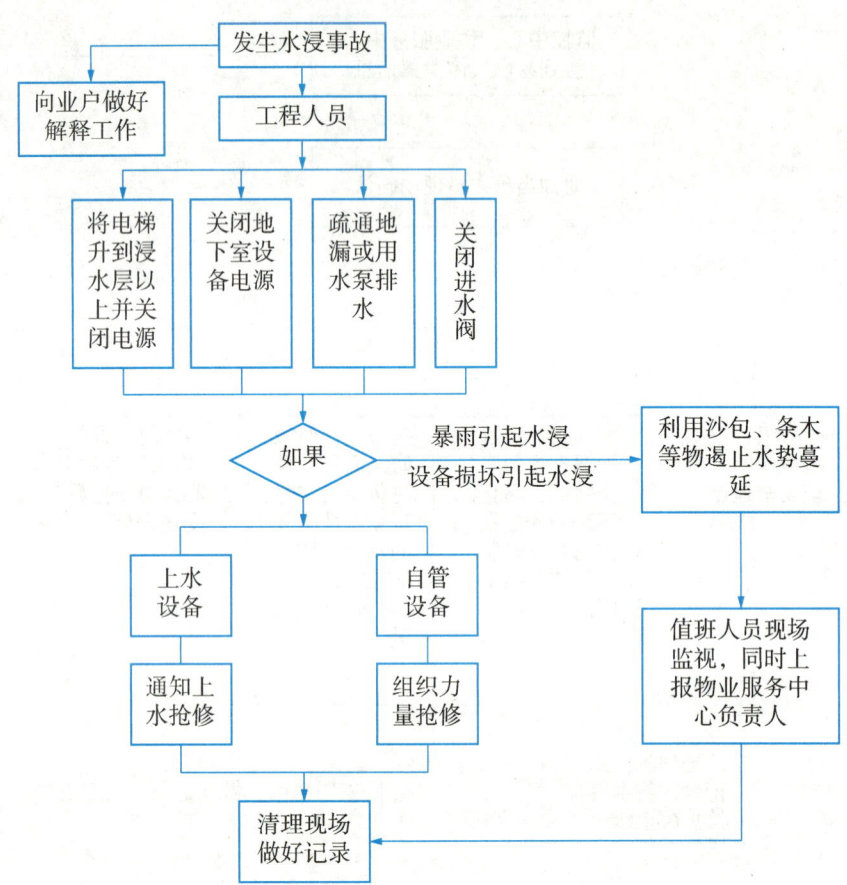

醉酒、精神病肇事处理流程

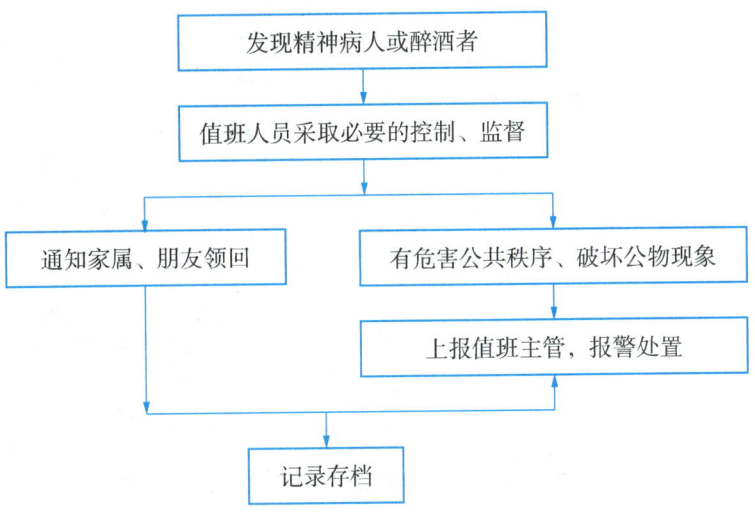

噪音处理流程

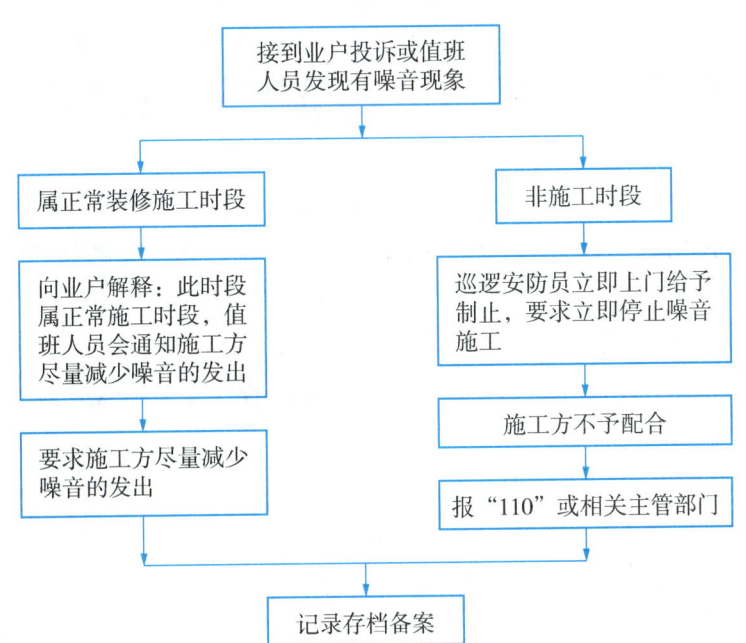

智能化设施、设备分类

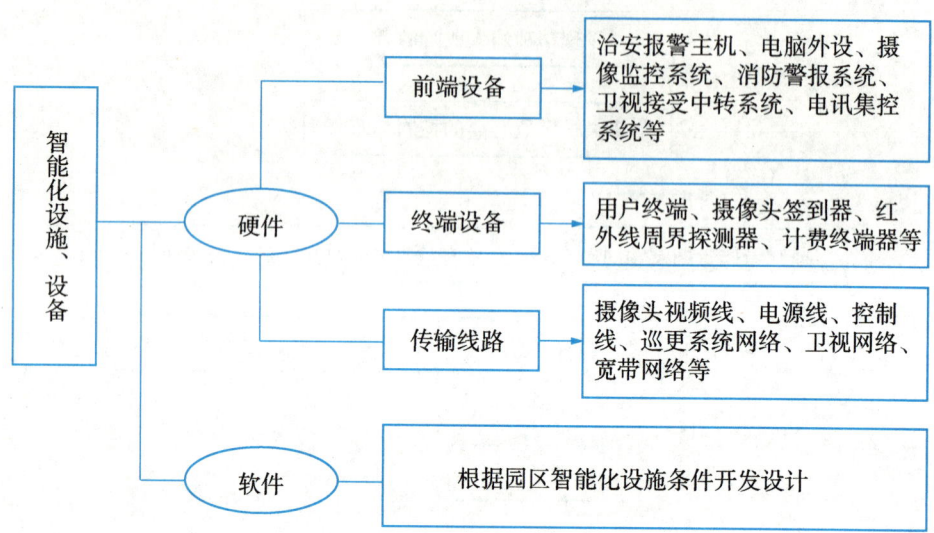

智能化系统的维护保养流程

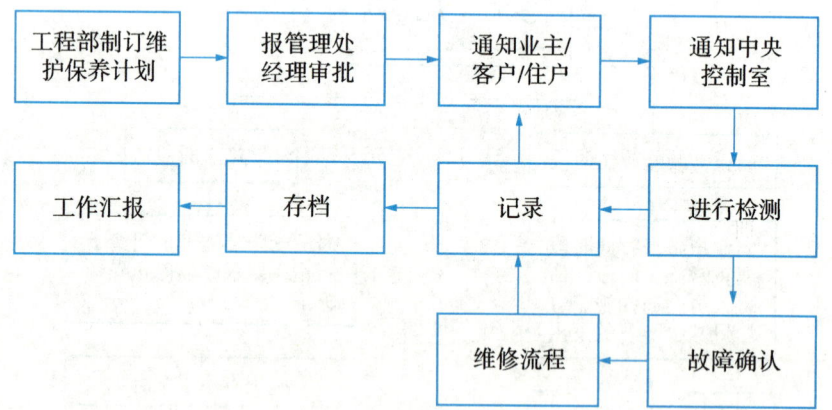

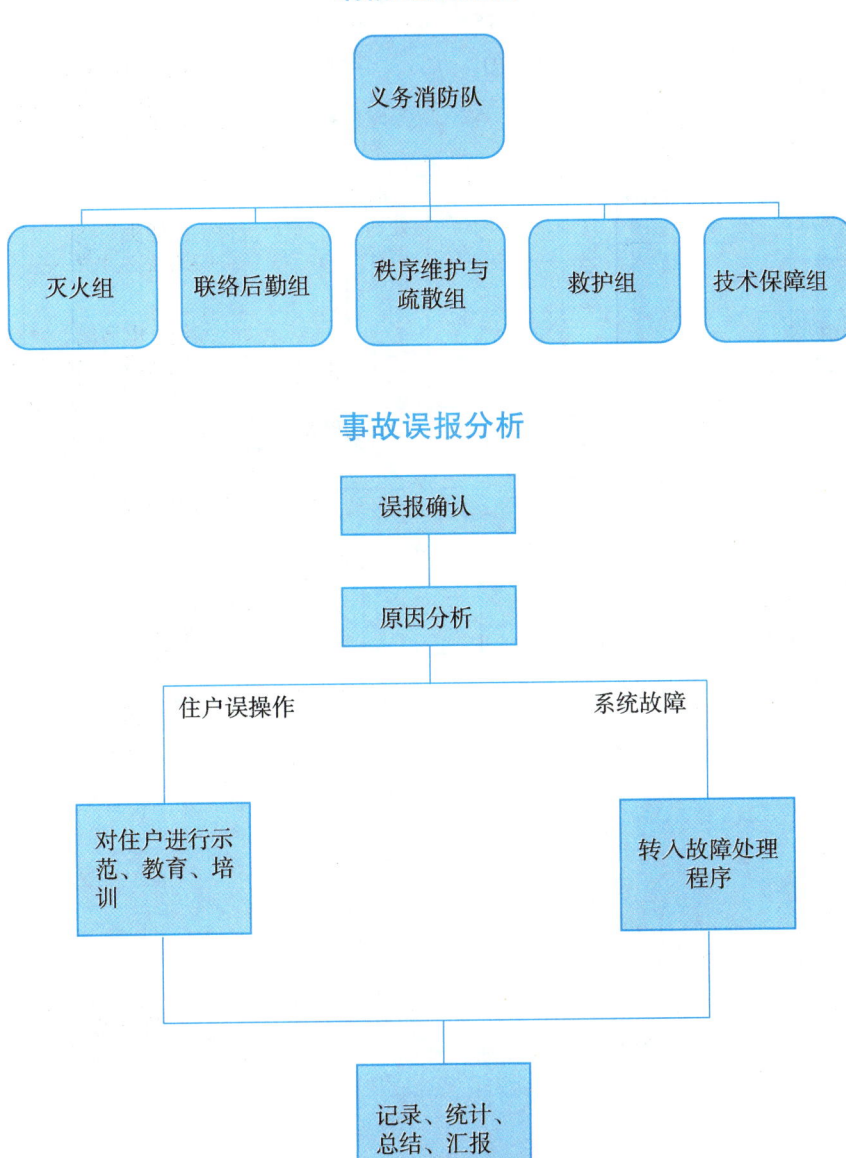

安防服务流程

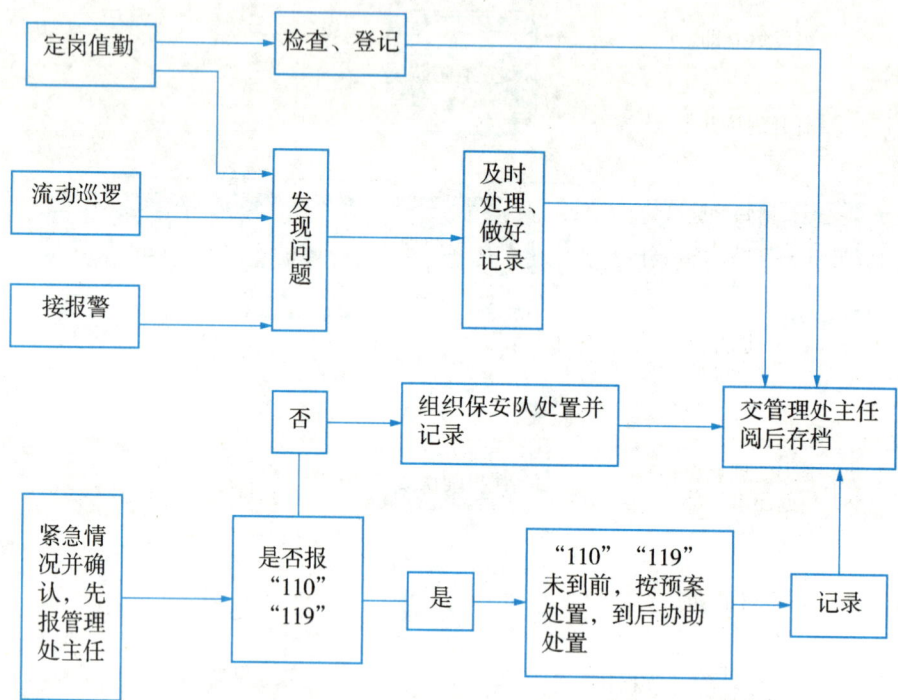

紧急事件处理流程

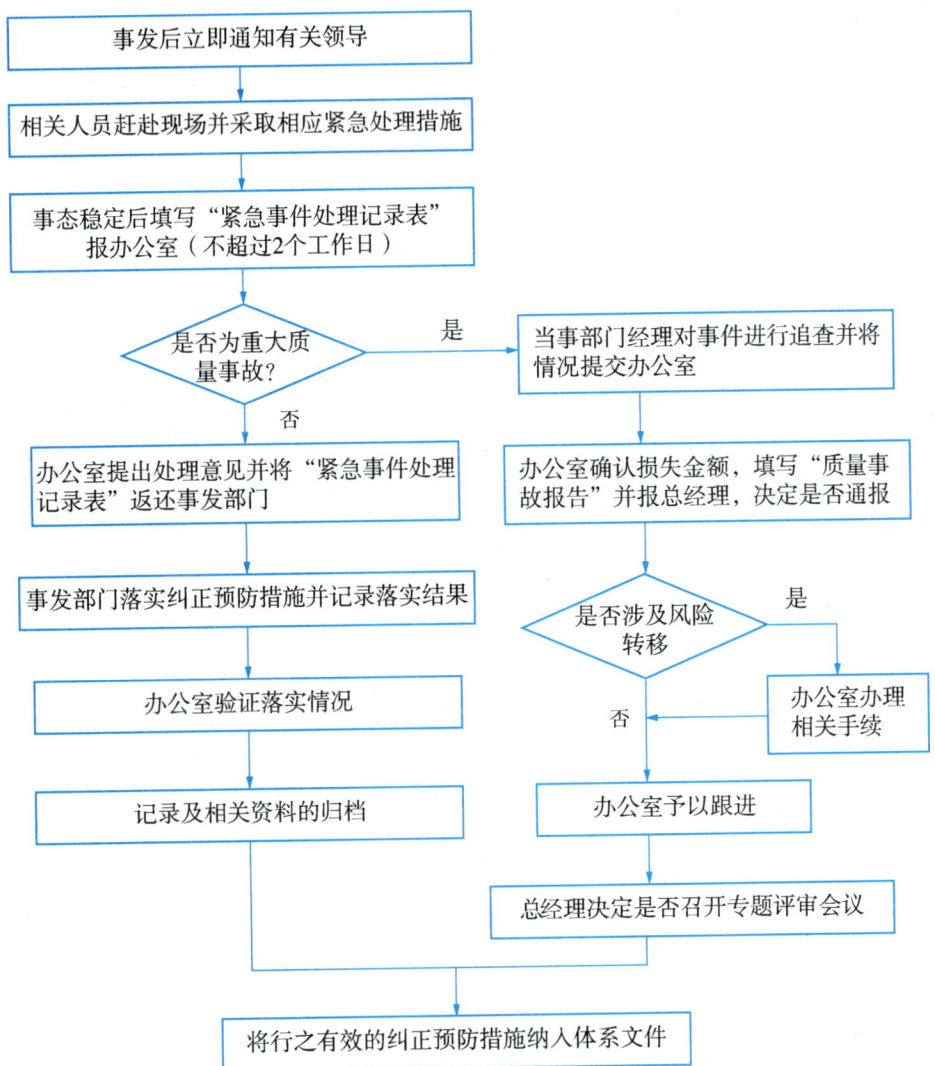

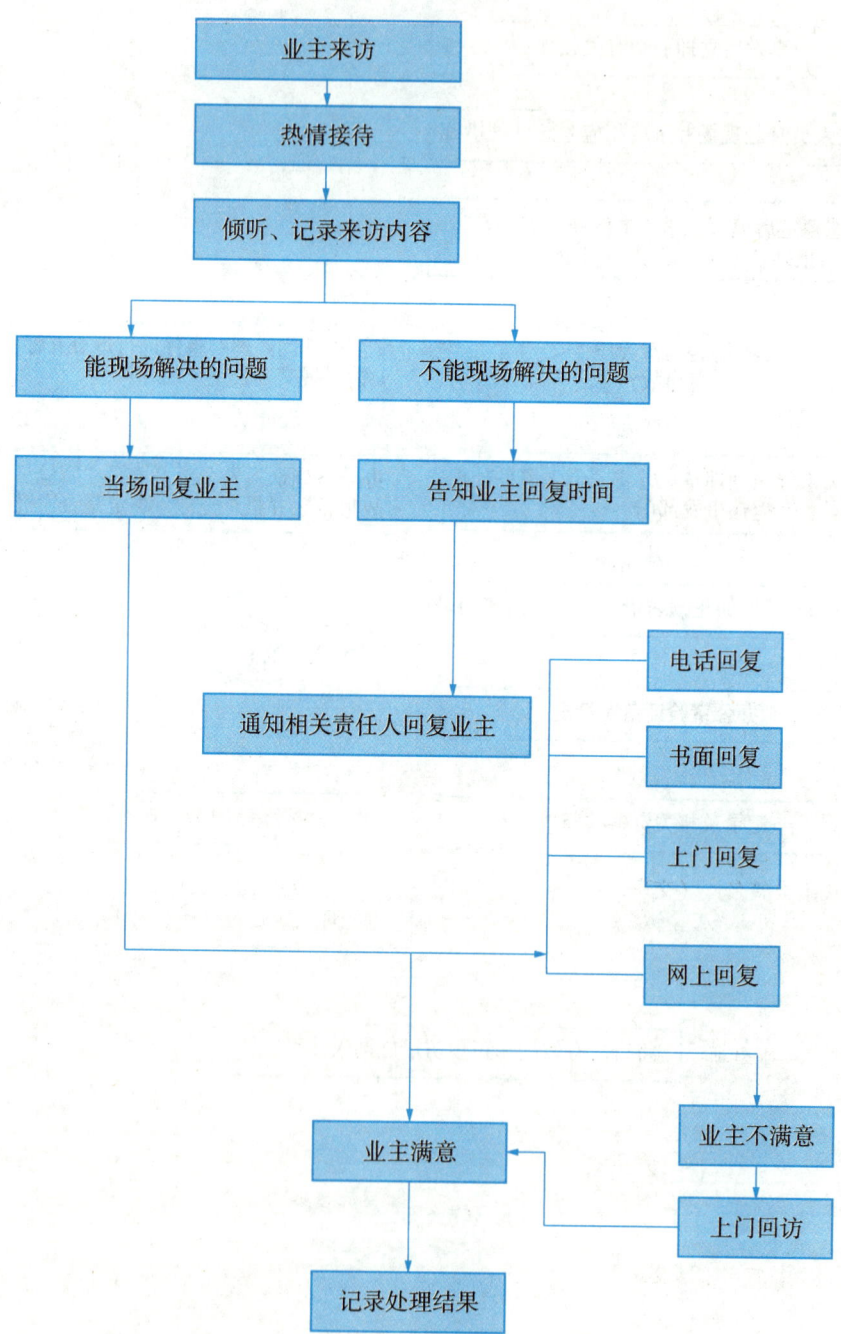

二、实用表格

安全值班记录表

班次		时间: 　年　月　日　时　分至　月　日　时　分
值班员		
本班次发生事项:		下班次注意事项:
物品移交:		
交接人员签名	（交班人）	（接班人）
班次		时间: 　年　月　日　时　分至　月　日　时　分
值班员		
本班次发生事项:		下班次注意事项:
物品移交:		
交接人员签名	（交班人）	（接班人）
班次		时间: 　年　月　日　时　分至　月　日　时　分
值班员		
本班次发生事项:		下班次注意事项:
物品移交:		
交接人员签名	（交班人）	（接班人）

安全交接班记录表

编号：		版本：		表格生效期：		序号：	
部门						年　月　日	

记录：

签名：

交班人		接班人	
交班时间		接班时间	

记录：

签名：

交班人		接班人	
交班时间		接班时间	

记录：

签名：

交班人		接班人	
交班时间		接班时间	

领导巡查留言：

签名：　　　　　　　　　　　　　　　　　　　　　　年　月　日

中控室监控运行记录表

项目：　　　　　　　　　　　　　　　　　　　　　　　　　　年　　月

日期		年	月	日	星期	值班员：	
监控设备	编号	报警或故障信号		设施运行情况		记录时间	
	1号					时	分
	2号					时	分
	3号					时	分
	4号					时	分
	5号					时	分
日期		年	月	日	星期	值班员：	
监控设备	编号	报警或故障信号		设施运行情况		记录时间	
	1号					时	分
	2号					时	分
	3号					时	分
	4号					时	分
	5号					时	分
日期		年	月	日	星期	值班员：	
监控设备	编号	报警或故障信号		设施运行情况		记录时间	
	1号					时	分
	2号					时	分
	3号					时	分
	4号					时	分
	5号					时	分

值班记录表

编号：_____ 版本：_____ 表格生效期：_____ 序号：_____

____年___月___日 星期___ 天气：___ 最高气温：___ 最低气温：___

公共信息预警记录：

处理结果：

记录人：

当班人签名	到达时间	离去时间	本日工作内容	完成情况

注：本记录不作为考勤依据。

顾客投诉与建议记录

时间	事情描述	经办人	处理结果	责任人确认

特别交代：

签名：　　　　　　　　时间：

信息记录（含请修、服务需求等记录）

时间	房号或电话	发生事项及处理经过	经办人	处理结果	责任人确认

注：当日信息可翻页记录。

邮件存寄、领取登记表

项目：　　　　　　　　　　　　　　　　　　　　　　　　　　　年　　月

存寄人或领取人姓名	存寄时间或送达时间	送寄时间或领取时间	邮件	值班员	备注

邮件签收登记表

编号：　　　　版本：　　　表格生效期：　　　　序号：

部门										
序号	到件时间	房号	姓名	邮件名称	邮件编号	签收日期	签收人	经手人	备注
1									
2									
3									
4									
5									
6									
7									
8									
9									
10									
11									
12									
13									

夜间查岗情况登记表

编号：　　　　　版本：　　　　表格生效期：　　　　序号：

计划时间		计划人员		签发部门		签发人：	年　　月　　日
被查部门：	安全员夜间工作状况：						
查岗时间：	通信设备情况		安全员装备情况		交接班记录		
	当值人确认		备注				
被查部门：	安全员夜间工作状况：						
查岗时间：	通信设备情况		安全员装备情况		交接班记录		
	当值人确认		备注				
被查部门：	安全员夜间工作状况：						
查岗时间：	通信设备情况		安全员装备情况		交接班记录		
	当值人确认		备注				

钥匙借用登记表

项目：　　　　　　　　　　　　　　　　　　　　　　　　　　　　年　　月

钥匙名称	数量	领借人	单位、地址	借出时间	归还时间	经办人	备注

安全巡逻岗作业记录表

项目：　　　　　　　　　　　　　　　　　　　　　　　　　　　年　　月

巡视时间：	作业员：

巡视范围：建筑的外围墙、公共地区的人口流动、车辆临时停放点、车辆行驶以及停放、公共通道、地下室、公用设备设施、室外管道阀门、各种标志牌、仓库、消防设施、其他的危险品、发生的其他异常情况

巡视记录：

巡视时间：	作业员：

巡视范围：建筑的外围墙、公共地区的人口流动、车辆临时停放点、车辆行驶以及停放、公用设备设施、室外管道阀门、各种标志牌、仓库、消防设施、其他的危险品、发生的其他异常情况

巡视记录：

巡视时间：	作业员：

巡视范围：建筑的外围墙、公共地区的人口流动、车辆临时停放点、车辆行驶以及停放、公用设备设施、室外管道阀门、各种标志牌、仓库、消防设施、其他的危险品、发生的其他异常情况

巡视记录：

小区巡场记录表

项目：　　　　　　　　　　　　　　　　　　　　　　　　　　　年　　月

巡检地点	内容	时间	巡检作业员
房屋地基			
房屋屋顶			
地下室			
给排水系统			
楼面			
消防设施			
楼道			
楼道其他设施			
电梯			
垃圾道			
外墙美观			
标志牌情况			
公共卫生			
园区绿化			
车场管理以及使用设施			
楼顶水箱			
外墙安全设施			
其他情况			

小区信件收发表

日期	信件类别	信件编号	寄出地	收件房号	用户签收	送信人签名

消防器材维修记录

编号： 版本： 表格生效期： 序号：

器材名称	开始使用时间	维修情况	是否停止使用	维修人签名	备注

续上表

器材名称	开始使用时间	维修情况	是否停止使用	维修人签名	备注

消防联动柜运行记录表

编号：　　　　版本：　　　　表格生效期：　　　　序号：

部门							年　　月			
日期/班次	内容						值班人	责任人	监督人	备注
	送排烟阀	送排烟机	消防栓泵	喷淋泵	警铃	电梯归首层				

注：上列任一消防设备动作必须记录，在备注栏予以说明；无动作则用"√"表示即可。

物资搬运放行表

编号：　　　　版本：　　　　表格生效期：　　　　序号：

部门				年　　月　　日	
房号		搬至何处			
房主		身份证号		电话		房屋性质	
申办人		身份证号		电话		租用	自用
搬运物资名称					
搬运车辆资料	车牌号码		车型		颜色	
司机驾驶证号			司机身份证号		
管理处经手人		授权人员		安全员	
备注					

楼层巡视记录表

单位：　　　　　　　　　单元：　　　　　　　　　年　月

日期	时间		巡视情况	巡视员	巡检员	备注
	时	分	消防设备、门、窗、管线、单元设施			
1						
2						
3						
4						
5						
6						
7						
8						
9						
10						
11						
12						
13						
14						
15						
16						
17						
18						
19						
20						
21						
22						
23						
24						
25						
26						
27						
28						
29						
30						
31						
备注	消防设备：消防栓（　　具）、消防带（　　根）、水枪（　　具）； 门：公共门（　　扇）、业主门（　　扇），窗：楼道窗（　　扇）、其他窗（　　扇）； 管线：配电柜（　　处）、电话线箱（　　处）、网络线箱（　　处）、光纤线箱（　　处）； 单元设施：楼道灯（　　具）、灯控开关（　　处）、楼道地板、楼梯扶手、墙面； 由白班、中班巡逻员巡查后认真填写和巡检人员填写。					

619

临时出入证件发放申请表

姓名		性别		年龄		照片
职业		工作单位				
联系方式						
单位/家庭地址						
来访原因						
临时出入证件号						
有效证件名称						
有效身份证件号						
受访人地址						
受访人签名						
申请日期： 年 月 日			有效期限： 年 月 日至 年 月 日			
备注：						
＿＿＿＿＿＿管理处审批意见： 值班员： 年 月 日						

控制中心交接班记录表

项目	交接日期： 年 月 日	
	交换班时间	
	时 分	时 分
背景音乐播放		
通信系统		
照明系统		
景观控制系统		
消防情况		
监控情况		
灭火器材		
紧急报警		
治安情况		
其他		
交班负责人		
接班负责人		

备注：

紧急事件登记表

编号：　　　　　版本：　　　　　表格生效期：　　　　　序号：

办公室序号	部门序号	事件主题	发生日期	处理情况

注：办公室序号：在公司范围内，以年度为单位编制。
　　部门序号：在本部门范围内，以年度为单位编制。
　　处理情况标识：部门经理意见完、办公室意见完、部门处理结果完、办公室验证完。

紧急集合情况记录表

编号：　　　　　版本：　　　　　表格生效期：　　　　　序号：

召集人				监督人			
指定地点			起始时间	年　月　日　时　分　秒至　分　秒			
召集对象				应到人数		实到人数	
序号	姓名	到达时间	备注	序号	姓名	到达时间	备注
1				16			
2				17			
3				18			
4				19			
5				20			
6				21			
7				22			
8				23			
9				24			
10				25			
11				26			
12				27			
13				28			
14				29			
15				30			

消防设备监控运行记录

年　月

日期	时间		报警或故障信号	位置	编号	设备运行状态 （包括联动信号及报警故障处理情况）	记录人
	时	分					

安防服装申领单

申请单位：服务中心

申请理由：　　□新项目组建　　□人员增加　　□以旧换新　　□其他

服装名称	规格/型号	数量	备注
服装名称	2号三型		
	2号四型		
	2号五型		
	3号一型		
	3号二型		
	3号三型		
	4号一型		
	4号二型		
	4号三型		
	5号一型		
	5号二型		
	5号三型		
形象岗	服装		
	帽子		
配件	帽子		
	臂章		
	肩牌		
	领带		
	武装带		
	精神带		
作训服系列	作训服		
	作训帽		
	作训鞋		
	腰带		
	腰包		
	反光衣		

服务中心（总）经理：　　　　　　申请人：　　　　　　日期：

大件物品进出申请（放行条）

_____物管服务中心： 编号：

我因个人需要（原因）_____，有以下物品要（进/出）园区大门：

1. 名称：_____，规格：_____，颜色：_____，重：_____kg，价值：_____元
2. 名称：_____，规格：_____，颜色：_____，重：_____kg，价值：_____元
3. 名称：_____，规格：_____，颜色：_____，重：_____kg，价值：_____元
4. 名称：_____，规格：_____，颜色：_____，重：_____kg，价值：_____元
5. 名称：_____，规格：_____，颜色：_____，重：_____kg，价值：_____元

现特向你中心申请，请批准于_____年_____月_____日_____时_____分将上述物品搬（进/出）园区。

_____栋_____号　　业主/住户签名：_____
　　　　　　　　　　　　　年　月　日

物管服务中心意见：

值班主管：
年　月　日

编号：

大件物品放行条

现有_____业主/住户申请，有以下物品需要在_____年_____月_____日_____时_____分将以下物品搬（进/出）园区，物管服务中心已经批准，接到该放行条，检查进/出物品是否符合申请，符合申请则放行！

1. 名称：_____，规格：_____，颜色：_____，重：_____kg，价值：_____元
2. 名称：_____，规格：_____，颜色：_____，重：_____kg，价值：_____元
3. 名称：_____，规格：_____，颜色：_____，重：_____kg，价值：_____元
4. 名称：_____，规格：_____，颜色：_____，重：_____kg，价值：_____元
5. 名称：_____，规格：_____，颜色：_____，重：_____kg，价值：_____元

□经检查，所需（进/出）的大件物品与申请单相吻合，已经放行！

□经检查，所需（进/出）的大件物品与申请单不吻合，已请其重新申请！

检查异常填写：

安全作业员：
年　月　日

注：此单交回物管处，经涂改则无效。

查岗工作报告

查岗人			所属部门			职位		
查岗对象		查岗日期		时间段	时	分至	时	分

查岗结果报告：

项目物业负责人审阅：

签名：　　　　　　日期：

项目行政人事跟进处理情况：

签名：　　　　　　日期：

物业管理小区安全检查及限期整改通知单

物业企业名称		小区名称	
检查内容	需整改的问题（存在问题的打√）		
安全管理制度	安全生产制度（ ），安全应急预案（ ），人员培训、演练（ ）		
电梯安全	专职电梯管理员（ ），电梯安全日志（ ），运行、维保记录（ ），应急预案（ ）		
消防安全	消火栓设备不完善（ ）、灭火器（ ）、疏散指示标志（ ）、应急照明（ ）、消防警示标志（ ）、占用消防通道（ ）、消防系统（ ）		
水、电、气使用安全	供电设施维保、检查记录（ ），应急预案（ ），安全使用宣传（ ）		
汛期房屋安全	化粪池、窨井、排水管网定期检查、清掏（ ），警示标志（ ），围墙、堡坎、高切坡检查、维护、报告记录（ ）		
游泳池安全	应急预案（ ）、专业安全救护人员（ ）、应急救援设备（ ）、警示标志（ ）		
房屋使用安全	外墙脱落（ ）、高空坠物（ ）、警示标志（ ）、巡查记录（ ）		
秩序维护	值班巡逻制度（ ），巡逻记录（ ），监控、门禁系统（ ），应急预案（ ）		
装修管理	高空作业（ ）、用电用气（ ）、焊接作业（ ）、易燃材料堆放（ ）		
其他安全问题及检查结论			
限期整改要求	被检查单位应在接到本通知单5个工作日内，对以上问题进行整改，并将整改情况书面向×××房屋管理局报告。		

检查人员（签名）： 　　　　　　　　　　　　　被检查单位（签收）：
　　　　　　　　　　　　　　　　　　　　　　××××管理局
　　　　　　　　　　　　　　　　　　　　　　年　月　日

保卫部、物业部最低耗量统计表

部门	名称	规格	单位	数量	单价	合计
保卫部						
物业部						
总计						

夜间情况检查表

时间	房号	施工单位	锁门情况	原因	施工人员	预计离开时间	批准人	备注

门岗进、出记录表

项目：　　　　　　　　　　　　　　　　　　　　　　　　　　　　　　　年　　月

进门时间			来访者姓名	性别	人数	被访人	随身物品	出门时间	临时出入证号	值班员	备注
月	日	时　分									

二次供水泵房外来人员登记表

序号	日期	时间	姓名	身份证号码	单位	来访事由	备注

机动车辆以及特种车辆进出记录表

项目：　　　　　　　　　　　　　　　　　　　　　　　　　　　　　　年　　月

车型	进入时间			被访人	车辆颜色	进出证件号	车牌号	出门时间			值班作业员	收费	备注
	月	日	时　分					月	日	时　分			

查岗计划及完成情况记录

计划			完成情况		
计划日期	查岗人	查岗对象	查岗人确认	完成日期	查岗时间段	查岗人

单位：

制表：　　　　　　　日期：　　　　　　　审核：　　　　　　　日期：

闭路监控系统保养维修记录表

编号：　　　　　版本：　　　　　表格生效期：　　　　　序号：

部门							责任人		
时间	摄像机		录像机		主机		电源	保养人	监督人	备注
	除尘	加油	调整	外部除尘	磁头清洗	指示灯	除尘	接头			

保安员基础训练考核考评表

单位：　　　　　　　　　　　　　　班别：　　　　　　　　　　　　　　年　　月　　日

序号	姓名	精神面貌	立正/稍息	停止间转法	三大步伐	立定	集合/解散	脱帽/戴帽	蹲下/起立	敬礼/礼毕	拳术	总分
	满分	10	20	5	5	5	10	10	10	5	20	
1												
2												
3												
4												
5												
6												
7												
8												
9												

班长：　　　　　　　　　　　考评人员：　　　　　　　　　　　队长：

应急服务记录

类别		发生时间	
发生地点		发现人	
监控中心当班安管员（或管理处接报人）			
接报时间			
通知何人处置		通知时间	
发现情况：			
处理经过：			
备注			

事故报告记录表

管理处名称：

事发时间		事发地点	
事故类型		是否责任事故	

事故情况（事故经过、处理情况、损失情况、事故原因、事故责任认定等）：

公司调查核实情况：

核定人/时间：

填报人/时间：　　　　　　　　　　　　　　审核人/填报：

说明：1. 本报告书由事故相关部门填写，经理审核。
　　　2. 本报告书一式两份，一份报公司相关部门，一份管理处存留。

重大事故报告记录表

_____管理处　　　　　　　　　　　　　年　　月　　日

设备设施编号	设备设施名称	型号规格	所属单位
事故类别	当 事 人	设备责任人	发生事故时间

事故经过			
设备损坏情况			
原因分析			
事故损失	停工时间	修理费/元	经济损失/元
管理处处理意见			
品质管理部意见			
总经理批示			

突发事件处理登记表

单位：　　　　　　　　　　　　　　　　　　　　　年　　月　　日

事发地点		事发时间	
事件概述： 　　　　　　　　　　　　　　　　　　　签名/日期：			
处理情况： 　　　　　　　　　　　　　　　　　　　签名/日期：			
管理处领导意见： 　　　　　　　　　　　　　　　　　　　签名/日期：			

应急分队队员名单

项目名称：　　　　　　　　　　　　　　　　　　　编号：

序号	姓名	地址	联系电话	工作单位	备注

制表：　　　　　日期：　　　　　审批人：　　　　　日期：

报警记录表

日期	时间	报警类型	报警地点	处理情况及处理结果	值班人

突发事件处理记录表

版本号：		表格生效期：		序号：	
事件主题			事发时间		
事发部门			事发地点		

事件经过：
记录人：　　　　　　　年　月　日

现场处理情况：
记录人：　　　　　　　年　月　日

业务部门负责人意见：			
序号：	处理意见：	责任人：	时限：
业务部门负责人签字：　　　　　　年　月　日			

职能部门分析及意见：			
序号：	处理意见：	责任人：	时限：
职能部门负责人签字：　　　　　　年　月　日			

分管领导意见：			
序号：	处理意见：	责任人：	时限：
签字：　　　　　　　　　　　　　年　月　日			

处理结果及验证			
序号：	处理结果：	责任人：	验证人/时间：
签字：　　　　　　　　　　　　　年　月　日			

物资搬运放行条

编号：　　　　　　版本：　　　　　表格生效期：　　　　　序号：

部门				年　　月　　日	
房号		搬离原因	□装修完成　□承租期满　□另行居住		
业主			□其他＿＿＿＿＿＿＿＿＿＿＿＿＿＿		
申办人		证件号码		房屋性质	
与业主确认方式	□当面　□电话（确认时间：　　　　　）			租用□	自用□
序号	物资名称		数量	规格/型号	备注
搬运车辆资料	车牌号码		车型		颜色	
	司机驾驶证号		档案编号			
	发证机关		其他证号			
部门经手人		出纳员/授权人		安全员	
备注					

注：1. □内打"√"。
　　2. 业主本人办理，核实后无须填写证件号码。

来访人员情况登记表

编号：　　　　版本：　　　　表格生效期：　　　　序号：

日期	来访人姓名	性别	年龄	所持证件	证件号码	工作单位或住址	来访时间	门牌号	离去时间	值班者	备注

租住人员情况登记表

编号：　　　　　版本：　　　　　表格生效期：　　　　　序号：

项目	住址房号（单位）	业主名（单位负责人）	租住人员情况					联系电话
姓名	照片	照片	照片	照片	照片	照片	照片	
证件类别及号码								
户口所在地								
出入卡号								
租住期限								
登记时间								
联系电话								
与业主关系								
流动人口计划生育证号								
变更情况								

交接班记录表

编号：		版本：		表格生效期：		序号：	
部门：						日期： 年 月 日	
交班人		时间		接班人		时间	
交接物品情况：							
有关事项：				跟进处理情况：			
交班人		时间		接班人		时间	
交接物品情况：							
有关事项：				跟进处理情况：			

续上表

交班人		时间		接班人		时间	
交接物品情况：							
有关事项：				跟进处理情况：			
交班人		时间		接班人		时间	
交接物品情况：							
有关事项：				跟进处理情况：			

注：各部门可根据本部门班次情况对表格大小（包括行数）作适合于本部门使用的调整，但表格内容不能改变。

安全检查记录表

编号：　　　　　版本：　　　　　日期：　　　　　检查人：　　　　　表格生效期：　　　　　受检签字：　　　　　验证人：　　　　　验证时间：　　　　　序号：

受检部门：							
类别	序号	项目	要求	检查方法	检查情况	纠正时间	验证情况
培训学习	1	安全培训	每周一次	查记录			
	2	军事训练	每周两次	查记录			
	3	班长安全检查	每天检查	查记录			
	4	内务	按管理处要求	实地查看			
	5	紧急集合	每季二次	查记录			
	6	各岗位装备情况	按体系文件	实地查看			
交通	7	车场岗	按体系文件	查记录、实地查看、询问			
	8	车辆出入口岗	按体系文件	查记录、实地查看、询问			
	9	交通标识与设备情况	按实际情况且合理	实地查看			
	10	相关应急预案	按体系文件	查文件			
	11	紧急事件应急预案	按体系文件	查文件			
	12	巡逻路线图是否合理	按实际情况且合理	实地查看			
	13	岗位配置是否合理	按实际情况且合理	实地查看			
治安	14	大堂岗	按体系文件	查记录、实地查看、询问			
	15	出入口岗	按体系文件	查记录、实地查看、询问			
	16	巡逻岗	按体系文件	查记录、实地查看、询问			
	17	出租屋、空置房	有记录，且安全员知道	查记录、询问安全员			

续上表

类别	序号	项目	要求	检查方法	检查情况	纠正时间	验证情况
消防	18	消防应急预案	按体系文件	查文件			
	19	消防设施的使用	安全员会使用	询问安全员			
	20	现场消防管理	通道、照明、防火门	实地查看			
	21	义务消防队	有组织、有职责	查记录、查文件			
	22	装修控制	按体系文件	查记录、实地查看、询问			
	23	消防培训、训练	按计划实施并记录	查记录			
	24	消防档案	原始资料、现场记录	查资料			
安全指标	25	火警	—	查紧急事件记录			
	26	匪警	—	查紧急事件记录			
	27	交通事故	—	查紧急事件记录			
	28	其他紧急事件	—	查具体落实措施			
其他	29	住户宣传	制订计划并实施、记录	查文件			
	30	安全改进措施、方案	有记录	查记录			
	31	日常巡查	有记录	查记录			
	32	各种机电设备检查	有记录	查记录			
	33	办公环境安全	按体系文件	现场情况			

危险物品巡查记录

版本：　　　　表格生效期：　　　　序号：

被巡查部门		巡查时间	
巡查部门		巡查人	
项目	巡查情况		
化学品标识是否清楚正确			
化学品的异常状态			
化学品是否有泄露			
化学品异味是否明显异常			
温度、湿度是否符合要求			
化学物品情况记录与化学品MSDS数据表是否完备			
现场是否有应急预案与相应措施			
灭火设备的保养状态			
其他			

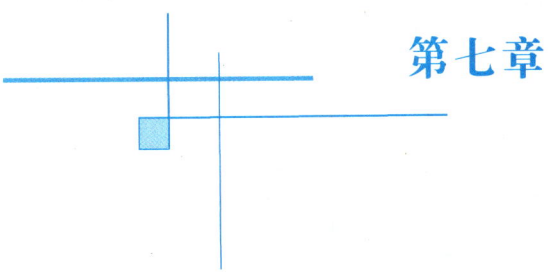

第七章

环卫工作

一、流程图

道路保洁工作业流程

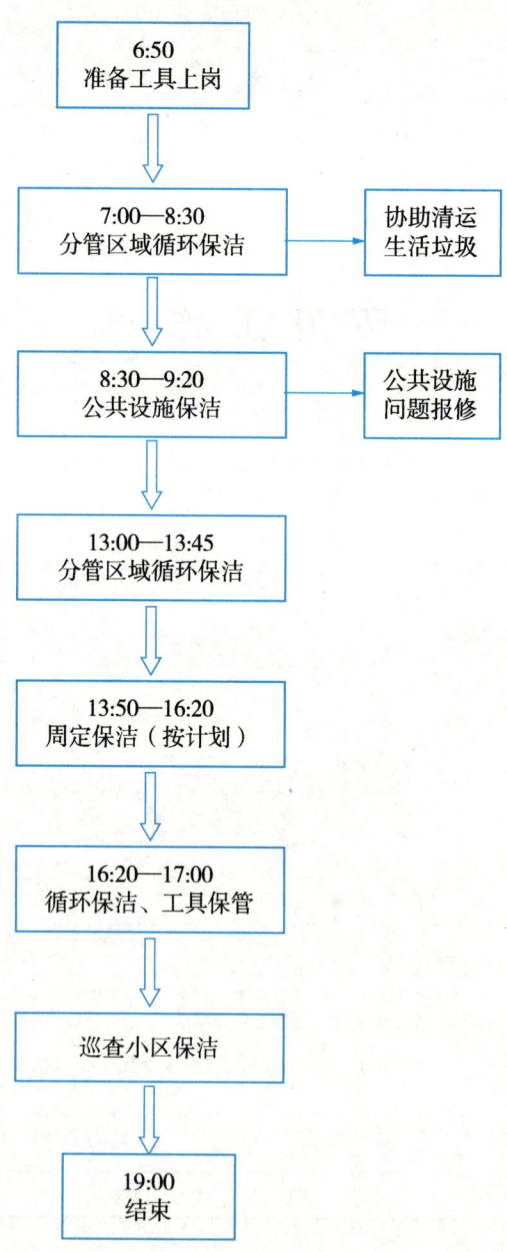

垃圾清运工作业流程

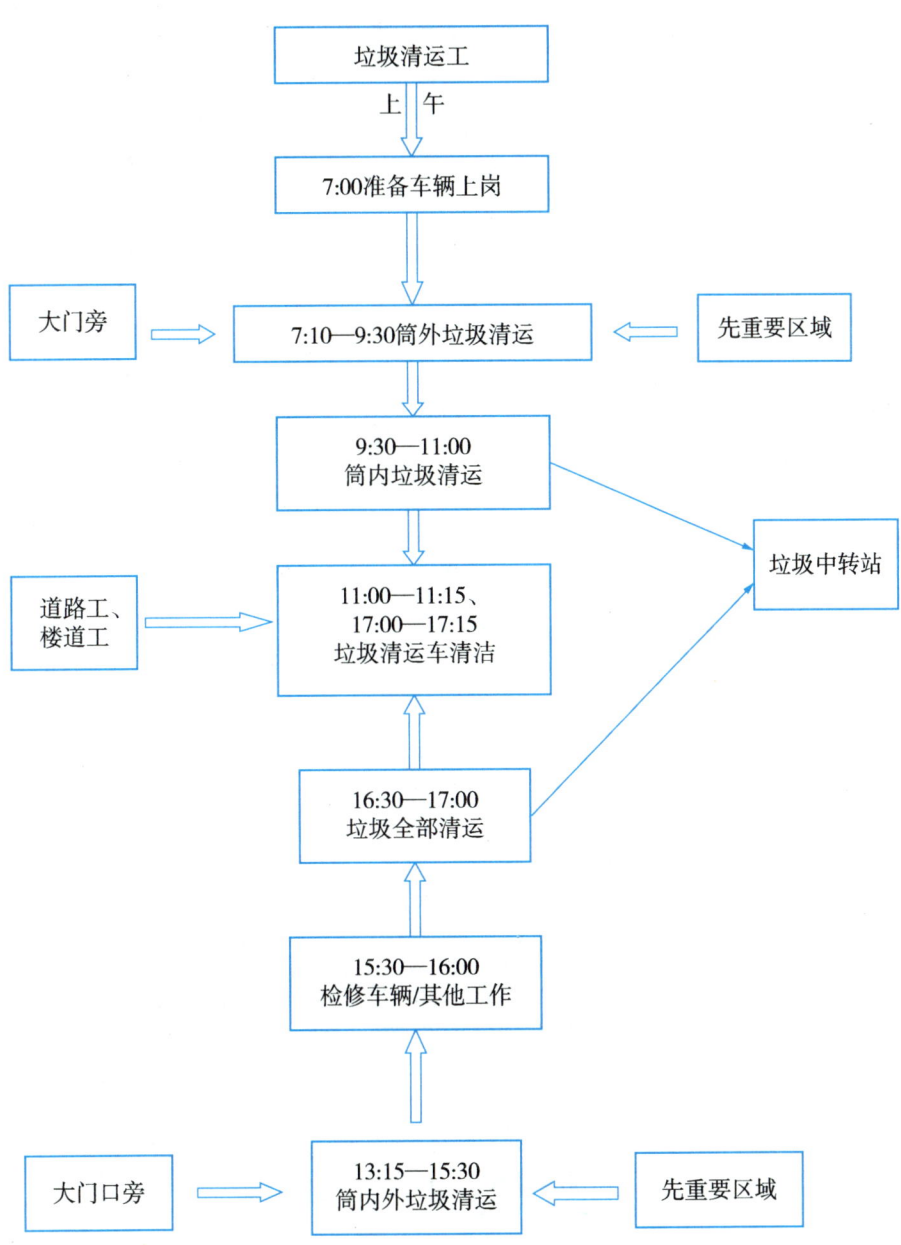

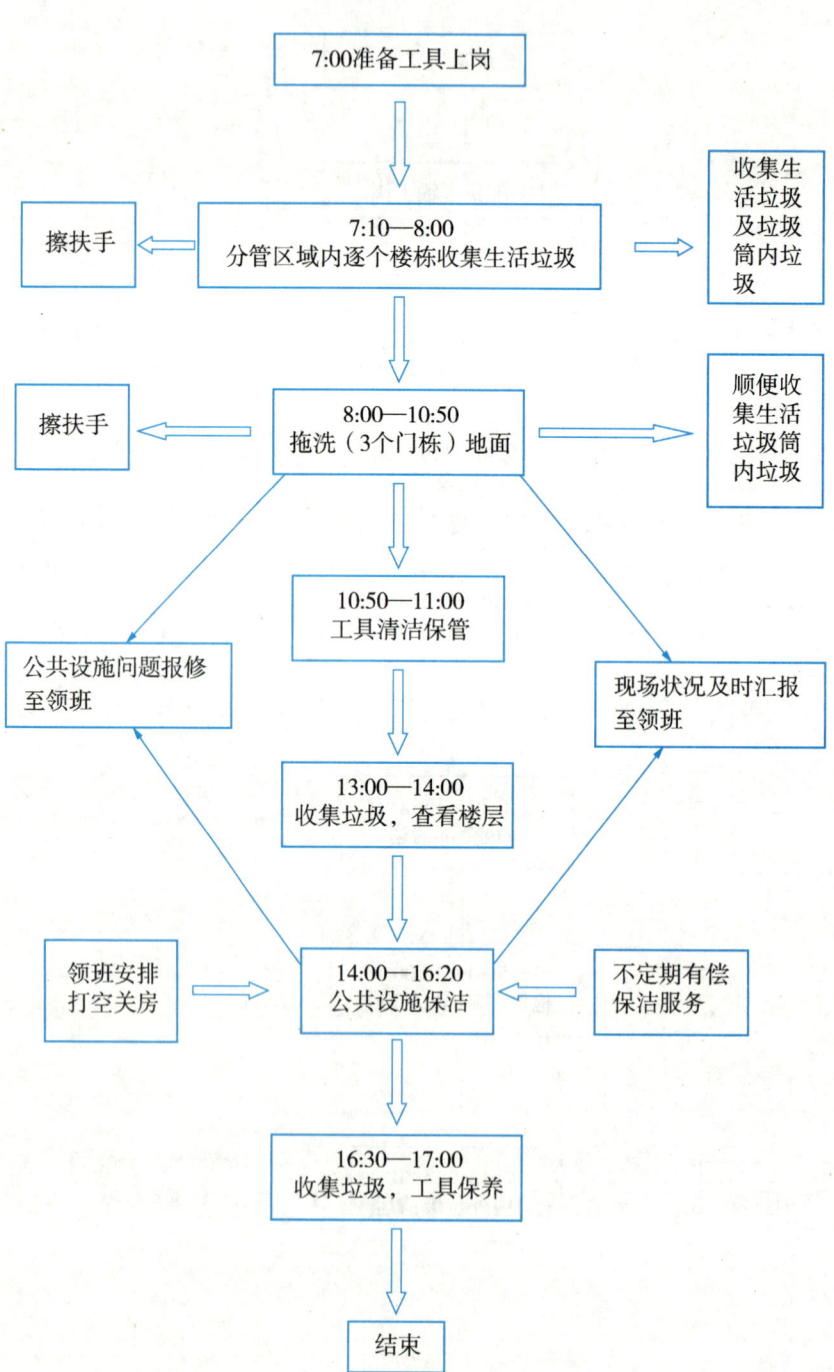

灭"四害"用药作业流程

公共区域日常清洁工作流程

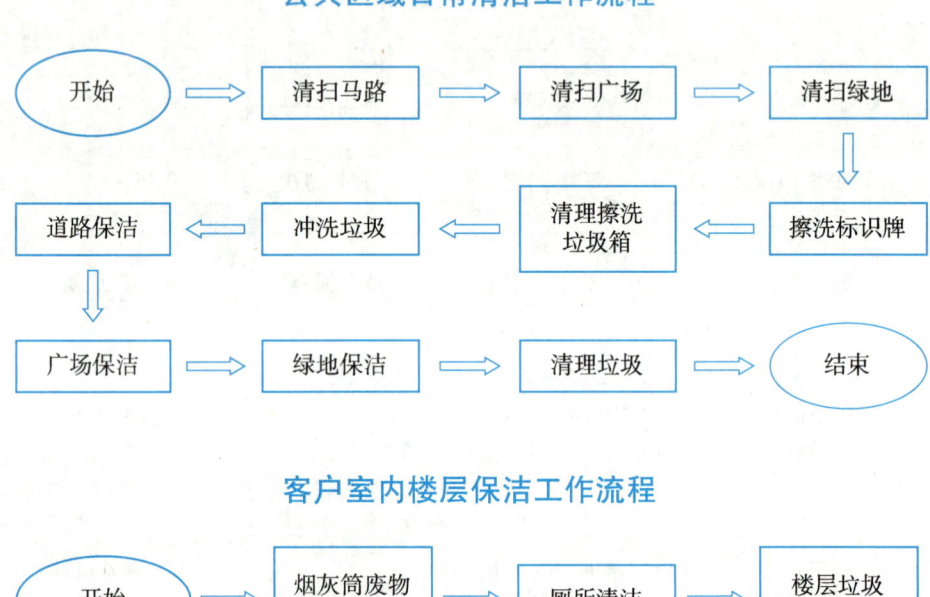

客户室内楼层保洁工作流程

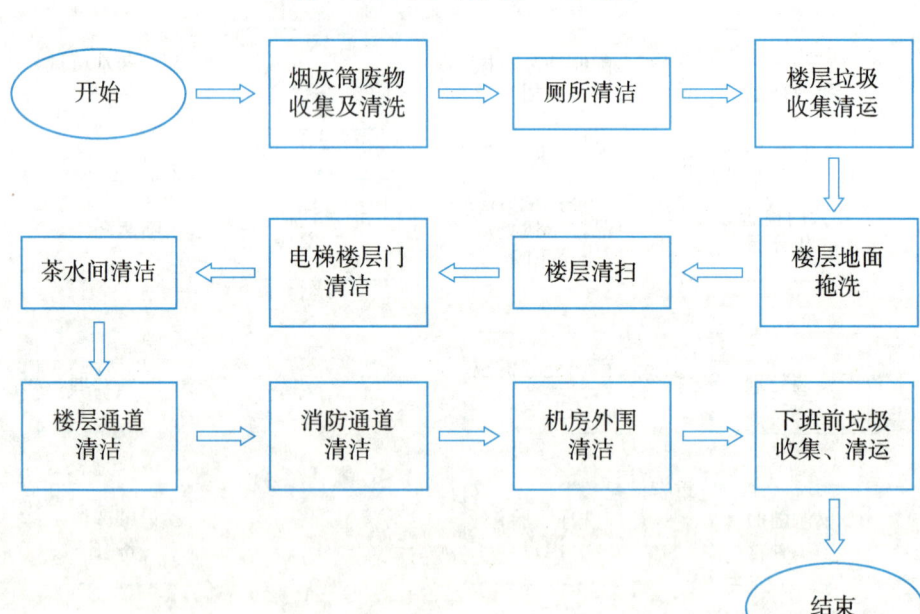

客户物业区域内大堂保洁工作流程

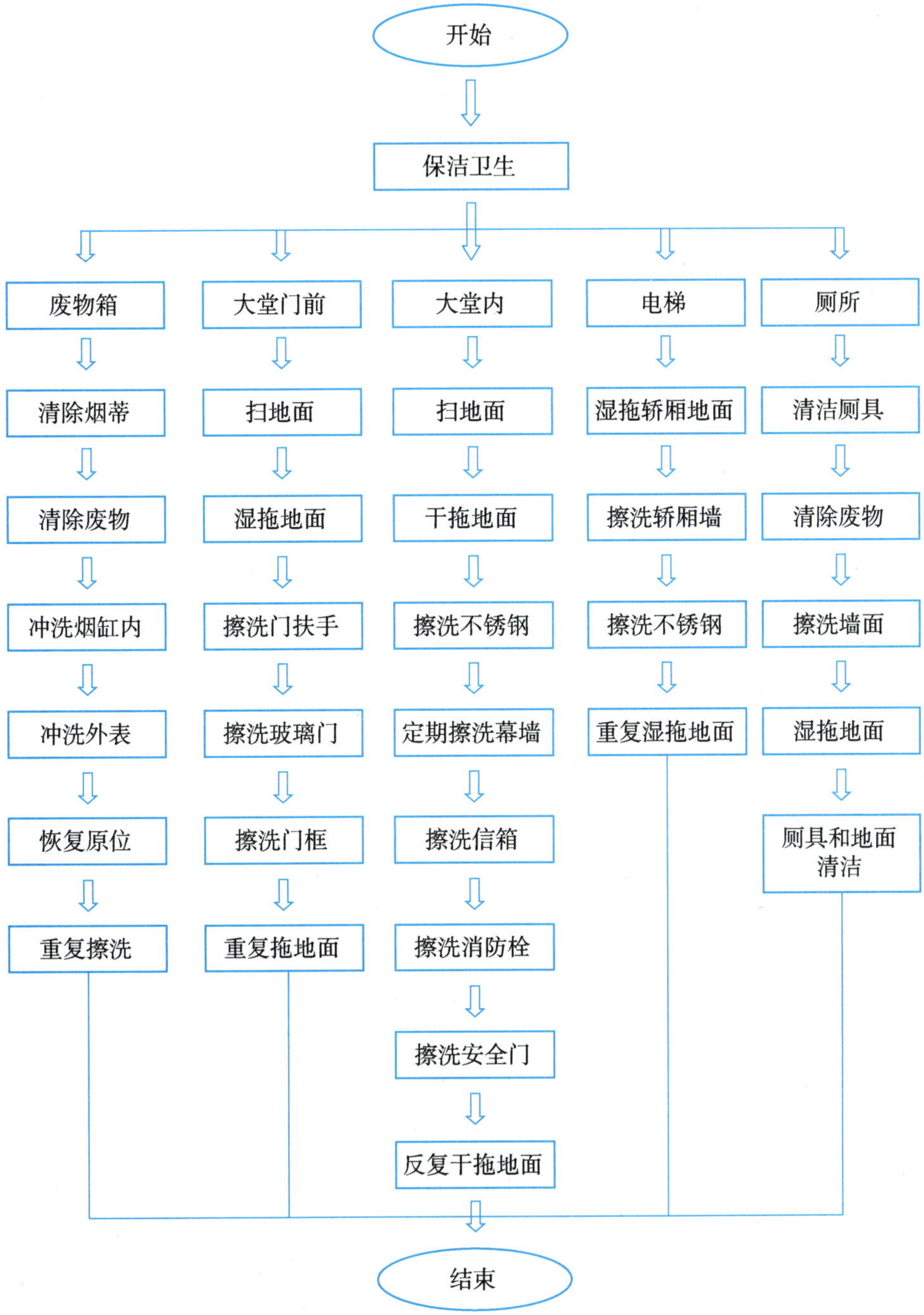

```
                              开始
                               ↓
                            保洁卫生
        ┌──────────┬──────────┼──────────┬──────────┐
        ↓          ↓          ↓          ↓          ↓
     废物箱     大堂门前      大堂内       电梯        厕所
        ↓          ↓          ↓          ↓          ↓
    清除烟蒂     扫地面      扫地面    湿拖轿厢地面   清洁厕具
        ↓          ↓          ↓          ↓          ↓
    清除废物     湿拖地面    干拖地面    擦洗轿厢墙    清除废物
        ↓          ↓          ↓          ↓          ↓
   冲洗烟缸内   擦洗门扶手   擦洗不锈钢   擦洗不锈钢    擦洗墙面
        ↓          ↓          ↓          ↓          ↓
    冲洗外表   擦洗玻璃门   定期擦洗幕墙  重复湿拖地面   湿拖地面
        ↓          ↓          ↓                      ↓
    恢复原位     擦洗门框    擦洗信箱              厕具和地面
        ↓          ↓          ↓                      清洁
    重复擦洗    重复拖地面   擦洗消防栓
                               ↓
                            擦洗安全门
                               ↓
                           反复干拖地面
                               ↓
                              结束
```

公共清洁和绿化保养外包服务质量考核工作基本流程

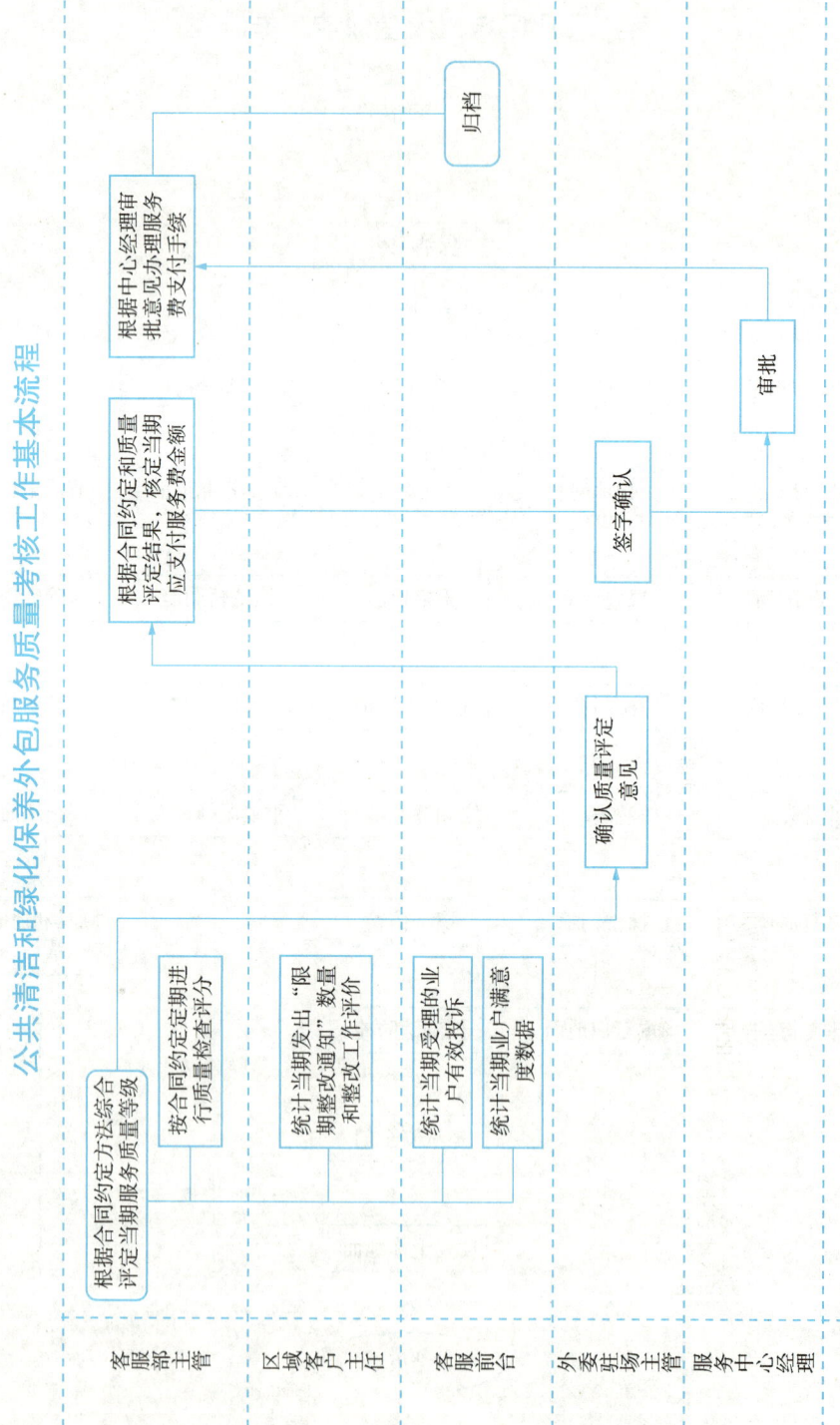

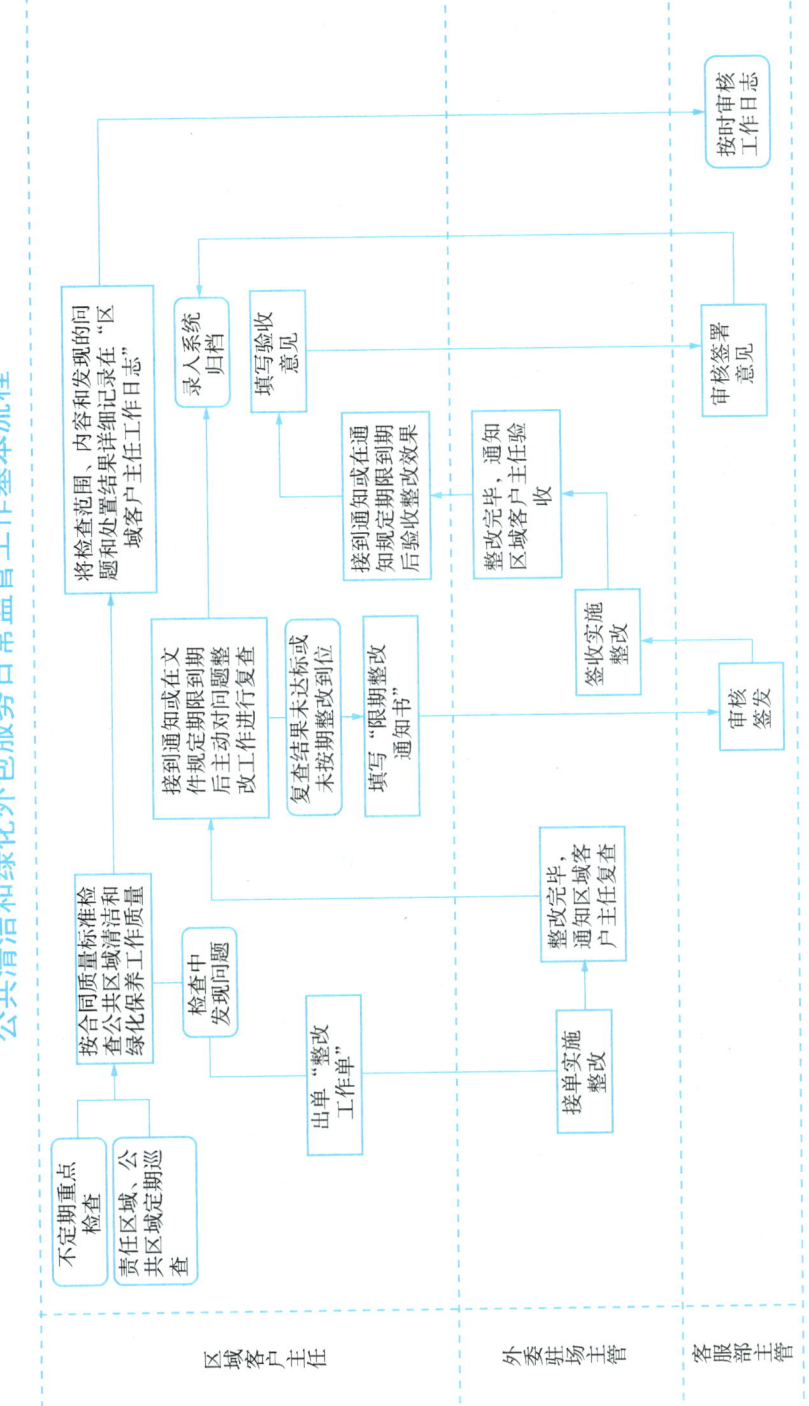

有害生物防治服务流程

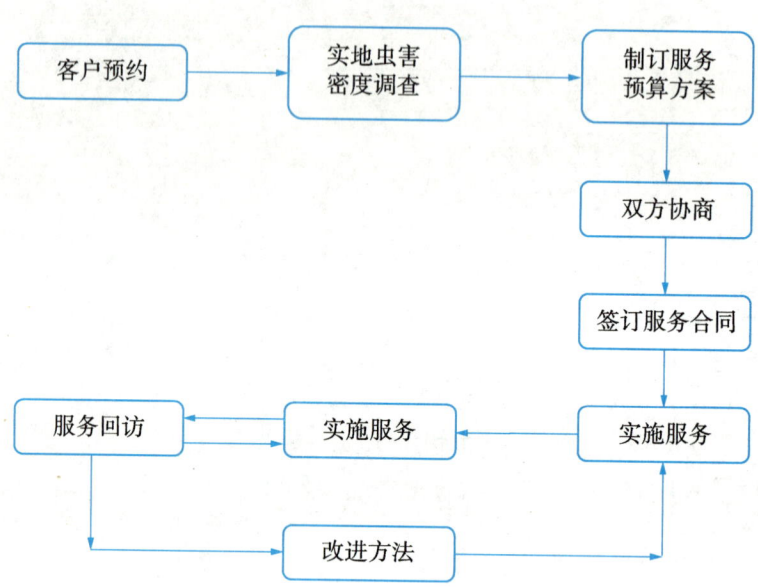

重点时段保洁服务模式

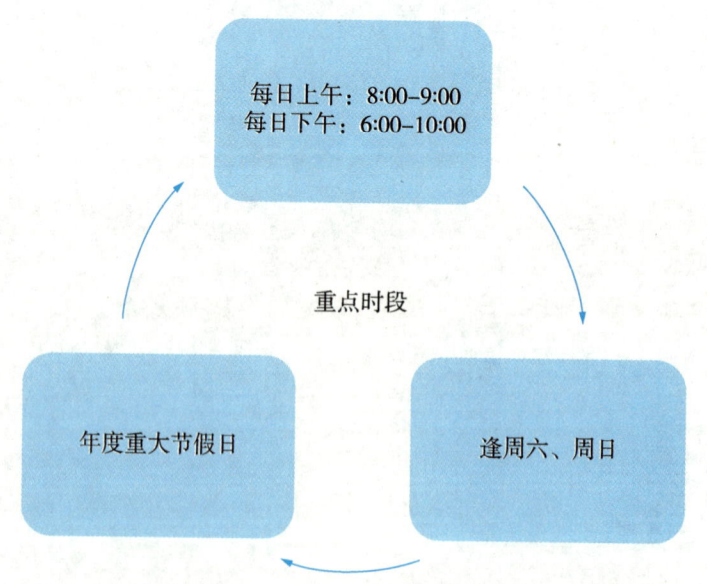

 第七章 环卫工作

二、实用表格

清洁工作抽检表

检查区域	检查项目	检查情况	处理结果	责任人

检查人： 　　　　　　　　　　　　　　　　　　　　日期：

663

清洁用具领用登记表

序号	名称/规格	数量	领用人签名	领用时间	归还时间	更换物品	记录人	备注

审核： 日期：

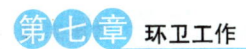

垃圾装运记录表

日期	时间	数量/桶	装车员	运载员	检查员	备注
合计		_____桶（车）				

统计：　　　　　　审核：　　　　　　清运公司确认：

消杀记录表

年　月　日

受检地点	灭蚊蝇		灭鼠			灭蟑螂	消杀人	消杀时间	备注
	喷药	投药	放药	装笼	堵洞	喷药			

说明：1. 对已做的项目及地点用"√"表示，未做的项目用"×"表示。
　　　2. 清洁助理/管理员负责监督，并填写此表。

监督人：　　　　　　　日期：　　　　　　审核：　　　　　　日期：

保洁部员工安排表

日期：_____年___月___日至___月___日

员工姓名	员工岗位	时间	星期一	星期二	星期三	星期四	星期五	星期六	星期日	备注

排班人：　　　　　　　制表：　　　　　　　日期：

保洁部工作情况考核表

年　月

科目	科目细化积分	考核方式	总评得分
1. 仪容仪表、文明用语	着装整洁、仪容仪表好、语言文明（9~10分）	要求标准及检查统计	
	1次违规（7~8分）		
	2次违规（5~6分）		
	3次违规（3~4分）		
	4次以上违规（1~2）		
2. 工作积极性和主动性	强（9~10分）	平时表现及抽查情况	
	较强（7~8分）		
	一般（5~6分）		
	较差（3~4分）		
	差（1~2分）		
3. 对客服务	服务意识强、技能好、表扬2次以上（10分）	客户反映、工作表现	
	服务意识较强、技能较好、有1次表扬（8~9分）		
	有一定服务意识、无服务投诉（6~7分）		
	有1次客户投诉（4~5分）		
	有2次以上客户投诉（1~3分）		

续上表

科目	科目细化积分	考核方式	总评得分
4. 工作能力和处理应急事件的能力	强，能很好地处理各类应急事件（9~10分） 较强，能较好地处理各类应急事件（7~8分） 有一定服务的工作能力和应急能力（5~6分） 工作能力和应急能力较差（3~4分） 工作能力和应急能力差（1~2分）	工作表现及对问题的处理	
5. 对专业知识的了解和业务技能技巧	掌握达到95%以上（10分） 掌握达到80%~94%（9分） 掌握达到60%~79%（6~8分） 掌握达到40%~59%（3~5分） 掌握达到39%（1~2分）	岗位抽查及考核	
6. 公司制度和岗位职责履行情况	履行情况好，无违反（9~10分） 有1次违反（7~8分） 有2次违反（5~6分） 有3次违反（3~4分） 有3次以上违反（1~2分）	测试、平时工作情况	
7. 团队协作及帮教意识	各意识强（9~10分） 意识较强（7~8分） 意识一般（5~6分） 意识较差（3~4分） 意识差（1~2分）	平时工作队员意见	

续上表

科目	科目细化积分	考核方式	总评得分
8. 对违规违纪的制止和上报情况	很好（9～10分） 较好（7～8分） 一般（5～6分） 对违规违纪有1次未制止和上报（3～4分） 对违规违纪有2次或以上未制止和上报（1～2分）	部门意见、平时工作情况	
9. 奖惩情况	迟到、早退记不合格，扣罚每次扣3分 旷工、警告每次扣6分 小过扣4分、大过扣6分 表扬每次加1分、嘉奖每次加2分 小功每次加4分、大功每次加6分	奖惩统计	
10. 对领导服从意识和尊重情况	很好（9～10） 较好（6～8） 一般（4～5） 有顶撞上级行为（1～3） 不服从且背后挑拨离间（0）	平时工作表现	
考评人	被考评人	考评日期	

保洁队绿化情况日检表

年　月　日

检查区域	检查项目与情况评定（优/良/中/差）					总体评定	保洁员	备注
	卫生间	电梯间	窗台	墙面	附件	绿化			

续上表

检查区域	检查项目与情况评定（优/良/中/差）					总体评定	保洁员	备注
	卫生间	电梯间	窗台	墙面	附件	绿化			

检查人：　　　　　　　　　　　　　　　　　　　审核：

保洁队物料消耗盘点月报表

月份：

品名	库存量	上月结存	本月耗量	单价	备注
合计					

保洁消杀工作记录表

项目	工作时间	工作范围	药品数量	服务员	备注

保洁作业日检表

年　月　日

检查区域	检查项目与情况评定（优/良/中/差）					总体评定	保洁员	备注
	卫生间	电梯间	窗台	墙面	附件	绿化			

续上表

检查区域	卫生间	电梯间	窗台	检查项目与情况评定（优/良/中/差） 墙面	附件	绿化	总体评定	保洁员	备注

检查人：　　　　　　　　　　　　　　　　　　　审核：

管理处绿化养护巡查周记表

编号：　　　　版本：　　　　表格生效期：　　　　　　序号：

项目	位置	内　容	检查结果	纠正措施	复查结果
草坪		长势是否良好			
		有无超长			
		有无杂草			
		是否干旱缺水			
		有无黄土裸露			
		有无超出花坛边沿			
		有无病虫害			
绿篱花球		长势是否良好			
		有无超长			
		是否干旱缺水			
		修剪是否匀称美观			
		根部是否密实、匀称、无杂物杂草			
		有无病虫害			
乔、灌木		长势是否良好			
		有无干枯枝叶			
		修剪是否匀称美观			
		根部是否密实、匀称、无杂物杂草			
		是否干旱缺水			
		有无病虫害			
盆栽		长势是否良好			
		有无干枯枝叶			
		修剪是否匀称美观			
		根部是否密实、匀称、无杂物杂草			
		是否干旱缺水			
		有无病虫害			
其他					
责任人签名及日期			检查人签名及日期		复查人签名及日期

每周计划清洁工作安排表

区域	清洁时间	清洁内容	质量要求	备注
楼道	星期一	垃圾桶	无迹印、异味，内容积物不超过2/3	
	星期二	栏杆、扶手	无灰尘，无污迹，见底纹	
	星期三	电梯厅	目视无沙粒，无污迹	
	星期四	楼梯、过道	目视无沙粒，无污迹	
	星期五	高空、墙面	无蛛网、灰尘	
	星期六	消防栓、门	目视无尘，无污迹，无水痕，光亮	
	星期日	窗框	目视无指痕、污迹、水痕	
外围	星期一			
	星期二			
	星期三			
	星期四			
	星期五			
	星期六			
	星期日			

检查人： 日期：

绿化、清洁卫生日检表

年　　月　　周

星期一	值班主管签名：
星期二	值班主管签名：
星期三	值班主管签名：
星期四	值班主管签名：
星期五	值班主管签名：
星期六	值班主管签名：
星期日	值班主管签名：

注意：检查依照绿化、清洁的质量标准进行。也检查员工出勤率、工作态度、工作效率、工作质量等。
每日检查1次，完毕后填写此表。有需要整改的，同样将整改意见填写上。

绿化苗木变更或工程改造审验表

| 编号： | | 版本： | | 表格生效期： | | 序号： | |

部门			项目名称	

原因：
部门经理签字：　　　年　月　日

办公室意见： 年　月　日	财务部意见： 年　月　日
管理处经理意见： 年　月　日	总经理意见： 年　月　日
业务部门验收内容： 部门经理签字：　　年　月　日	办公室验收结论： 办公室主任签字：　　年　月　日

苗　木　统　计

品种	规格	数量	单价	品种	规格	数量	单价
费用合计：							

保洁队作业情况日检表

年　月　日

检查区域	检查项目与情况评定（优/良/中/差）					总体评定	保洁员	备注
	卫生间	电梯间	窗台	墙面	附件	绿化			

续上表

检查区域	检查项目与情况评定（优/良/中/差）						总体评定	保洁员	备注
	卫生间	电梯间	窗台	墙面	附件	绿化			

检查人：　　　　　　　　　　　　　　　审核：

绿化项目更改申请表

编号：　　　　　版本：　　　　表格生效期：　　　　　序号：

工程名称：	合同序号：
设计更改原因：	
业务部门意见： 部门经理签字： 　　年　月　日	公司相关部门意见： 部门经理签字： 　　年　月　日

绿化养护工作月检表

单位：

检查人		时间		被检部门	
项目	内容	检查结果			备注
草皮	长势是否良好				
	有无超长				
	有无杂草				
	是否干旱				
绿篱花球	长势是否良好				
	有无超长				
乔灌木					
盆栽					
植保					
其他					

水池（箱）清洗及消毒记录表

单位：　　　　　　　　　　　　　　　　　　　　　　　　　　年　　月

设备名称：	编号：	容量：
作业时间：　　年　　月　　日　　时　　分至　　年　　月　　日　　时　　分止。 放水时间：　　　　月　　日　　时　　分至　　　月　　日　　时　　分止； 清洗时间：　　　　月　　日　　时　　分至　　　月　　日　　时　　分止； 消毒时间：　　　　月　　日　　时　　分至　　　月　　日　　时　　分止。 　共　　　　　　　小时　　　　　　分		
清洗员：	清洗投放灭菌剂配制人：	
药液名称：		
消毒员：	消毒投放灭菌剂配制人：	
药液名称：		
作业记录：		

水质取样人		取样地点			
取样数		送检日期		送检人	
取报告人		取报告日期		报告编号	

水质检测结果：　　□合格　　□不合格

不合格处理意见：

维修班长：	管理处主任：

洗手间定时清洁记录表

编号：　　　　　　版本：　　　　　　表格生效期：　　　　　　序号：

部门				洗手间位置			日期			
时间	便池	洗手池	镜面、地面	厕纸、擦手纸	垃圾筒	清新剂	香饼、香球、干花	洗手液	烘手机	保洁员	抽查	备注
8：00												
8：30												
9：00												
9：30												
10：00												
10：30												
11：00												
11：30												
12：00												
12：30												
13：00												
13：30												
14：00												
14：30												
15：00												
15：30												
16：00												
16：30												
17：00												
17：30												
18：00												
18：30												
19：00												
19：30												
20：00												
20：30												

小区花木统计一览表

树（花）种	数量	种植位置	养护情况	生长情况	备注

统计人：　　　　　　　　统计时间：

保洁员工上下班签到表

年　　月　　日

工作岗位	上班时间	员工签名	下班时间	员工签名	备注

审核人：　　　　　　　　　　　　　　　　　　　　　　　　日期：

每周工作量化表

部门：_____　　姓名：_____　　　　201___年第_____周

根据公司年度"精于细、诚于心"的工作要求，拟制本表，以将各项基础工作落到实处。

序号	内容	单位	数量	备注
1	检查家政服务质量	户		
2	处理投诉、建议、问询、求助、质疑	宗		
3	上门家访	户		
5	对外委单位检查	项		
6	巡查园区发现问题	件		
7	配合性工作	件		
8	完成上级下达随机任务	件		
9	专业/培训	次		
10				

说明：1. 此表为试用表，将根据工作实际进行分部修正。
　　　2. 此表实用于部门主管、客户部全体人员。
　　　3. 房号和主要事件请填在相应的备注栏。
　　　4. 此表以电子档方式于周末传到经理处。

周期性保洁工作记录表

编号：　　　　　版本：　　　　　表格生效期：　　　　　序号：

日期	保洁部位	保洁内容	保洁人	监督人	备注

保洁部清洁质量标准

清洁区域	位置	操作方式	质量标准要求	其他
外围公共区域	路面	清扫、冲洗、保洁	目视路面无烟头、石子、泥沙、纸屑、杂物	每月冲洗1次，雨停后及时清扫积水、巡回保洁
	人行道	清扫、冲洗、保洁	目视地砖缝隙无果皮、烟头、纸屑	每周冲洗1次，雨停后及时清扫积水、巡回保洁
	大理石、玻化砖墙面	擦抹	手擦拭1.8米以下无尘，无污迹，目视1.8米以上无蛛网、无尘、无污迹、见底纹	每周1次
	高架灯	擦抹	目视无尘，无污迹，无蛛网	每天擦抹手能擦抹到的地方。高空每周1次
	果皮箱	擦抹、清洗	无尘，无污迹，烟头、黏附物，果皮内容积物不超过2/3，烟盅烟头不超过3个	巡回保洁
	公共绿化带	清理、保洁	目视无果皮、烟头、纸屑等杂物，100平方米内杂物不超过3个	每半月大清理1次、巡回保洁
	大理石、石材地面	清拖、冲洗、保洁	目视无尘，无污迹，无水垢	每周冲洗1次、巡回保洁
	草坪灯	擦抹	无尘，无污迹，见底纹	巡回保洁
	水体	清洗	目视无漂浮物，水质清澈无异味	巡回保洁
	水体石材边沿	擦抹、清拖	无尘，无污迹，见底纹	巡回保洁
	铁门	擦抹	目视无尘，无污迹，见底纹	巡回保洁
	标识牌、路标	擦抹	目视无尘，无污迹	巡回保洁
	木铺地	清扫、清拖、保洁	目视无尘，无污，见底纹	每周冲洗1次、巡回保洁

续上表

清洁区域	位置	操作方式	质量标准要求	其他
外围公共区域	扶手	擦抹	无尘，无污迹	雨停后及时擦拭水痕，巡回保洁
外围公共区域	玻璃	清洁	目视无尘，无污迹，见底纹	雨后及时清洁 1 次，每周 1 次
外围公共区域	高架铁栏	擦抹	目视无尘，无污迹，无蛛网	每天擦抹手能擦抹到的地方。高空每周 1 次
外围公共区域	喷沙围栏	冲洗	目视无污迹	巡回保洁
外围公共区域	围墙灯	擦抹	目视无污迹	每天 1 次
外围公共区域	停车场	清扫	目视无烟头、纸屑、杂物	每周冲洗 1 次，巡回保洁
外围公共区域	车管系统	擦抹	无尘，无污迹	巡回保洁
外围公共区域	岗亭	清扫、擦抹、清理	地面：无烟头、纸屑、杂物 玻璃：目视无尘，无水痕，光亮 墙面：无蛛网	巡回保洁 每月 1 次
室内	大理石墙面	擦抹	无尘，无污迹	每天擦抹手能擦抹到的地方。高空每周 1 次
室内	石材地面	拖拭、推尘	目视无尘，无污迹，无水痕	巡回保洁
室内	台面	擦抹	目视无指痕，手擦拭无尘	巡回推尘
室内	标识牌	擦抹	手擦拭无尘，无污迹	—
室内	玻璃	擦抹	无指痕，无水痕，光亮	高位每周 1 次
室内	灯具	擦抹、清理	目视无尘，无蛛网，无污迹，无虫骸	大型灯具定期清洁
室内	踢脚线	擦抹	无尘，无污迹	—
室内	地毯	吸尘、清洗	无尘，无污迹	巡回保洁

续上表

清洁区域	位置	操作方式	质量标准要求	其他
室内	果皮箱	擦抹、清洗	无尘，无污迹，无黏附物，果皮内容积物不超过1/2，烟盅烟头不超过3个	巡回保洁
	地垫	清理、清拖、清洗	无尘，无污迹，无黏附物	巡回保洁
	花盆	擦抹、清理	无尘，无污迹，无烟头、枯叶	巡回保洁
	铁栏花	擦抹	无尘，无污迹，见底纹	高位每周1次
	扶手	擦抹	无尘，无污迹，见底纹	巡回保洁
	地砖地面	清拖、保洁	无尘，无污迹	巡回保洁
	木铺地	清拖、保洁	目视无尘，无污迹，见底纹	每月冲洗1次，巡回保洁
	窗框	擦抹	无尘，无污迹	高位每周1次
	桌椅	擦抹	无尘，无污迹	巡回保洁
	沙发	吸尘	目视无尘污迹	—
	开关盒	擦抹	无尘，无污迹	—
	办公桌	擦抹	目视无指痕，无污迹，污水迹，手擦拭无尘	—
	涂料墙面	清尘	目视无污迹，无蛛网	每周1次
	墙纸墙面	掸尘	目视无尘，无蛛网	每周1次
	镜面（玻璃）	擦抹	目视无指痕、污迹、水痕	—
	消防箱	擦抹	无尘，无污迹	—
	楼道梯步	清拖、清洗	无尘，无污迹，无水痕	巡回保洁
	门垫	清扫、清拖、清洗	目视无污迹、油迹	—

续上表

清洁区域	位置	操作方式	质量标准要求	其他
室内	酒柜	擦抹	无尘，无污迹	高位每周1次
	垃圾桶	擦抹、清理	无尘，周边地面无垃圾，无污迹	—
	轿厢壁、地面	清扫、清拖	目视无沙粒，无污迹	巡回保洁
	沙盘	擦抹、吸尘	目视无尘渣，无尘，水无异味	—
	展板、展架	擦抹	目视无尘，无污迹，手擦拭无尘	—
	喷水池	擦抹、清理	池中无悬浮物，水无异味	巡回保洁
	纸篓	清理	垃圾袋容积物不超过2/3	巡回保洁
卫生间	洗手盆	清洗	目视无污迹	巡回保洁
	马桶	冲洗、擦抹	目视无污迹，无水迹	巡回保洁
	不锈钢龙头把手	擦抹	目视无污迹，无水迹	—
	地漏	刷洗	目视无污迹，排水畅通	巡回保洁
	地面	刷洗、清拖	目视无污迹，无水痕	巡回保洁
	镜面	擦抹	目视无指痕、污迹、水痕	巡回保洁
	石材墙面	擦抹	目视无尘，无污迹	每周1次

保洁工作检查记录表

编号：　　　　　　版本：　　　　　　表格生效期：　　　　　　序号：

部门					检查人		日期			验证		备注
时间	检查位置或内容	合格	不合格		检查情况		整改					
			轻微	严重	不合格情况描述		时间	责任人	时间	结果	验证人	

检查内容包括：仪容仪表、礼仪态度、外墙清洗、地面、公园椅、园林小品、运动设施、儿童设施、垃圾车停放点、绿化带、标识牌、停车场、单车棚、车行道、步道、宣传栏、电话亭、岗亭、报刊架、信报箱、邮筒、路灯杆、灯罩、地下室、通风口、玻璃窗（墙）、天花、扶手护栏、消防楼梯、垃圾桶、烟灰盅、果皮箱、灭火器、消防栓、开关、灯罩、楼内管道、百叶、空调、天台、观景台、雨搭、倒车栏、道闸、安全凸镜、电梯、地毯、家具、健身器、架空层、空置房、草坪灯、立体车库、喷水池、卫生间、泳池、溢水沟等。

695

鼠、蟑密度检测记录表

编号：　　　　　　版本：　　　　　　表格生效期：　　　　　　序号：

部门	检测人					服务供方			
			鼠密度				蟑密度		
日期	检测位置	检测方法	鼠迹阳性数	鼠洞阳性数	鼠粪阳性数	活卵荚（鞘）阳性数	蟑迹阳性数	蟑螂（成虫、若虫）阳性数	

消杀工作记录表

编号：　　　　　版本：　　　　　表格生效期：　　　　　序号：

部门						
日期	消杀范围	病源	药品名称	当次消杀效果评估	消杀责任人	监督人	备注

注：此表格适用于"环境"和"绿化"消杀记录。

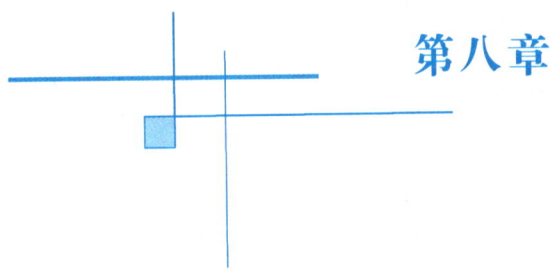

第八章

车库管理

一、流程图

车辆进场登记放行工作流程

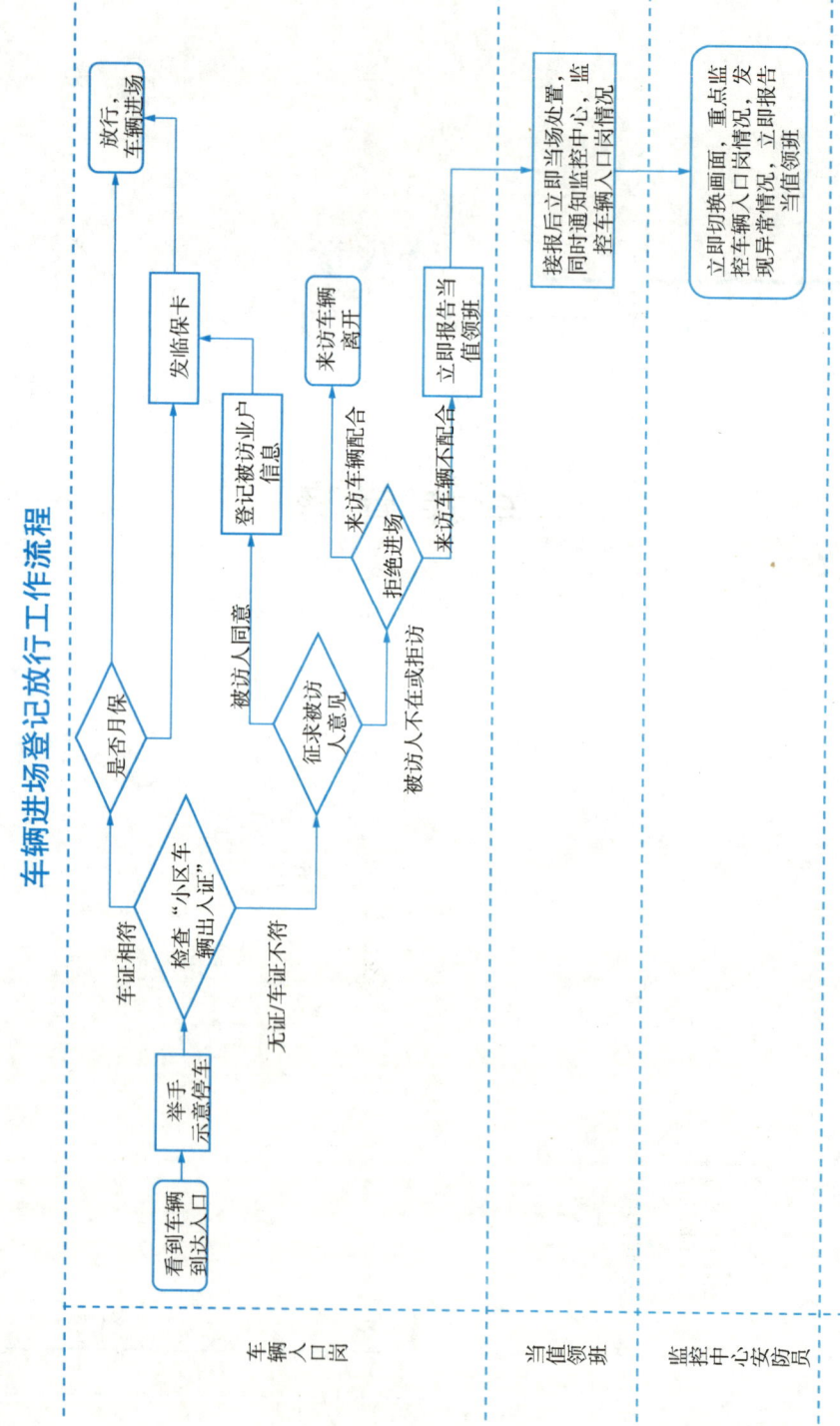

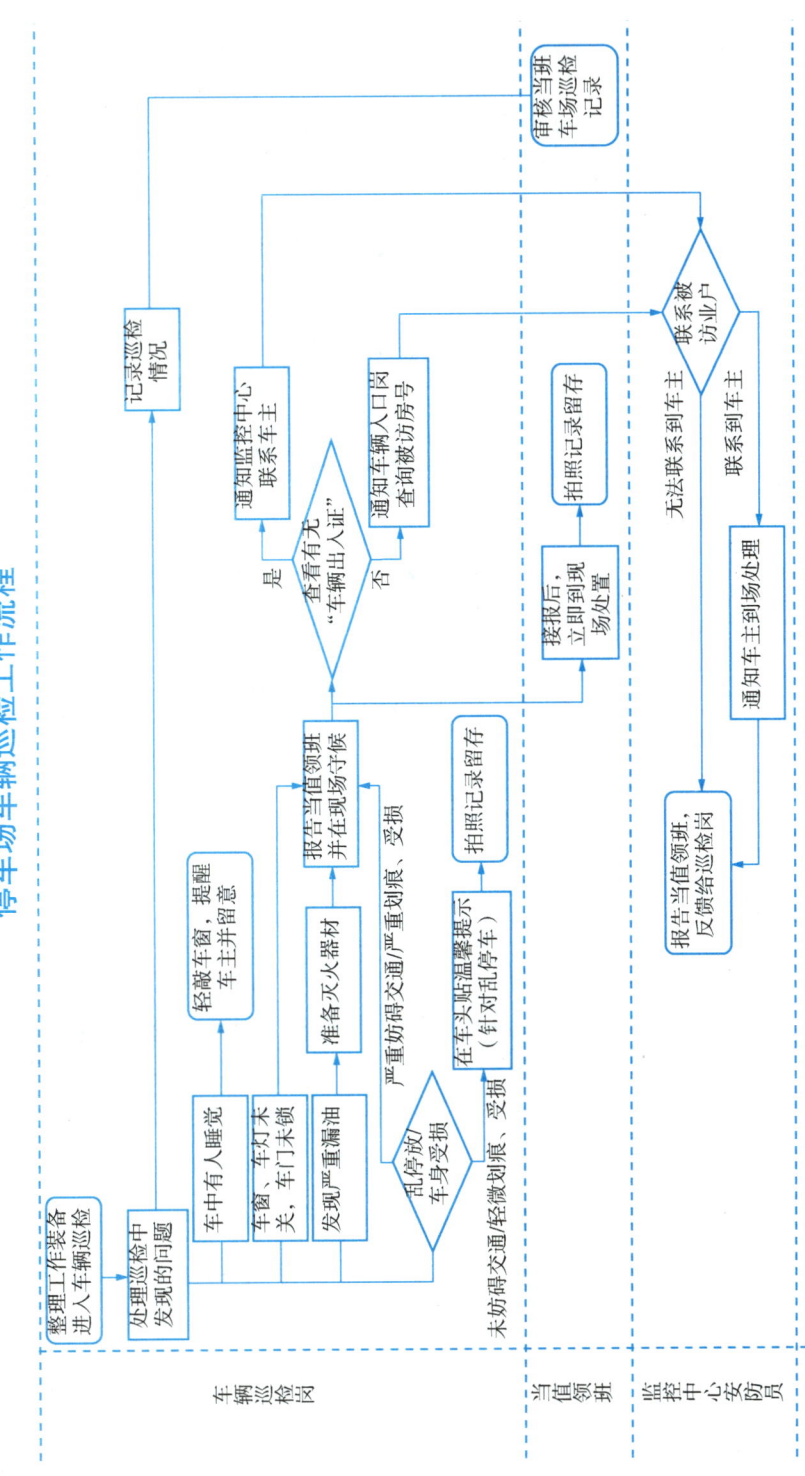

停车场管理员备案手续及流程

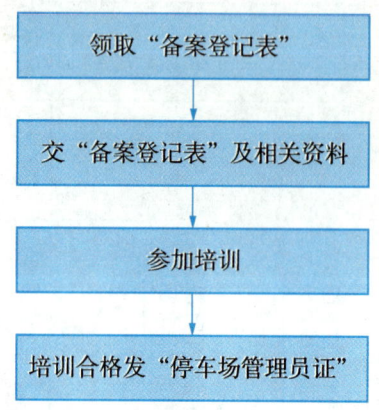

停车许可证办理流程

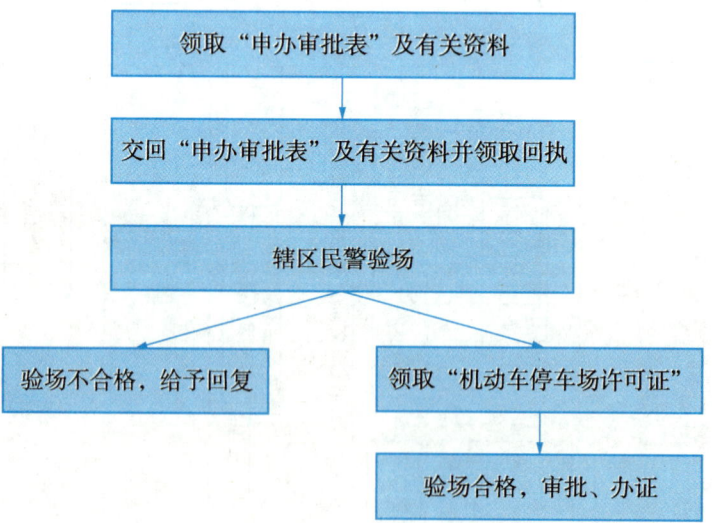

二、实用表格

车位租赁记录表

管理处：　　　　　　　　　　　　　　　　　　　　　　　　　　　序号：

序号	日期	IC卡号	房号	车位号	车牌号	有效时间	租金	物业管理费	是否输入电脑	经办人	备注

车位登记一览表

管理处：　　　　　　　　　　　　　　　　　　　　　　　　　　　　　　　　　　序号：

车位号	车卡号	房号	产权人姓名	产权人电话	产权人车牌	交付时间	租赁人房号	租赁人姓名	租赁人电话	租赁人车牌	缴费时间												
											1	2	3	4	5	6	7	8	9	10	11	12

临时车辆出入登记表

管理处：　　　　　　　　　　　　　　　　　　　　　　　　　　　　　　　序号：

驶入		车牌号	车型	房号	临时车驾驶员 姓名、有效证件号码	IC卡号	值班员	驶出		IC卡号	收费金额	值班员
日期	时间							日期	时间			

车库车辆出入登记表

管理处：　　　　　　　　　　　　　　　　　　　　　　　　　　　　　　序号：

入库		车牌号	车型	IC卡号	车位号	车辆情况	驾驶员签字	值班员	出库		IC卡号	驾驶员签字	值班员
日期	时间								日期	时间			

驶出车辆异常情况登记表

编号: 版本: 表格生效期: 序号:

日期	车牌号	异常情况	凭证编号	驾驶人姓名	有效证件号码	联系地址、电话	车主确认	驶出时间	记录人	备注

停车场车辆巡检状况登记表

年　　月　　日

车牌号码	车位	检查项目						进场时间	出场时间	车主签名认可	值班员签名
		照明灯	外壳	标志	轮胎	玻璃	后视镜	转向灯			

停车场车辆情况登记表

编号：　　　　　版本：　　　　　表格生效期：　　　　　序号：

日期	房号	车牌	驶入		现停车位	车身	车窗	前灯	后灯	标志	胎龄	刮雨器	倒车镜	验车人	驶出		值班人	异常情况	备注
			日期	时间											日期	时间			

红外系统报警记录表

编号：　　　　　版本：　　　　　表格生效期：　　　　　序号：

序号	报警时间	报警地点	现场查看内容描述	关闭时间	关闭人员	记录人	备注

注：1. 表格里时间填写格式为"月/日/时/分"。
　　2. 查看人员可由中心或当值班长指定人员，关闭人员必须是当天执勤班长以上级别人员。
　　3. 现场查看内容非误报的需填写报警点周边10米范围内设备设施及环境检查情况。
　　4. 若需对情况详细描述可另加白纸作为附页。

停车场交接班记录

日期	签凭证数及编号	收凭证数及编号	共计金额	签凭证人	收凭证人	负责人	备注
备注	移交物品	1. 对讲机：＿＿台；2. 雨伞：＿＿把；3. 订书机：＿＿个；4. 月票卡：＿＿号， 伍元券：＿＿号，贰元券：＿＿号，壹元券：＿＿号，移交金额：＿＿张；5. 票据：拾元券：＿＿号，＿＿元 移交人： 接交人：					
日期	签凭证数及编号	收凭证数及编号	共计金额	签凭证人	收凭证人	负责人	备注
备注	移交物品	1. 对讲机：＿＿台；2. 雨伞：＿＿把；3. 订书机：＿＿个；4. 月票卡：＿＿号， 伍元券：＿＿号，贰元券：＿＿号，壹元券：＿＿号，移交金额：＿＿张；5. 票据：拾元券：＿＿号，＿＿元 移交人： 接交人：					

711

停车收费统计表

年　　月　　　　　　　　　　　　　　　　　　　　　　　　单位：元

序号	项目名称	车位租金	车位管理费	临时停车费	合计
1					
2					
3					
4					
5					
6					
7					
8					
合计					

续期通知单

尊敬的客户_____先生/女士，您好！

您所使用的_____车位即将到期。为了方便您今后停车，请您在百忙之中尽快到物业公司办公室办理续期手续，联系电话：

谢谢您的合作！

_____公司

（盖章）

年　　月　　日

未收费车辆登记表

编号：　　　　　版本：　　　　表格生效期：　　　　序号：

车牌号	进入时间	驶出时间	未收费原因	车主或上级确认	值班人签名	备注

停车票使用情况月统计表

保安部：　　　　　　　　　　　　　　　　　　　　　　　　　　年　　月

日期	本日领用		领班签字			本日结余	
	金额	号码	早班	中班	晚班	金额	号码
1							
2							
3							
4							
5							
6							
7							
8							
9							
10							
11							
12							
13							
14							
15							
16							
17							
18							
19							
20							
21							
22							
23							
24							
25							
26							
27							
28							
29							
30							
31							

备注：

停车场收费岗交接班记录

班次：□早班　□中班　□晚班　　　　　　　　　　年　　月　　日

交接物品	金额	数量或发票号码	交班人	接班人
现金				
特种票				
停车券				
发票				
其他				
备注				

停车场票据登记表

单位名称：　　　　　　　　　　　　　　　　　　　　　　　年　　月　　日

编号	发放部门	起止日期	领用人	领用日期	止用日期	发放部门签字

停车场车辆状况登记表

年　　月　　日

车牌号码	车位	检查项目						进场时间	出场时间	业主签名	保安签名
		照明灯	外壳	标志	轮胎	玻璃	后视镜				

临时停放车辆收费登记表

管理处：　　　　　　　　　　　　　　　　　　　　　　　　　　年　　月

车牌号	IC卡号	进场时间	出场时间	收费金额/元	收费人	备注

定额停车票缴款单

管理处：　　　　　　　　　　　　　日期：

序号	票面金额/元	票据号码	数量/张	总额/元
	1.00			
	2.00			
	3.00			
	5.00			
	10.00			
	50.00			
	100.00			

合计：

审核：　　　　　　　　　　　　　　缴款人：

车位费减免统计表

管理处：

序号	车位号	业主姓名	联系电话	房号	车牌	车型	车位租金			车位管理费			减免期限		批准人	批准日期	车卡号
							原标准	减免金额	执行标准	原标准	减免金额	执行标准	起	止			
1																	
2																	
3																	
4																	
5																	
6																	
7																	
8																	
9																	
10																	
11																	
12																	
13																	
14																	
15																	
16																	
17																	
18																	
19																	
20																	

制表人：

车位租赁清单

管理处：　　　　　　　　　年　　月　　　　　　　序号：

房号	业主姓名	车牌号	IC 卡号	车位号	有效时间

车位租用协议书

编号：＿＿＿＿＿　版本：＿＿＿＿＿　表格生效期：＿＿＿＿＿　序号：＿＿＿＿＿

甲方：＿＿＿＿＿＿＿＿＿＿（楼）栋＿＿＿＿＿＿＿＿房＿＿＿＿＿＿＿＿先生/女士

　　身份证号码：＿＿＿＿＿＿＿＿＿＿＿＿　联系电话：＿＿＿＿＿＿＿＿＿＿＿＿

乙方：××××有限公司＿＿＿＿＿＿＿＿＿＿＿＿管理处

　　乙方就甲方租用本小区之停车位事宜，达成如下协议，供双方共同遵照执行。

一、乙方提供非固定车位，供甲方停泊机动车辆之用。

二、车位月租金为人民币＿＿＿＿＿＿＿＿元（　　　　），自签约之日起计收。

三、甲方有义务向乙方提供车辆的详细档案：

　　1. 车牌号码：＿＿＿＿＿＿＿＿＿＿＿＿＿　2. 颜色：＿＿＿＿＿＿＿＿＿＿

　　3. 车辆品牌：＿＿＿＿＿＿＿＿＿＿＿＿＿　4. 车型：＿＿＿＿＿＿＿＿＿＿

　　5. 车主（或单位）：＿＿＿＿＿＿＿＿＿＿＿＿＿＿＿＿＿＿＿＿＿＿＿＿＿

　　6. 经常驾驶此车人士：＿＿＿＿＿＿＿＿＿＿＿＿＿＿＿＿＿＿＿＿＿＿＿＿

　　上述资料如有变更，甲方应当及时书面通知乙方，如甲方怠于通知，乙方不承担因此而带来的任何后果。

四、乙方所提供车位仅作为甲方停泊车辆之用，甲方不得擅自改变使用用途，甲方未经乙方同意，不得将所租用车位私自转借、转让或出租给第三者使用，或在所租用车位停放非本协议指定车辆，否则，乙方将无条件收回车位使用权。甲方与乙方形成车位有偿使用关系，甲方的车辆及车辆内的贵重物品请自行妥善保管，如有丢失、损伤，恕不赔偿。

五、本合同有效期＿＿＿＿年，即自＿＿＿＿年＿＿＿月＿＿＿日起至＿＿＿＿年＿＿＿月＿＿＿日止。甲方如需续租，应当提前一个月向乙方提出要求。租期内因甲方原因要停止使用该车位，甲方应提前一个月通知乙方，否则，已交车位租赁费不予退还。

六、车位租金按　□月　□季度　□半年　□年缴纳，当月15日（包括15日）前签订协议按全月收取车位使用费，15日后签订协议按半月收取当月车位使用费（注：此处以自然月为计时单位）。甲方应于每月1日前，到乙方指定地点办理缴费手续，合同期内因甲方原因申请停止使用停车位超过一个月以上，甲方应提前办理退款或延期手续，否则已交费用不予退还。

七、甲方超过5天未交租金，将视为自动放弃使用权，乙方有权收回车位（停车卡），并追缴甲方所欠租金及滞纳金，按日加收租金万分之五的滞纳金。

八、甲方有义务主动配合乙方车场工作人员，维护好车场秩序和车辆管理，出入车场时应自觉出示"停车卡"，或"车辆临时进出凭证"，以供车场工作人员查验。

九、本协议自签约之日起生效，一式二份，甲乙双方各执一份，具同等法律效力。

十、下列条件下本协议自动解除，双方互不承担违约责任：

    1. 产权属于全体业主的车位，如业主大会决定改变车位使用用途、使用方式或停车费标准。

    2. 产权属于开发商的车位，车位已出售。

十一、其他事项：

    如车位租用期满，甲乙双方在一个月内未提出退租等要求，视为此合同继续生效一年。

甲方：_____（楼）_____房　　　　乙方：××××有限公司

　　　　　　　　　　　　　　　　　　　　　_____管理处

签约人：　　　　　　　　　　　　　　　　负责人：

　　　年　　月　　日　　　　　　　　　　　　年　　月　　日

车位服务协议书

编号：_____ 版本：_____ 表格生效期：_____ 序号：_____

甲方：_____（楼）栋_____房_____先生/女士

身份证号码：_____ 联系电话：_____

乙方：××××管理有限公司_____管理处

为便于乙方为甲方提供停车场设施、服务人员等机动车停放服务，经双方友好协商，达成以下协议，甲乙双方需共同遵守：

一、甲方车位位于：☐____苑/楼栋地面车库____号位 ☐____苑/楼栋露天车位____号位
　　　　　　　　　☐____苑/楼栋地下车库____号位 ☐____苑/楼栋立体车库____号位

二、车位服务费为人民币_____元/月，自签约之日起计收。

三、甲方有义务向乙方提供车辆的详细档案：

　　1. 车牌号码：_____　　2. 颜色：_____

　　3. 车辆名称：_____　　4. 车型：_____

　　5. 车主姓名（或单位名称）：_____

　　6. 经常驾驶此车人士：_____

上述资料如有变更，甲方应当及时书面通知乙方。因甲方怠于通知而致受任何损害，后果自负。

四、停车场车位仅作为甲方停泊车辆之用，甲方不得擅自改变使用用途或在该车位停放非本协议指定车辆，甲方与乙方形成车辆停放服务关系，乙方仅提供巡视照看服务，并负责妥善打理车场设施，维持车场秩序，制止违章行为。甲方须作好车辆的防盗措施，车辆及车辆内的贵重物品须自行妥善保管，如有丢失、损伤，恕不赔偿。

五、车位服务费按 ☐月 ☐季度 ☐半年 ☐年缴纳，当月15日（包括15日）前签订协议按全月收取机动车停放服务费，15日后签订协议按半月收取当月的机动车停放服务费（注：此处以自然月为计时单位）。

六、车位服务费按以下方式结算：

　　☐现金：甲方应每月1日前，到乙方指定地点交费。

　　☐银行托收：与物业管理费一起托收，甲方应于每月15日前在指定账户存足金额。

七、本合同有效期____年，即自____年__月__日起至____年__月__日止。

八、甲方超过一个月未缴纳服务费，乙方有权收回停车卡，并追缴甲方所欠机动车停放服

务费及滞纳金，按日加收服务费万分之五的滞纳金。

九、甲方有义务主动配合乙方车场工作人员，维护好车场和车辆停放秩序，出入车场时应自觉出示"停车卡"，以供车场工作人员查验。

十、本协议一式二份，甲乙双方各执一份，具同等法律效力。

甲方：_____栋（苑）_____房　　　　乙方：××××有限公司

　　　　　　　　　　　　　　　　　　　　_____管理处

签约人：　　　　　　　　　　　　　　　负责人：

　　　年　　月　　日　　　　　　　　　　　年　　月　　日

注：第一联管理处留存，第二联交业主。

物业服务

SHIYONG BIAOGE YU
LIUCHENGTU HUIBIAN

实用表格与流程图汇编

（上册）

高荣江　唐婷婷　徐晓良◎编著

中山大学出版社
SUN YAT-SEN UNIVERSITY PRESS
·广州·

版权所有　翻印必究

图书在版编目（CIP）数据

物业服务实用表格与流程图汇编/高荣江，唐婷婷，徐晓良编著． —广州：中山大学出版社，2017.12

ISBN 978 - 7 - 306 - 05979 - 6

Ⅰ. ①物… Ⅱ. ①高… ②唐… ③徐… Ⅲ. ①物业管理—商业服务 Ⅳ. ①F293.33

中国版本图书馆 CIP 数据核字（2017）第 017707 号

出 版 人：徐　劲
策划编辑：李　文
责任编辑：李　文
封面设计：曾　斌
责任校对：曹丽云
责任技编：何雅涛
出版发行：中山大学出版社
电　　话：编辑部 020 - 84110771，84113349，84111997，84110779
　　　　　发行部 020 - 84111998，84111981，84111160
地　　址：广州市新港西路 135 号
邮　　编：510275　传　　真：020 - 84036565
网　　址：http://www.zsup.com.cn　E-mail：zdcbs@mail.sysu.edu.cn
印 刷 者：佛山市浩文彩色印刷有限公司
规　　格：787mm×1092mm　1/16　47.5 印张　905 千字
版次印次：2017 年 12 月第 1 版　2018 年 2 月第 2 次印刷
定　　价：120.00 元（上、下册）

如发现本书因印装质量影响阅读，请与出版社发行部联系调换

本书作者之一高荣江

万达董事局主席王健林与高荣江(左)交流

香港财政司前司长梁锦松与高荣江（右）在岭南论坛上交流

住建部房地产市场监管司副司长陈伟与高荣江（左）

中国物业管理协会会长沈建忠与高荣江（左）

中国物业管理协会秘书长王鹏与高荣江（右）

序

老高又出书了，嘱我写序，我欣然领命，又有些诚惶诚恐。与老高是老朋友了，认识十年有余。他一直是我学习的榜样，企业管理得井井有条，又谦逊好学，十分难得。

在我的记忆中，老高是行业里为数不多的"写手"，笔耕不辍，时有大作见诸报刊；同时，老高又是个有心人，扎根行业20多年，将一路走来的所思所得假以文字在行业里分享。

算起来，《物业服务实用表格与流程图汇编》已经是老高的第三本大作了，与之前的《物业服务早期介入》《怎样和业主有效沟通》两本书一脉相承，紧扣物业服务，可谓匠心独具。

《物业服务实用表格与流程图汇编》共分八大章，收集了700多个物业服务工作中经常使用的图表，非常实用，用时髦的话来讲就是很接地气。

《中国物业管理》杂志总编辑赵富林（右）与高荣江

物业管理是一个实践出真知的行业，林林总总的服务标准无一不是从实践中总结提炼而来；反过来，这些标准又成为规范和指导物业管理实践的标尺和准绳。从这个意义上来说，老高此次将物业服务工作细致梳理，把各个节点工作的标准和要求分解为形象的图表，化繁为简，简单实用。

前段时间，阿尔法狗（AlphaGo）打败李世石引发强烈反响，似乎智能机器人取代人工指日可待了。在物业管理行业，已经开始使用机器人、无人机、互联网技术、平台等等，一时间，原本人力密集型的传统服务行业被急速推向科技和时代的风口，有人疑惑，物业服务还需要原始的工作图表吗？今年初，李克强总理关于"培养工匠精神"的国家战略，回答了这个疑问：不论社会经济处于什么发展水平，"工匠精神"都是现时代的，它是做好任何工作的基础和前提。

老高的坚持让我们看到了老一代物业人的"匠人精神"。用老高自己的话来讲就是，不管科技如何发展，物业服务工作依然必须按照相应的工作流程和标准运行，否则，管理和服务就会乱套。尤其是对于物业服务一线员工来讲，比起理论说教和教科书式的灌输，形象的流程图和表格便于掌握操作。相应地，对于各级管理者来说，流程图和表格也便于考核、检测。据了解，2015

年，重庆北碚区举办首届物业管理技能大比拼，数十家物业服务企业的1000余名物业服务能手就客服服务、保洁、持续维护、工程维修四大岗位的服务技能进行比拼。经过激烈的角逐，老高所在的海宇物业获得"工程维修技能"和"环境保洁技能"第一名，含金量最高的优秀团队奖也被海宇物业夺得。由此看来，老高的"匠人精神"依然传给了年轻一代。

在重庆物业管理行业，老高被尊为"老师"，业界流传很多他帮教后学的故事。韩愈在《师说》里曾说过，"师者，所以传道授业解惑也"。20多年来，在企业经营管理之余，老高一直坚持在西南大学和重庆大学授课，就这一点来说，老高确实堪为师表。

祝贺老高《物业服务实用表格与流程图汇编》付梓！

《中国物业管理》杂志总编辑　赵富林
2017年12月4日于北京

目 录

第一章 内部管控 ·· 1
一、流程图 ··· 2
管理服务体系运作流程 ·· 2
管理处组织架构流程（1） ·· 2
物业服务过程流程 ··· 3
管理处组织架构流程（2） ·· 4
"三化"管理服务流程 ··· 5
内外系统流程 ·· 5
绩效管理流程 ·· 6
绩效管理系统 ·· 7
绩效管理运程 ·· 8
激励机制流程 ·· 8
考核结果流程 ·· 9
品质分析流程 ··· 10
品质改进流程 ··· 11
企业绩效流程 ··· 12
员工核心能力模型 ·· 13
人力资源管理定位 ·· 13
核心价值观 ·· 14
人员培训流程 ··· 14
人员招聘流程 ··· 15
三级考核评定流程 ·· 15
项目特点分析流程 ·· 16
信息处理流程 ··· 16
信息沟通系统 ··· 17
员工领导能力模型 ·· 17
员工能力模型 ··· 18
员工培训流程 ··· 18
员工专业能力模型 ·· 19
"质量、成本双控"流程 ·· 19
合同审批流程 ··· 20

内部报事及处理流程 ·· 21
信息发布管理流程 ·· 22
外派保洁、绿化监管流程 ······································ 23
外派保洁、绿化品质考核流程 ································ 24
大件物品放行登记流程 ·· 25
体系文件管控流程 ·· 26
物资采购流程 ·· 27
物资采购、验收、入库、报销流程（1）················· 28
物资采购、验收、入库、报销流程（2）················· 29
服务采购流程 ·· 32
与政府部门沟通服务流程 ···································· 34
"质量、成本双否决"运作系统 ······························ 35

二、实用表格 ·· 36
合同、协议审批单 ·· 36
合同稿送审流程表 ·· 37
合同评审表 ··· 38
文件收发记录表 ··· 39
传真收文记录表 ··· 39
系统数据备份记录表 ··· 40
物资采购计划表 ··· 41
文件批办（传阅）单 ·· 42
文件清单 ·· 43
违纪行为记录单 ··· 44
纪检纠察通报 ·· 45
工作联系单 ··· 46
文件发放控制表 ··· 47
部门日常信息报送考核汇总表 ······························ 48
对外交流活动反馈表 ··· 48
付款审批表 ··· 49
印鉴使用申请表 ··· 50
内部通知记录表 ··· 50
文件发放登记表 ··· 51
印鉴、证照使用登记表 ·· 51
公章保管记录表 ··· 52

固定资产报损表	53
来访登记表	54
服装申领单	54
合同呈批表	55
合同登记表	56
会签表	57
培训（会议）签到表	58
重大事项处理记录表	59
资产报废申请表	59
物品存储清单	60
加班申请单	60
交接清单	61
交接手续完善表	62
接待申请表	63
借款单	64
网络状况检查表	65
内刊稿酬申请表	66
内刊稿酬领取记录	67
来稿审核记录	68
物业人撰稿一览表	69
内部请示报告	70
软件系统修改申请表	71
软件系统修改记录	72
来文登记表	72
文件呈批表	73
文件签收表	73
文件传阅登记表	74
文件编制更改申请表	74
文件接收登记表	75
文件发放记录表	76
文件更改申请表	77
文件借阅审批表	78
文件资料目录	79
物品领用登记表	80

职务考评表 ·· 81
质检整改通知单 ·· 81
质量分析表 ·· 82
量化考评表 ·· 82
质量奖励申报单 ·· 83
物品领用/补领/赔偿/归还清单 ······································· 83
员工假期申请表 ·· 84
员工过失通知单 ·· 84
紧急采购申报表 ·· 85
用印审批单 ·· 85
宴请审批单 ·· 85
行政值班记录 ··· 86
员工意见征询表 ·· 87
人事变动记录表 ·· 88
请假条 ··· 88
加班记录表 ·· 89
辞职报告 ··· 89
离职申请表 ·· 90
工资结算清单 ··· 91
员工离职物品归还清单 ··· 92
创收提成申报表 ·· 92
带客提成申报表 ·· 93
应急情况报告记录表 ·· 94
专项问题报告表 ·· 95

第二章　承接查验 ·· 97
一、流程图 ··· 98
物业前期接管工作流程 ··· 98
前期收楼工作流程 ·· 109
前期介入流程 ·· 110
二、实用表格 ··· 111
物业接管验收单 ·· 111
承接查验问题汇总表 ·· 112
房屋接管移交表 ·· 113

楼栋设施接管移交表	114
钥匙交接清单	115
竣工资料移交表	116
成套设备移交表	117
写字楼单元验收交接表	118
写字楼公共区域验收交接表	119
单元交接验收表（1）	120
单元交接验收表（2）	121
单元交接验收表（3）	122
单元设备验收记录表	123
房屋及公共设施接管验收交接表	125
房屋及公共设备清单	126
房屋验收登记表	127
公共配套设施接管验收表	128
机房查验交接表	129
交接问题处理清单	130
空调系统验收记录表	131
商铺单元验收交接表	133
设备验收交接表	135
物业接管验收表	136
物业遗漏工程记录表	137
物业接管验收资料移交一览表	138
设备接管验收表	139
业主钥匙接收表	140
喷泉、水池接管验收表	141
给排水设备验收表	142
公共区域验收交接表	143
物业移交清单	144
系统接收设备一览表	145
消防设施验收记录表	146
隐蔽工程验收记录表	148
照明工程验收记录表	150
物业使用说明书	152
物业质量保证书	154

附表……………………………………………………………………… 155
高低压配电系统检查表…………………………………………………… 155
消防设施验收记录表……………………………………………………… 157
变配电房现场查验记录表………………………………………………… 159
传感器现场查验记录表…………………………………………………… 160
低压开关柜查验记录表…………………………………………………… 161
低压无功功率补偿柜查验记录表………………………………………… 162
地板辐射采暖现场查验记录表…………………………………………… 163
电动机查验记录表………………………………………………………… 164
电锅炉查验记录表………………………………………………………… 165
电气线路查验记录表……………………………………………………… 166
电梯机房设备查验记录表………………………………………………… 167
电梯轿厢与对重设备查验记录表………………………………………… 168
电梯井道设备查验记录表………………………………………………… 169
电梯升降系统查验工程分项表…………………………………………… 170
电梯随机图纸、资料及备品备件查验表………………………………… 171
电梯子系统查验记录表…………………………………………………… 172
电梯综合性能查验记录表………………………………………………… 173
发电机房查验记录表……………………………………………………… 174
房屋共用部位查验记录表………………………………………………… 175
共用部位和公用设施查验问题处理跟踪表……………………………… 176
房屋共用部位和公用设施遗留问题汇总表……………………………… 176
房屋共用部位及公用设施查验范围分项划分…………………………… 177
房屋共用部位查验范围分项划分………………………………………… 179
共用部位现场查验计划表………………………………………………… 180
共用部位现场查验结果汇总记录表……………………………………… 181
共用设施查验记录表……………………………………………………… 182
共用设施现场查验计划表………………………………………………… 183
风机盘管查验记录表……………………………………………………… 183
干式变压器查验记录表…………………………………………………… 185
高压开关柜查验记录表…………………………………………………… 185
随机图纸、资料及备品备件查验表……………………………………… 186
给排水系统分项记录表…………………………………………………… 187
给排水系统查验记录表…………………………………………………… 188

公共照明子系统查验记录表	189
固定消防炮灭火系统查验记录表	190
火灾自动报警系统查验记录表	191
插座、开关、风扇查验记录表	192
空调效果检测记录表	193
空调机组（新风机组、风柜）查验记录表	194
空调设备随机图纸、资料及备品查验表	196
空调系统查验工程分类表	197
空调子系统查验记录表	198
冷冻机组查验记录表	199
冷却塔查验记录表	200
离心清水泵查验与试运行记录表	202
楼宇对讲系统查验记录表	203
灭火器配置查验记录表	204
排污电泵查验记录表	205
泡沫灭火器系统查验记录表	206
气体灭火系统查验记录表	207
强电竖井查验记录表	208
强电系统分项查验表	209
强电系统随机图纸、资料及备件查验表	210
燃煤锅炉现场查验记录表	211
燃气（油）锅炉查验记录表	212
热交换器（机组）查验记录表	214
热力站子系统查验记录表	215
热水器查验记录表	216
警报系统查验记录表	217
软水处理设备查验记录表	219
弱电系统的工程分项表	220
散热器查验记录表	221
尚未移交资料清单	222
设备图纸、资料及备件查验记录表	223
设施设备现场查验前风险分析与控制措施	224
深井与水泵查验记录表	224
视频监视系统查验记录表	225

室内供水管道与附件查验记录表 …… 227
室内卫生器具查验记录表 …… 228
室外排水系统查验记录表 …… 229
智能会议系统查验记录表 …… 230
水池、水箱查验记录表 …… 231
太阳能热水器查验记录表 …… 232
厅堂扩音系统查验记录表 …… 233
停车场查验记录表 …… 234
通风机管查验记录表 …… 235
同声传译系统查验记录表 …… 236
网络控制器 NCU 查验记录表 …… 237
承接查验问题跟踪处理记录表 …… 238
承接查验最终遗留问题汇总表 …… 239
物业项目移交表 …… 240
物业资料查验移交表 …… 241
吸收式冷（温）水机组查验记录表 …… 241
系统设施设备查验计划表 …… 243
消防系统各部位查验划分表 …… 244
消火栓灭火系统查验记录表 …… 246
备用电源查验记录表 …… 246
游泳池及附属设施设备查验记录表 …… 247
有线电视及卫星电视接收系统查验记录表 …… 248
照明灯具现场查验记录表 …… 249
蒸汽压缩式冷水（热泵）机组查验记录表 …… 249
执行机构查验记录表 …… 251
直接数字控制器 DDC 查验记录表 …… 252
直流屏查验记录表 …… 253
中水设备查验记录表 …… 253
中央管理工作站试运行记录表 …… 254
中央管理工作站查验记录表 …… 256
中央计算机查验记录表 …… 256
自动喷水灭火系统查验记录表 …… 257
组合式供水设备查验记录表 …… 258
地产房屋质量维修工作单 …… 260

客户投诉处理工作单……261
地产房屋质量维修返工处理单……262
质量维修超时维修申请……263

第三章 装修管理……265
一、流程图……266
装修手续办理流程……266
装修管理组织架构及职责流程……267
装修服务流程……268
建筑施工及二次装修管理工作流程……269
二次装修办理流程……270
二次装修施工流程……271

二、实用表格……274
装修申请……274
装修工程竣工验收申请单……278
请退保证金申请单……278
装修工程施工变更申请……280
整改验收申请……281
装修施工人员登记表……283
房屋装修验收单……284
装修过程检查记录表……285
房屋装修拆改申请表……286
二次装修施工现场检查表……287
二次装修施工用电申请表……288
二次装修收费记录表……288
二次装修验收记录表……289
二次装修检查日报表……290
房屋返修通知单（第一联）……291
房屋返修通知单（第二联）……291
装修工程送审资料清单……292
违章通知单……293
验收申请表……294
验收申请回执……294
业主（使用人）装修施工申请表……295

装修单元检查记录表（工程部）·················296
　　　装修房检查日报表·····························297
　　　装修期间加班申请表···························298
　　　装修入场通知·································299
　　　装修申请表···································300
　　　装修审批单···································301
　　　装修完工查验申请表···························302
　　　装修现场监控记录表···························303
　　　装修质量验收表·······························304
　　　租户装修申请表·······························305
　　　装修人员出入证发放登记表·····················306
　　　装修房巡查表·································307
　　　装修验收表···································308
　　　装修违章通知书（存根）·······················309
　　　装修违章通知书（业主）·······················309
　　　装修检查情况记录表···························310

第四章　客服···311
　一、流程图··312
　　　服务运作系统流程·····························312
　　　信息发布管理流程·····························313
　　　顾客满意经营原理·····························314
　　　客户服务"三化"图···························314
　　　呼叫中心作业流程（1）·······················315
　　　呼叫中心作业流程（2）·······················315
　　　交房工作流程·································316
　　　客户服务信息系统运行流程·····················317
　　　客户需求分析流程·····························318
　　　业主入住服务流程·····························319
　　　入住手续办理流程·····························320
　　　客户服务模式流程·····························321
　　　特色服务系统建立流程·························321
　　　业户建议处理工作流程·························322
　　　业户求助处理工作流程·························323

业户投诉（一类投诉）处理流程 …………………………… 324
业户投诉（二类投诉）处理流程 …………………………… 325
业户投诉（三类投诉）处理流程 …………………………… 326
业户问询、质疑处理工作流程……………………………… 327
业户装修管理流程——装修申请流程……………………… 328
业户装修管理流程——装修验收流程……………………… 329
业主投诉程序……………………………………………… 330
小区幼童服务流程………………………………………… 331
租户入住流程……………………………………………… 332
会议设备系统操作流程…………………………………… 333
报修流程…………………………………………………… 334
公共区域维修服务流程…………………………………… 335
上门维修工作流程………………………………………… 336
智能化系统维护保养流程………………………………… 337
故障处理流程……………………………………………… 337
客户入住流程……………………………………………… 338
物业租赁服务流程………………………………………… 339
业主来访沟通服务流程…………………………………… 340
与业主委员会/业主大会沟通服务流程…………………… 341

二、实用表格……………………………………………………… 342
客户满意度调查表………………………………………… 342
区域公司本级受理客户报修、求助、建议、咨询处理工作单…… 343
区域公司本级受理客户投诉处理工作单………………… 345
客户服务情况统计分析报告……………………………… 348
钥匙清单…………………………………………………… 349
入住流转表………………………………………………… 350
业主资料登记表…………………………………………… 351
物品领用清单……………………………………………… 352
收楼书……………………………………………………… 353
装修申请表………………………………………………… 354
管道通水试验记录………………………………………… 355
关水（泼水）试验记录…………………………………… 355
装修许可证………………………………………………… 355
装修许可证（附）………………………………………… 356

动火许可证 ·· 357
派工单 ·· 357
客户投诉记录表 ·· 358
违章整改通知书 ·· 359
回访记录表 ·· 360
代办水、电、气收支汇总日报表 ································ 361
房屋出租/出售委托书 ·· 361
业主满意度调查表 ·· 362
业主满意度调查监控表 ·· 363
外地业主汇款情况电话登记表 ···································· 364
内部资金转移单 ·· 364
发票（收据）领用登记表 ·· 365
银行存款余额调节表 ·· 366
销售月报表（配件） ·· 367
销售月报表（公众卡） ·· 367
销售月报表（车卡） ·· 367
客户中心代管物资及销售配件收发结存表 ························ 368
管理处中途申请空置房统计表 ···································· 369
出门条 ·· 370
钥匙借用登记表 ·· 371
托管钥匙登记表 ·· 371
房屋验收交接表 ·· 372
报事报修记录表 ·· 373
报事报修统计表 ·· 373
违章整改记录表 ·· 374
巡查记录表 ·· 375
房屋动态表 ·· 376
邮件发放登记表 ·· 377
待租/待售房屋信息登记表 ······································ 378
催费记录表 ·· 379
欠费统计表 ·· 380
通告发放登记表 ·· 381
建议和意见汇总表 ·· 382
物品放行登记表 ·· 383

情况反映记录单……………………………………………… 384
物业管理费收费标准明细……………………………………… 385
物业管理缴费单………………………………………………… 385
业主（使用人）入住通知单 …………………………………… 386
业主收费情况记录表…………………………………………… 387
业主投诉记录表………………………………………………… 388
业主意见征询表………………………………………………… 389
有偿服务价格表………………………………………………… 393
法律法规及其他要求登录一览表……………………………… 397
关于成立业主大会的告知书…………………………………… 398
业主大会筹备组业主代表推荐表……………………………… 399
关于业主大会会议筹备组组成人员名单的通告……………… 400
业主大会筹备小组第一次会议纪要…………………………… 400
关于业主委员会委员候选人接受报名的通知（××业筹
　　［××××］×××）……………………………………… 401
业主委员会委员候选人推荐表………………………………… 402
关于业主大会会议审议事项的通告…………………………… 403
关于业主委员会委员候选人名单的公示……………………… 404
业主大会表决票………………………………………………… 405
表决票存根……………………………………………………… 405
投票权人告知书………………………………………………… 406
业主大会选举、表决投票委托书……………………………… 407
××关于业主大会决定及业主委员会组成人员的通告……… 408
商情信息发布审批表…………………………………………… 409
客户访谈记录…………………………………………………… 410

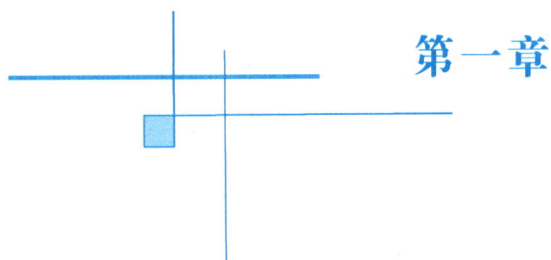

第一章

内部管控

一、流程图

管理服务体系运作流程

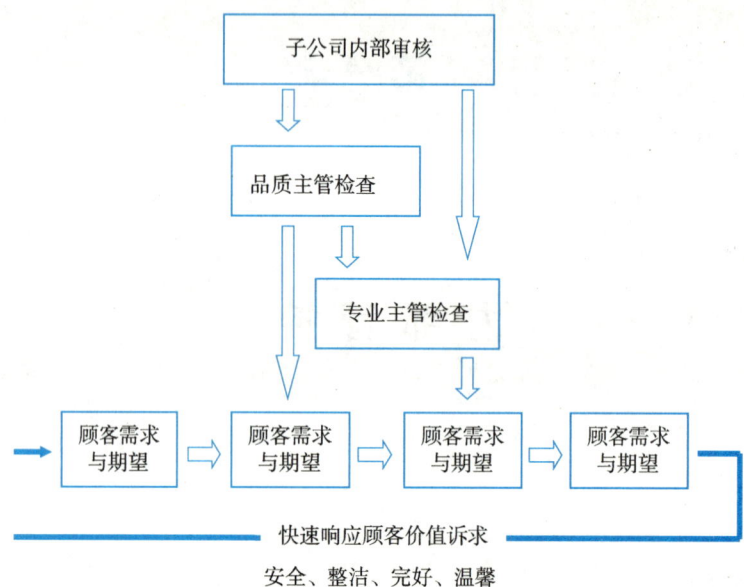

管理处组织架构流程（1）

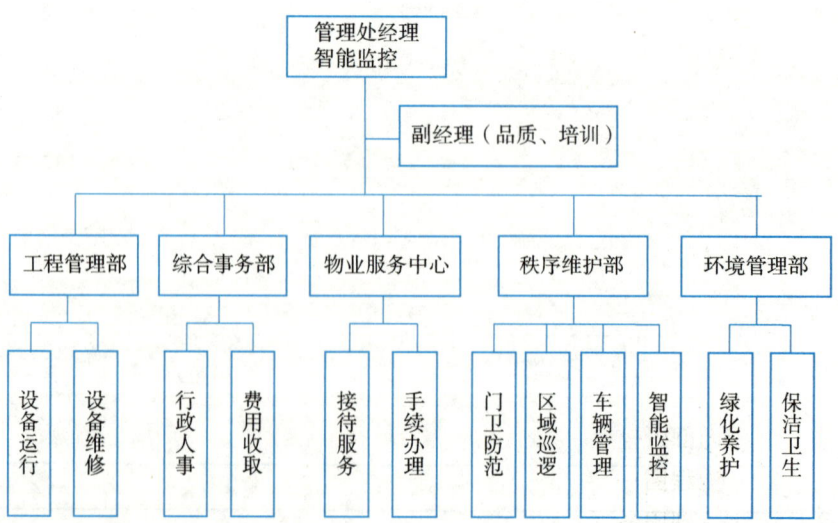

物业服务过程流程

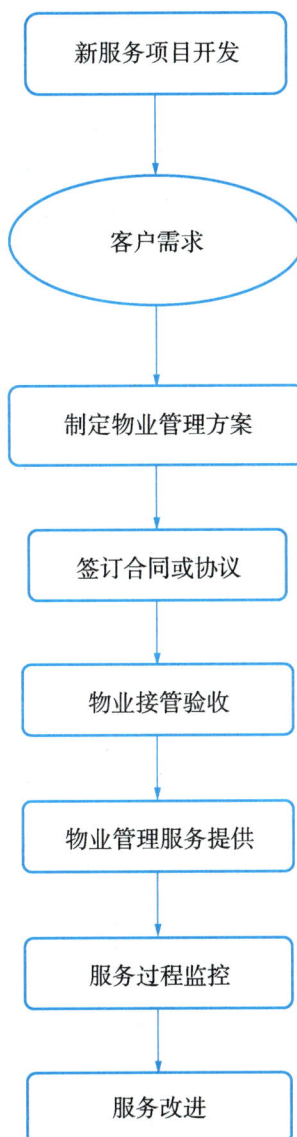

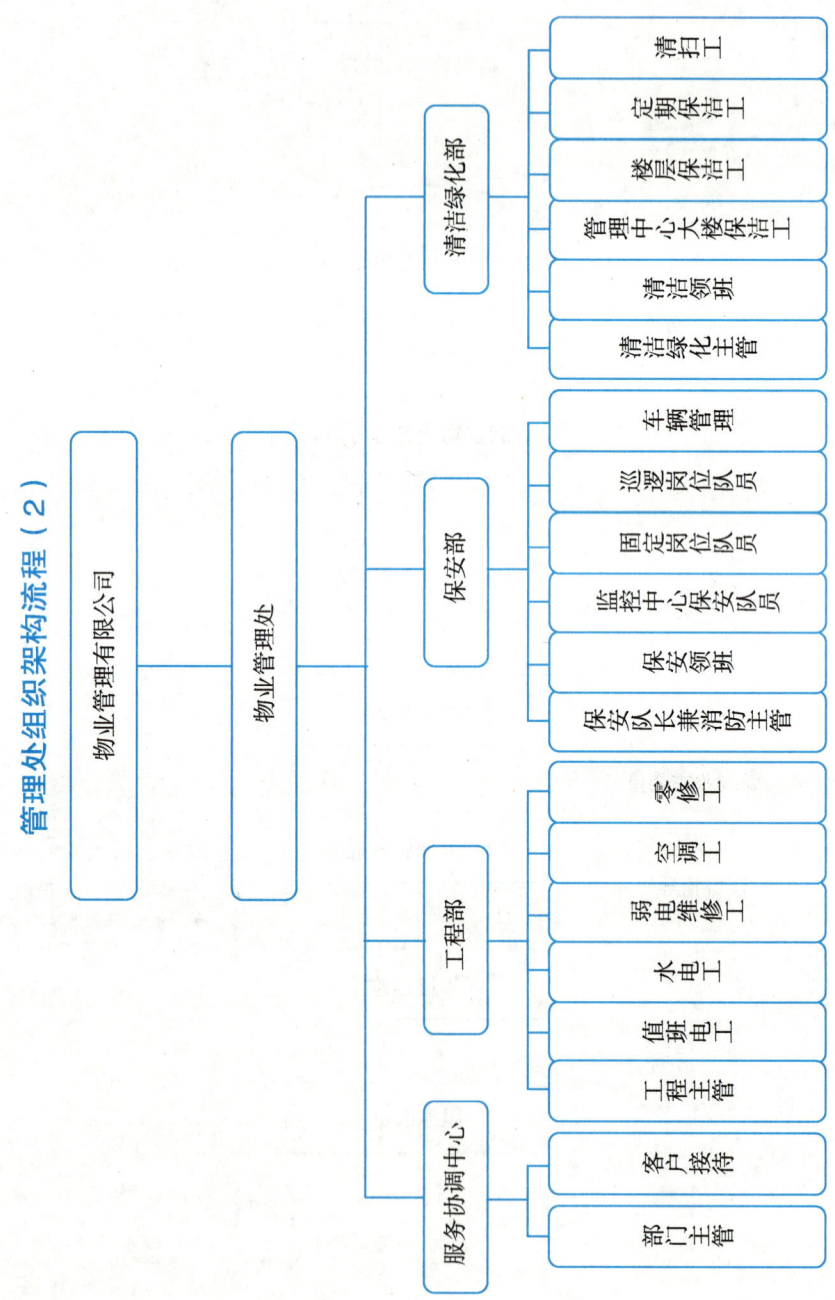

"三化"管理服务流程

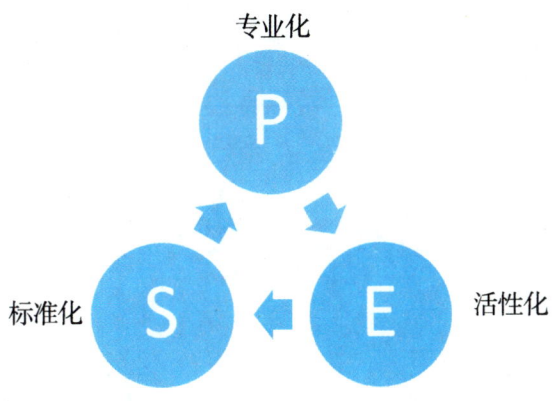

内外系统流程

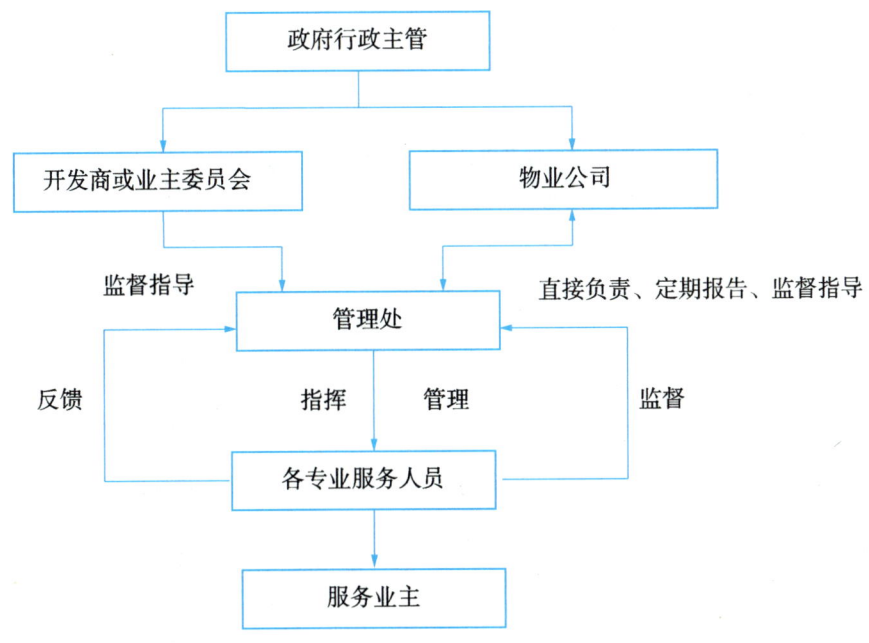

绩效管理流程

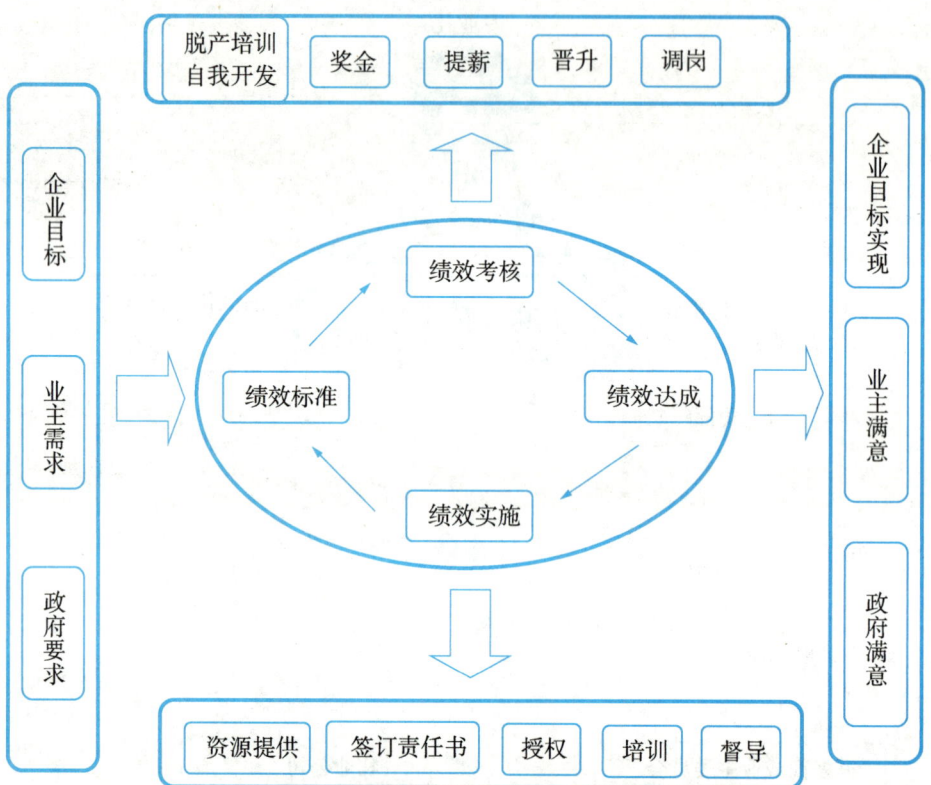

绩效管理系统

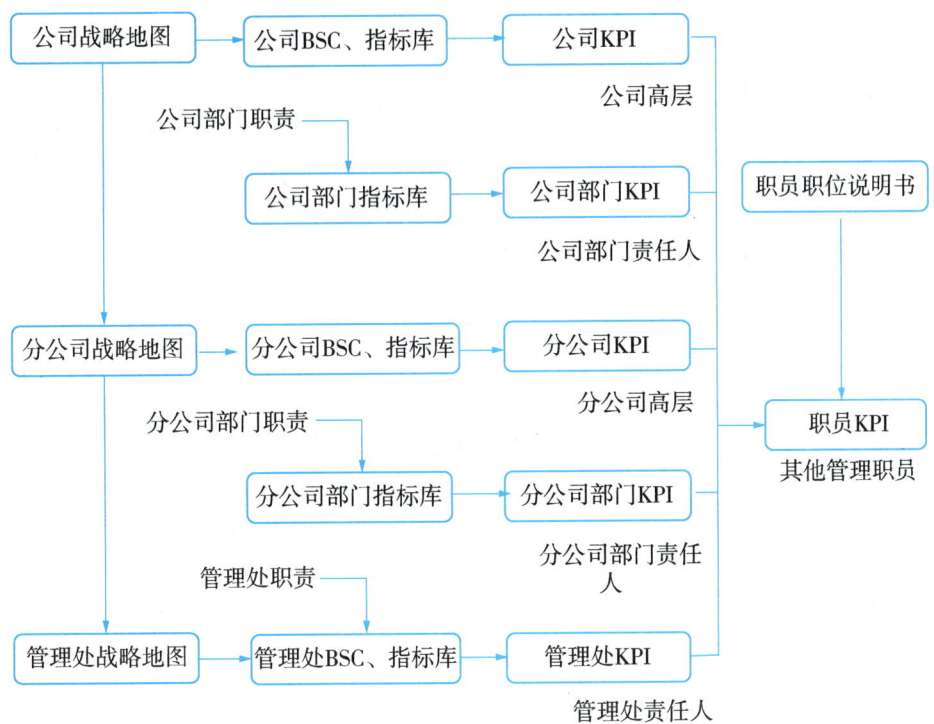

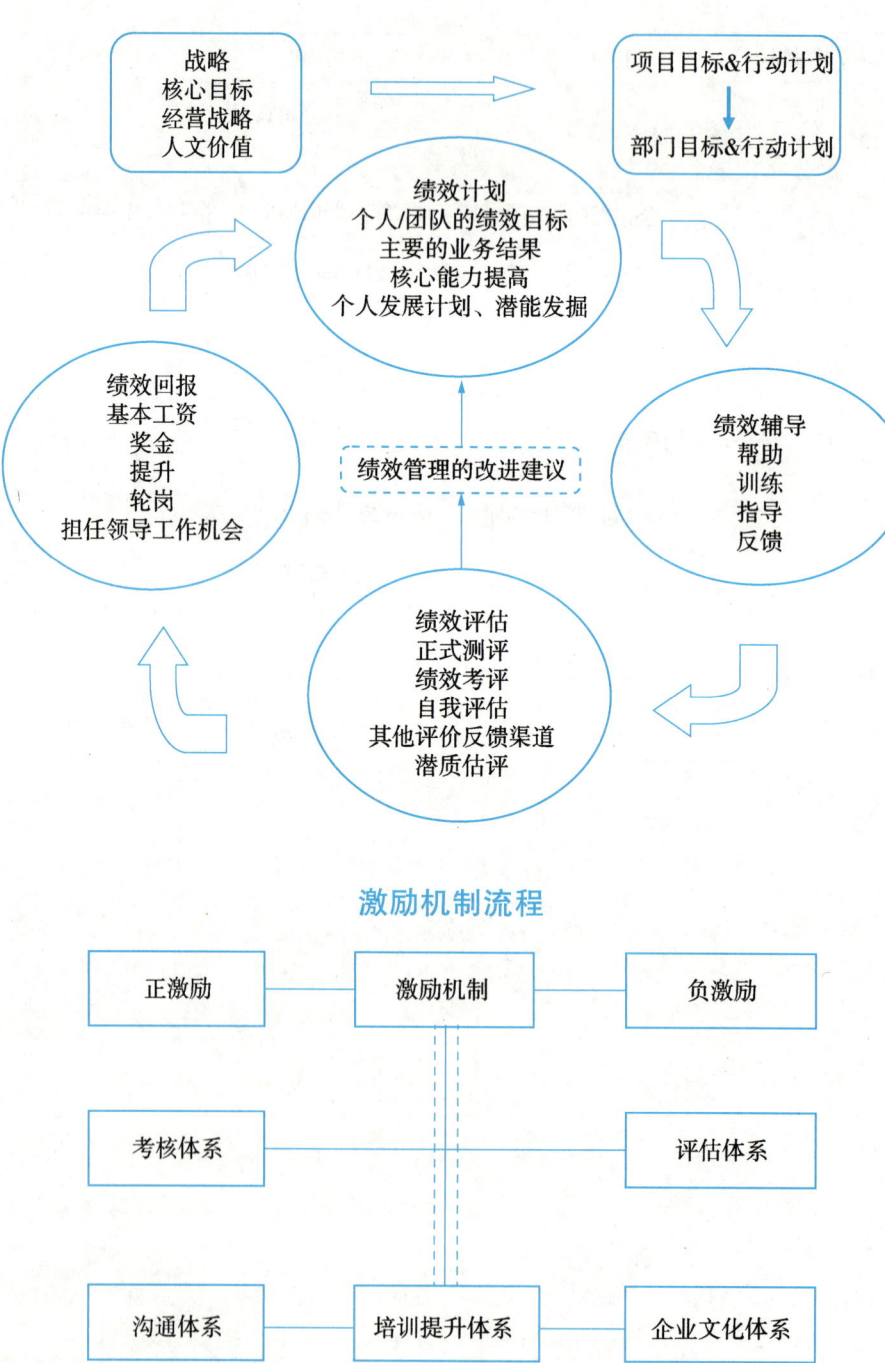

考核结果流程

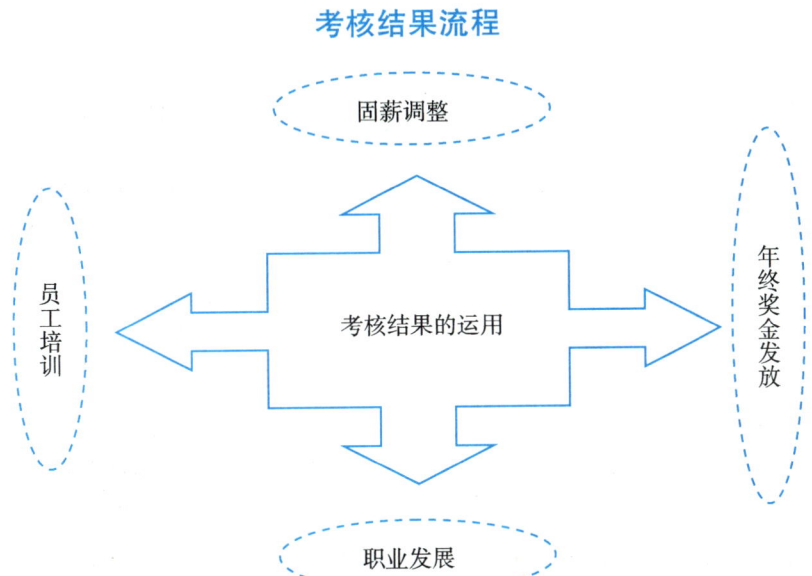

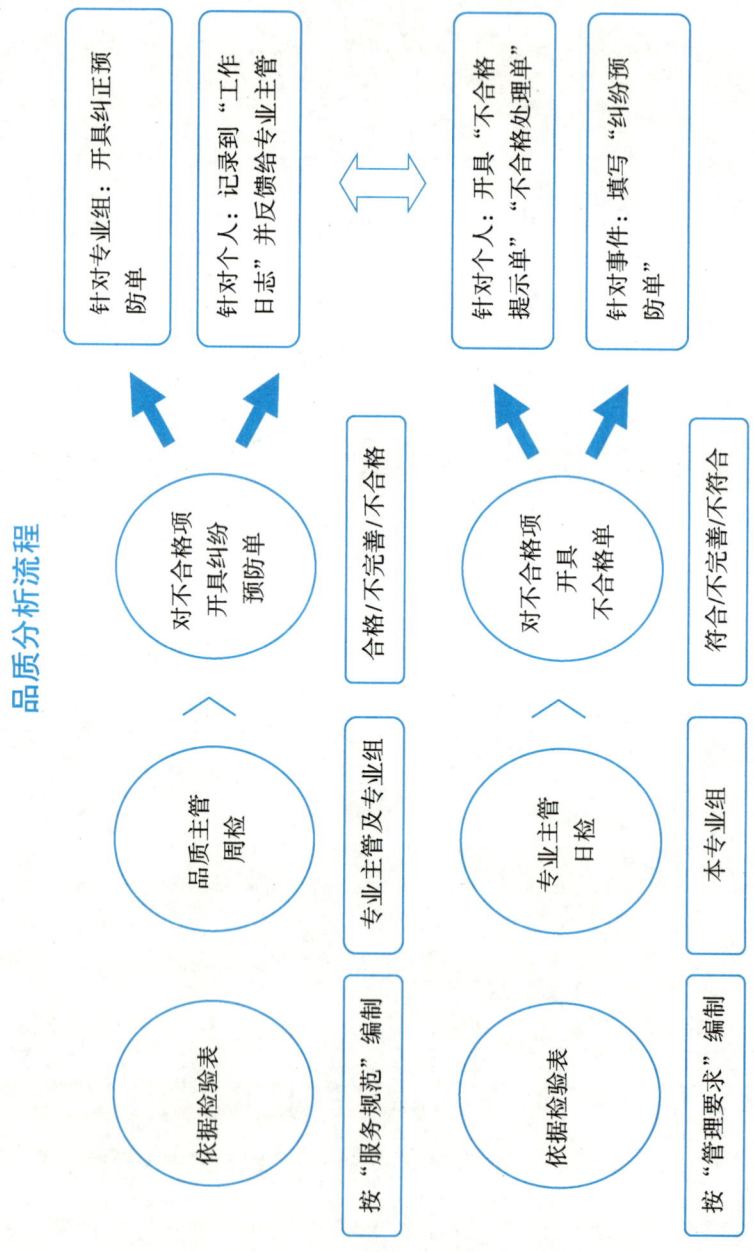

品质改进流程

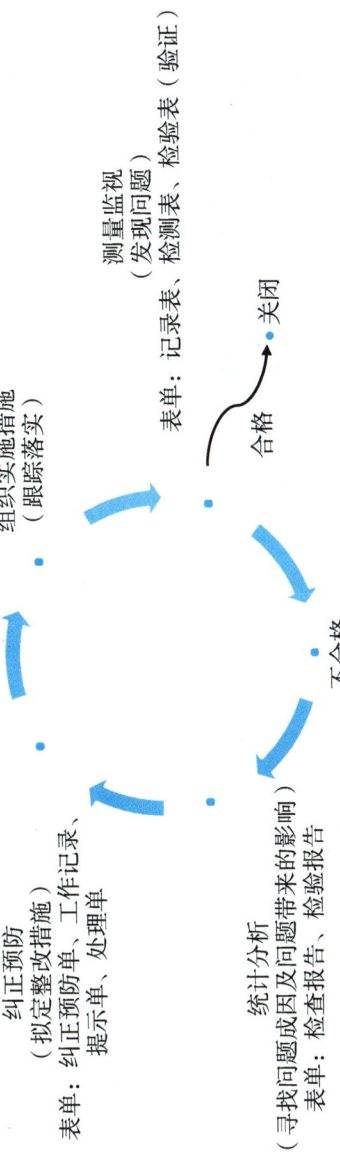

企业绩效流程

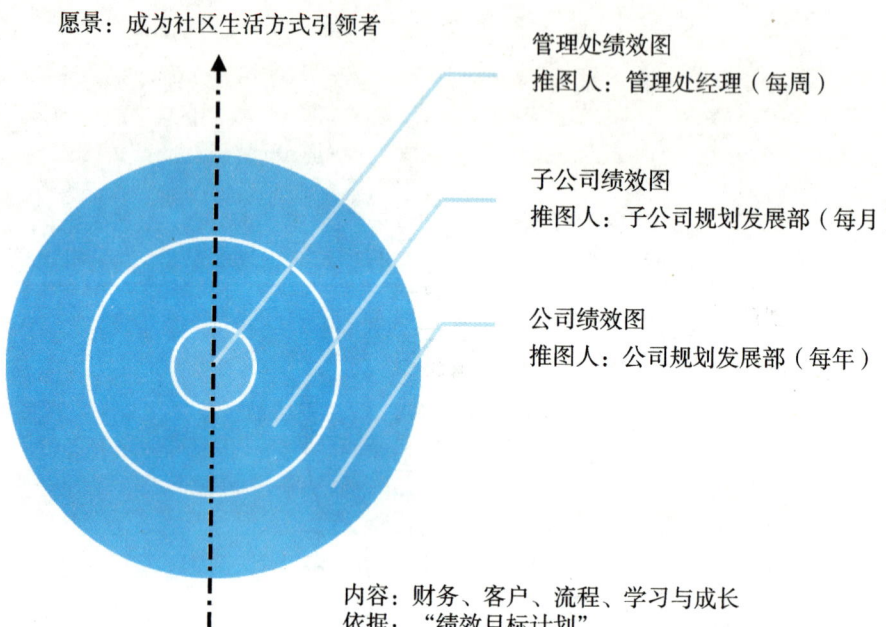

愿景：成为社区生活方式引领者

管理处绩效图
推图人：管理处经理（每周）

子公司绩效图
推图人：子公司规划发展部（每月）

公司绩效图
推图人：公司规划发展部（每年）

内容：财务、客户、流程、学习与成长
依据："绩效目标计划"
方法：计划、辅导、评估、运用

员工核心能力模型

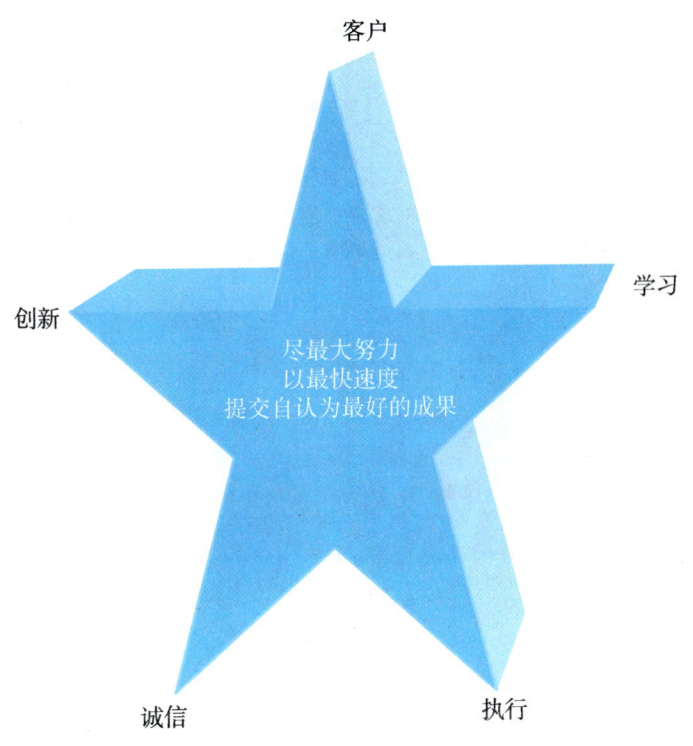

人力资源管理定位

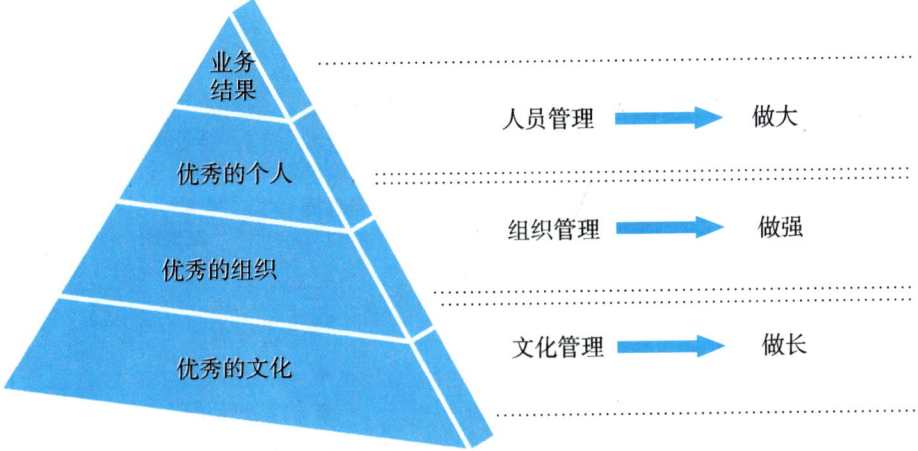

核心价值观

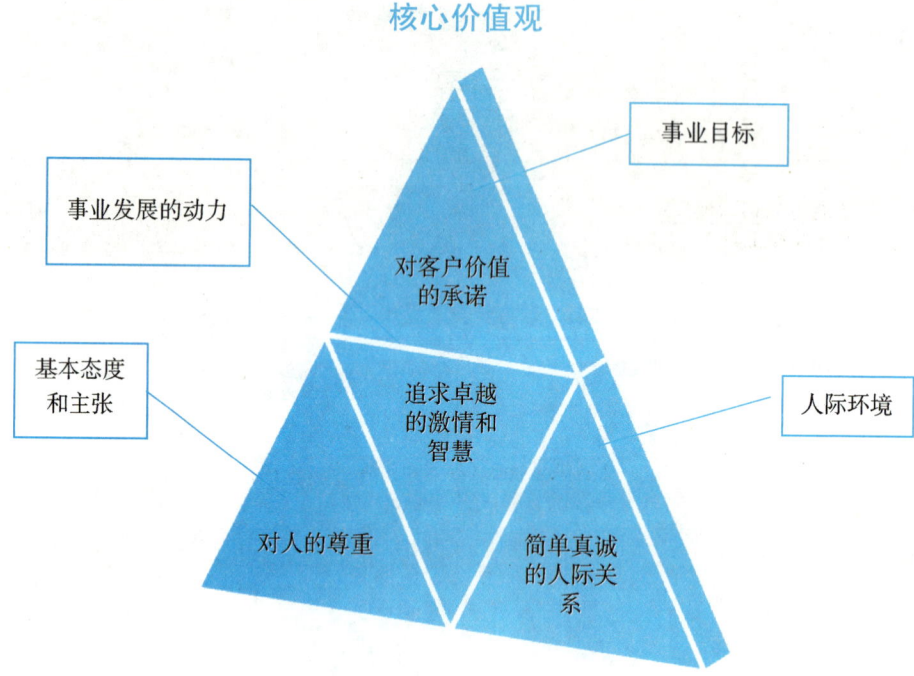

人员培训流程

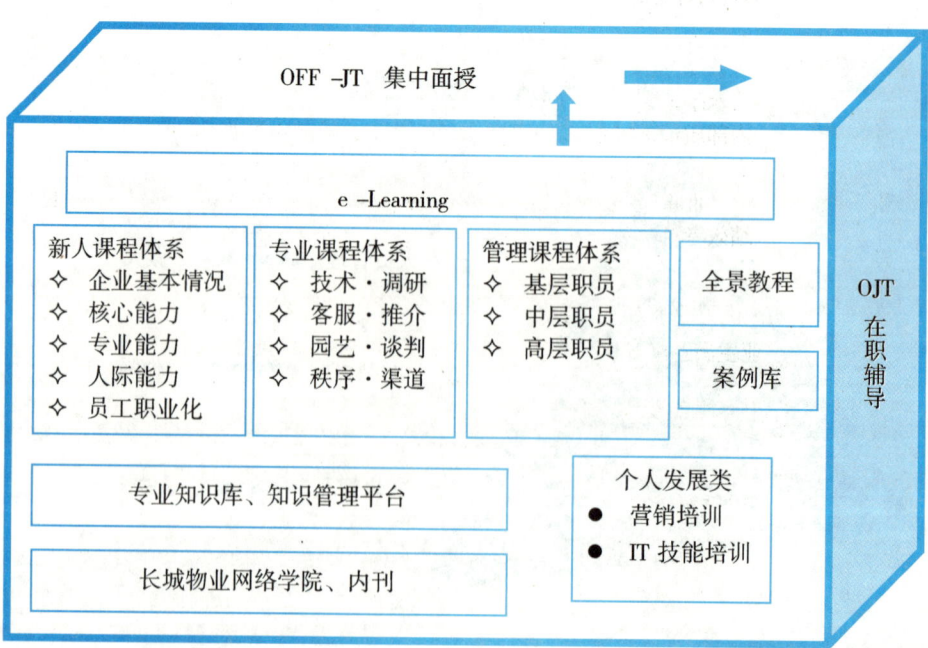

人员招聘流程

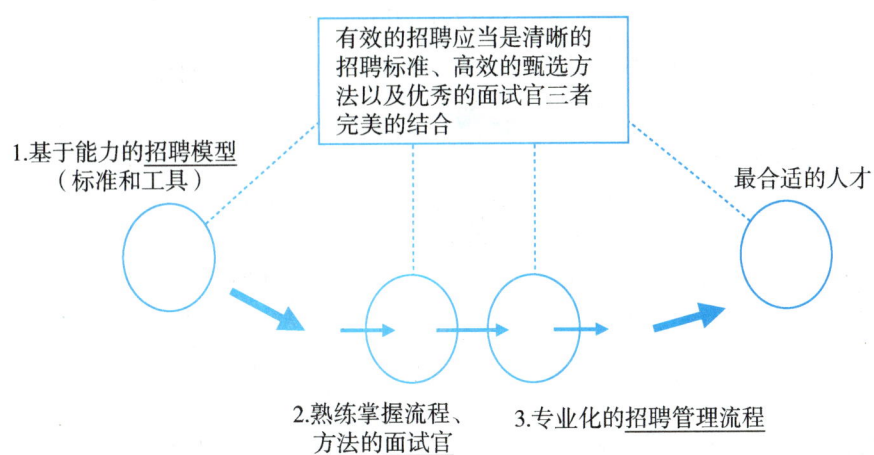

三级考核评定流程

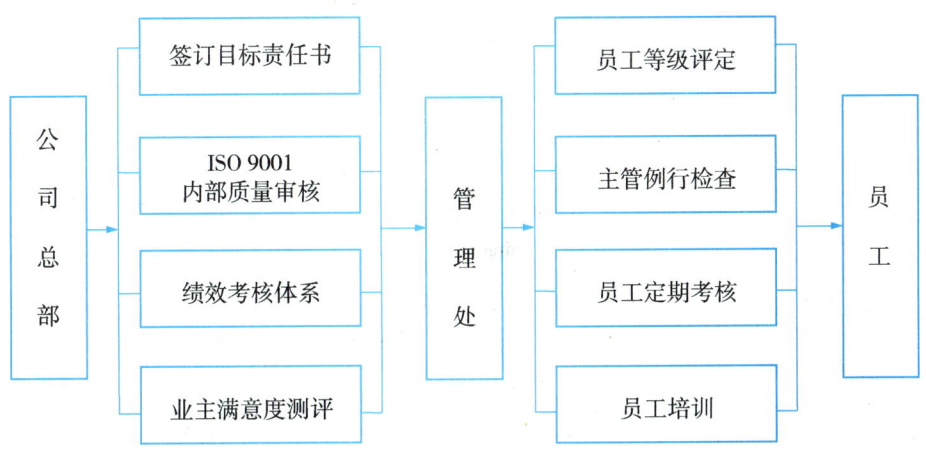

项目特点分析流程

（以某项目为例）

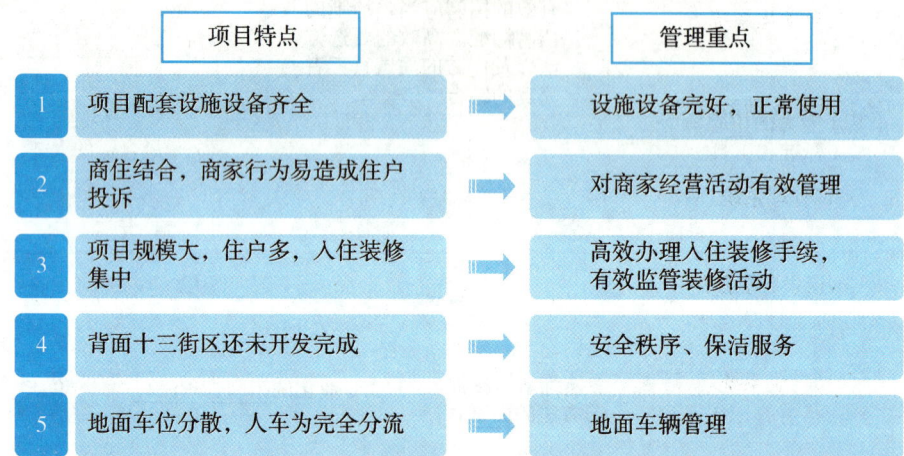

信息处理流程

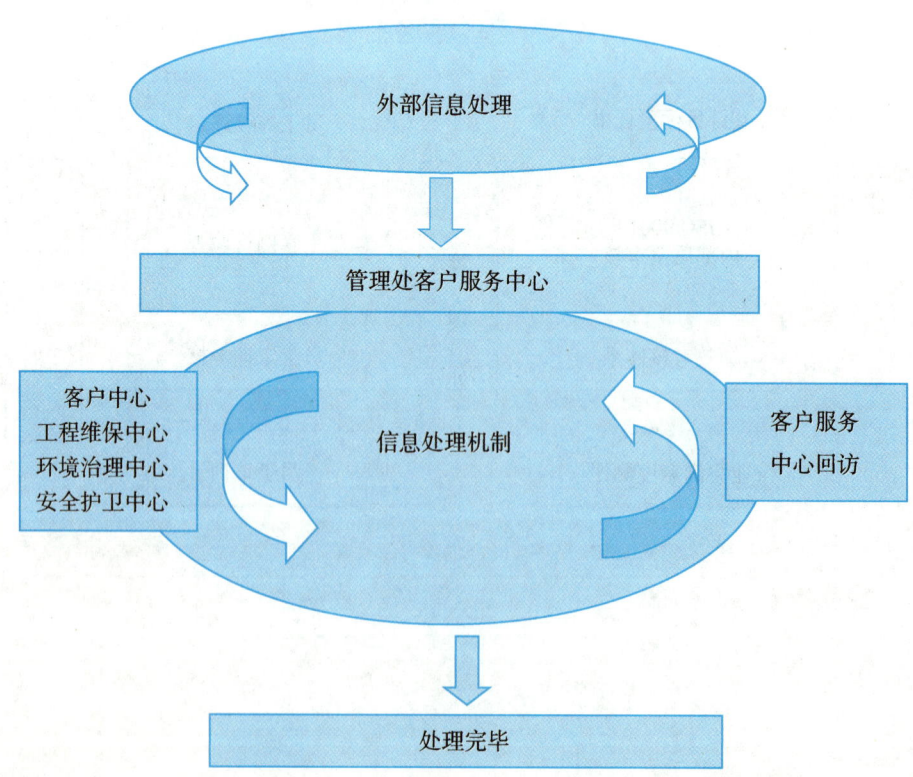

信息沟通系统

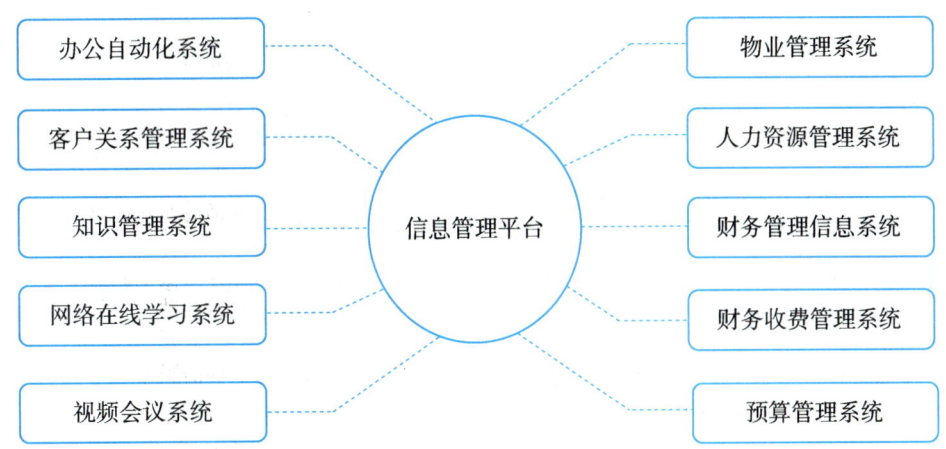

员工领导能力模型

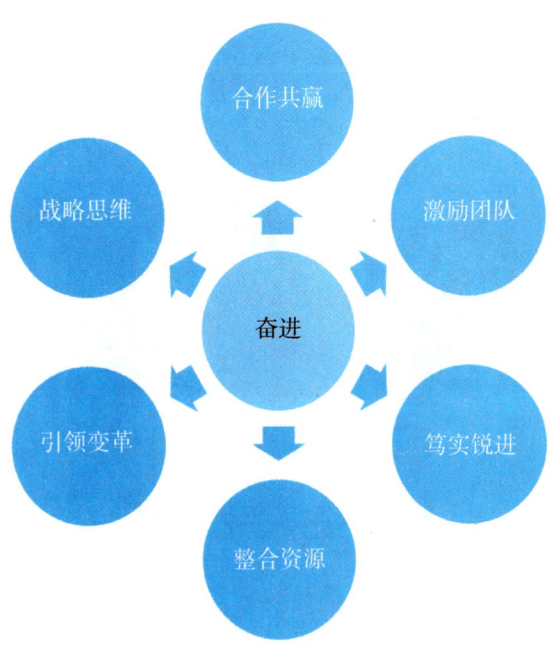

员工能力模型

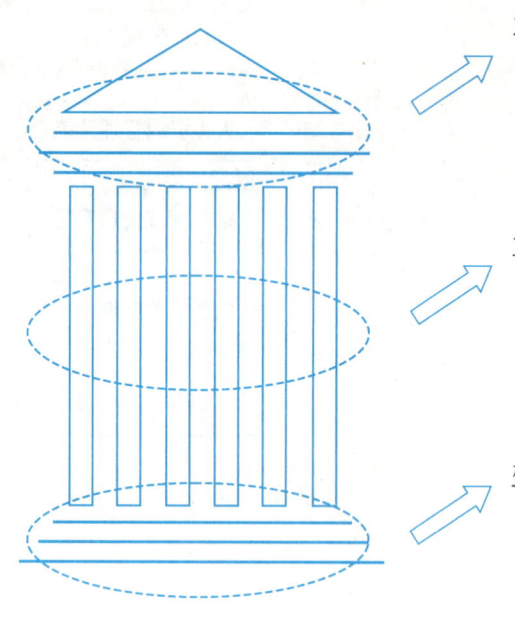

领导力模型
对管理者/领导者重要。
是管理者/领导者所需要具备的特有的关键行为特征

专业能力模型
对某职位/职位序列任职者重要。
是某职位/职位序列任职者所需要具备的特有的关键行为特征

核心能力模型
对所有员工都重要。
是组织内所有成员所需要具备的反应一个组织的文化和价值观的特征

员工培训流程

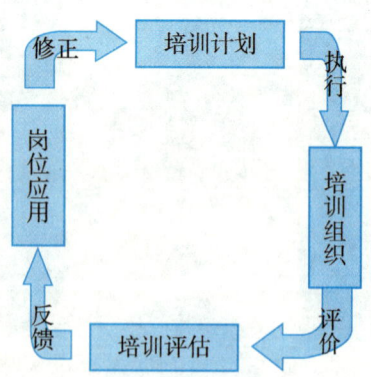

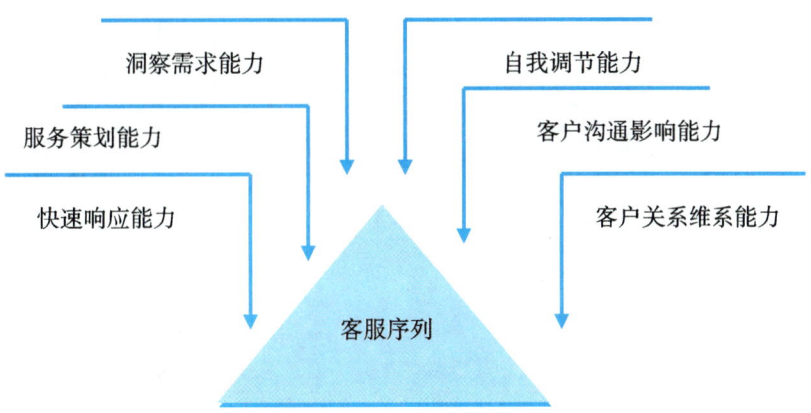

员工专业能力模型

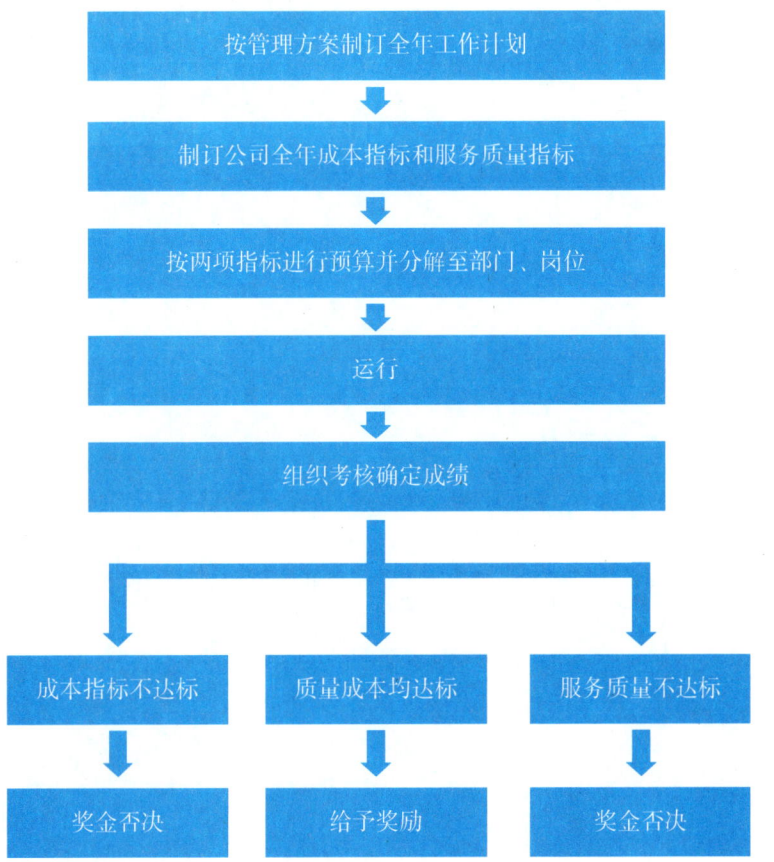

"质量、成本双控"流程

合同审批流程

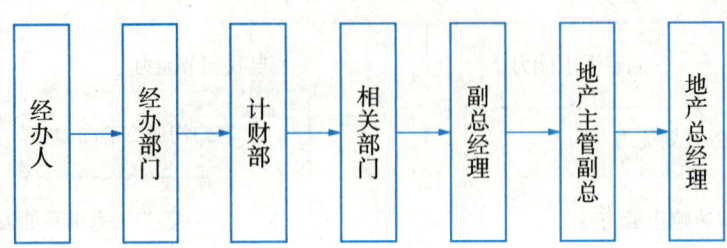

内部报事及处理流程

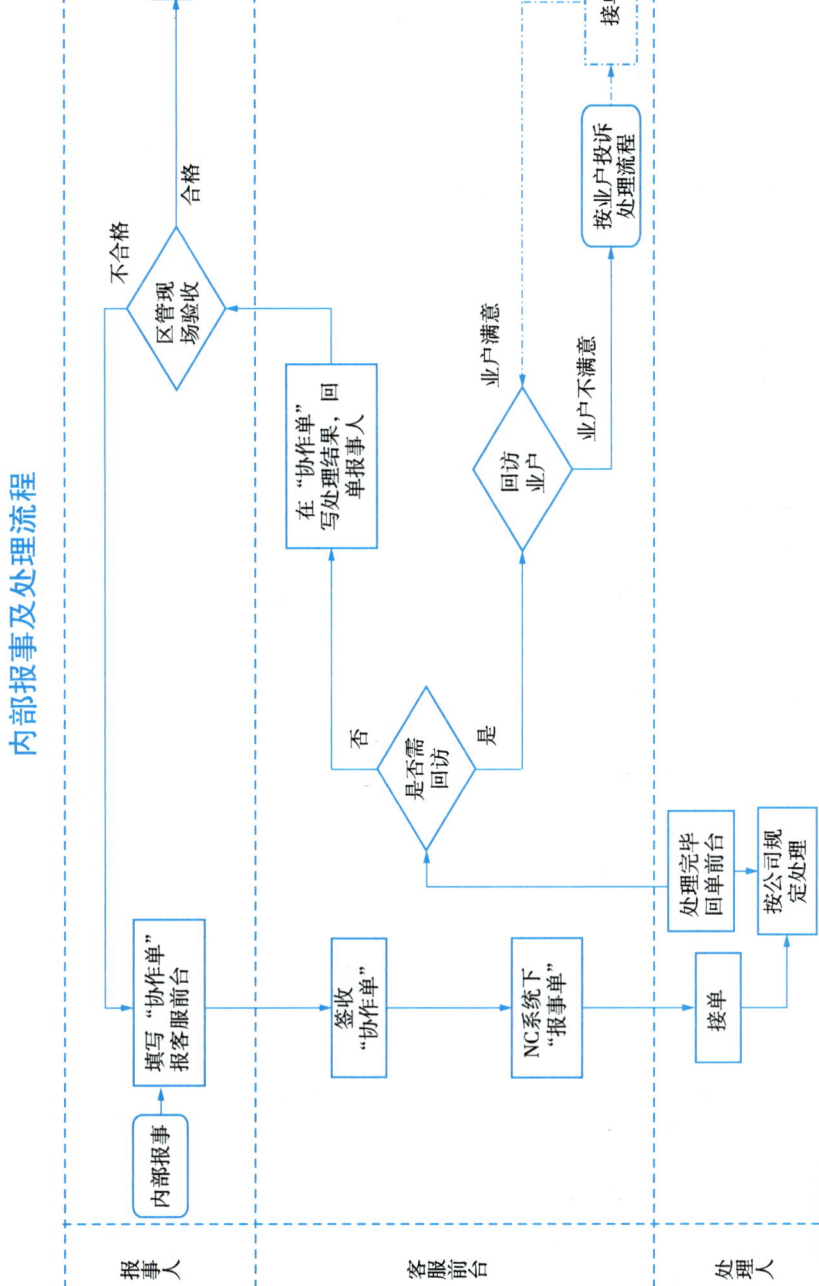

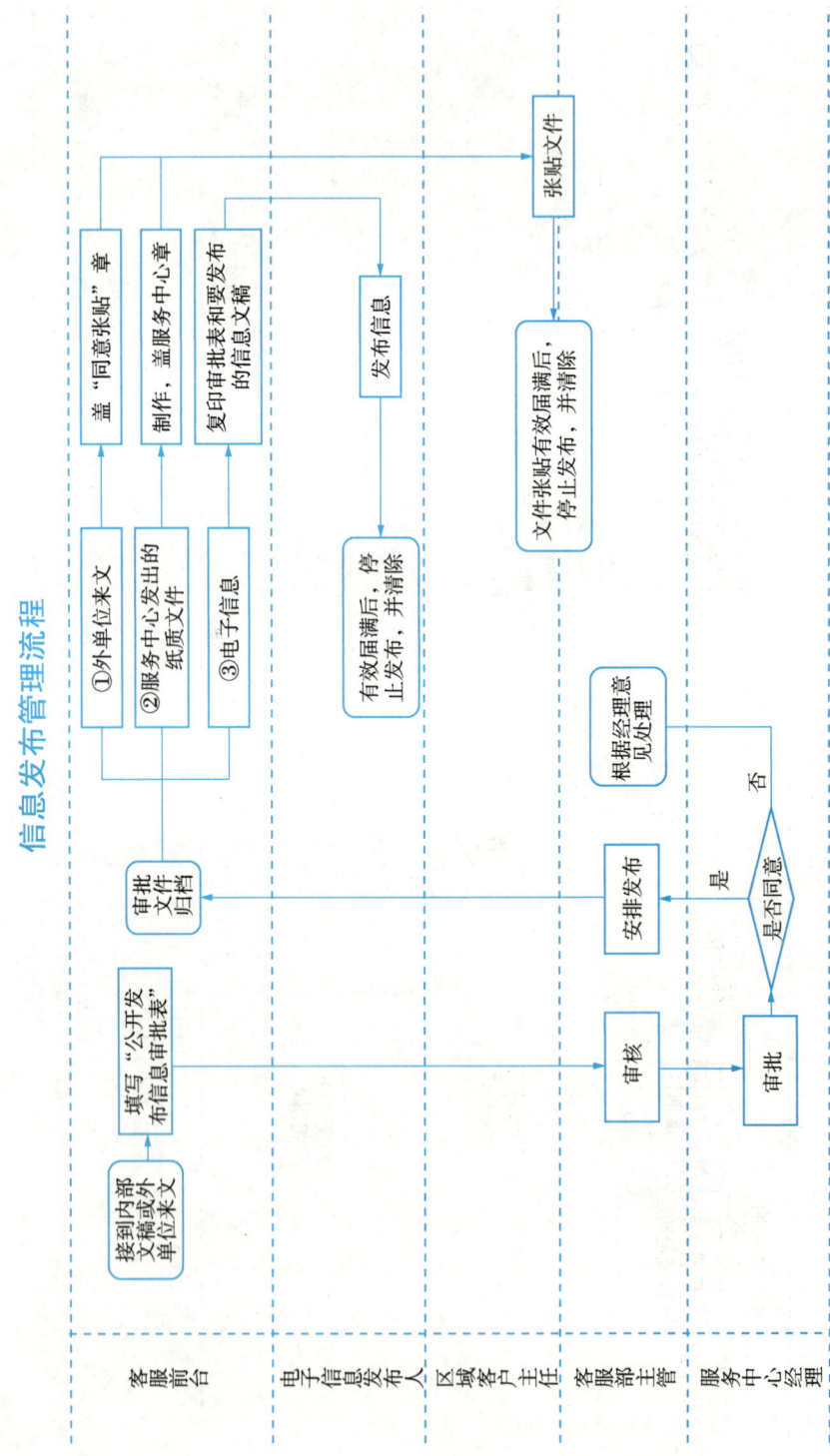

外派保洁、绿化监管流程

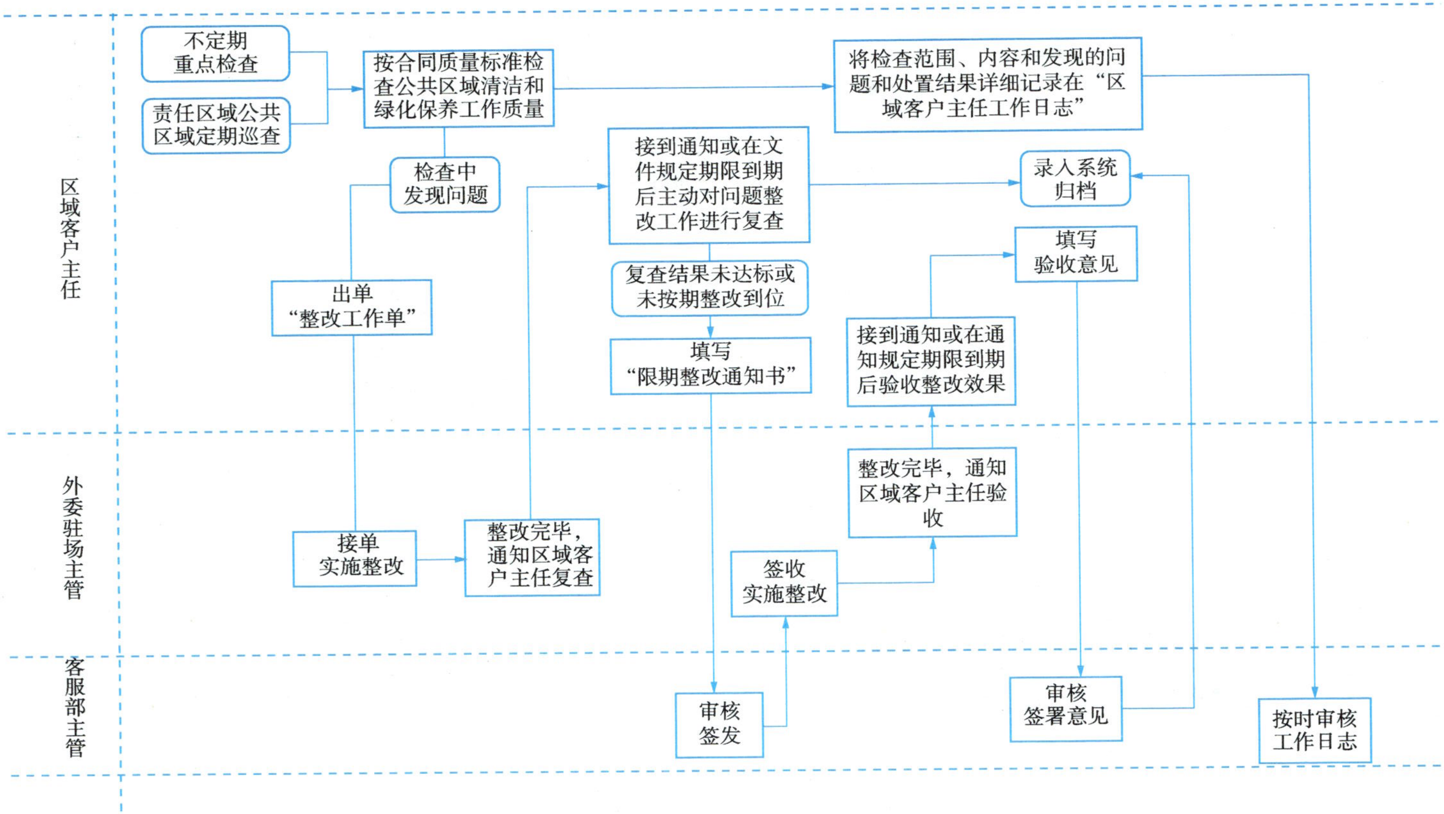

外派保洁、绿化品质考核流程

客服部主管	根据合同约定方法综合评定当期服务质量等级
区域客户主任	按合同约定定期检查质量评分
客服前台	统计当期发出"限期整改通知书"数量和整改工作评价；统计当期受理的业户有效投诉；统计当期业户满意度数据
外委驻场主管	确认质量评定意见
服务中心经理	根据合同约定和质量评定结果，核定当期应支付服务费金额 → 签字确认 → 审批 → 根据中心经理审批意见办理服务费支付手续 → 归档

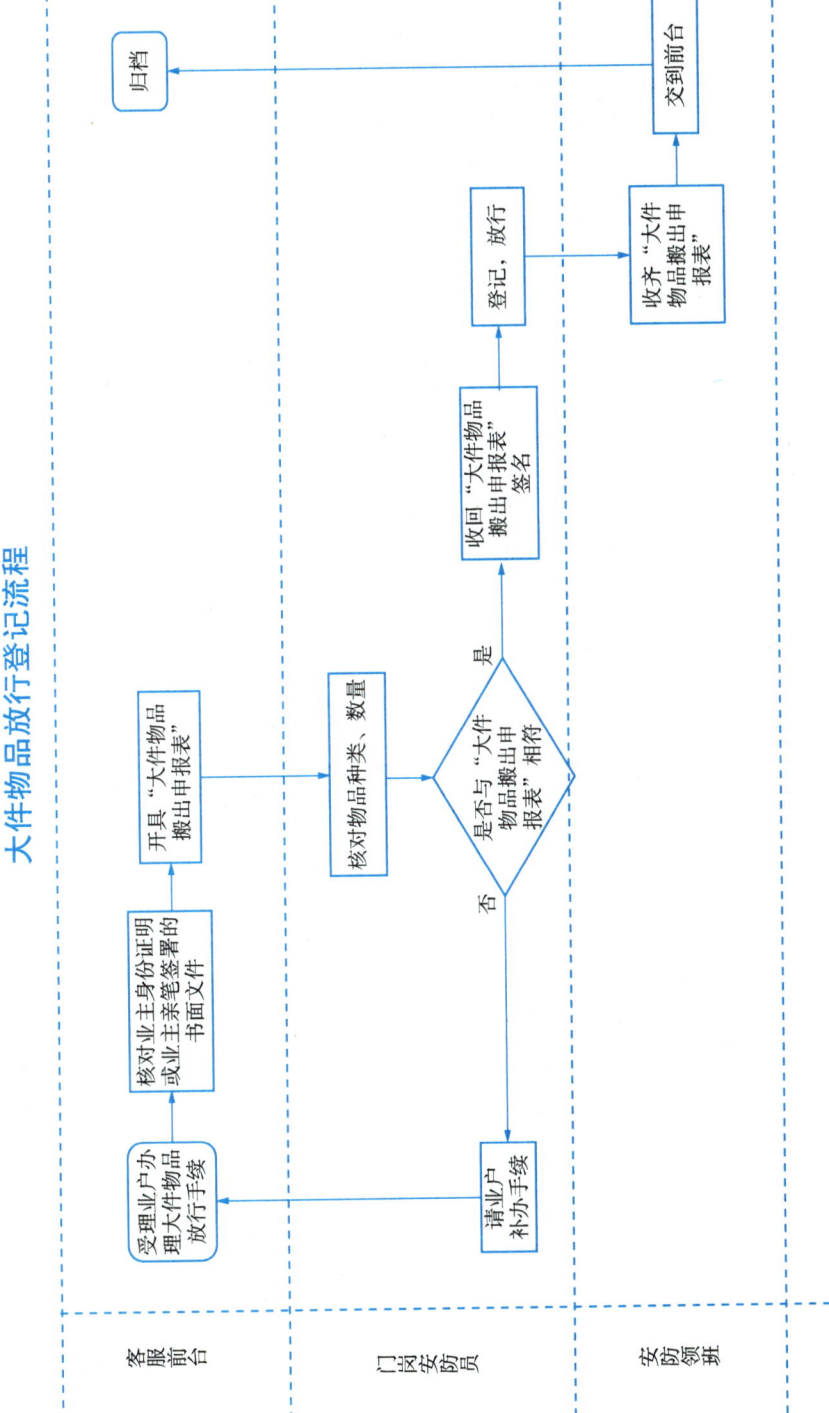

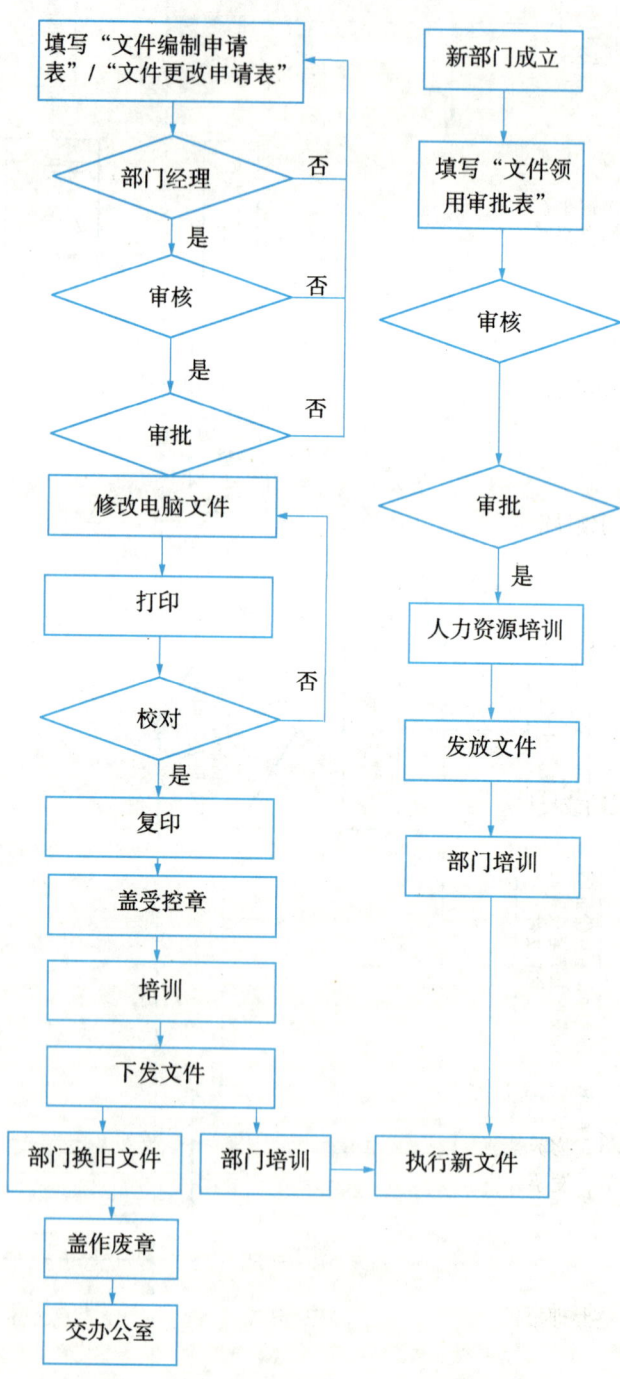

物资采购流程

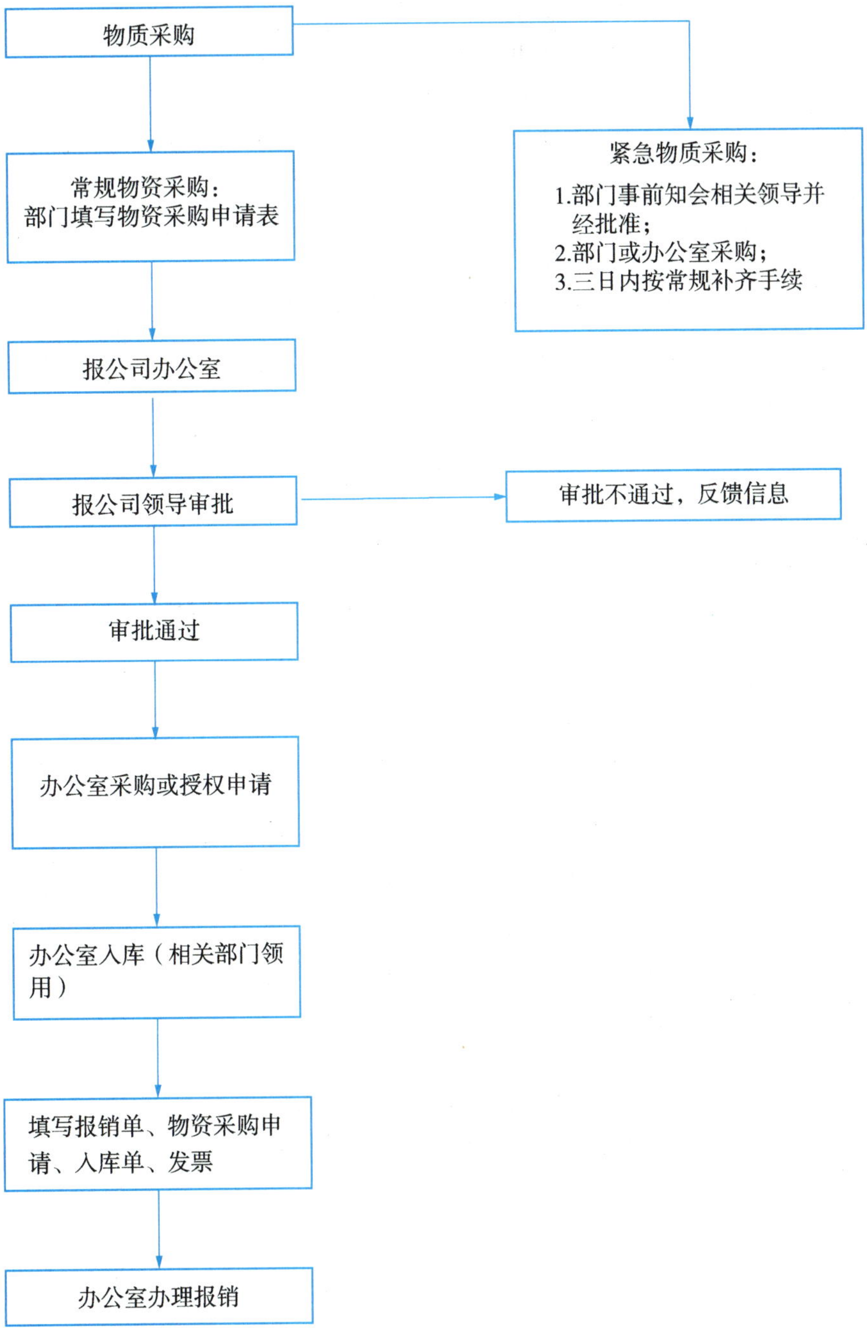

```
         ┌─────────────┐
         │  物质采购   │──────────────┐
         └─────┬───────┘              │
               │                      ▼
               │            ┌──────────────────────┐
               ▼            │ 紧急物质采购：       │
      ┌──────────────────┐  │ 1.部门事前知会相关领 │
      │ 常规物资采购：   │  │   导并经批准；       │
      │ 部门填写物资采购 │  │ 2.部门或办公室采购； │
      │ 申请表           │  │ 3.三日内按常规补齐   │
      └────────┬─────────┘  │   手续               │
               │            └──────────────────────┘
               ▼
      ┌──────────────────┐
      │ 报公司办公室     │
      └────────┬─────────┘
               │
               ▼
      ┌──────────────────┐      ┌──────────────────────┐
      │ 报公司领导审批   │─────▶│ 审批不通过，反馈信息 │
      └────────┬─────────┘      └──────────────────────┘
               │
               ▼
      ┌──────────────────┐
      │ 审批通过         │
      └────────┬─────────┘
               │
               ▼
      ┌──────────────────────┐
      │ 办公室采购或授权申请 │
      └────────┬─────────────┘
               │
               ▼
      ┌──────────────────────────┐
      │ 办公室入库（相关部门领用）│
      └────────┬─────────────────┘
               │
               ▼
      ┌──────────────────────────┐
      │ 填写报销单、物资采购申请、│
      │ 入库单、发票             │
      └────────┬─────────────────┘
               │
               ▼
      ┌──────────────────┐
      │ 办公室办理报销   │
      └──────────────────┘
```

物资采购、验收、入库、报销流程（1）

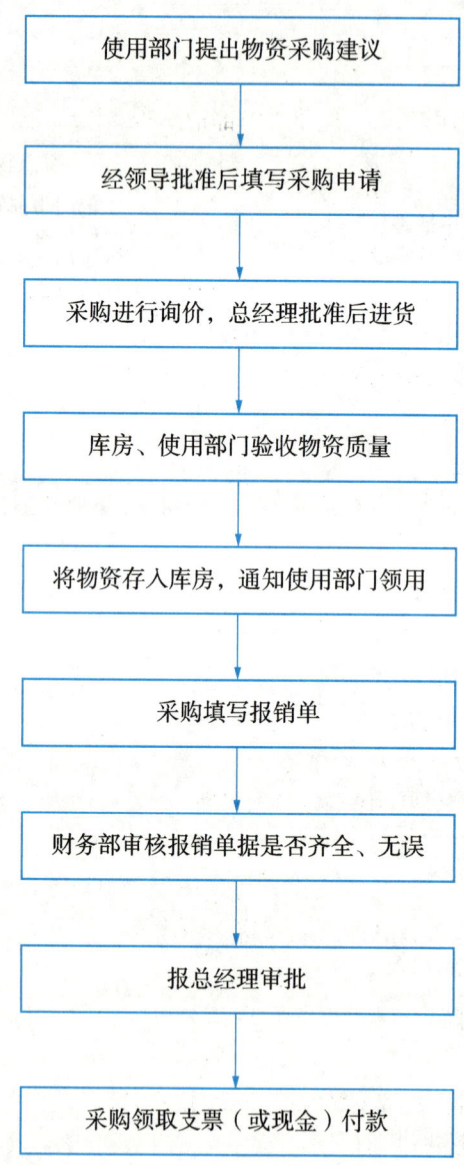

物资采购、验收、入库、报销流程（2）

一、采购

1. 使用部门

（1）提出物资使用建议，拟写"内部请示报告"，经总经理签批后方可提出采购申请。

根据使用物资的性质决定：

①无须询价，直接申请采购，填写"采购申请"。

②重要物资询价后，根据物资的性价比，采购员需将询价结果以"内部请示报告"的形式上报总经理批示，再填写"采购申请"。

以下物资无须写"内部请示报告"：

◇ 工程备品备件；

◇ 工程最低月耗；

◇ 清洁月耗品；

◇ 员工劳保用品；

◇ 办公用品、耗材；

◇ 有偿服务收费项目。

（2）填写"采购申请"。

使用部门填写以下内容：

◇ 采购原因、收（免）费；

◇ 申请人、申请日期、要求到货日期；

◇ 部门经理签字；

◇ 申请采购内容、品牌、规格型号、单位、申请数量。

（3）将填写完的采购申请送至库房，由库管员签收。

2. 库房

（1）接到使用部门送来的"采购申请"，按类别在"采购编号"栏中进行编号。

（2）根据使用部门的申请数量，与库存进行核实，填写"采购申请"中"库存数量""批准数量"两栏。

（3）将核实的"采购申请"在"库房管理员"处签字后送至采购员处。

3. 采购员

（1）接到库房送来的"采购申请"，按需购物资的要求进行询价。

采购员填写以下内容：

◇ 单价、合计；

◇ 此采购申请含此页共计＊页，附件＊页；
◇ 预计总金额（大、小写）；
◇ 供货商全称；
◇ 联系人、联系电话。
（2）在"采购员"处签字后，送至综合部。

4. 综合部
（1）接到采购员送来的"采购申请"，由部门经理审核，并签字。
（2）做好"采购申请"签收登记后，送至财务部进行审核。
（3）财务审核通过，报至总经理审批；财务审核不通过，返回采购员。
（4）总经理签批同意，将"采购申请"送至采购员进行采购，并做好记录。

5. 财务部
对"采购申请"中的采购内容、实际采购数量、小计与合计金额进行审核。如审核无误，签字确认；发现错误予以注明，并退回综合部。
审核时需注意以下几点：
◇ 采购内容是否与预算中的相符，如"工程最低月耗""清洁月耗品""劳保用品"等；
◇ 实际采购数量、小计与合计金额是否有误；
◇ 大写金额是否规范；
◇ 各职能部门签字是否齐全。

6. 采购员
（1）联系供货商，物资到位。
（2）将"采购申请"复印，送至库房以备验收时使用。

二、验收、入库
（1）库管员与使用部门、供货商三方共同对到货物资进行验收。
验收时注意以下几点：
◇ 物资是否与"采购申请"中内容、规格型号相符；
◇ 使用部门检查产品质量是否合格，是否为"三无产品"；
◇ 库房对到货数量进行核对；
◇ 部分物品暂时无法验收，与供货商协商经试用后再验收、付款。
（2）验收符合要求后，填写"物资入库验收单"。
库管员填写以下内容：
◇ 物资名称、品牌、规格型号、单位、到货数量、单价、金额、供货商、库房验收；

◇ 各职能部门签字确认：采购员、使用部门负责人、库管员。

（3）"入库验收单"填写后将第四联交给供货商，第三联交使用部门，第二联交采购员，第一联库房登账。

（4）物资入库，分类存放。

（5）通知使用部门可以领取所需物资。

（6）填写"入库验收单"中"采购申请号""验收单序号"两项。

（7）按类别将到货物资分别登账，并在"入库验收单""登账库存"栏中做好记录；将"入库验收单""采购申请"复印件存档。

三、领用

1. 使用部门

（1）填写"物资出库单"领取所需物资。

填写时注意以下几点：

◇ 由专业主管及部门经理签字；

◇ 工程用料需注明该物资是否为有偿服务（收、免费情况）。

（2）投入使用。

2. 库房

（1）接到"物资出库单"提货，出库。

（2）将"物资出库单"统一编号，按类别进行销账，并做好记录。

四、报销

1. 采购

（1）将第二联"入库验收单"作报销凭据。

（2）填写"付款申请及报销单"（以下简称"报销单"）。

填写时注意以下几点：

◇ 写清报销内容、金额（大小写）、承办人；

◇ 将本次采购的全部原始发票、"入库验收单"（第二联）、"采购申请"原件粘贴附后；

◇ 部门经理审核后在"承办人"栏中签字。

（3）将"报销单"登记后送至综合部办理报销审批。

2. 综合部

（1）接到采购送来的"报销单"，做好签收、登记后送至财务部进行审核。

（2）财务审核后，报至总经理审批。

（3）将审批后的"报销单"返回采购。

（4）做好"报销单"返回记录。

3. 财务部

（1）接到综合部送来的"报销单"，对其中内容进行审核。

审核时注意以下几点：

◇ "报销单"内容填写是否正确无误；

◇ 签字是否齐全；

◇ 发票、"入库验收单"、"采购申请"三份单据中内容、数量、金额是否相符；

◇ 实际金额与报销金额是否相同。

（2）审核无误后签字确认。

（3）由综合部取回审核后的"报销单"，送至总经理审批。

4. 采购

（1）接到综合部返回签批后的"报销单"，将"报销单"封面、全部原始发票复印存档。

（2）持"报销单"到财务部领取现金（或支票）。

注：付款形式应为支票；金额较少（如100元以下）可支付现金。

服务采购流程

一、服务采购申请、审核流程及供应商的选择

1. 服务采购申请和审核流程。

（1）工程类。

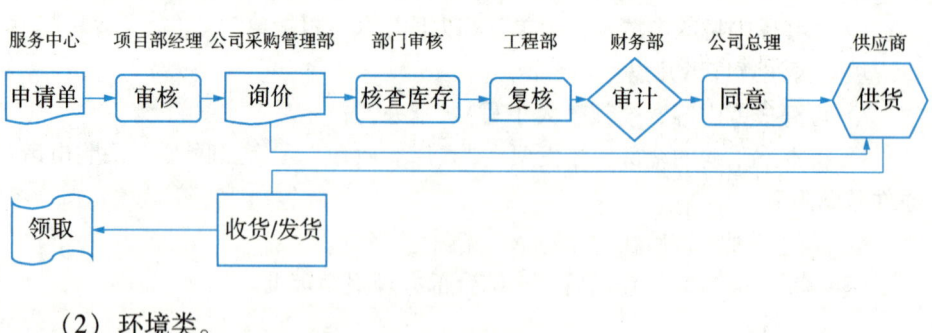

（2）环境类。

(3) 专项服务采购。

2. 供应商的选择

根据管理制度和招投标管理规程以招标形式选择。

二、审核及审批权限

1. 审核权限

2. 审批权限

三、结算

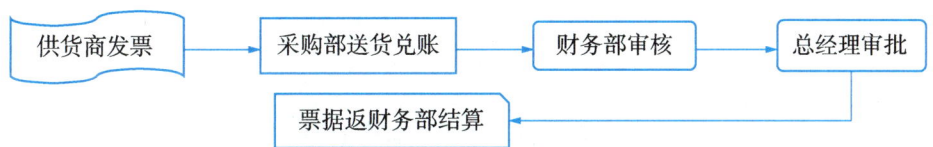

备注：1. 常规性的采购项目，如果之前有价格审批的，可省略在系统中进行询价比价的过程，采购员根据价格与交期自行选择供应商，但所有过程都必须控制在授权范围之内，不能越权采购。

2. 工作要求：（1）洁身自好，廉洁自律，保守秘密，严格遵守工作纪律；（2）坚持公开、透明操作，相互监督，坚决维护企业利益。

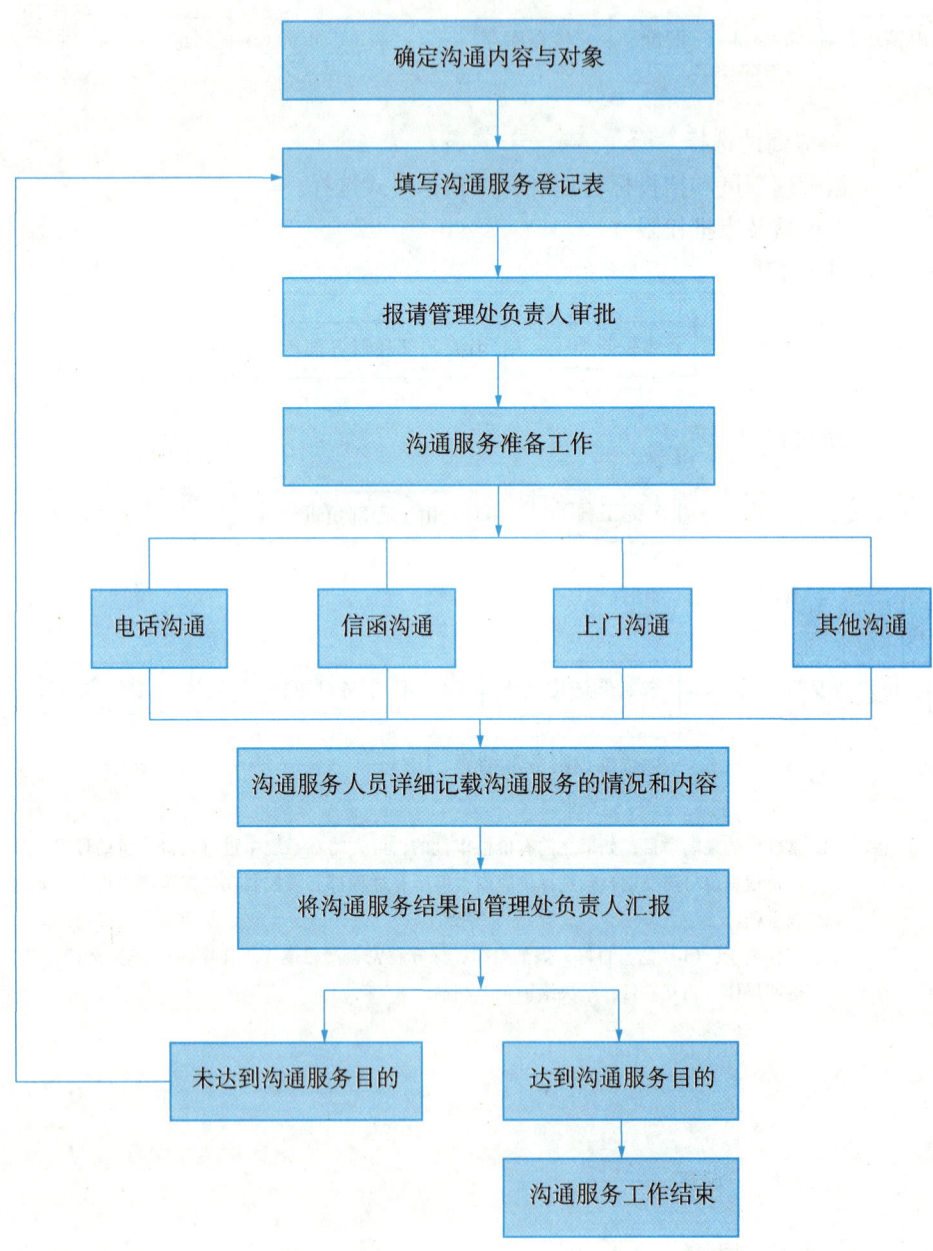

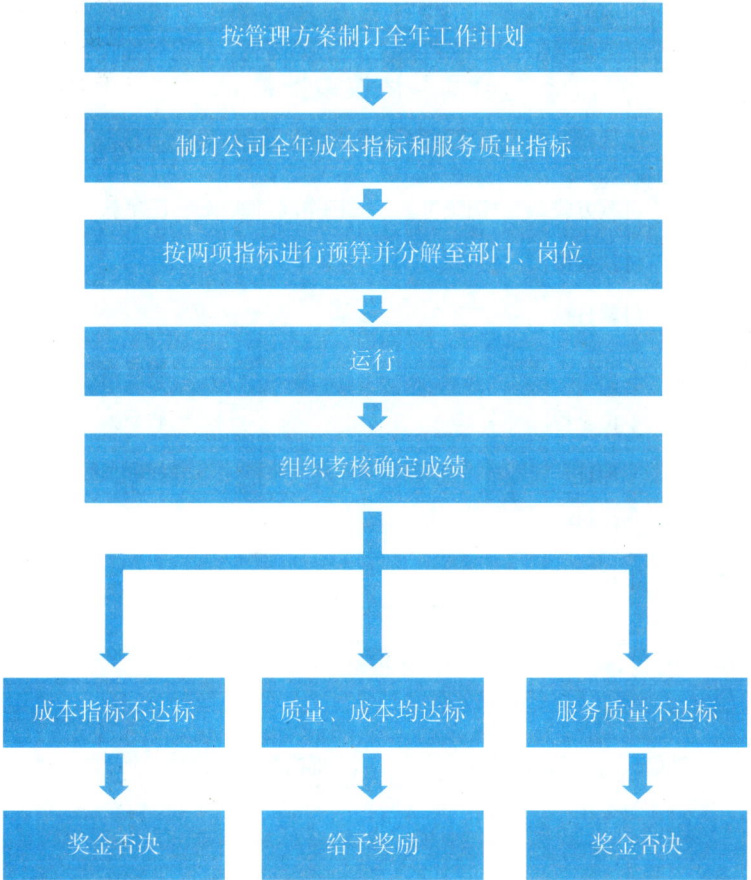

二、实用表格

合同、协议审批单

合同标题							
合同金额 人民币 /元	付款方式		□预付款	□中间付款	□尾款		□总价款
	付款金额						
	付款日期						
验收标准					验收人		
签约方 基本情况	单位全称				联系人		
	地址				联系电话		
	开户行						
	银行账号						
合同正本： 份　　合同副本： 份　　合同复印件： 份							
申请人：　　　　　部门主管：　　　　　部门经理：							
会签部门（Ⅰ）：　　　　　　　会签部门（Ⅱ）：							
财务审核意见：							
总经理：							

合同稿送审流程表

合同名称		送审人	
送审部门/管理处			
送审时间			
合同内容			
相关部门意见	品质部		
	工程部		
	秩序维护部		
	保洁绿化部		
	管理处		
	行政人事部		
	财务部		
审核意见	分管领导意见		
	公司领导审批		

37

合同评审表

序号：

合同名称				□新签　第□次续签		
合同类别	采购类	□大宗采购合同　□一般采购合同　□临时采购合同				
	供应类	□重大项目合同　□一般项目合同　□其他订单				
	合作类	□须投入资金　　□无须投入资金				
经办部门			经办人			
合同双方	甲方：			签约代表人：		
	乙方：			签约代表人：		
合同主要内容	合同编号					
	主要内容					
	合同金额					
	起止日期					
		评审记录		负责人/日期		
评审部门及意见	总经理办公室：			负责人：	年　月　日	
	综合部：			负责人：	年　月　日	
	人力资源部：			负责人：	年　月　日	
	工程部：			负责人：	年　月　日	
	财务部：			负责人：	年　月　日	
总经理				签名：	年　月　日	
董事长				签名：	年　月　日	

文件收发记录表

使用单位：

日期	收/发	文件类型	大致内容	文件编号	收送文人	收发部门	收发人	日期
	□收 □发							
	□收 □发							
	□收 □发							
	□收 □发							
	□收 □发							
	□收 □发							
	□收 □发							
	□收 □发							
	□收 □发							
	□收 □发							
	□收 □发							
	□收 □发							
	□收 □发							
	□收 □发							
	□收 □发							

传真收文记录表

编制：　　　　　　　　　　　　　　　　　　　　　日期：　　年　　月

编号	收文日期	内容摘要	接收部门	签收人	签收日期	备注
1						
2						
3						
4						
5						
6						
7						
8						
9						
10						

系统数据备份记录表

序号	备份日期	备份数据容量	备份时间	备份频率	备份方式	备份行为	备份是否成功	备份人员	数据检查人员	异常说明及处理方式
1										
2										
3										
4										
5										
6										
7										
8										
9										
10										
11										
12										
13										
14										
15										
16										
17										
18										
19										

备份注意事项及标准：
1. 如若进入机房时要遵守"机房管理办法"。
2. 备份前检查数据容量与备份服务器所剩空间。
3. 备份时间：指备份的数据是从什么时候开始的。
4. 备份频率：指日备份，周备份，月备份或季度备份。
5. 备份方式：自动或手动。
6. 备份行为：系统服务器到备份服务器，系统服务器到磁带机，备份服务器到磁带机。
7. 如有异常必须详细说明过程与处理方法及结果。

物资采购计划表

使用部门：　　　　　计划时间：　　　　　序号：

序号	名称	型号	规格	数量	单价	采购记录（时间、供应商）	备注
1							
2							
3							
4							
5							
6							
7							
8							
9							
10							
11							
12							
13							
14							
15							
16							
合计	人民币：____元，大写：____万____仟____佰____拾____元____角____分						
拟制人		审核人			批准人		

文件批办（传阅）单

来文单位		来文编码		来文时间		来文页数	
文件名称							
拟办意见							
传阅人	送阅日期	退还日期	意见				签名
总经理意见							
承办结果：							

文 件 清 单

序号	文件编号	文件名称	分发部门

违纪行为记录单

日期：　　　　　　　　　　　　　　　　　　　　　序号：

违纪人		岗位名		违纪被查处时间	时　　分
违纪事实					
被纠察人意见				签名：	

违纪行为记录单（附）

日期：　　　　　　　　　　　　　　　　　　　　　序号：

违纪人		岗位名		违纪被查处时间	时　　分
违纪事实					
被纠察人意见				签名：	

纪检纠察通报

物（01）[　　年]第　　号　　　　签发：

报：

抄报：

送：

发：公司全体员工　　　　拟稿：　　　打印：　　　审核：

工作联系单

致	
主题	
主要内容	

发单单位（部门）		负责人	
接收单位		签单人	

文件发放控制表

发放部门：　　　　　　　　　　　　　　　　　　序号：

分发号	文件名称	文件编码	版本	修改状态		总页数	接收部门	收文签名	收文日期
				页码	修改编号				

部门日常信息报送考核汇总表

编号：　　　　　　版本：　　　　　表格生效期：　　　　　序号：

自　　年　　月　　日起至　　年　　月　　日止

部门	扣分事项	扣分总计	本年度累计扣分
办公室			
人力资源部			
财务部			
工程部			
客服部			
保安部			
保洁部			

对外交流活动反馈表

编号：　　　　　　版本：　　　　　表格生效期：　　　　　序号：

参观内容		领队及参观人员
时间		参观总结：
参观单位		
参观地点/区域		报告人：　　　年　　月　　日
接待人员		
备注		

付款审批表

合同名称		合同编号	
供应商名称		联系人	
		联系电话	
执行进度			
付款依据			

经办部门意见：

　　　　　　　　　经办人：　　部门负责人：　　日期：　年　月　日

款项类别	本期发生额	累计发生额	应扣除项目类别	本期应扣除	累计扣除
支付小计			扣除小计		

核准应支付金额：　　亿　仟　佰　拾　万　仟　佰　拾　元
　　　　　　　　角　分（小写：　　　）

相关职能部门	负责人：　年　月　日
	负责人：　年　月　日

公司领导：

印鉴使用申请表

申请服务中心（部门）：	
申请人签字：	申请日期：
需盖公章文件的简要内容：	
单位负责人签字：	服务中心公章：

内部通知记录表

日期：	年 月 日 时 分				
通知内容：					
序号	单位	接收人	联系电话	通知方式	接收情况	时间
1				□电话 □口头 □QQ	□已接收 □未接收	
2				□电话 □口头 □QQ	□已接收 □未接收	
3				□电话 □口头 □QQ	□已接收 □未接收	
4				□电话 □口头 □QQ	□已接收 □未接收	
5				□电话 □口头 □QQ	□已接收 □未接收	
6				□电话 □口头 □QQ	□已接收 □未接收	
7				□电话 □口头 □QQ	□已接收 □未接收	
8				□电话 □口头 □QQ	□已接收 □未接收	
9				□电话 □口头 □QQ	□已接收 □未接收	
10				□电话 □口头 □QQ	□已接收 □未接收	
11				□电话 □口头 □QQ	□已接收 □未接收	
12				□电话 □口头 □QQ	□已接收 □未接收	

编制：总经理办公室

文件发放登记表

编号：　　　　　版本：　　　　　表格生效期：　　　　　序号：

日期	文件名称	发文部门	经手人签字	收文部门	收件人签字

印鉴、证照使用登记表

编号：　　　　　版本：　　　　　表格生效期：　　　　　序号：

名称	全称	管理部门	责任人	备注

公章保管记录表

| 公章全称： 章样： 规格： 材质： | 序号：_____ 使用范围：_____ _____ _____ 审批权限：_____ _____ 保管部门：_____ 保管人：_____ |

| 公章全称： 章样： 规格： 材质： | 序号：_____ 使用范围：_____ _____ _____ 审批权限：_____ _____ 保管部门：_____ 保管人：_____ |

| 公章全称： 章样： 规格： 材质： | 序号：_____ 使用范围：_____ _____ _____ 审批权限：_____ _____ 保管部门：_____ 保管人：_____ |

保管人：　　　　部门经理：　　　　监督人：　　　　总经理：

固定资产报损表

品名		规格型号		数量		单价	
购买时间		报损原因					
使用部门：			服务中心（部门）经理：				
原值		现值		已提折旧		残值	
财务部：							
行政部：							
公司领导：							

来访登记表

编制：

日期	来访部门	来访人姓名	来访事由	被访部门/领导	来访时间	停车票	餐票	离开时间	值班员	备注

服装申领单

申请单位： 　　　　　　　　　　　　　　日期： 　年　月　日

序号	姓名	性别	岗位	类别/数量						类别
				前台服	行政服	经理服	领带	头花	丝巾	
1										
2										
3										
4										
5										
6										
7										
8										

服务中心（总）经理： 　　　　　　　　　　　　　经办人：

说明：请各服务中心人员填写此表格，需签名完整方可递交总经理办公室办理。

合同呈批表

归档日期：

合同名称			合同编号		
合同类别	采购类	□大宗采购合同 □一般采购合同 □临时采购合同			
	供应类	□重大项目合同 □一般项目合同 □其他订单			
	合作类	□须投入资金 □无须投入资金			
呈批部门				经办人	
合同双方	甲方：				
	乙方：				
合同主要内容	合同情况简述				
	合同单价				
	合同总价				
	结算原则				
	起止日期				
经办部门		负责人：	年	月	日
相关职能部门		负责人：	年	月	日
		负责人：	年	月	日
公司领导：					

合同登记表

编号：　　　　　版本：　　　　　表格生效期：　　　　　序号：

部门				
序号	合同名称	编号	合同起止时间	备注

注：盖公司公章，合同编号为序号；盖部门公章，合同编号为编号。

会 签 表

编号：　　　　　版本：　　　　表格生效期：　　　　　序号：

呈文部门					呈文人			日期		
呈文内容	采购	提案	活动	发文	培训	会议	用印	借档	投稿	参观	接待
	□	□	□	□	□	□	□	□	□	□	□
	检查	借款	报修	沟通	付款	报销	通报	奖励	处罚	加班	请假
	□	□	□	□	□	□	□	□	□	□	□

附呈文标题或主要内容	
附文件___份	

会签顺序		收文时间			交文时间		
	会签负责人	月	日	时	月	日	时
	1						
	2						
	3						
	4						
	5						

处理意见备注	

培训（会议）签到表

编号：　　　　　　版本：　　　　　　表格生效期：　　　　　　序号：

培训（会议）主持人		地点		培训（会议）日期/时间	
培训（会议）主题内容		1. 2. 3. 4. 5. 6. 7. 8.			

序号	姓名	部门	职务	序号	姓名	部门	职务
1				11			
2				12			
3				13			
4				14			
5				15			
6				16			
7				17			
8				18			
9				19			
10				20			

重大事项处理记录表

编号：　　　　　版本：　　　　　表格生效期：　　　　　序号：

会议名称			时间	
重要出席人员			地点	
重要事项		承办人	完成期限	跟进查核

记录人：

资产报废申请表

编号：　　　　　版本：　　　　　表格生效期：　　　　　序号：

序号	记录编号	记录名称	记录生成时间	备注
1				
2				
3				
4				
5				
申请报废原因：			申请人签名：　　　年　　月　　日	
部门经理意见：			签名：　　　年　　月　　日	

物品存储清单

编号：　　　　　版本：　　　　　表格生效期：　　　　　序号：

记录类别	□管理类	□客服类	□安全类	□保洁类	□工程类	
序号	编号	名称	起止时间	归档人	保存期限	可报废日期	备注
1							
2							
3							
4							
5							
6							
7							
8							
9							
10							
11							
12							
13							
14							
15							
16							

加班申请单

编号：　　　　　版本：　　　　　表格生效期：　　　　　序号：

加班日期：	所在部门：
加班事由：	加班时间：
申请人：	
部门经理意见：	人力资源部意见：
总经理意见：	

交 接 清 单

编号：　　　　　版本：　　　　　表格生效期：　　　　　序号：

序号	工作内容	对接部门/人	进展情况	完成期限
1				
2				
3				
4				
5				
6				
7				
8				
9				
10				
11				
12				
备注				

工作内容包括：
  1. 交接人在短期内计划进行的工作。
  2. 交接人正在跟进的工作。
  3. 交接人已完成但仍须跟进的工作。

交接手续完善表

编号：　　　　版本：　　　　表格生效期：　　　　序号：

部门			交接岗位/业务	
类别	名称		数量	备注
文件资料类				
电子表格类				
其他类				

我确保已将本岗位/本业务保存的文件、资料、物品，以及须跟进的工作全部移交完毕，否则愿承担相应责任。	我已收到以上文件、资料、物品，并明确须跟进的工作，本人愿承担相应责任。	本人证明：以上资料及工作均已妥善移交。
移交人签名： 　　　年　月　日	接收人签名： 　　　年　月　日	证明人签名： 　　　年　月　日

接待申请表

编号： 版本： 表格生效期： 序号：

接待申请	接待对象		申请部门	
			申请人	
	接待时间		接待场所	
	接待内容		接待事由	
	接待级别		出席人数	
	预算金额		陪同人员	
备注				

借 款 单

借款单位：_____

借款理由：_____

借款方式（请打√）：□现金　□支票　□其他（汇票等）

借款金额：（大写）_____ ¥ _____

借款单位主管：　　　　　借款人：　　　　　年　　月　　日

若付款方式不为现金，请填写收款单位以下内容：

单位名称：_____　账号：_____

开户银行：_____

备注：

网络状况检查表

节点名称		地址	检查人	时间
检查内容				
1	设备环境	设备摆放是否可靠	□是	□否
		描述/其他问题		
2	设备	固定资产标签是否齐备	□是	□否
		设备外观是否整洁	□是	□否
		描述/其他问题		
3	设备线缆	线缆摆放是否整齐	□是	□否
		标签是否完备	□是	□否
		线缆是否老化	□是	□否
		描述/其他问题		
4	接入资源	接入资源内容		
		数量		
		是否需要添加新的资源	□是	□否
		描述/其他问题		
5	存在的主要问题及其他异常情况		整改具体要求	

内刊稿酬申请表

申请记录编号：

申请期刊		发行日期		发行数量		申请人	
申请稿酬明细								
稿件编号	类型	体裁	撰稿人	稿件名称			

主管上级审核：

签名：　　　　日期：

物业部负责人意见：

签名：　　　　日期：

集团总裁批示：

签名：　　　　日期：

内刊稿酬领取记录

申请记录编号：

稿酬期刊		发行日期		发行数量		总稿酬	
稿件编号	所属项目	金额		领款人		领款日期	发款人
发放金额		节余				制表人	
主管上级审阅： 签名： 日期：							
集团财务中心签收				日期			

来稿审核记录

记录编号：

稿件编号		所属项目		类型		体裁	
稿件名称						递审日期	
初审意见： 初审人：　　　　　日期：							
复审意见： 复审人：　　　　　日期：							

物业人撰稿一览表

稿件编号	收稿日期	所属项目	类型	体裁	稿件名称	撰稿人	采纳情况	刊登期数	稿酬金额

内部请示报告

序号：

总经理批示：	呈报部门：
	呈报人：
	部门经理：
	会签部门：
	年　　月　　日

题目：

内容：

注：本表一式两联，第一联：综合部存；第二联：呈报部门存。

序号：

总经理批示：	呈报部门：
	呈报人：
	部门经理：
	会签部门：
	年　　月　　日

题目：

内容：

注：本表一式两联，第一联：综合部存；第二联：呈报部门存。

软件系统修改申请表

申请部门：				序号：	
申请人		日期		联系电话	

申请修改内容及缘由：

申请单位负责人审核意见：
签名：　　　　　日期：

区域负责人意见：
签名：　　　　　日期：

公司总经理批示：
签名：　　　　　日期：

软件系统修改记录

编号	申请单位	申请日期	修改日期	修改内容	操作人	备注

来文登记表

编制：　　　　　　　　　　　　　　　　日期：　　年　　月

序号					
来文日期		交文方签名		文件转发部门	送达时间	完成时间
来文单位				总经理		
				副总经理		
				财务总监		
内容摘要				工程总监		
				总经理助理		
				职能部门		
完成日期				归档日期		

文件呈批表

文件名：_____

文件号：_____

来文单位：_____

来文日期：_____

总经理批示：

处理部门：

归档日期：

文件签收表

序号	文件名称	发文公司或部门	收文公司或部门	签收人签字	签收日期	备注

文件传阅登记表

文件名			
来文单位			
文件编号		来文日期	
总经理批示：			
副总经理批示：		副总经理批示：	
财务总监：		副总经理批示：	
副总经理批示：		总经理助理：	
总经理助理：		总经理助理：	
总经理助理：		总经理办公室：	
人力资源部：		财务管理部：	
客户服务部：		品质监管部：	
工程管理部：		安防管理部：	

文件编制更改申请表

编号：　　　　版本：　　　　表格生效期：　　　　序号：

文件编号			文件名称		
文件页数			版本号		
编制/更改原因：					
编制/更改内容：					
审阅	编制人	部门经理		审核人	审批人
权限					
意见					
日期					
附件	手写稿：（　　）页	打印稿：（　　）页		电子文稿：（　　）	
状态	电脑文件录入	文件已打印	责任人已审	主管者已审	已复印	已盖受控章
签名						

文件接收登记表

文件名	
来文单位	
文件编号		来文日期	

公司领导批示：

文件发放记录表

编号：　　　　　版本：　　　　　表格生效期：　　　　　序号：

文件生效日期： 年 月 日			（　）年第（　）次修改		
第　页共　页		编制		审批	
序号	文件编号	文件名称	修改页	版本	备注

文件更改申请表

编号:　　　　　版本:　　　　表格生效期:　　　　序号:

文件编号			文件名称	
文件页数		更改页码	版本升级	

更改原因:

更改内容:

审阅	更改人	部门经理	审核人	审批人
权限				
意见				
日期				

附件	旧文件样:(　　)页　新文件样:(　　)页			
文件页数		更改页码	版本升级	
状态	电脑文件已改	修改文件已打印	责任人已审	主管已审	已复印	已盖受控章
签名						

文件借阅审批表

编号：　　　　　版本：　　　　表格生效期：　　　　序号：

文件编号	文件名称	文件页码	所需数量	规格（A3/A4）	申领原因	申请人	部门经理
文件管理部门		办公室主任		文件签收		领用时间	
备注							

注：申请部门保存原件，文件保管部门保存复印件。

文件资料目录

编号：　　　　　版本：　　　　　表格生效期：　　　　　序号：

序号	文件号	文件名称	发文时间	备注

物品领用登记表

编号：　　　　版本：　　　　表格生效期：　　　　序号：

物业名		房号		业主名	
钥匙名称	数量	领用人	签发人	签发日期	备注
其他物品名称	数量	领用人	签发人	签发日期	备注

智能IC卡编号	持卡人姓名	IC卡授权种类	数量	发卡日期	领用人	签发人	备注

其他：

职务考评表

姓名		性别		入职日期	
部门		职务		填表日期	
自我总结				签名： 年　　月　　日	
班组评议				奖励及处罚纪录	
上级简评	仪容仪表	礼节礼貌	服务意识	业务技能	总评：
	考勤纪律	卫生状况	工作质量	人际关系	签名：
备注	评估等级：优 –5；良 –4；好 –3；一般 –2；差 –1				

质检整改通知单

由：　　　　致：　　　　　　　　　　　　　　年　　月　　日

检查项目	检查记录		整改意见	部门处理
	事件	责任人		

质检员：　　　　　　　　　　　　　　　总经理：

注：本表一式两联，一联存质检部，一联交部门。

质量分析表

项目	主要问题	发生频率	所占比重	问题原因	整改情况	备注

部门： 　　　　　　　　　　　　　　　　年　　月　　日

注：本表一式两联，一联存质检部，一联交部门。

量化考评表

　　　　　　　　　　　　　　　　　　　　　　　年　　月　　日

部门	区域	应得分	实际得分	扣分说明	总评	备注

质量奖励申报单

致： 　　部　　由：　　　部　　　　　　日期：

员工姓名		性别		编号	
部门/班组		职位		入职日期	

奖励事由	日期：＿＿＿＿＿＿＿＿地点：＿＿＿＿＿＿ 经过：

生效日期		奖励内容	
上级批准	部门经理	人事部经理	总经理
员工本人意见		员工签认	

物品领用/补领/赔偿/归还清单

姓名：		性别：		编号：			
部门：		班组：		入职日期：	年	月	日

物品名称	领用		补领		赔偿		归还		备注

员工假期申请表

姓名		部门		职位	
入职日期		员工编号		申请日期	
请假类别	\u2610年假　\u2610病假　\u2610事假　\u2610产假　\u2610婚假　\u2610探亲假　\u2610工伤假　\u2610丧假 \u2610其他（请详述）：					
生效日期	由　　年　　月　　日至　　年　　月　　日,共计　　天						
薪金计算 （由人事部填写）	有薪		扣薪		无薪	
备注				申请人签名		
审批	部门经理		人事部经理		财务部经理	
销假记录	部门主管： 　　　　　　　　　人事部经理：						

注：本表共三联，第一联：人事部存；第二联：财务部存；第三联：部门留存。

员工过失通知单

致：人事部　　由：　　　　　（部门）　　　　　日期：

员工姓名		员工编号		部门/班组	
职位		入职日期			
违规详情	违规日期：＿＿＿＿＿＿　　地点：＿＿＿＿＿＿ 违规经过：					
	触犯条例	国家法规		合同条文		酒店规章
		部门制度		保安条例		员工手册
违纪处分	丁类过失		丙类过失		乙类过失	甲类过失
	生效日期			处罚金额		
上级批准	部门经理		人事部经理		总经理	
员工本人意见				员工签认		

紧急采购申报表

部门：				编号：	
购买物资	数量	单价	金额	用途（房号或使用对象）	签收人
1					
2					
3					
4					
付款方式	□现金		□宴请		□挂账

供货商：　　　　　　　　　　　　　部门经理：
　　　　年　　月　　日　　　　　　　　　年　　月　　日

注：1. 本表一式两联，一联留存本部门，一联交供应商作结账凭证。
　　2. 本表仅限于各种临时、紧急直接通知采购，如鲜花、水果、临时增订报刊等物资。

用印审批单

编号：　　　　　　　　　　　　　　　　年　　月　　日

申请用印部门		经办人	
拟用印章种类		份数	
事由			
部门意见			
总经理意见			

宴请审批单

申请部门		日期		经办人	
招待事由					
招待项目	住宿		就餐		其他
预算金额					
部门经理		行政部		财务部	
总经理					

行政值班记录

年　月　日　　　　　值班经理：　　　　　星期：　　天气：

区域	巡查记录	23：00检查记录	2：30检查记录	详细记录
保安岗亭				
广场楼层				
停 车 场				
办 公 区				
空调机房				
配 电 房				
前　　厅				
一楼客房				
二楼客房				
三楼客房				
四楼客房				
五楼客房				
能耗控制				
安全隐患				
员工表现				
重要接待				
投诉处理				
物业经营				
客房经营				
交班提示：				交班人：　　　　接班人： 公司领导： 总经理：

员工意见征询表

20　年　月度

尊敬的员工:

　　我们相信,没有满意的员工,就不会有满意的顾客,公司的发展,更离不开每一位员工的智慧和汗水。感谢各位诚挚的建议,请填写下表:

姓名:		性别:		年龄:		工牌号码:		
部门:		班组:		岗位:		入职日期:		
直属上司姓名:								

	请在下列表中打"√"					
	员工对本公司的意见	优	良	常	可	差
1	工作环境					
2	工作性质					
3	工作时间					
4	工作量					
5	公司管理					
6	公司培训					
7	个人能力的培训和发挥					
8	愿望实现					
9	公司给予的发展机会					
10	薪资水平					
11	福利待遇					
其他意见						
评出本期最佳员工并附评价						

人事变动记录表

日期

姓名		部门		职务	
员工编号		入店日期			
变动情况	由	至	生效日期	备注	
试用到岗					
转正					
降职					
晋升					
调动					
停职					
复职					
工资					
终止合约	□辞职 □辞退 □病退 □其他				
财务结算	考勤 天	赔偿	结余 大写： （¥： ）	备注	
核准	部门经理	人事部	财务部	总经理	

注：本表共三联，第一联：人事部存；第二联：财务部存；第三联：所属部门存。

请 假 条

姓名：

部门：

请假时间：_____年___月___日至_____年___月___日，共___天

事由：

部门经理：

人事部：

总经理：

　　注：本表一式两份，一份交人事部，一份部门存底。

加班记录表

姓名：_____ 部门/班组：_____ 员工编号：_____
职务：_____ 记录日期：____年____月

加班日期	正常上班时间		超时工作时间		加班工作内容	部门主管签字
	由	至	由	至		
补休日期	时间				员工签字	部门主管签字
（以下部分由人事部负责填写）						
补薪标准（元/天）	补薪金额				员工签字	部门主管签字

注：本表共三联，第一联：人事部存；第二联：财务部存；第三联：部门留存。

辞 职 报 告

姓名：_____ 部门：_____ 职位：_____

致：_____部 _____主管/经理

本人因_____

故于____年____月____日不能在公司继续工作，现提出辞职，恳请批准！

申请人：_____ 批准人：（部门经理）_____

日　期：_____ 日　期：_____

注：请将有关证明材料附后。此表一式两份。

离职申请表

□辞职　　　□辞退　　　□开除　　　□其他

员工姓名：_____　　　　员工号码：_____

部门：_____　　　　　　　职务：_____

受聘日期：_____　　　　　最后工作时期：_____

离职原因：_____
_____
_____
_____

员工签名：_____　　　　　日期：_____

部门经理意见：_____
_____
_____

部门经理：_____　　　　　日期：_____

□同意　　　　　　　　　　　　　　□不同意

人力资源部经理：_____　　日期：_____

□同意　　　　　　　　　　　　　　□不同意

总经理：_____　　　　　　日期：_____

工资结算清单

填表日期：_____年____月____日

姓名		性别		入职日期	
现部门			现岗位		

离职结算	□辞职 □辞退 □合同期满 □解除合同 □开除 □其他	考勤	结算当月考勤自_____年____月____日 至_____年____月____日，共计全勤____天 有无缺勤情况，请说明：_____ 部门经理：_____ 人事部：_____
		工资结算	应付　基本工资_____元，制服押金_____元 　　　津　　贴_____元，假期工资_____元 　　　　　　　　　　　　　　　合计_____元 应扣　赔　　款_____元，其他_____元 　　　所 得 税_____元，合计_____元 　　　　　　　　　　　　实付金额_____元

本表生效日期：_____年____月____日			
备注			

人力资源部经理：	日期
财务部经理/财务总监：	日期

注：本表共两联，第一联：人力资源部存；第二联：财务部存。

员工离职物品归还清单

姓名：　　　　　部门：　　　　　离职日期：　　　　　联系电话：

部门	移交内容	欠项	签字	日期
所在部门	收回所有工具、材料、物品			
	收回部门所有钥匙			
	移交所有的工作及资料			
财务部	制服押金及培训费用			
	财务有无挂账			
房务部	工服			
人力资源部	宿舍物品			
	更衣柜钥匙			
	员工证、员工铭牌、"员工手册"			
	餐卡、考勤卡、合同			

创收提成申报表

　　　　年　　　月　　　日　　　　　　编号：

对外业务项目		客户单位		联系方式	
工作时间			服务地点		
参与人员				负责人	
成本费用		实际收入		综合毛利	
使用物资					
提成比例			提成金额		
出纳			会计		
部门经理		财务部经理		总经理	

带客提成申报表

年　　月　　日　　　　　　　　　　编号：

姓名		部门		职务		
客户签名		单位				
消费情况	项目	折扣情况	实际消费金额	提成比例	提成金额
	提成合计金额：				
	出纳（收银）：		会计：		
部门经理：		财务部经理：		总经理：	

注：本表一式三联，第一联：财务部存；第二联：消费部门存；第三联：本人保留。参与营销带客提前填写此表，提成按全员营销方案执行。

应急情况报告记录表

日期： 编号：

申报人		地点		具体时间	
涉及部门及单位	单位（部门）名称		责任人	联系方式	备注
紧急情况概述					
部门建议处理方案				部门负责人：	
总经理批示					
业主意见					
处理结果					

专项问题报告表

编号：	版本：	表格生效期：	序号：
报告事项			
报告内容：			
报告部门		报告人	
日期		备注	

第二章

承接查验

一、流程图

物业前期接管工作流程

一、签订"物业管理委托合同"

由开发商选聘物业公司,并签订"物业管理委托合同"。

二、委任物业公司总经理,招聘高、中级管理人员

(1) 由总部委任或对外招聘具有多年物业管理经验的总经理1名。

(2) 招聘各部门经理、主管、员工。

综合部:经理1名、行政主管1名、总经理秘书1名、采购员1名、文员(兼库房管理员)2名;

财务部:经理1名、会计1名、出纳1名;

管业部:经理1名、客服主管1名、内务主管1名、客服代表2名、前台接待2名;

保卫部:经理1名、消防主管1名、保安主管1名、消防员4名(含领班1~2名)、保安员4名(含领班1~2名);

工程部:经理1名、强电主管1名、弱电主管1名、空调(生活水)主管1名、土建主管1名、技工2~3名、专业人员约12人。

建议:在招聘技工时,可以选聘项目工地施工队中对本物业项目(本专业)较为熟悉、了解,技术、素质水平较高的人员,纳入公司编制。

说明:因物业公司组建之初,所招员工对本物业及大厦工程具体情况不很熟悉,招聘施工队的人员可以从旁协助工程部经理、主管尽快了解大厦工程情况。

三、筹备前期物资,编写前期文件,并到相关政府部门备案

1. 各部门共同汇编的文件

① "房屋使用、管理、维修公约";

② "房屋质量保证书";

③ "房屋使用说明书";

④ "房屋交付(入住)通知";

⑤ "入伙授权书";

⑥ "业主(使用人)服务指南";

⑦ "装修管理规定";

⑧ "办理装修流程说明";
⑨ "治安、消防协议书";
⑩ "二次装修施工区域治安、消防承诺书";
⑪ "二次装修协议书";
⑫ "业主联络资料登记表";
⑬ "收楼须知";
⑭ "物业管理费收费标准";
⑮ "公约承诺书"。

注:"房屋使用、管理、维修公约"编制后需经开发商确认,并到所在市居住小区管理办公室进行备案,备案生效后执行。

建议:"公约承诺书"与"治安、消防协议书"可装订成一册(一式三份),在业主收楼时发给业主,由业主签字(盖章)认可、执行;"房屋使用、管理、维修公约""房屋质量保证书""房屋使用说明书""业主(使用人)服务指南""装修管理规定""办理装修流程说明"可合装成一册,作为业主收楼时的"用户手册"。同时,在"用户手册"正文内容前增加"总经理致辞"。

2. 各部门在前期阶段编制的文件、规定,以及需要在前期办理的事宜
△ 综合部
(1)编制"员工手册",经公司领导批准后,统一印刷成册。
(2)制定"员工考勤制度",建立"考勤登记表""月考勤汇总台账报表"。
(3)制定"员工奖惩条例",建立"员工过失单""奖励审批单"。
(4)制定"员工聘用办法",建立"应聘面试登记表""入职循环单""转正审批表""离职结算表""调动通知单""劳动合同续签审批单"。
(5)制定"员工培训规定"、培训计划,建立"培训审批表""培训协议"。
(6)制定"物资采购、验收、入库、报销流程"。
(7)制定"员工工服管理规定",建立"制作工服通知单""工服更换通知单"。
(8)制定"员工请假制度",建立"休假申请单"。
(9)制定"薪金实施细则",建立"工资报表""薪金明细表"。
(10)制定"印章管理规定",建立"公章启用、报废、移交登记表""用印申请";统计公司各种印章,经总经理审批后统一刻制(公章、管业部章、保卫部章、工程部章、财务专用章、文件传阅章、审批合格章、餐票专用章、浴室专用章)。

（11）制定"库房管理规定"，建立"物品入库登记单""物品领用单""物品入库验收单""库存物品台账""月收、发、存报表""采购申请单"。

（12）制定"内部行文管理规定"，建立"文件签收表""内部请示报告"。

（13）制定"档案管理规定"，建立"档案分类表""档案（一、二、三级）目录表""档案借阅登记表"。

（14）制定"部门运作手册"，包括人员编制、岗位（经理、行政主管、总经理秘书、库房管理员、文员）职责、工作程序、管理制度。

（15）联系印刷厂，对需要印刷的各种表格、信封，经总经理审批后统一印刷。

（16）制定"开办费使用方案"，统计、制定前期开办物资的配置内容、标准，并负责前期采购工作；建立"固定资产台账""个人办公用品台账"。

（17）制定"合同、协议审批制度""合同、协议管理办法"，建立"合同、协议审批单""合同、协议付款内签单"。

（18）制定"计划性工作管理办法"，建立"年度（月度、周）工作计划、总结报表""计划、总结考核统计表"。

△ 财务部

（1）制定"财务报销管理制度"，建立"付款申请及报销单"。

（2）建立二次装修"付款内签单""装修押金登记表""装修管理费统计表"。

（3）制定"现金支出管理规定"。

（4）编制"部门运作手册"，包括人员编制、岗位（经理、会计、出纳）职责、工作程序、管理制度。

（5）制定"预算管理制度"，建立"年度预算报表"。

（6）编制"固定资产购置方案"。

（7）制定"库存盘点制度"。

（8）制定"内部收支报表制度"，建立"月度收支报表"。

（9）制定"发票、收据等有价票据的管理制度"。

△ 管业部

（1）制定"物业管理收费标准明细"，包括物业管理费（押金）、车位费（押金）、租线费（押金）、装修管理费（押金）。

（2）制定"业主（使用人）收楼流程"，建立"缴款通知单""工程返修单""返修工程验收单""钥匙交接表""备用钥匙封存表""业主签到表""业主档案"，并告知此流程中涉及的部门。

（3）制定"业主（使用人）二次装修管理流程"，建立"业主（使用人）装修施工申请表""装修审批单""装修施工许可证""验收申请表""施工变更单""业主装修区域巡检表（管业部）""施工人员出入证"。

（4）制定"有偿服务价格表"，包括维修费、车位费、电话费、装修管理费、能源费、特约服务费。

（5）制定"部门运作手册"，包括人员编制、岗位（经理、客务主管、内务主管、客务代表、前台接待）职责、工作程序、管理制度。

（6）编写"车位租赁（购买）协议书""电话租线（购买）协议书"。

（7）落实垃圾房的位置及业主垃圾放置地（楼层垃圾间）。

△ 保卫部

（1）制定"停车场管理规定""自行车场管理制度"。

（2）制定"巡视管理规定"，建立"治安巡视记录表（公共区域）"。

（3）制定"物品出门管理规定"，建立"出门条"。

（4）制定"钥匙使用管理规定"，建立"钥匙发放记录表""钥匙使用登记表"。

（5）制定"备用钥匙启用管理规定"，建立"备用钥匙启封审批表"。

（6）制定"一装、二装交叉施工管理方案"，建立"施工、装修期间巡视表""夜间情况检查表""消防设备、设施日检记录表（业主装修区域）""二次装修施工现场检查表"。

（7）制定"灭火器租用管理办法"，确定租金费用（押金），建立"灭火器材配置记录表"。

（8）制定"施工违规级别明细"，建立"违章通知单"。

（9）制定"成保人员岗位职责"，建立"成保人员月度工作考核表"。

（10）制定"中控室（监控室）管理规定"，建立"录像磁带台账""消防中控系统记录表""治安监控系统记录表"。

（11）制定"警具使用、管理办法"，建立"警具台账""警具启用、报废登记表""特殊警具使用审批表"。

（12）制定"部门运作手册"，包括人员编制、岗位职责［经理、主管（治安、消防）、领班（保安、消防）、保安员、消防员］。

（13）制定"明火使用管理规定"，建立"动火许可证"。

△ 工程部

（1）制定"物业接管前巡检办法、计划"，建立"工程遗留问题跟进记录"，并随时将工程遗留问题通知开发商。

（2）制定"专业机房管理规定"：强电专业（变配电室、柴油发电机房）、弱电专业（电话机房、电梯机房、卫星电视机房、电脑机房）、空调生活水专业（空调机房、新风机房、生活水箱间、中水处理机房、消防泵房、污水泵房、隔油池）。

（3）联系物业办公用房，确定装修方案，并负责跟进装修施工进度。

（4）制定"项目接管验收细则"，建立"验收单元交接书"，按专业、具体内容划分。

（5）建立业主（使用人）二次装修"装修质量验收表"。

（6）从项目工地施工队中选拔对该项目工程了解全面的专业技术人员，聘用至工程部。

（7）经理带领部门主管、员工学习和熟悉物业内全部工程、设备内容。

（8）编制"部门运作手册"，包括人员编制、岗位职责［经理、主管（强电、弱电、空调水、土建）、领班（强电、弱电、空调水、土建）、技工（强电、弱电、空调水、土建）、工作程序、管理制度］。

（9）制定"设备运行保养检修计划"（各专业设备），建立"设备保养卡""设备保养计划表"。

四、联系政府部门、相关单位，办理相关手续

（1）联系工商所，办理企业营业执照。

（2）联系税务所，办理税务登记。

（3）联系银行，开通公司账号。

（4）联系劳动部门，审检电梯，领取合格证、特殊工种报检（开发商）。

（5）联系当地居住小区办公室，核准"公约"。

（6）联系供电局，确定供电方案及价格（开发商）。

（7）联系自来水公司，确定供水方案及价格（开发商）。

（8）联系节水办，确定节水方案（开发商）。

（9）联系煤气公司，确定通气方案及价格（开发商）。

（10）联系热力公司，确定供热方案及价格（开发商）。

（11）联系电信局，报装开通电话及产权分界。

（12）联系交通大队，报车场管理方案。

（13）联系邮电局，为物业通邮。

（14）联系环卫局，落实垃圾清运价格、方式。

（15）联系绿化队，确定绿化维护方案及总体费用（开发商）。

（16）联系物价局，报物业管理收费标准（开发商）。

（17）联系当地派出所，报社区门牌号码（开发商）。

（18）联系外管局，报涉外关系（开发商）。

（19）联系广电局，报光缆信号传输相关手续（开发商）。

（20）联系公安局，报内保关系。

（21）联系安全局，报卫星电视的涉外节目（开发商）。

（22）联系防疫站，报检生活水箱，取合格证（开发商）。

五、与开发商协调入住前相关事宜，对重要资料进行交接

（1）确定收楼时间。

（2）确定物管费的起计日期。

（3）前期工程遗留问题的解决。

（4）办理大厦前期工作资料、重要文件、产品说明、各类证书的移交与交接工作。

△产权资料

房地产的产权资料是国家房地产管理部门依法对各类房地产进行管理的依据；是房地产管理部门确认产权，税务部门依法征税，司法部门处理产权纠纷的必要凭证；也是产权人参与产权租赁、交易、抵押的必要凭据。物业公司将以产权资料为依据，收取或分摊有关费用，行使管理职能，防止发生私拆、乱改、违章搭建、损坏房屋结构和公共设施等行为，维护公有设施、共有部位和绿地不受侵犯，维护广大业主的权益。接管验收时检索提交的产权资料主要有：

①项目批准文件；

②用地批准文件；

③建筑执照；

④拆迁安置资料；

⑤房地产平面图；

⑥面积测绘报告；

⑦业主姓名、产权、单元号、建筑面积清单。

△政府验收合格资料

①建设工程竣工验收证书；

②市建筑消防验收合格证；

③市小区办综合验收合格证；

④用电许可证；

⑤供用电协议书；

⑥卫星地面接收设施许可证；

⑦电视共用天线合格证；

⑧电梯使用合格证。

△工程技术资料

技术资料是物业接管验收时对物业进行质量检验的依据。物业公司在接管验收时,必须根据有关技术资料来进行检验。接管验收时提交的工程技术资料主要有:

①竣工图,包括总平面图以及建筑、结构、设备、给排水、通风空调、强电、弱电、附属工程及隐蔽管线的全套图纸;

②地质勘查报告;

③工程合同及开工、竣工报告;

④工程预、决算清单;

⑤图纸会审记录;

⑥工程设计变更通知(包括质量事故处理记录);

⑦隐蔽工程验收签证;

⑧沉降观察记录;

⑨竣工验收证明书;

⑩钢材、水泥等主要材料的质量保证书;

⑪新材料、构配件的鉴定合格证书;

⑫水、电、采暖、卫生器具等设备的检验合格证书;

⑬砂浆、混凝土试块试压报告;

⑭供水、供暖的试压报告;

⑮园林绿化的图纸和清单;

⑯设备清单、安装调试记录、使用注意事项说明、质保书和保修单;

⑰有关政府部门对分类项目的批文;

⑱有关工程项目的其他重要技术决定和文件。

△须移交物业公司管理的资料

①用水申请审批表及月供水计划执行表;

②机电设备单台说明书、调试、订购合同;

③分摊面积、建筑面积的测绘报告。

六、对外委单位进行调研,签订外委合同

(1)从开发商处接管"成品保护协议",对外现有成品保护人员进行管理。

(2)调研保险公司,对物业投保"财产一切险""机器损坏险""公众责任险",签订"保险合同"。

(3)调研外委保洁公司(三家以上),签订"保洁合同"。

(4)调研外委绿植租摆公司(三家以上),签订"绿植租摆协议"。

（5）调研灭虫、灭鼠公司（三家以上），签订"消杀协议"。

（6）调研保安公司（三家以上），签订"外保合同"。

（7）调研电梯公司，签订"电梯维保合同"。

（8）视物业具体情况，联系配电室对外承包单位，签订"配电室承包协议"。

（9）视物业具体情况，联系水处理对外承包单位，签订"水处理合同"。

（10）视物业具体情况，联系化粪池清掏单位，签订"化粪池清掏协议"。

（11）视物业具体情况，联系干、湿垃圾清运单位，签订"垃圾清运协议"。

（12）视物业具体情况，联系汽车清洗、保养单位，签订"洗车台租赁协议"。

（13）视物业具体情况，联系楼宇系统维保单位，签订"楼宇自控维保协议"。

七、物业交竣验收，正式接管

根据各项目的施工进度和业主（或租户）入住的情况不同，开发商（或大业主）可视需要要求物业公司对其物业的部分楼层建筑装修、设备和系统进行验收接管，但项目的最终移交是在通过政府有关职能部门和开发商验收基础上以物业公司验收通过为准。

1. 物业验收条件

物业验收移交，必须满足以下条件：

（1）提供被验收物业的竣工图（若尚未完成竣工图，必须提供最终的施工图，并附详细的设计修改说明）。

（2）提供被验收设备、系统的操作说明、保养手册及其他有关资料。

（3）提供与承包商（或供应商）签署承包（供应）合同中有关技术条款。

（4）出示政府有关职能部门验收证明。

（5）提供承包商、厂商及供应商的地址、联系电话及联系人资料。

（6）提供必要的专业技术介绍和培训。

（7）提供所有测试、检验和分析报告。

（8）清洁被验收的场地、设备和机房。

2. 拒绝验收

对以下情况，物业公司有权拒绝验收接管物业：

（1）严重违反国家有关法规。

（2）未能通过有关政府职能部门的验收。

（3）工地与交付物业不能有效隔离。

（4）机房不能完全独立封闭。

（5）其他可能危及设备正常运行和入住人身安全的物业。

3. 缺陷整改

对在验收中发现的各种问题，包括工程未完事项、工程缺陷及由于成品未能有效保养引起的受损等情况，物业公司将会做详细的缺陷记录，以供开发商（或大业主）督促承包商（或供应商）进行整改，对不能进行整改的缺陷进行赔偿交涉。对问题比较严重的，则向开发商（或大业主）建议暂缓验收，待整改完成后重新验收。

4. 试运行

若部分设备或整个系统尚未通过最终的验收，但由于小业主（或租户）入住需要必须开启运行某些设备或系统，物业公司一般仅做实物验收，并严格按开发商（或大业主）的书面指令进行管理和操作，在此期间，技术上仍由承包商（或供应商）把关。若发生任何问题或意外，除物业公司人为原因外，责任由开发商（或大业主）及其承包商（或供应商）负责，对于重要设备或机房有必要签订临时试运行协议，清楚地列明有关各方责任。

5. 验收通过

被验收物业完好，设备及系统运行情况正常，所有指标均达到合同约定的要求，场地、设备和机房均清洁干净，经有关各方书面确认验收通过，开发商（或大业主）应督促承包商（或供应商）移交所有的钥匙、备品备件和专用工具，物业正式交由物业公司接收管理。

6. 保修期

按正常情况，物业整体验收结束，正式进入保修期，但物业验收往往是一段相当长的过程，在此期间，有些设备可能会因先期投入运行或其他原因已经进入保修期，故需要开发商（或大业主）与其承包商、供应商协议约定整个项目的保修期起始日期，书面通知物业公司，而在此之前进入保修期的部分设备和系统，若需要签续保合同，开发商（或大业主）应酌情予以补偿。

7. 一般操作和维修保养手册递交要求

承包单位在物业移交前，须递交设备/系统的操作和维修保养手册（以下简称"手册"），以确保物业公司操作人员能尽快掌握验收设备/系统的操作和管理，一般有以下要求：

（1）承包单位须在设备/系统验收前一个月递交手册，以便物业公司的操作人员有时间了解该验收设备/系统的基本情况。

（2）手册内所有内容应以中文编印，文字、插图和表格等效果清晰。

（3）每一系统应独立成册，以减少每册的厚度，不同内容或章节应以塑料索引标签分隔，并附有清楚的目录指示，以便操作人员翻查参考。

（4）为使手册便于使用，并经得起日常维修的工作环境下多次反复翻阅而不易破损，手册应采用优质的A4标准纸张编印，配上坚硬的封面和封底，并以胶质塑料或其他耐磨损的材料作保护。

（5）手册须同时附有本项目的"竣工图"目录，按所属系统分列在有关系统的章节内。如某一图纸同时适用于多个系统时，则需在每个有关系统章节内同时列出。若递交手册时尚未完成竣工图，必须提供最终的施工图，并附详细的设计修改说明，竣工图最迟必须在免费保修期开始后的6个星期内呈交。

（6）系统操作需提供的技术资料（至少包括以下内容）：

①系统正常运作程序和在不正常情况时的应变程序；

②详尽介绍每个独立系统如何调节、控制、监察和调校的说明；

③系统内所有管道和接线图，并说明主要设备和部件的规格和功能；

④提出每个系统的可调节部件和保护装置的最初调校参数，并预留一定的空位以便加插最后调定的参数；

⑤系统中有关供电、配电屏和控制屏的详细说明。

（7）设备操作需提供的技术资料（至少包括以下内容）：

①设备正常启闭程序和出现异常情况时的停机程序。

②详尽介绍每台独立设备如何调节、控制、监察和调校的说明。

③所有设备原厂所发的随机文件、图纸资料，包括每块电路板的电路图，以及所有电子元件的布置图。如有需要，还需提供部件分解图，以显示各部件的位置。

④所有设备的生产制造厂商、型号、系列编号、经调试运行后所设定的参数的列表。

⑤所有设备的产品说明书、合格证书、生产厂测试报告以及性能指标图表等资料。

（8）系统/设备维修保养需提供的技术资料（至少包括以下内容）：

①所有系统/设备检查手册；

②设备更换部件的程序和要求；

③从整个系统到设备的维修保养说明、调校的操作程序和寻找故障的方法；

④执行运作和维修保养程序时应特别注意的事项；

⑤常见故障处理和解决方法；

⑥提出系统/设备保养制度，列明主要设备每天、每周、每月、每季、每年及5年需记录和维护保养的内容和方法。

（9）安全保险需提供的技术资料（至少包括以下内容）：

①各类设备的保护操作程序。

②对各项系统操作时可能发生的事故危险应做的预防、应变和保护措施说明：

——电气事故保护；

——机械事故保护；

——火灾和爆炸事故保护；

——化学事故保护；

——在处理燃料和化学物品时出现的事故保护；

——急救和事故报告。

（10）现有任何设备或控制系统所采用的电脑专用软件需提供的技术资料（至少包括以下内容）：

①软件内容目录表打印本；

②流程图、数据表和程序说明；

③特殊的软件和工具的使用说明；

④程序设计和系统使用手册；

⑤应用的基本软件、专用工具和通用软件资料。

（11）列出每一种型号的设备、材料和附件的供应厂和代理商名单，并详细列明这些厂商的地址、电话及传真号码。

（12）列出承包单位提供给业主的所有备品、备件和专用工具清单。

八、业主办理收楼、单元验收（见"前期收楼工作流程"）

九、业主进行室内"二装"（见"二次装修办理流程"）

前期收楼工作流程

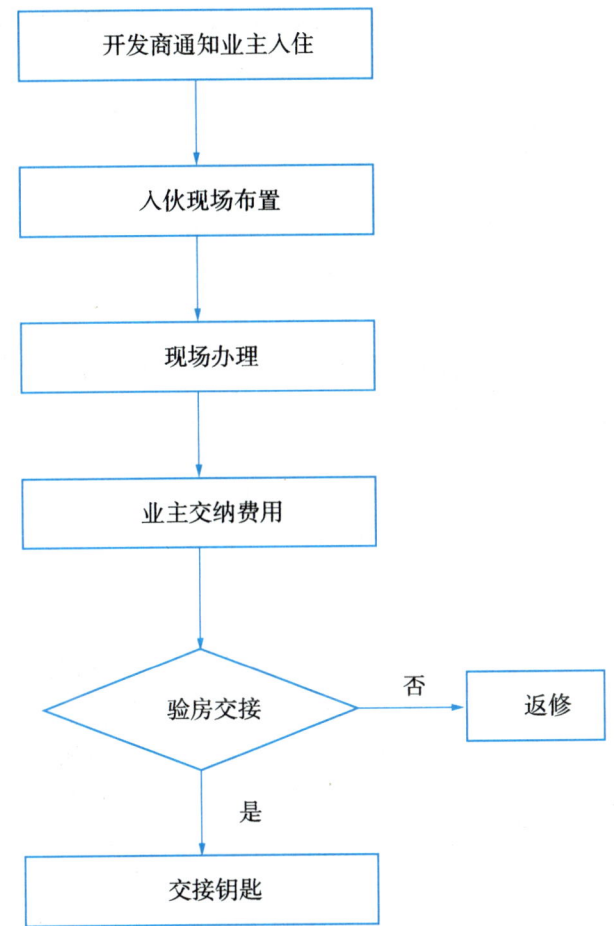

前期介入流程

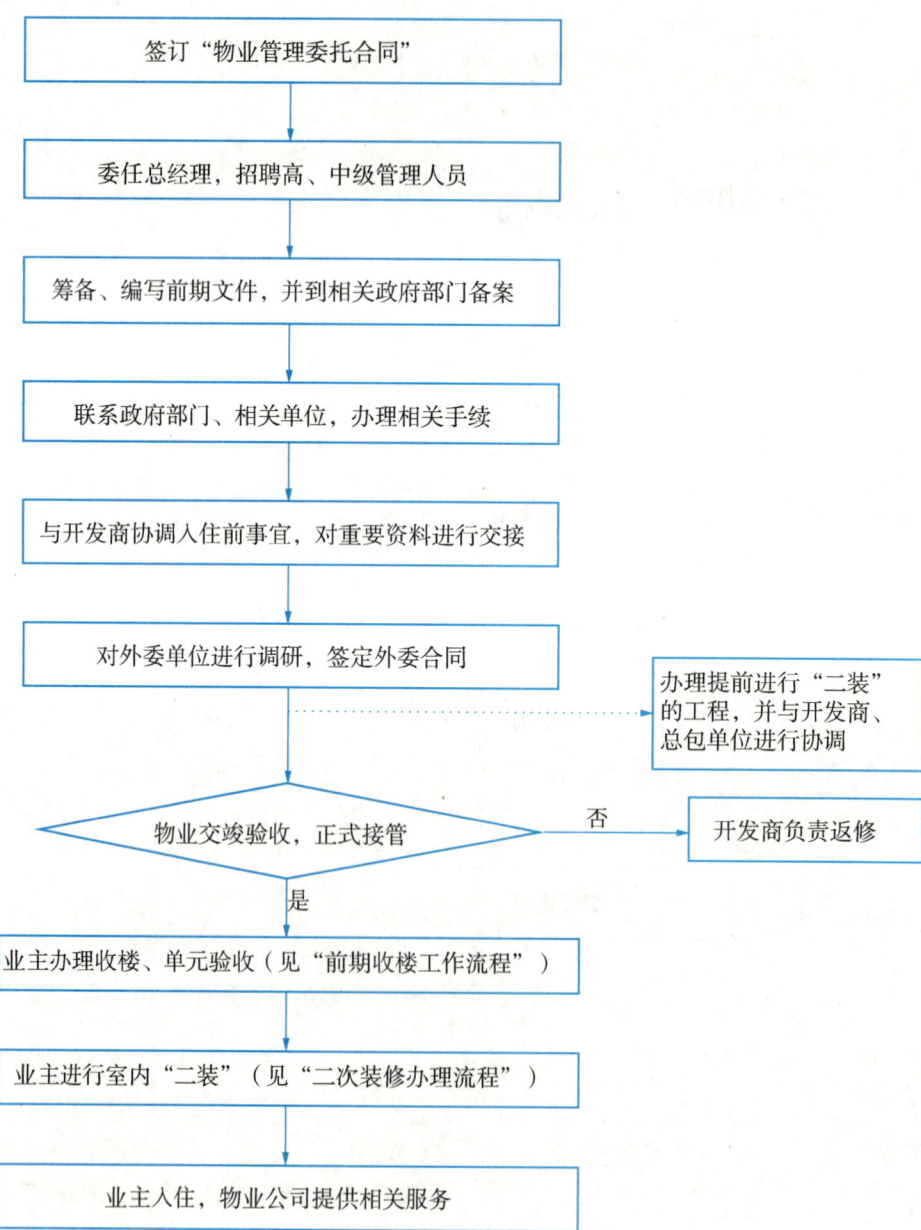

二、实用表格

物业接管验收单

验收项目：　　　　　　　　　　　　　验收日期：　　年　月　日

序号	验收内容	规格型号	单位	数量	状况记载	备注
1						
2						
3						
4						
5						
6						
7						
8						
9						
10						
11						
12						
13						
14						
15						
16						
17						
18						
19						
20						
备注						
验收意见签署	开发商		监理方		物业公司	

承接查验问题汇总表

序号	遗留问题摘要	备注
1		
2		
3		
4		
5		
6		
7		
8		
9		
10		
11		
12		
13		
14		
15		

物业公司意见:	开发商意见:

房屋接管移交表

房号： 号楼 门 号　　　　　移交日期： 年 月 日

序号	移交项目（规格型号）	单位	数量	状况记载	备注
1					
2					
3					
4					
5					
6					
7					
8					
9					
10					
11					
12					
13					
14					
15					
16					
17					
18					
19					
20					
21					
22					
23					
24					
25					
备注					
移交签字	开发商代表　　　　　　　　　　　　　　　　　　　　　　　　　　　物业公司代表　　　　　　　　　　　　　　　　年 月 日　　　　　　　　　　　　　　　　　　　　　　年 月 日				

楼栋设施接管移交表

房号：　　　号楼　　　栋　　　　　移交日期：　　年　月　日

序号	移交项目（规格型号）	单位	数量	状况记载	备注
1					
2					
3					
4					
5					
6					
7					
8					
9					
10					
11					
12					
13					
14					
15					
16					
17					
18					
19					
20					
备注					
移交签字	开发商代表　　　　　　　　　　　　　　物业公司代表　　　　　　　　　　　　年　月　日　　　　　　　　　　年　月　日				

钥匙交接清单

接管项目：　　　　　　　　　　交接日期：　　年　　月　　日

序号	钥匙编号	钥匙名称	数量/把	移交人签名	接收人签名	备注
1						
2						
3						
4						
5						
6						
7						
8						
9						
10						
11						
12						
备注						
移交签字	开发商代表　　　　　　年　月　日			物业公司代表　　　　　　年　月　日		

竣工资料移交表

序号	工程竣工资料编号	工程竣工资料名称	册数	页数	状况记录	备注
1						
2						
3						
4						
5						
6						
7						
8						
9						
10						
备注						
移交签字	开发商移交代表　　　　　　　　年　月　日			物业公司接收代表　　　　　　　　年　月　日		

成套设备移交表

	成套设备名称			移交日期		年　　月　　日	
成套设备硬件与附件移交情况	情况记载：							
^	交接文件清单						
^	序号	编号	名称	份数	页数	备注	
^	1						
^	2						
^	3						
^	4						
^	5						
^	6						
^	7						
^	8						
^	9						
^	10						
^	移交人签字			接收人签字			
^								
设备操作培训情况	情况记载：						
^	培训人意见及签字			参训人意见及签字			
^								
其他情况记载：						
	开发商代表签字			设备供货与安装施工单位代表签字			物业公司代表签字

117

写字楼单元验收交接表

楼层		单元		验收日期	
验收移交内容	数量	状况	遗漏及整改内容		备注
地台					
天花吊顶					
墙面					
窗框	扇				
玻璃	块				
门	扇				
锁匙	把				
单元内配电箱	个				
灯盘	个				
照明开关	只				
风机盘管	台				
空调送风口	个				
空调回风口	个				
空调新风口	个				
风机盘管控制器	只				
电源插座	只				
电视插座	只				
电话插座	只				
喷淋头	只				
烟感	只				
小五金					
移交钥匙			把	移交其他物品	
单元内电表读数			度	单元内水表读数	字
验收交接单位				代表签署	日期

写字楼公共区域验收交接表

验收交接表编号：

楼层		区域		验收日期		
验收移交内容	数量	状况	遗漏及整改内容			备注
地台						
地毯						
天花吊顶						
楼梯台阶及扶手						
墙面						
窗户及玻璃	扇					
各种门	扇					
锁匙及把手	把					
公共配电箱	个					
照明灯具	个					
照明开关	只					
空调送风口	个					
电源插座	只					
喷淋头	只					
烟感	只					
广播喇叭	只					
消火栓箱	只					
灭火器及灭火箱	只					
碎玻璃报警按钮	只					
应急指示灯	只					
门牌及标牌	块					
小五金件						
移交钥匙			把	移交其他物品		
验收交接单位				代表签署		日期

单元交接验收表（1）

土建专业：_____座_____层_____单元

验收区域	验收内容	一层数量	二层数量	验收意见
居室	户门			
	门锁			
	地面			
	墙面			
	屋顶			
	窗户			
	窗台			
	楼梯			
卫生间	门			
	门锁			
	地面			
	墙面			
	屋顶			
	窗户			
	窗台			
	排气口			
厨房	门			
	门锁			
	地面			
	墙面			
	屋顶			
	窗户			
	窗台			
	排风口			
机房	门			
	门锁			
	地面			
	墙面			
	屋顶			
	窗户			
	窗台			

发展商签字：_____　业主签字：_____　物业签字：_____

日　　期：_____　日　　期：_____　日　　期：_____

单元交接验收表（2）

设备专业：_____座_____层_____单元

验收区域	验收内容	一层数量	二层数量	验收意见
居室	风机盘管			
	风机盘管温控器			
	采暖灶具			
	空调机组			
	散热器			
厨房	水表			
	上水管			
	下水管			
	地漏			
	排风扇			
卫生间	面盆			
	面盆水嘴			
	面盆下水管			
	浴盆			
	浴盆水嘴			
	浴盆下水管			
	地漏			
	马桶			
	排气扇			

发展商签字：_____　　业主签字：_____　　物业签字：_____

日　　期：_____　　日　　期：_____　　日　　期：_____

单元交接验收表（3）

强电（弱电）专业：　　　　　座　　　　层　　　　单元

验收区域	验收内容	一层数量	二层数量	验收意见
居室	电表			
	户内配电箱			
	照明灯			
	墙插座			
	照明开关			
	机盘管控制			
	空调机组控制			
	电视插座			
	电话插座			
	可视对讲			
	电线管路			
	手动报警			
	红外报警			
卫生间	照明灯			
	照明灯开关			
	墙插座			
	排风扇控制			
厨房	照明灯			
	照明灯开关			
	墙插座			
	排风扇控制			
	电线管路			
	煤气报警及温感			

发展商签字：　　　　　　　业主签字：　　　　　　　物业签字：

日　　期：　　　　　　　　日　　期：　　　　　　　　日　　期：

单元设备验收记录表

档案编号：

	工程名称		施工单位		
	验收区域		验收日期		
	验收项目	验收内容与要求		检验情况	处理意见
1	技术资料	1）符合设计要求。 2）技术资料齐全。 3）隐蔽工程记录完整、验收单			
2	设备、材料	1）符合国家标准。 2）有铭牌、合格证			
3	照明电源箱	1）有平面图、系统图。 2）安装符合图纸要求和施工规范。 3）开关操作灵活，无发热和卡涩。 4）灯具安装整齐，有单独吊具，符合要求。 5）灯具无遗漏，发光正常，无噪声异音和闪烁。 6）绝缘电阻、系统接地连续性良好			
4	风机盘管	1）安装符合设计和施工规范要求，有检修孔。 2）保温完整、严密，无遗漏和表面破损。 3）不漏冷凝水、不渗漏。 4）开关安装符合要求，转动灵活，无卡涩。 5）风机运转正常，无噪声，无异音和异常振动。冷热、风速转换、温度控制正常			
5	电话、计算机CATV接口	1）安装符合设计和施工规范要求。 2）接线正确，通表抽查无错误。 3）绝缘电阻			

续上表

验收项目		验收内容与要求	检验情况	处理意见
6	上、下水	1）安装符合设计和施工规范要求。 2）管路和存水弯、地漏无渗漏，进出水通畅。 3）有隐蔽施工记录和验收单。 4）有强度试验、冲/吹洗试验、通水试验记录、灌水试验、通球试验记录		
7	装潢	1）天花安装符合规范，龙骨无弯曲变形，吊顶水平，无色差，无缺损。 2）墙面平整，无损坏缺角，墙砖无破损，无空壳，墙纸、护墙板无破损，安装牢固，踢脚线整齐、水平，表面不毛糙。 3）门窗符合设计要求，安装符合规范，牢固、扇、闭灵活，油漆无损伤，匙齐全。 4）地坪光洁、平整，无裂纹和空壳，大理石、地砖无破损。 5）各检修口位置适当，无进入障碍		

验收结果及意见：

验收记录人签字：　　　　　　　　　　　日期：

房屋及公共设施接管验收交接表

工程名称		开工日期	
竣工验收日期		评定等级	
接管验收日期		设计单位	
建设单位		监理单位	
施工单位		结构类型	
建筑面积		层数	

	房屋		公共设施、设备及公共场所	
移交内容	房屋清单	份　　张	公共设施清单	份　　张
	钥匙发放户数	户、每户　套	公共设备清单	份　　张
	单体建筑竣工图	套　　张	绿化竣工图	份　　张
	单体结构竣工图	套　　张	室外竣工图	套　　张
	单体水电竣工图	套　　张	其他附属技术资料	套　　张
	单体设备工图	套　　张	其　　他	套　　张
	规　划　图	套　　张	其　　他	套　　张
	竣工总平面图	套　　张	其　　他	套　　张
	其他附属技术资料	套　　张	其　　他	套　　张
	其　　他	套　　张	其　　他	套　　张

竣工验收意见：

移交单位签名盖章：　　　　接收验收单位签名盖章：　　　　接管验收单位签名盖章：

房屋及公共设备清单

序号	项目名称	规 格 型 号	数量	生产厂家	供货商	供方联系电话	保修期	备注

移交单位签名盖章：　　　　　　　　　接收单位签名盖章：

房屋验收登记表

____幢____单元____号　　　　业主：

验收日期：　　　　　　　　　　　　　年　　月　　日

地址	项目	验收意见	处理结果	确认
客厅饭厅	灯、开关			
	空调专线			
	门窗			
	光纤、电话线路			
	楼宇对讲			
	土建			
卧室	灯、开关			
	插座			
	空调专线			
	门窗			
	光纤、电话线路			
	土建			
厨卫间	灯、开关			
	配电盘			
	插座			
	土建			
	给水、排水			
	煤气管			
	纯净水			
	门窗			
	排烟、排气道			
	24小时闭水实验			
其他				

续上表

底数	自来水表		纯净水表		电表		气表	
后底数	自来水表		纯净水表		电表		气表	
业主签章：					物业管理经办人：			

注：若该项目业主满意或认可，请打"√"。
　　若该项目业主有异议，请在该项目上签署意见。

公共配套设施接管验收表

接收验收时间：　　年　　月　　日

设施名称	存在问题简述	备注

验收人：　　　　　　　　　　　　　移交人：

机房查验交接表

编号：

名称		位置		验收日期		
验收移交内容		数量	状况	遗漏及整改内容		备注
地面						
天花						
墙面						
窗户及玻璃		扇				
门		扇				
锁匙		把				
照明灯具		个				
照明开关		只				
分体式空调		台				
空调送风口		个				
换气排风口		个				
换气排风扇		台				
电源插座		只				
喷淋头		只				
烟感		只				
广播喇叭		只				
消火栓箱		只				
灭火器及灭火箱		只				
应急指示灯		只				
移交钥匙						
移交其他物品						
验收交接单位				代表签署		日期

交接问题处理清单

序号	项目名称	存在问题	完善期限	备注

移交单位		验收单位	
移 交 人		验 收 人	
日　　期		日　　期	

说明：1. 本单正本移交单位，副本验收人留查。
　　　2. 存在问题项目完善后，验收人在备注栏签名。

空调系统验收记录表

编号:　　　　　　　　　　　　　　　　　　　　　　　　　　年　月　日

施工单位		验收区域		抽查（　）处,占（　）%	
	验收项目	具体内容和要求		检验情况	处理意见
1	技术资料	1) 符合要求。 2) 技术资料齐全。 3) 有隐蔽工程纪录			
2	设备、材料	1) 符合国家标准。 2) 有合格证、铭牌。 3) 有甲方检验证明			
3	空调水系统管道安装	1) 管道、钢门、管件、支架、材质、压力符合施工规范或设计要求。 2) 管道内壁清洁、干燥,钢门经清洗。 3) 工艺流向、坡度、标高、位置符合设计。 4) 管道与设备对接时严禁强制对口。 5) 焊缝无裂纹、无夹渣气孔			
4	空调水系统试验	1) 试前充水 24 小时,排尽空气。 2) 铁管: $P_N > 0.5$ MPa, $P_S = P_N + 0.5$ MPa, $P_N < 0.5$ MPa, $P_S = P_N$。 3) 钢管: $P_S = P_N + 0.5$ MPa, $P_{Smin} < 0.9$ MPa。 4) 管道应不渗、不漏 10 分钟, 内 $\Delta P_S > 0.05$ MPa			
5	送风回风系统	1) 牢固位置、标高、走向符合设计要求,防火阀位置必须设于便于操作部位。 2) 支、吊托架的类型、规格、位置、间距符合设计要求。 3) 支架必须做防腐处理。 4) 风帽安装必须牢固,风管与层面交接处严禁洒水。 5) 柔软短管应不透气、内壁光滑,与风管和设备的连接处必须严密。 6) 风管、静压箱安装后内壁应清洁,无浮灰、油污、锈蚀、污染物			

续上表

	验收项目	具体内容和要求	检验情况	处理意见
6	冷却塔	1）安装符合规范要求，内部清洁，无染物。 2）水盘无破损漏水，浮球灵活不漏水。 3）风机转向正确，无异常音响和摇动。 4）齿轮箱油位正常，无摇动		
7	保温	1）蒸发器、冷冻水、回水、送水、冷凝水舌、阀门保温紧密无空隙，外包层无破损。 2）送风主管、支管保温完整、严密、无破损。 3）风机盘管、进出水管、凝结水管、送风管保温完整、严密、无破损。 4）所有冷冻水管阀门、逆流阀、排气阀、法兰等保温完整、严密、无破损		
8	绝缘电阻测试	1）安装牢固，保架、支架符合要求。 2）管道保温严密，无破损、漏水和二次冷凝水漏水。 3）风机高、中、低三速运转正常，转向正确。 4）温控、风速控制开关，冷热转换开关安装正确，转动灵活。 5）运转正常，无异常振动和声响，送、回风口与天花吻合		
9	试运行情况	1）冷却塔单机试运转记录。 2）冷却水泵单机试运转记录。 3）冷冻水泵单机试运转记录。 4）二次冷冻水泵单机试运转记录		

系统试运转情况：

参加人员	建设单位	设计单位	施工单位	
			技术队长	
			施工员	
			质检员	
			班组长	

备注	

商铺单元验收交接表

编号：

楼层		单元		验收日期		
验收移交内容	数量	状况		遗漏及整改内容		备注
地台						
天花吊顶						
楼梯台阶及扶手						
墙面						
窗框	扇					
玻璃	块					
各种门	扇					
锁匙及把手	把					
各种五金配件						
公共配电箱	个					
单元内配电箱	个					
灯盘	个					
照明灯具	个					
照明开关	只					
风机盘管	台					
空调送风口	个					
空调回风口	个					
空调新风口	个					
风机盘管控制器	只					

续上表

验收移交内容	数量	状况	遗漏及整改内容	备注
电源插座	只			
电视插座	只			
电话插座	只			
喷淋头	只			
烟感	只			
广播喇叭	只			
消火栓箱	只			
灭火器及灭火箱	只			
碎玻璃报警按钮	只			
应急指示灯	只			
门牌及标牌	块			
移交钥匙		把	移交其他物品	
单元内电表读数		度	单元内水表读数	字
验收交接单位			代表签署	日期

设备验收交接表

编号：

设备名称		验收日期	
规格型号		出厂日期	
安装位置		设备数量	
外形尺寸		单机质量	
设备单价		使用年限	

试运转情况	试运转时间

设备验收移交情况	遗漏整改内容

移交随机文件及备品备件	数量	备注
操作使用说明书		
维护保养说明书		
安装竣工图纸		

供应商		联系电话	
联系地址		联系人	
邮政编码		传真号码	
制造商		联系电话	
联系地址		联系人	
邮政编码		传真号码	
验收交接单位		代表签署	日期

物业接管验收表

_____楼_____层_____座

序号	验收项目	验收详情	验收意见
1	土建	1）顶 2）墙面 3）地面 4）门窗 5）其他	
2	消防系统	1）喷淋头 2）烟雾感应器 3）其他	
3	空调系统	1）排烟口 2）冷凝水管 3）新风口 4）其他	
4	照明系统	1）灯盘 2）开关箱 3）插座 4）其他	
5	给排水系统	1）管道 2）其他	
6	监控系统		
7	停车场收费系统		
8	电梯		
9	背景音乐系统		
10	钥匙		
11	其他		
12	水、电、气表底数	水表编号： 电表编号： 气表编号：	底数： 底数： 底数：

发展商： 代表签字： ____年___月___日	物业公司： 代表签字： ____年___月___日	工程部： 代表签字： ____年___月___日

备注：

物业遗漏工程记录表

_____楼_____层_____座

序号	项目	验收详情	负责跟进员工	处理结果
1	土建	1）顶 2）墙面 3）地面 4）门窗 5）其他		
2	消防系统	1）喷淋头 2）烟雾感应器 3）其他		
3	空调系统	1）排烟口 2）冷凝水管 3）新风口 4）其他		
4	照明系统	1）灯盘 2）开关箱 3）插座 4）其他		
5	给排水系统	1）管道 2）其他		
6	监控系统			
7	停车场收费系统			
8	电梯			
9	背景音乐系统			
10	钥匙			
11	其他			
12	水表 电表 气表			

发展商： 代表签字： ____年___月___日	物业公司： 代表签字： ____年___月___日	工程部： 代表签字： ____年___月___日

备注：

物业接管验收资料移交一览表

序号	资料名称	数量	移交人	接收人

开发商： 代表签字： ＿＿＿年＿＿月＿＿日	物业公司： 代表签字： ＿＿＿年＿＿月＿＿日

设备接管验收表

设备名称：	规格型号：	安装时间：
安装位置：	施工单位：	联系电话：
维修保养单位：	维修单位地址：	
维保联系电话：	保修期：_____年____月____日至_____年____月____日	
有关资料		
设备及产品清单□	维保说明书□	
备品备件清单□	使用操作说明书□	
安装竣工图□	合同复印件□	
政府部门验收证明□		
有关设备缺陷		
机械部分：		
电气部分：		
土建部分：		
联动部分：		
照明部分：		
给排水部分：		
门窗部分：		
其他：		
限期整改：以上缺陷请在_____年____月____日内整改完毕，如在规定期限内未完成，则不能通过此次接管验收。		
开发商： 代表签字： 　　_____年____月____日	物业公司： 代表签字： 　　_____年____月____日	施工单位： 代表签字： 　　_____年____月____日

业主钥匙接收表

移交单位：		接收日期：
楼层	位置	数量
		（ ）套（ ）把
		（ ）套（ ）把
		（ ）套（ ）把
		（ ）套（ ）把
		（ ）套（ ）把
		（ ）套（ ）把
		（ ）套（ ）把
		（ ）套（ ）把
		（ ）套（ ）把
		（ ）套（ ）把
		（ ）套（ ）把
		（ ）套（ ）把
		（ ）套（ ）把
		（ ）套（ ）把
		（ ）套（ ）把
		共（ ）套（ ）把
开发商签署：		管理公司签署：

喷泉、水池接管验收表

年　月　日

水池名称：		位置：		
施工单位：		维修联系电话：		
水下彩灯数量：	只　　　kW	水下高光灯数量：	只　　　kW	
潜水泵数量：		1. 铭牌	kW	台
		2. 铭牌	kW	台
		3. 铭牌	kW	台
		4. 铭牌	kW	台
检查项目		检查结果	备注/跟进	
电机部分				
密封情况				
接地情况				
接线情况				
接触器响声				
泵壳外观				
电机绝缘电阻				
电机运转电流				
自动启动情况				
手动启动情况				
水池部分				
水池外观				
水池内部情况				
水池装饰				
喷嘴				
水下灯光情况				
发展商： 代表签字： ＿＿＿年＿＿月＿＿日		物业公司： 代表签字： ＿＿＿年＿＿月＿＿日	施工单位： 代表签字： ＿＿＿年＿＿月＿＿日	

给排水设备验收表

大厦：　　　　　　　　　　　　　　系统及设备：
位置：　　　　　　　　　　　　　　记录日期：

系统设备	检测结果	备注/跟进
供水/稳压泵设备编号：		
水泵进、出水压力/kPa		
控制屏运作电流/A、电压/V		
水泵轴心定位正常否？		
进出水闸阀运作情况		
迫件/封垫/轴封运作情况		
紧急停机制运作功能		
输水喉管状况		
储水箱设备编号：		
储水箱状况/容量/现存水量		
稳压水缸状况/容量/现存水量		
进出水闸阀操作情况		
进出水水压		
浮球控制阀操作状况		
储水箱外壳状况		
排水系统排污喉管水管状况		
排污喉管出口格栅情况		
排污喉管状况		
雨水喉管水管状况		
雨水喉管出口情况		
雨水喉管状况		
排水闸阀操作状况		
排污隔油井状况		
排污水泵操作情况		
发展商： 代表签字： 　　　年　　月	物管公司： 代表签字： 　　　年　　月	施工单位： 代表签字： 　　　年　　月

公共区域验收交接表

_____楼

楼层		区域		验收日期	
验收移交内容	数量	状况	遗漏及整改内容		备注
地台					
地毯					
天花吊顶					
楼梯台阶及扶手					
墙面					
窗户及玻璃	扇				
各种门	扇				
钥匙及把手	把				
公共配电箱	个				
照明灯具	个				
照明开关	只				
空调送风口	个				
电源插座	只				
喷淋头	只				
烟感	只				
广播喇叭	只				
消火栓箱	只				
灭火器及灭火箱	只				
碎玻璃报警按钮	只				
应急指示灯	只				
门牌及标牌	块				
小五金件					
移交钥匙			把	移交其他物品	
验收交接单位：			代表签署：		

物业移交清单

编号：　　　　版本：　　　　表格生效期：　　　　序号：

序号	物业名称	移交内容	验收人	移交人	时间	备注

系统接收设备一览表

年　　月

序号	设备名称	设备型号	数量/台	容量或功率/kW	接收日期	备注

消防设施验收记录表

编号：

施工单位		验收区域		抽查（　）处，占（　）%	
序号	验收项目	质量验收标准		检验情况	处理意见
1	资料	1）图纸及资料齐全。 2）有产品合格证，铭牌清晰			
2	烟感与温度	1）图纸规定安装烟感＿＿只，温感＿＿只。 2）工作情况符合要求		正常工作＿＿只， 不正常工作＿＿只	
3	消防栓	1）设计数量＿＿个。 2）安装位置符合设计要求。 3）阀门安装及漏水情况符合要求。 4）消防皮带、喷嘴安放齐全。 5）自动按钮安装符合要求。 6）灭火器配备符合要求。 7）立管、油漆、消防栓外观，安装质量符合要求		实际安装＿＿个	
4	喷淋系统	1）喷淋头设计数量共＿＿个。 2）安装位置、间隔距离符合要求。 3）楼层防火分区总阀，流量开关安装符合要求。 4）末端放水阀门安装符合要求。 5）管道安装、支架安装、漏水情况符合要求		实际安装＿＿个	
5	分区卷帘门	1）分区卷帘门安装位置符合图纸设计要求。 2）设计安装卷帘门＿＿扇。 3）楼层防火分区总阀，流量开关安装符合要求。 4）末端放水阀门安装符合要求。 5）管道安装、支架安装、漏水情况符合要求		实际安装＿＿扇	
6	手动报警钮	1）设计规定数量＿＿只。 2）安装符合要求		实际安装＿＿只	

续上表

序号	验收项目	质量验收标准	检验情况	处理意见
7	广播喇叭	1）设计安装数量____只。 2）安装及工作符合要求	实际安装____只	
8	防排机械 防排烟	1）设计排风口____个。 2）风管安装符合要求。 3）设计防火阀____个。 4）防火阀动作符合要求。 5）正压风口及风压测试符合要求	实际安装风口____个 实际安装防火阀____个	
9	防火门	1）设计安装____扇。 2）安装质量符合要求	实际安装____扇	

检查结果及意见：

签字：	设计单位		施工单位		物业公司	
	工程监理		地产公司		验收日期	

147

隐蔽工程验收记录表

档案编号：

施工单位		验收区域		抽查（　）处，占（　）%	
序号	验收项目	质量验收标准		检验情况	处理意见
1	图纸技术资料	1）图纸符合设计要求。 2）技术资料齐全。 3）隐蔽工程记录完整			
2	设备、材料	1）符合国家标准，有合格证。 2）有甲方检验证明。 3）有铭牌			
3	线管接口	1）线管连接应用专用工具压接、焊接、套丝。 2）线管与管接接触牢固			
4	线管吊装	1）吊管为10 m圆钢制作。 2）管夹与管壁接触牢固。 3）吊杆间距不应大于2 m			
5	管线敷设	1）按规范距离加接线盒。 2）弯曲不应有压扁现象			
6	接线盒	接线盒与线管接触牢固，不应转动			
7	导线连接	1）应互绕5扣以上。 2）应挂锡。 3）压接无松动			
8	线、线管截面比	管内线截面不大于管子截面的40%			
9	线管与热源管距高	蒸汽管：上1000 mm，下500 mm 平行热水管：上300 mm，下200 mm 其他：100 mm			

续上表

序号	验收项目	质量验收标准	检验情况	处理意见
10	导线绝缘耐压测试	1）用相应的仪表测试。 2）绝缘：（线-线，线-地）>0.5 MΩ。 3）压接无松动		
11	导线出盒软管连接	长度符合顶棚至龙骨垂直长度留余量200 mm以上		
12	线盒封闭方式	铁制盒盖，无不严封闭，与接线盒相匹配，安装牢固		
13	导线接头绝缘	内为高压防水胶布，外层为黑色绿胶布，包口整齐，严密牢固		

验收结果及意见：

验收人签字	设计单位		施工单位		验收单位			
	行业管理		工程监理			年	月	日

照明工程验收记录表

编号：

施工单位		验收区域		抽查（　）处，占（　）%	
序号	验收项目	质量验收标准		检验情况	处理意见
1	竣工图纸、资料，隐蔽工程验收单	1）竣工图符合实际施工。 2）技术资料齐全。 3）隐蔽工程有验收签字			
2	设备、材料	1）符合设计要求，有合格证。 2）有甲方检验证明。 3）有铭牌			
3	吊钩、预埋件及吊具	吊钩、预埋件埋设牢固，有振动源的器具，必须防松、防震装置齐全、可靠			
4	接地与接零	器具的接地（接零）保护措施和其他要求必须符合施工规范要求			
5	器具安装	1）位置正确，部件齐全，箱体孔合适、整齐。 2）暗装插座、开关的盖板紧贴墙面，无缝隙，安装整齐，固定可靠			
6	配电箱（盆、板）安装	1）位置正确，部件齐全，箱体孔合适、整齐。 2）暗式配电箱箱盖紧贴墙面，油漆完整。 3）零线经总线连接无纹接现象			
7	导线连接	1）连接可靠、规范、无松动、无缺件。 2）每个连接点导线不超过2根，导线无损伤。 3）开关切断相线，螺口灯头相线接在中心端子，单相插座相线接右侧			

续上表

序号	验收项目	质量验收标准	检验情况	处理意见
8.	允许偏差值	1）垂直度：500 以上时，<3.0 mm。 2）中心线：成排时，<5 mm。 3）高度差：<5 mm		
9.	绝缘电阻测试	0.5 kV 以下回路 >0.5 MΩ		
10.	试运行情况	1）开关灵活，回路正确，无发热。 2）灯具发光、发热情况正常，无闪烁，无异声。 3）调光系统运行平稳，无突变、闪烁		

验收结果及意见：

验收人签字	设计单位		施工单位		验收单位			
	行业管理		工程监理			年	月	日

物业使用说明书

为了使您更好地了解、使用住房及室内设施,我们根据有关规定,制定了本"物业使用说明书"。请您细心阅读,正确使用室内设施,减少故障,延长使用寿命。并真诚地欢迎您对我们的工作,包括您对住房的使用情况提出意见,以改进我们的工作。

一、该商品住宅位置:您购买的住宅为_____市_____区(县)_____住宅小区_____幢_____单元_____号。建筑面积_____m²。

二、建设该住宅楼的有关单位及资质等级:

开发单位:_____;设计单位:_____;

施工单位:_____;质监单位:_____;

监理单位:_____;

三、本商品住宅的结构类型为____结构,抗震设防基本裂度为____度。

四、本住宅各部分结构性能、标准及使用须知:

1. 地基基础:本住宅采用_____基础。要处理好房屋周围的排水,防止地表水渗入地基内。不要在基础边乱挖及取土等。

2. 墙体:本住宅在_____部件设钢筋砼圈梁。在该部位设抗震构造柱。梁柱严禁重物撞击、改动。砖混住宅纵横墙(承重墙、保温墙均在内),使用时严禁改拆、开洞,以免破坏结构,影响住房整体稳定和刚度。

3. 墙面:外墙为_____,内墙为_____,不得凸出外墙安装防盗网和晒衣架等,请勿重物撞击,在上面打洞、乱刻乱画,以免损坏墙面装饰。

4. 门窗:户门使用_____,内门使用_____;窗采用_____。门窗在使用时请勿用力过大,不得随意拆装,应轻开轻关,以免损坏零部件。

5. 屋面:采用_____制作屋面结构层,屋面防水采用_____,为不上人屋面,禁止在不上人屋面安装任何设施。

6. 阳台:活荷载为_____/平方米,使用中不得超过此限值,阳台结构形式不得有任何改动(包括拦板降低或外伸)。

7. 室内楼地面:地面使用荷载不得超过设计标准_____/平方米,除厨房、卫生间地面有防渗层外,其他室内楼地面一律不准用水直接冲刷。切勿用重物撞击地面。

五、室内主要设施类型、使用材料、性能、标准及使用须知:

1. 上水:厨房、卫生间有____条管道,采用镀锌无缝钢塑管,设水表____只。室内阀门及水龙头宜轻开轻关。水表严禁拆换。请节约用水。

2. 排水采用_____材料的下水管。水管应防止外力打击；便器内及地漏口不得扔放手纸、卫生巾、塑料袋、杂物及垃圾等易堵物，排水口的污物应经常清除，以免造成堵塞，影响您及他人的正常使用。

3. 室内供电采用_____路供电，暗线敷设。进户线_____平方毫米，其余线_____平方毫米。进户线最大允许负荷为_____千瓦。每户设电表一只。住户要做到安全用电，不得超过线路及户表的最大允许负荷量，不乱动电表及室内线路，以免造成线路和电器设备的损坏，影响安全及正常使用。

4. 取暖及供热：室内采用_____方式供暖，在_____处设供暖设施。供暖管路及其设施不得随意拆卸和安装。热水供应专设管道及水表、阀门，应按说明书正确使用。

5. 供冷：室内采用_____方式供冷，供冷设施不得擅自拆改。

6. 燃气：采用_____使用时请详细阅读相关使用说明书。燃气管道不得私自改装移位，计量表、阀门不得拆卸、乱动，以免漏气，影响您及家人的安全。

7. 室内电话插座、有线电视机插座及其相关线路，请不要随意改动，以免影响正常使用。

8. 室外配有消防管道及消防栓，电梯间配有紧急按钮，平时严禁乱动，遇有紧急情况，方可启动。

9. 室外设有避雷装置，请注意保护，不得拆卸和截断避雷天线和地线的连接。

10. 室外垃圾道不允许将纸箱、木棒、编织袋等大件易堵物直接倒入，以防堵塞。

六、物业服务：小区设有物业服务中心，专门为本住宅小区居民服务。在商品住宅质量保证书中已写明物业服务单位、通信地址、联系电话、联系人。有事可直接联系。

七、注意事项：

1. 用户不得改变房屋的使用性质、结构、外形及色调。在室外进行装修、装饰必须事先向有关管理部门报批后，方可施工，装修时不得影响其他住户的正常使用。

2. 不得擅自改装、拆除房屋原有附属设施。如有改动，必须向有关管理部门报批后，方可改动。交房后，用户自行添置、改动的设施、设备，由用户自行承担维修责任。

3. 不得在公共区域、公用走廊等部位违法搭建及堆放杂物。室内外严禁存放易燃易爆等危险品。爱护室外公共绿地及花木，遵守_____市绿化管理条例。

物业质量保证书

尊敬的业主：

  感谢您选购了我公司开发建设的商品住宅，为了保护您的合法权益，促进我公司不断提高开发质量，做好商品住宅售后服务；同时也为了指导您更好地使用我公司开发建设的商品住宅。我们根据国务院《城市房地产开发经营管理条例》，实行商品住宅质量保证书和使用说明书制度，请您密切配合，并欢迎您对我们的工作提出意见和建议。

  本公司对您购买的_____市_____区（县）_____路_____号_____小区_____幢_____单元_____号，建筑面积_____平方米的住宅作如下质量保证和承诺：

  一、该房屋已通过政府有关部门的验收，各项建筑手续齐全。

  二、该住宅工程由_____进行质量监督。在施工中始终按照国家有关规范、规程、质量标准及设计要求进行施工。

  三、本住宅自交付之日起，在住户正常使用的情况下，本公司免费承担保修期内以下项目（见附表）的维修责任，并在承诺期限内负责维修完毕。

  四、住户对商品房验收完毕，从收楼之日即为该商品房交付使用日期，住宅保修自此日起计算。用户在使用过程中发现质量问题，可直接与物业服务有限公司联系。因住户使用不当或进行家庭装修以及不可抗拒的自然灾害而造成的质量问题，不在本公司保修范围之内。

  五、住户入住后，有关住宅质量的来信、来访、投诉，可直接与物业服务有限公司_____服务中心联系，本公司将及时给予答复和妥善处理。

  联系人：物业管理有限公司_____服务中心

  联系电话：

  六、如对本公司的答复或处理有争议，凡有关住宅工程质量问题，可根据国务院《建设工程质量管理条例》及原建设部《房屋建筑工程质量保修办法》的有关规定，向本市的建设工程质量监督站申请协调；凡有关住宅室外配套问题，可根据国务院《城市房地产开发经营管理条例》等有关规定，向本地建设行政主管部门申请协调，对协调意见仍有分歧的可向本地仲裁委员会申请仲裁。

  七、经省级以上资格的专业部门鉴定，凡属地基基础和主体结构质量不合格且无法修复的危险房屋，我公司将予以退房或调换。

  八、本质量保证书作为商品住宅销售合同的附件，是本公司承担商品住宅质量责任的法律文件，与销售合同具有同等法律效力，请用户妥善保存，不得伪造、涂改。

附 表

序号	维修项目	国家规定保修期	公司承诺保修期	问题处理期限
1	屋面防水	年	年	合理期限
2	墙面、厨房和卫生间地面、地下室、管道房渗漏	年	年	合理期限
3	墙面、顶棚抹灰脱落	2年	2年	合理期限
4	地面空鼓开裂、大面积起砂	2年	2年	合理期限
5	门窗翘裂、五金件损坏	年	年	合理期限
6	管道堵塞	6个月	6个月	合理期限
7	供冷与供热系统	—	—	—
8	电气管线	2年	2年	合理期限
9	给、排水管道安装	2年	2年	合理期限
10	地基基础、主体结构	正常合理使用寿命内	正常合理使用寿命内	合理期限

保证单位：××××

高低压配电系统检查表

序号	系统类别	系统名称	系统编号	检查及维修内容	负责人员	检查情况	备注
1.	配电	高压配电柜		1）电缆与接线柜有否松			
				2）高压配电柜导电试验			
				3）高低压配电柜电流表检查			
				4）高低压配电柜电压表检查			
				5）高压接地试验			
				6）高压真空开关测试			
				7）供电局计电表检查			
				8）高压配电柜绝缘测试			
				9）高压熔丝			

续上表

序号	系统类别	系统名称	系统编号	检查及维修内容	负责人员	检查情况	备注
2.	配电	变压器		1) 变压器绝缘测试			
				2) 变压器导电测试			
				3) 变压器变电测试			
3.	配电	低压配电柜		1) 电缆与接线柜有否松			
				2) 高压配电柜导电试验			
				3) 高低压配电柜电流表检查			
				4) 高低压配电柜电压表检查			
				5) 高压接地试验			
				6) 高压真空开关测试			
				7) 供电局计电表检查			
				8) 高压配电柜绝缘测试			
				9) 高压熔丝			
				10) 低压电容补偿器测试			
				11) MCCB —接线检查 —电流过载 —接地 —电源			
				12) MCB —接线检查 —电流过载 —接地 —电源			
				13) RCCB			
				14) FVD			

消防设施验收记录表

编号：

施工单位		验收区域		抽查（ ）处，占（ ）%	
序号	验收项目	质量验收标准		检验情况	处理意见
1	资料	1）图纸及资料齐全。 2）有产品合格证，铭牌清晰			
2	烟感与温度	1）图纸规定安装烟感____只，温感____只。 2）工作情况符合要求		正常工作____只 不正常工作____只	
3	消防栓	1）设计数量____个。 2）安装位置符合设计要求。 3）阀门安装及漏水情况符合要求。 4）消防皮带、喷嘴安放齐全。 5）自动按钮安装符合要求。 6）灭火器配备符合要求。 7）立管、油漆、消防栓外观、安装质量符合要求		实际安装____个	
4	喷淋系统	1）喷淋头设计数量共____个。 2）安装位置、间隔距离符合要求。 3）楼层防火分区总阀、流量开关安装符合要求。 4）末端放水阀门安装符合要求。 5）管道安装、支架安装、漏水情况符合要求		实际安装____个	
5	分区卷帘门	1）分区卷帘门安装位置符合图纸设计要求。 2）设计安装卷帘门____扇。 3）楼层防火分区总阀、流量开关安装符合要求。 4）末端放水阀门安装符合要求。 5）管道安装、支架安装、漏水情况符合要求		实际安装____扇	

续上表

序号	验收项目	质量验收标准	检验情况	处理意见
6	手动报警钮	1) 设计规定数量____只。 2) 安装符合要求	实际安装____只	
7	广播喇叭	1) 设计安装数量____只。 2) 安装及工作符合要求	实际安装____只	
8	防排机械防排烟	1) 设计排风口____个。 2) 风管安装符合要求。 3) 设计防火阀____个。 4) 防火阀动作符合要求。 5) 正压风口及风压测试符合要求	实际安装风口 ____个 实际安装防火阀 ____个	
9	防火门	1) 设计安装____扇。 2) 安装质量符合要求	实际安装____扇	

检查结果及意见：

签字	设计单位		施工单位		物业公司	
	工程监理		地产公司		验收日期	

变配电房现场查验记录表

物业项目：_____ 查验日期：_____ 编号：_____

建设单位：_____ 参加人员：_____

物业服务企业：_____ 参加人员：_____

序号	查验项目	查验情况	备注
1	配电机房的位置及面积		
2	机房结构与内部装饰		
3	机房大门的防鼠板		
4	灭火器的规格、数量		
5	灯具的规格、数量及照度		
6	应急灯数量、供电时间		
7	房内插座数量		
8	机械通风设备		
9	温、湿度计的配置		
10	设备房的消防直接通话		
11	高低压模拟屏的配置		
12	变配电机房的防水门槛		
13	高压测试工具的配置		
14	开关操作手柄等专用工具		
15	地面绝缘橡胶垫的铺设		
16	变压器的防护情况		
17	明装接地干线及接地电阻		
18	高压环网柜上锁及钥匙		
19	电气设备底座的接地情况		
20	电缆沟及夹层的情况		

备注：

记录人：_____ 时间：_____ 审核人：_____

传感器现场查验记录表

物业项目：_____　　查验日期：_____　　编号：_____
建设单位：_____　　参加人员：_____
物业服务企业：_____　　参加人员：_____

序号	测试项目	测试情况	备注
1	规格、型号与数量		
2	传感器的外观质量		
3	固定支架及线路标识		
4	安放地点		
5	工作电压的检测		
6	输出电压和电流的检测		
7	传感器精度的检测		
8	采集数据准确性的检测		
9	采集数据稳定性的检测		
10	自动复位功能检测		
11	响应时间检测		
12	防水抗震检测		

记录人：　　　　时间：　　　　审核人：

低压开关柜查验记录表

物业项目：_____ 查验日期：_____ 编号：_____

建设单位：_____ 参加人员：_____

物业服务企业：_____ 参加人员：_____

序号	查验项目	查验情况	备注
1	规格与型号		
2	结构与外形		
3	涂层与平整度		
4	装配质量		
5	手动操作试验		
6	抽屉手动试验		
7	绝缘电阻测试		
8	保护电路检查		
9	单元互换检查		
10	电器操作试验		
11	联锁功能试验		
其他：			

记录人：_____ 时间：_____ 审核人：_____

低压无功功率补偿柜查验记录表

物业项目：_____　　查验日期：_____　　编号：_____
建设单位：_____　　参加人员：_____
物业服务企业：_____　　参加人员：_____

序号	查验项目	查验内容与方法	查验情况	备注
1	规格与型号	目测		
2	主要技术参数	目测		
3	外观与结构	柜体外表面喷涂		
		柜体防腐蚀性能		
		柜内保护接地端子		
		柜内中性线		
		柜门开启角度		
		母线相序排列		
4	容量检测	目测观察或采用电池电压法进行计算获得		
5	机械操作	操作检验		
6	通电试验	操作检验		
7	自动控制器	操作检验		
8	间隙与距离	目测观察		
9	触电防护	目测观察		

备注：

记录人：_____　　时间：_____　　审核人：_____

地板辐射采暖现场查验记录表

物业项目：_____　　查验日期：_____　　编号：_____

建设单位：_____　　参加人员：_____

物业服务企业：_____　　参加人员：_____

项目	1		2	
	配置标准	实际	配置标准	实际
名称				
机组品牌				
生产厂家				
用途与台数				
安装地点				
型号				
规格				
主要性能				
管道				
电气与供电				
油漆防腐				
阀门				
标识				
安装质量				
标识				
试用时间				
运行状态				
房间温度/℃				
存在问题：				

记录人：　　　　　时间：　　　　　审核人：

电动机查验记录表

物业项目：_____ 查验日期：_____ 编号：_____

建设单位：_____ 参加人员：_____

物业服务企业：_____ 参加人员：_____

序号	查验项目	查验情况	备注
1	规格与型号		
2	技术资料		
3	备品备件		
4	外观质量		
5	安装质量		
6	密封质量		
7	接线质量		
8	电气质量		
9	电机质量		
10	接地电阻		
11	相间电阻值		
12	手动盘车		
13	空载运行		
14	带载运行		
其他：			

记录人：_____ 时间：_____ 审核人：_____

电锅炉查验记录表

物业项目：_____   查验日期：_____   编号：_____

建设单位：_____   参加人员：_____

物业服务企业：_____   参加人员：_____

项目	1		2	
	配置标准	实际	配置标准	实际
锅炉名称				
型号				
机组品牌				
生产厂家				
用途与台数				
安装地点				
额定功率/kW				
额定压力/MPa				
额定温度/℃				
耗电量/kW·h^{-1}				
各部渗漏				
是否振动				
异常声响				
控制柜				
安全阀				
压力表				
阀门				
控制系统				
各部膨胀				
管道与汽缸				
试运行时间				
防腐与油漆				
各部保温				
存在问题：				

记录人：_____   时间：_____   审核人：_____

电气线路查验记录表

物业项目：_____ 查验日期：_____ 编号：_____

建设单位：_____ 参加人员：_____

物业服务企业：_____ 参加人员：_____

序号	查验项目	查验情况	备注
1	线路名称		
2	规格与型号		
3	数量和长度		
4	安装地点		
5	外观质量		
6	安装质量		
7	路由走向		
8	安装工艺		
9	接地		
其他：			

记录人：　　　　　　时间：　　　　　　审核人：

电梯机房设备查验记录表

物业项目：_____　　查验日期：_____　　编号：_____

建设单位：_____　　参加人员：_____

物业服务企业：_____　　参加人员：_____

序号	查验项目	查验情况	备注
1	电气元件标识与导线编号		
2	导体的绝缘电阻		
3	线管、线槽的敷设		
4	供电电源的设置		
5	供电电源的控制范围		
6	曳引机的润滑		
7	制动器的间隙		
8	紧急操作装置的使用说明		
9	松闸扳手及盘车手轮		
10	曳引机、限速器的颜色		
11	钢丝绳上的平层标识		
12	限速器的标牌		
13	限速器的电气开关		
14	限速器调节部位的封记		
15	限速器的动作校验		
16	接地系统的类型及质量		
17	电器外壳与底线的电阻值		
18	随行缆中保护地线的根数		

其他：

记录人：_____　　时间：_____　　审核人：_____

电梯轿厢与对重设备查验记录表

物业项目：_____ 查验日期：_____ 编号：_____

建设单位：_____ 参加人员：_____

物业服务企业：_____ 参加人员：_____

序号	查验项目	查验情况	备注
1	电梯规格与型号		
2	轿厢材质与颜色		
3	轿厢地面与天花		
4	灯具与应急照明		
5	操纵按钮与显示		
6	电梯对讲功能		
7	轿厢排气扇		
8	轿顶检修照明与插座		
9	安全检测证书与乘梯须知		
10	电梯检修功能		
11	轿顶护栏装置		
12	导轨的固定情况		
13	安全窗保护装置		
14	紧急停止开关		
15	超载报警功能		
16	安全钳		

其他：

记录人：_____ 时间：_____ 审核人：_____

电梯井道设备查验记录表

物业项目：_____　　查验日期：_____　　编号：_____

建设单位：_____　　参加人员：_____

物业服务企业：_____　　参加人员：_____

序号	查验项目	查验情况	备注
1	对重完全压在缓冲器上的查验		
	电梯井道的封闭与安全门的设置		
	检修门、安全门及检修活板门的开启		
	电气安全装置的检测		
	多台电梯运动部件之间的隔障设置		
2	导轨工作面每 5 米的相对最大偏差值		
	两列轿厢导轨顶面间的距离偏差值		
	两列对重导轨顶面的距离偏差值		
	轿厢导轨和对重导轨工作面接头缝隙		
	导轨支架的间距及地脚螺栓的固定		
	极限位置保护开关的功能		
	选层钢带的防断带的保护开关		
	线管、线槽的敷设情况		
3	电缆与其他装置的干涉问题		
	随行电缆的敷设与固定		
	封闭井道照明灯具的设置		
	曳引绳的质量问题		
4	曳引绳的张力与平均偏差值		
	曳引绳的绳段固定情况		

续上表

序号	查验项目	查验情况	备注
5	张紧轮、电气开关、防绳脱槽和防护罩		
	张紧轮、防跳装置及电气保护装置		
	补偿绳的质量与固定情况		
6	底坑清洁、强排装置及爬梯设置		
	底坑的停止开关和电源插座		
7	轿厢撞板与缓冲器顶面间的距离		
	对重装置的撞板与缓冲器顶面间的距离		
	同一基础缓冲器顶部与轿底对应距离值		
	轿厢完全压在缓冲器上的查验		
	液压缓冲器的安装质量及油位		
	液压缓冲器的电气开关		
	同一基础上缓冲器与轿底的距离差值		
其他：			

记录人：　　　　时间：　　　　审核人：

电梯升降系统查验工程分项表

序号	子系统工程	分项工程	备注
1	轿厢与对重	轿厢、安全钳、装饰、通风、照明	
2	机房	供电系统、曳引机、紧急操作装置、限速器、接地	
3	井道	井道顶部空间、导轨、导线与电缆、曳引绳、补偿绳、地坑、缓冲器	
4	层站	层站、厅门、消防功能	
5	综合性能	安全钳、缓冲器、曳引、轿厢、平层精度、安全开关、电梯噪声、超载试验	
6	扶梯	驱动和转向站、倾斜角和导向、相邻区域设施、扶手装置与围裙板、梳齿与梳齿板、安全装置、检修装置、启动与停止、标识	

电梯随机图纸、资料及备品备件查验表

物业项目：_____ 查验日期：_____ 编号：_____

建设单位：_____ 参加人员：_____

物业服务企业：_____ 参加人员：_____

序号	查验项目	查验内容	查验结果	备注
1	建设单位	电梯安全使用登记证		
		电梯年检报告		
		电梯检验合格证书		
2	生产单位	电梯装箱单		
		产品出厂合格证		
		机房井道布置图		
		使用维护说明书（含润滑汇总图、标准功能表）		
		动力和安全电路的电器示意图及符号说明		
		电器敷设图		
		部件安装图		
		安装说明书		
		门锁装置、限速器、安全钳及缓冲器类型试验报告结论副本，其中限速器与渐进式安全钳还需有调试证书副本		
3	安装单位	自检记录和检验报告		
		安装过程中事故记录与处理报告		
		改造部分的清单、主要部件合格证、类型试验报告副本等资料，必要时还需提供图样和计算资料		
4	其他	电梯的备品备件		
		专业工具		
		轿厢及机房钥匙		
		防护用品等		

171

电梯子系统查验记录表

物业项目：_____　　查验日期：_____　　编号：_____

建设单位：_____　　参加人员：_____

物业服务企业：_____　　参加人员：_____

序号	查验项目	查验情况	备注
1	检测电梯的运行状态，包括电梯的上行、下行和故障状态		
2	检测自动扶梯的运行状态，包括电梯的上行、下行和故障状态		
3	检测扶梯的数据传输的准确性、实时性		
4	检测电梯的数据灌输的准确性、实时性		
5	以图形方式显示电梯运行状态和故障报警		
6	以图形方式显示自动扶梯运行状态和故障报警		
7	电梯运行、维护档案		
8	自动扶梯的运行和维护档案		
其他：			

记录人：_____　　时间：_____　　审核人：_____

电梯综合性能查验记录表

物业项目：_____　　查验日期：_____　　编号：_____

建设单位：_____　　参加人员：_____

物业服务企业：_____　　参加人员：_____

序号	查验项目	查验情况	备注
1	限速器与安全钳联动试验		
2	耗能型缓冲器的复位试验		
3	电梯平衡系数的测量		
4	断电后的轿厢制动试验		
5	对重压在缓冲器上的空轿厢的提升试验		
6	150%额定载荷时的曳引静载检查		
7	平层精度的检查		
8	电梯运行速度的检查		
9	电梯加速度和减速度的检查		
10	电梯垂直和水平振动的检查		
11	限速器和安全钳的联动试验		
12	井道上下极限保护开关的试验		
13	电梯检修模式的安全保护		
14	电梯机房噪声的测试		
15	电梯轿厢噪声的测试		
16	电梯门开关噪声的测试		
其他：			

记录人：_____　　时间：_____　　审核人：_____

发电机房查验记录表

物业项目：_____ 查验日期：_____ 编号：_____

建设单位：_____ 参加人员：_____

物业服务企业：_____ 参加人员：_____

序号	查验项目	查验情况	备注
1	发电机房的位置及面积		
2	发电机双路电源配置情况		
3	防爆灯具型号、数量及照度		
4	应急灯具的数量、供电时间		
5	储油间的防火门		
6	储油间的通风装置		
7	油箱的容积与储油量		
8	排气管及消音器的固定情况		
9	机房噪音及废气排放情况		
10	灭火器的规格与数量		
11	自动报警系统的响应情况		
12	自动灭火系统的联动情况		
13	机房与消防中心的直通电话		
14	机房内的明装接地干线		

其他：

记录人：_____ 时间：_____ 审核人：_____

房屋共用部位查验记录表

物业项目：_____　　查验日期：_____　　编号：_____

建设单位：_____　　参加人员：_____

物业服务企业：_____　　参加人员：_____

序号	查验项目名称	查验内容记录	备注
1	基础		
2	承重墙体		
3	柱		
4	梁		
5	楼板		
6	屋顶		
7	外墙		
8	门厅		
9	楼梯间		
10	走廊		
11	楼道		
12	扶手		
13	护栏		
14	电梯井道		
15	架空层		
16	设备间		

查验结论：

记录人：　　　　时间：　　　　审核人：

175

共用部位和公用设施查验问题处理跟踪表

项目：　　　　　　专业：　　　　　　编号：

序号	项目名称	部位/设施安装地址	存在问题	修复情况及时限
1				
2				
3				
4				
5				
6				
7				
8				
9				
10				

建设单位：
签字（盖章）：　　　　　　日期：

物业服务企业：
签字（盖章）：　　　　　　日期：

复验结论：
组长签字：　　　　　　日期：

备注：

房屋共用部位和公用设施遗留问题汇总表

项目：　　　　　　系统：　　　　　　编号：

序号	部位/设施安装地址	存在问题	解决方案及时限
1			
2			
3			
4			
5			

续上表

序号	部位/设施安装地址	存在问题	解决方案及时限
6			
7			
8			
9			
10			
11			

建设单位意见：
签字（盖章）：　　　　　　日期：

物业服务企业意见：
签字（盖章）：　　　　　　日期：

备注：

房屋共用部位及公用设施查验范围分项划分

序号	分部	子分部工程	分项工程
1	房屋结构	基础	混凝土结构、砌体结构、劲钢（管）混凝土结构、钢结构
		承重墙体	混凝土结构、钢结构、砌体结构
		柱	
		梁	
		楼板	
		屋顶及外墙	
		门厅	
		楼梯间	
		走廊	
		楼道	
		电梯井道	
		架空层、避难层、设备间	

续上表

序号	分部	子分部工程	分项工程
2	房屋装饰装修	地面	石材面层和地面砖面层，实木地板层，复合地板层，木、竹地板面层，地毯面层
		抹灰	一般抹灰、装饰抹灰、清水砌体勾缝
		门窗	木门窗、金属门窗、塑料门窗、特种门（防火门、防盗门、自动门、全玻璃门、旋转门、金属卷帘门）
		吊顶	暗龙骨吊顶、明龙骨吊顶
		轻质隔墙	板材隔墙、骨架隔墙、活动隔墙、玻璃隔墙
		饰面板（砖）	饰面板、饰面砖
		幕墙	玻璃幕墙、金属幕墙、石材幕墙
		涂饰	水性涂料涂饰、溶剂型涂料涂饰、美术涂饰
		裱糊与软包	裱糊（壁纸、墙布）、软包
		细部	护栏、扶手、门窗套、窗台板和散热器罩、窗帘盒、花饰
3	房屋屋面	卷材防水屋面	保温层、找平层、卷材防水层、细部构造
		涂膜防水屋面	保温层、找平层、涂膜防水层、细部构造
		刚性防水屋面	细石混凝土防水层、密封材料嵌缝、细部构造
		瓦屋面	平瓦屋面、油毡瓦屋面、金属板屋面、细部构造
		隔热屋面	架空屋面、蓄水屋面、种植屋面

房屋共用部位查验范围分项划分

序号	分部	子分部工程	分项工程
1	室外建筑环境	道路	沥青面层、水泥混凝土面层、砖（料石）面层、预制混凝土砌面层
		绿地	中心绿地、宅旁和庭院绿地、组团绿地、道路绿地、专用绿地
		人造景观	水景景观、硬质景观、庇护性景观、照明景观
		围墙	砖砌围墙、混凝土围墙
		大门	单、双开门，折门，推拉门，自动门
		排水沟	钢筋混凝土结构、砌体结构
		渠	现浇钢筋混凝土结构、砌体结构
		池	现浇混凝土结构、装配式混凝土结构、预应力混凝土结构、砌体结构、塘体结构
		污水井	钢筋混凝土结构、砖石砌体结构
		化粪池	
		垃圾收集站	
		停车棚	砖石砌体结构、钢结构
		人防设施	人防门（防护门、防护密闭门、密闭门、挡窗板、防爆破悬板活门）、通风设备（自动排气阀门、自动机手动密闭阀门、排烟管、送风机、排风机、除湿机、两用风机、过滤吸收机、测压装置）、暖卫设备（暖气器、给水器、排水器、厕所设备、污水泵、洗消间淋浴喷头）、电器设备（照明、电表、发电机及配电柜）、其他（战备水箱、专用货梯、警报站点）
		保安亭	砖石砌体结构

续上表

序号	分部	子分部工程	分项工程
2	室外安装	信报箱	不锈钢等
		宣传栏	不锈钢等
		路灯	高杆路灯、庭院灯、草坪灯
		污水处理设施	进水闸池、沉砂池、调节池、生物反应池、沉淀池、二次沉淀池、曝气池中水池
		停车设施	停车标志、交通标线、停车棚
		垃圾容器	固定式垃圾箱、可移动式垃圾箱
		休闲娱乐设施	儿童游乐场地设施、健身游戏活动设施、健身设施
		消防设施	灭火器、消火栓、消防沙箱、消防水泵接合器
		安防监控设施	防盗报警、视频监控、周界防范、出入口控制、电子巡更、停车库（场）管理系统等
3	物业服务用房	建筑面积、楼层、门窗	

共用部位现场查验计划表

序号	计划时间	查验项目	查验内容	检查人	记录人	负责人
1						
2						
3						
4						
5						
6						
7						
8						
9						
备注：						

编制： 日期： 审核： 确认：

共用部位现场查验结果汇总记录表

物业项目：_____ 查验日期：_____ 编号：_____

建设单位：_____ 物业服务企业：_____

序号	项目名称	查验内容	配置标准	查验结果	存在问题	备注
1		数量				
		位置				
		观感质量				
		使用效果				
		检测数据				
		试验结果				
2		数量				
		位置				
		观感质量				
		使用效果				
		检测数据				
		试验结果				
3		数量				
		位置				
		观感质量				
		使用效果				
		检测数据				
		试验结果				
4		数量				
		位置				
		观感质量				
		使用效果				
		检测数据				
		试验结果				

查验人：_____ 记录人：_____ 负责人：_____

共用设施查验记录表

物业项目：_____　　查验日期：_____　　编号：_____

建设单位：_____　　参加人员：_____

物业服务企业：_____　　参加人员：_____

序号	查验项目名称	查验内容记录	备注
1	道路		
2	绿地		
3	人造景观		
4	围墙		
5	大门		
6	信报箱		
7	宣传栏		
8	路灯		
9	排水沟		
10	渠		
11	池		
12	污水井		
13	化粪池		
14	垃圾容器		
15	污水处理设施		
16	机动车停车设施		
17	非机动车停车设施		
18	休闲娱乐设施		
19	消防设施		
20	安防监控设施		
21	人防设施		
22	垃圾转运设施		
23	物业服务用房		

查验结论：

记录人：_____　　日期：_____　　审核人：_____　　日期：_____

共用设施现场查验计划表

物业项目：_____　　查验日期：_____　　编号：_____

建设单位：_____　　参加人员：_____

物业服务企业：_____　　参加人员：_____

序号	计划时间	查验项目	查验内容	检查人	记录人	负责人
1						
2						
3						
4						
5						
6						
7						
8						
9						
备注：						

编制：_____　　日期：_____　　审核：_____　　确认：_____

风机盘管查验记录表

物业项目：_____　　查验日期：_____　　编号：_____

建设单位：_____　　参加人员：_____

物业服务企业：_____　　参加人员：_____

项目	1		2	
	配置标准	实际	配置标准	实际
名称				
机组品牌				
生产厂家				

续上表

项目	1		2	
	配置标准	实际	配置标准	实际
用途与台数				
安装地点				
型号				
规格				
主要性能				
风机型号				
风机台数				
表冷器型号与规格				
风过滤器				
水过滤器				
管道				
电气与供电				
油漆防腐				
阀门				
标识				
安装质量				
标识				
风量/$m^3 \cdot h^{-1}$				
风压差/kPa				
进风温度/℃				
出风温度/℃				
机组制冷（热）量/kW				
风机电流/A				
试用时间				
运行状态				
房间温度/℃				
房间相对湿度/%				

存在问题：

记录人： 时间： 审核人：

干式变压器查验记录表

物业项目：_____ 查验日期：_____ 编号：_____

建设单位：_____ 参加人员：_____

物业服务企业：_____ 参加人员：_____

序号	查验项目	查验情况	备注
1	文件资料		
2	铭牌参数		
3	外观质量		
4	风机装置		
5	温度控制器的巡显		
6	风机的启停控制		
7	超温报警功能		
8	故障报警功能		
9	防护装置		
10	交接试验记录		
11	启动试验情况		

其他：

记录人：_____ 时间：_____ 审核人：_____

高压开关柜查验记录表

物业项目：_____ 查验日期：_____ 编号：_____

建设单位：_____ 参加人员：_____

物业服务企业：_____ 参加人员：_____

序号	查验项目	查验情况	备注
1	规格与型号		
2	外观安装质量		
3	高压断路器的质量		

续上表

序号	查验项目	查验情况	备注
4	避雷器外观与质量		
5	CT、PT 外观与质量		
6	母线外观质量		
7	操作机构外观、操作测试		
8	电磁锁、机械锁		
9	高压带电显示柜		
10	断路器小车		
11	固定柜隔离开关		
12	接地开关质量、测试		
13	交接试验验收记录		

其他：

记录人：　　　　　　时间：　　　　　　审核人：

随机图纸、资料及备品备件查验表

物业项目：_____　　查验日期：_____　　编号：_____

建设单位：_____　　参加人员：_____

物业服务企业：_____　　参加人员：_____

序号	项目	内容	标准配置				查验实际				备注
			1	2	3	4	1	2	3	4	
1	图纸资料	图名									
		图号									
		页数									
		说明书									
2	备品备件	名称									
		型号									
		规格									
		数量									
		完好程度									

续上表

序号	项目	内容	标准配置 1	2	3	4	查验实际 1	2	3	4	备注
3	专业工具	名称									
		型号									
		规格									
		数量									
		完好程度									
		使用说明									
4	防护用品	名称									
		型号									
		规格									
		数量									
		完好程度									
		使用说明									
5	其他										

记录人：　　　　　时间：　　　　　审核人：

给排水系统分项记录表

序号	子部分工程	分项工程	备注
1	给水系统	离心清水泵	
		深井与深井水泵	
		供水水池、水箱	
		室内供水管道	
		热水器	
		卫生器具	
2	建筑中水及游泳池系统	建筑中水系统管道与设备	
		游泳池设备与管道	
3	排水系统	室内排水管道与设备	
		室外排水管沟与井室	
		排污电泵	

给排水系统查验记录表

物业项目：_____ 查验日期：_____ 编号：_____

建设单位：_____ 参加人员：_____

物业服务企业：_____ 参加人员：_____

序号	查验项目	查验情况	备注
1	根据水位达高度，检测给水泵启停控制功能		
2	检测给水泵的切换功能		
3	检测给水泵的运行情况		
4	检测水箱高低水位报警功能		
5	检测给水泵的过载报警功能		
6	给水泵运行时间累计和维护报告提示功能		
7	各个给水泵运行时间均衡功能		
8	检测变频供水的变频控制功能		
9	检测变频水泵的切换功能		
10	检测各变频水泵的运行状态		
11	检测变频管路超压报警、水泵故障报警		
12	变频水泵运行时间累计和维护报告提示功能		
13	各个变频水泵运行时间均衡功能		
14	依据集水坑的水位，检测排污泵的启停控制功能		
15	检测排污备用水泵的切换功能		
16	检测排污水泵的运行状态		

记录人：_____ 时间：_____ 审核人：_____

公共照明子系统查验记录表

物业项目：_____　　查验日期：_____　　编号：_____

建设单位：_____　　参加人员：_____

物业服务企业：_____　参加人员：_____

序号	查验项目	查验情况	备注
1	照明设施及回路按照分区域时间的控制功能		
2	照明设施及回路根据室外亮度、人员存在与否的控制功能		
3	中央管理中工作站对照明设施及回路的监视、用电量和电费统计的功能		
4	当发生突发事件时，相应照明回路的联动配合功能		
5	公共照明手动控制功能		
其他：			

记录人：_____　　时间：_____　　审核人：_____

固定消防炮灭火系统查验记录表

物业项目：_____　　查验日期：_____　　编号：_____

建设单位：_____　　参加人员：_____

物业服务企业：_____　　参加人员：_____

分项工程名称	查验项目名称	查验内容记录	查验评定结果
系统施工质量验收	系统组件及配件	规格、型号、数量、安装位置及安装质量	
	管道及管件	规格、型号、位置、坡向、坡度、连接方式及安装质量	
	管道支架、吊架、管墩	位置、间距及牢固程度	
	管道穿防火堤、楼板、防火墙、变形缝等的处理	套管尺寸和空隙的填充材料及穿变形缝采取的保护措施	
	管道和设备的防腐	涂料种类、颜色，涂层质量及防腐层的层数、厚度	
	消防泵房、水源及水位指示装置	消防泵房的位置的耐火等级，水池或水罐的容量及补水设施，天然水源水质和枯水期最低水位时确保用水量的措施，水位指标标识	
	电源、备用动力及电气设备	电源负荷级别，备用动力的容量，电气设备的规格、型号、数量及安装质量，电源和备用动力的切换试验	
系统功能验收	系统启动功能	系统手动启动功能	
		主、备电源的切换功能	
		消防泵组的功能	
		联动控制的功能	
	系统喷射功能	水炮、泡沫炮、干粉炮、水幕的喷射能力、转角、混合比、系统喷射响应时间等	

查验结论：

记录人：　　　　日期：　　　　审核人：　　　　日期：

火灾自动报警系统查验记录表

物业项目：_____　　查验日期：_____　　编号：_____

建设单位：_____　　参加人员：_____

物业服务企业：_____　　参加人员：_____

序号	查验项目名称	配置标准	实际配置	查验内容记录	评定结果
1	技术文件				
2	火灾报警控制器				
3	点型火灾探测器				
4	线型感温火灾探测器				
5	红外光束感烟火灾探测器				
6	空气吸气式火灾探测器				
7	消防联动控制器				
8	消防应急广播设备				
9	消防设备应急电源				
10	气体灭火控制器				
11	防火卷帘控制器				
12	系统性能				
13	室内消火栓系统控制功能				
14	消防电梯的联动控制功能				

其他：

记录人：_____　　日期：_____　　审核人：_____　　日期：_____

插座、开关、风扇查验记录表

物业项目：_____   查验日期：_____   编号：_____

建设单位：_____   参加人员：_____

物业服务企业：_____   参加人员：_____

序号	名称	规格与型号	数量	安放地点	查验情况	备注
1	插座1					
2	插座2					
3	插座3					
4	开关1					
5	开关2					
6	开关3					
7	吊扇1					
8	吊扇2					
9	壁扇1					
10	壁扇2					
其他：						

记录人：　　　　时间：　　　　审核人：

空调效果检测记录表

物业项目：_____ 查验日期：_____ 编号：_____

建设单位：_____ 参加人员：_____

物业服务企业：_____ 参加人员：_____

项目		标准	1	2	3	4	5	6	7	8	9	10
室外温度/℃												
室外湿球温度/℃												
室外风向												
室外风速/$m \cdot s^{-1}$												
室内温度/℃												
室内相对湿度/%												
室内风速/$m \cdot s^{-1}$												
室内新风量/$m^3 \cdot h^{-1}$												
冷媒水	进口温度/℃											
	出口温度/℃											

记录人：_____ 时间：_____ 审核人：_____

空调机组（新风机组、风柜）查验记录表

物业项目：_____　　查验日期：_____　　编号：_____

建设单位：_____　　参加人员：_____

物业服务企业：_____　　参加人员：_____

项目	1		2	
	配置标准	实际	配置标准	实际
名称				
机组品牌				
生产厂家				
用途与台数				
安装地点				
型号				
规格				
主要性能				
风机型号				
风机台数				
水泵型号				
水泵台数				
淋水装置				
表冷器型号与规格				
挡水板				
载热器				
风过滤器				
水过滤器				
管道				

续上表

项目	1		2	
	配置标准	实际	配置标准	实际
电气与供电				
油漆防腐				
阀门				
仪表				
附件				
标识安装质量				
风量/m^3·h^{-1}				
风压/kPa				
风压差/kPa				
进风温度/℃				
出风温度/℃				
进风相对湿度/%				
出风相对湿度/%				
机组制冷（热）量/kW				
风机电流/A				
电机升温/℃				
水泵电流/A				
水泵转速/r·min^{-1}				
水泵电机升温/℃				
挡水板过量/g·m^{-3}				
试用时间				
运行状态				

存在问题：

记录人：　　　　　　时间：　　　　　　审核人：

空调设备随机图纸、资料及备品查验表

物业项目：_____ 查验日期：_____ 编号：_____

建设单位：_____ 参加人员：_____

物业服务企业：_____ 参加人员：_____

序号	项目	内容	标准配置				查验实际				备注
			1	2	3	4	1	2	3	4	
1	图纸资料	图名									
		图号									
		页数									
		说明书									
2	备品备件	名称									
		型号									
		规格									
		数量									
		完好程度									
3	专业工具	名称									
		型号									
		规格									
		数量									
		完好程度									
		使用说明									
4	防护用品	名称									
		型号									
		规格									
		数量									
		完好程度									
		使用说明									
5	其他										

记录人：_____ 时间：_____ 审核人：_____

空调系统查验工程分类表

序号	子分部工程	分项工程	备注
1	冷热源主机	制冷机组主机	
2		锅炉主机与辅机	
3		热交换器	
4	冷媒水系统	水处理设备	
5		冷媒水循环泵	
6		管道、容器与附件	
7	冷却水系统	冷却水循环泵	
8		管道、容器与附件	
9		冷却塔	
10	空气处理单元	空调机组	
11		风机盘管	
12		通风机	
13		散热器	
14		地板辐射采暖	
15	空调房间	空调效果检测	

空调子系统查验记录表

物业项目：_____　　查验日期：_____　　编号：_____

建设单位：_____　　参加人员：_____

物业服务企业：_____　　参加人员：_____

序号	查验项目	查验方法	查验情况	备注
1	温、湿度数值	检查中央管理工作站或 DDC 的温度、湿度的显示值，核对其数是否正确，并与便携式温、湿度仪表的测量值进行比对		
2	自动启停功能	人为改变中央管理工作站预定时间表的设定，检测空调系统的自动启停功能		
3	温度控制功能	人为改变中央管理工作站或现场控制器 DDC 温度设定值，检查风机及冷热水调节阀工作状态，同时检查系统运行记录		
4	湿度控制功能	人为改变中央管理工作站或 DDC 的湿度设定值，观察系统相应时间和控制效果，同时检查系统运行记录		
5	送风量控制功能	人为改变风量系统的送风量设定值，检查变频风机的转速应随之升高或降低，测量值应逐步趋于设定值		
6	新风量控制功能	人为改变新风量的设定值，与新风量的测量值比较，检查新风阀的调节状况		
7	防冻保护功能	人为改变防冻开关动作设定值，检查防冻开关工作状态，检查进风阀调节状态，检测防冻保护功能		
8	连锁控制功能	启动或关闭新风系统、定风量系统、变风量系统，检查有关设备的连锁控制功能		
9	故障报警功能	人为设置故障，检查中央管理工作站的故障报警功能，包括风机故障报警、过滤网堵塞报警、送风温度传感器故障报警、进风温度超低报警、二氧化碳浓度超标报警等		

记录人：_____　　时间：_____　　审核人：_____

冷冻机组查验记录表

物业项目：_____ 查验日期：_____ 编号：_____

建设单位：_____ 参加人员：_____

物业服务企业：_____ 参加人员：_____

序号	测试项目	测试情况	备注
1	制冷机组运行状态显示功能		
2	制冷机组进出口温度与压力的显示功能		
3	制冷机组水流测量与冷量记录功能		
4	制冷机组运行时间与启动次数的统计功能		
5	制冷机组的启停、顺序控制和联动控制等		
6	冷冻水泵运行状态的显示功能		
7	冷冻水系统水流状态的显示功能		
8	冷冻水系统设备启停控制功能		
9	冷冻水系统顺序控制功能		
10	冷冻水系统设备联动控制功能		
11	冷冻水泵通阀压差控制功能		
12	冷冻水泵过载报警功能		
13	冷却水泵运行状态显示功能		
14	冷却水系统水流状态显示功能		
15	冷却塔风机运行状态显示功能		
16	冷却水泵进出口水温测量与控制功能		
17	冷却水系统设备启停控制功能		
18	冷却水系统顺序控制功能		
19	冷却水系统设备联动控制功能		
20	冷却塔风机台数及风机速度控制功能		
21	冷却水泵过载报警功能		
22	冷却塔风机过载报警功能		

其他：

记录人：_____ 时间：_____ 审核人：_____

冷却塔查验记录表

物业项目：_____　　查验日期：_____　　编号：_____

建设单位：_____　　参加人员：_____

物业服务企业：_____　　参加人员：_____

项目	1		2	
	配置标准	实际	配置标准	实际
名称				
机组品牌				
生产厂家				
用途与台数				
安装地点				
型号				
规格				
风机型号与台数				
风机安装质量				
淋水装置				
填料				
挡水板				
塔体				
管道				
电气与供电				
油漆防腐				

续上表

项目	1		2	
	配置标准	实际	配置标准	实际
阀门				
仪表				
附件				
标识				
流量/$m^3 \cdot h^{-1}$				
进水温度/℃				
出水温度/℃				
温差/℃				
冷却量/$kW \cdot h^{-1}$				
耗水量/$m^3 \cdot h^{-1}$				
风机电流/A				
试用时间				
运行状态				
存在问题：				

记录人：　　　　时间：　　　　审核人：

离心清水泵查验与试运行记录表

物业项目：_____   查验日期：_____   编号：_____
建设单位：_____   参加人员：_____
物业服务企业：_____   参加人员：_____

项目	1		2		3		4	
	配置标准	实际	配置标准	实际	配置标准	实际	配置标准	实际
水泵名称								
品牌								
生产厂家								
型号								
用途与台数								
安装地点								
流量/$m^3 \cdot h^{-1}$								
压力/kPa								
电机电流/A								
轴承温度/℃								
电机温度/℃								
填料渗漏								
是否振动								
异常声响								
其他：								

记录人：_____   时间：_____   审核人：_____

楼宇对讲系统查验记录表

物业项目：_____　　查验日期：_____　　编号：_____

建设单位：_____　　参加人员：_____

物业服务企业：_____　　参加人员：_____

序号	查验项目	查验情况	备注
1	小区出入口管理副机对住户分机的选呼和回铃功能		
2	小区内出入口对讲主机对住户分机的选呼和回铃功能		
3	可视对讲系统的语音、图像、开锁及提示功能		
4	可视分机的图像与回放功能		
5	管理主机与管理副机、对讲主机及住户分机之间的双向选呼和通话功能		
6	管理计算机的记录、查询、声光显示和查询功能		
其他：			

记录人：　　　　时间：　　　　审核人：

灭火器配置查验记录表

物业项目：_____ 查验日期：_____ 编号：_____

建设单位：_____ 参加人员：_____

物业服务企业：_____ 参加人员：_____

序号	查验项目、名称	查验内容记录	评定结果
1	灭火器的配置	规格、型号、灭火剂别和数量	
2	灭火器的产品质量	外观质量、出厂合格证书	
3	灭火器的保护范围	符合设计文件要求	
4	灭火器的设置摆放点	无障碍，易取用，不影响人员疏散	
5	灭火器箱	不被遮挡、上锁或拴系，箱门开启灵活，开启角度符合要求	
6	灭火器的挂钩、托架	不出现松动、脱落、断裂和明显变形，可徒手便捷使用，挟持带打开灭火器不掉落	
7	灭火器的高度	符合规范要求	
8	推车式灭火器	按照要求设置	
9	灭火器的位置	有位置（发光）标志	
10	灭火器的摆放	应稳固，设置点的环境应通风、干燥、洁净，环境温度不超出使用温度，特殊场所有保护措施	
11	灭火器验收	应按照独立建筑进行	
查验结论：			

记录人：_____ 日期：_____ 审核人：_____ 日期：_____

排污电泵查验记录表

物业项目：_____ 查验日期：_____ 编号：_____

建设单位：_____ 参加人员：_____

物业服务企业：_____ 参加人员：_____

项目	1		2		3		4	
	标准	实际	标准	实际	标准	实际	标准	实际
电泵名称								
品牌								
生产厂家								
数量								
安装地点								
电泵型号								
规格								
连接方式								
控制方式								
外观质量								
防腐油漆								
连接处的密封								
井、池内清洁								
安全措施								
排污试验								
自动控制试验								
其他事项：								

记录人：_____ 时间：_____ 审核人：_____

205

泡沫灭火器系统查验记录表

物业项目：_____　　查验日期：_____　　编号：_____

建设单位：_____　　参加人员：_____

物业服务企业：_____　　参加人员：_____

序号	查验项目名称		查验内容记录	查验评定结果
1	泡沫液储罐		规格、型号、数量、安装位置及安装质量等	
	泡沫比例混合器			
	泡沫产生装置			
	消防泵			
	泡沫消火栓			
	阀门、压力表、管道过滤器			
	金属软管			
2	管道及管件		规格、型号、位置、坡向、连接方式、安装质量	
3	管道支、吊架，管墩		位置、间距及牢固程度	
4	管道穿防火堤、楼板、防火墙、变形缝的处理		套管尺寸和空隙的填充材料及穿变形缝时采取的保护措施	
5	管道和设备的防腐		涂料种类、颜色、涂层质量及防腐层的层数、厚度	
6	消防泵房、水源及水位指示装置		消防泵房的位置和耐火等级，水池或水罐的容量及补水设施，天然水源水质和枯水期最低水位时确保用水量的措施，水位指示标志明显	
7	动力源、备用动力及电器设备		电源负荷级别，备用动力的容量，电气设备的规格、型号，数量及安装质量，动力源和备用动力的切换试验	
8	系统功能查验	低、中倍数泡沫灭火系统喷泡沫试验	混合比、发泡倍数、到最远防护区域或储罐的时间和湿式连用系统水与泡沫的转换时间	
		高倍数泡沫灭火系统喷泡沫试验	混合比、泡沫供给速度和自接到火灾模拟信号至开始喷泡沫的时间	

查验结论：

记录人：_____　　日期：_____　　审核人：_____　　日期：_____

气体灭火系统查验记录表

物业项目：_____ 查验日期：_____ 编号：_____

建设单位：_____ 参加人员：_____

物业服务企业：_____ 参加人员：_____

序号	查验项目名称	配置标准	实际配置	查验内容记录	评定结果
1	防护区域或保护对象与储存装置间查验				
2	设备和灭火剂输送管道查验				
3	系统功能查验				
查验结论：					

记录人：_____ 日期：_____ 审核人：_____ 日期：_____

强电竖井查验记录表

物业项目：_____ 查验日期：_____ 编号：_____

建设单位：_____ 参加人员：_____

物业服务企业：_____ 参加人员：_____

序号	查验项目	查验情况	备注
1	桥架、线槽的外观质量		
2	桥架、线槽的安装质量		
3	封闭母线的外观质量		
4	封闭母线的安装质量		
5	桥架和线槽内线缆的标牌及敷设情况		
6	防火隔堵及防火枕		
7	配电箱的安装质量		
8	电气设备的接地情况		
9	桥架连接处的搭接情况		
10	开关插座和灯具的配置		
11	竖井内的照度		
12	竖井门及门锁		
13	天花板、地面及墙面		
其他：			

记录人：_____ 日期：_____ 审核人：_____ 日期：_____

强电系统分项查验表

序号	子部分	分项	查验范围及内容
1	图纸资料及备件		图纸资料、备品备件、专用工具、防护用品
2	设备机房		变配电房、发电机房、强电竖井
3.1	高低压配电	高压开关柜	外观结构、基本功能、高压断路器、避雷针、CT、PT、母线、操作机构、电磁锁、机械锁、开关柜小车、移动开关柜、接地开关、交接试验
3.2		干式变压器	设备铭牌、规格型号、外观、油漆、绝缘、放电痕迹、相色标志、测温仪表、排风扇、噪音、联结组标号、接地和中性线、电缆头、母排、损耗冲击合闸实验、载空运行
3.3		低压开关柜	外观、结构、元器件、手动试验、绝缘电阻、保护电路、单元互换、电气操作、连锁操作、各类表及指示灯等
3.4		无功率补偿柜	外观与结构、电容容量查验、节电强度试验、通电操作实验、对触电的防护、失压保护试验、过电压保护、自动控制器、电器间隙与爬电距离
3.5		直流屏	绝缘电阻和绝缘强度、监视柜的声光信号、电池组的容量
4.1	备用电源	应急发电机	外观与涂层、元器件、电池、输出功率、绝缘电阻、功率因数、噪声、电压、故障报警、高温保护功能、自动计时功能、远程监控功能
4.2		UPS不间断电源	规格型号、备品备件、内部接线、外观质量、安装质量、绝缘电阻、中性线的链接、接地标识、线路敷设、运行噪音
4.3		EPS应急电源	规格型号、内部接线、外观质量、安装质量、绝缘电阻、容量与负荷核对、输出电压、过载能力、转换时间、保护及报警功能、运行噪声测试
5.1	用电设备	电动机	外观质量、安装质量、试运转、带载运行
5.2		开关、插座、风扇	外观与接线、插座安装、开关安装、吊扇安装、壁扇安装、带载试运行
5.3		照明设施	普通灯具、行灯、防水灯具、应急灯具、防爆灯具、彩灯、霓虹灯、景观灯、航标标志灯、庭院灯
6	电气线路		封闭母线、电线电缆、桥架线槽、电缆竖井、电线导管、架空线路
7	防雷及接地装置		接地装置、避雷引下线、接闪器、建筑物等电位连接等防雷及接地装置的外观查验、安装质量查验

强电系统随机图纸、资料及备件查验表

序号	查验项目	内容	合同要求	实际配置	备注
1	图纸资料	图纸名称			依据设备出厂装箱单与有关合同
		图纸数量			
		设计说明书			
2	备品备件	名称			
		规格型号			
		数量			
		完好程度			
3	专业工具	名称			
		规格型号			
		数量			
		完好程度			
		使用说明			
4	防护用品	名称			
		规格型号			
		数量			
		完好程度			
		使用说明			
备注：					

记录人：　　　　　时间：　　　　　审核人：

燃煤锅炉现场查验记录表

物业项目：_____　　查验日期：_____　　编号：_____

建设单位：_____　　参加人员：_____

物业服务企业：_____　　参加人员：_____

项目	1		2	
	配置标准	实际	配置标准	实际
锅炉名称				
型号				
机组品牌				
生产厂家				
用途与台数				
安装地点				
额定出力/t				
额定压力/MPa				
额定温度/℃				
额定炉膛速度/$r \cdot min^{-1}$				
额定耗煤量/$t \cdot min^{-1}$				
燃烧状况				
各部渗漏				
是否振动				
异常声响				
补水泵				
鼓风机				
引风机				
除尘系统				

续上表

项目	1		2	
	配置标准	实际	配置标准	实际
出渣机				
各部电机电流/A				
控制柜				
安全阀				
压力表				
阀门				
控制系统				
各部膨胀				
管道与汽缸				
试运行时间				
防腐与油漆				
各部保温				

存在问题：

记录人：　　　　　时间：　　　　　审核人：

燃气（油）锅炉查验记录表

物业项目：_____　　查验日期：_____　　编号：_____
建设单位：_____　　参加人员：_____
物业服务企业：_____　　参加人员：_____

项目	1		2	
	配置标准	实际	配置标准	实际
锅炉名称				
型号				
机组品牌				
生产厂家				

续上表

项目	1		2	
	配置标准	实际	配置标准	实际
用途与台数				
安装地点				
额定出力/t				
额定压力/MPa				
额定温度/℃				
额定炉膛速度/r·min^{-1}				
额定耗气量/t·min^{-1}				
燃烧状况				
各部渗漏				
是否振动				
异常声响				
补水泵				
排烟系统				
引风机				
控制柜				
安全阀				
压力表				
阀门				
控制系统				
各部膨胀				
管道与汽缸				
试运行时间				
防腐与油漆				
各部保温				
存在问题：				

记录人：　　　　　　时间：　　　　　　审核人：

热交换器（机组）查验记录表

物业项目：_____   查验日期：_____   编号：_____
建设单位：_____   参加人员：_____
物业服务企业：_____   参加人员：_____

项目	1		2	
	配置标准	实际	配置标准	实际
机组名称				
型号				
机组品牌				
生产厂家				
用途与台数				
安装地点				
电动机型号、台数				
电动机规格				
控制柜				
过滤器				
渗漏				
是否振动				
异常声响				
阀门				
安全阀				
压力表				
水压试验				
安全阀试验				
试用时间				

续上表

项目	1		2	
	配置标准	实际	配置标准	实际
热源进口压力/MPa				
热源进口温度/℃				
热源出口温度/℃				
热源出口压力/MPa				
温水出口压力/MPa				
温水出口温度/℃				
热水出口压力/MPa				
热水出口温度/℃				
热水循环量/m²				
实际换热量/kW·h^{-1}				
运行状况				
存在问题：				

记录人：　　　　　时间：　　　　　审核人：

热力站子系统查验记录表

物业项目：_____　　查验日期：_____　　编号：_____

建设单位：_____　　参加人员：_____

物业服务企业：_____　　参加人员：_____

序号	测试项目	测试情况	备注
1	系统参数的检测，包括：出口压力、温度、流量，运行状态，水位显示，油压、气压显示等		
2	锅炉燃烧系统的自动调节功能		
3	锅炉、水泵等设备的循序启停控制功能		
4	锅炉房可燃气体、有害物质浓度检测报警功能		

215

续上表

序号	测试项目	测试情况	备注
5	烟道温度超限报警和蒸汽压力超限报警功能		
6	设备故障报警和安全保护功能		
7	燃料消耗统计记录		
8	热交换系统参数检测，包括出水温度、水量		
9	热交换系统负荷的自动调节功能		
10	热交换系统设备的循序启停控制功能		
11	管网超压报警、循环泵故障报警和安全保护功能		
12	能源消耗统计记录		

记录人： 时间： 审核人：

热水器查验记录表

物业项目：_____ 查验日期：_____ 编号：_____

建设单位：_____ 参加人员：_____

物业服务企业：_____ 参加人员：_____

项目	1		2		3	
	配置标准	实际	配置标准	实际	配置标准	实际
名称						
品牌						
生产厂家						
用途与台数						
安装地点						
型号						
规格						
阀门						
仪表						
附件						

续上表

项目	1		2		3	
	配置标准	实际	配置标准	实际	配置标准	实际
渗漏						
水压试验						
安全阀试验						
试用时间						
水温/℃						
压力/MPa						
运行状态						
其他事项:						

记录人：　　　　　时间：　　　　　审核人：

警报系统查验记录表

物业项目：_____　查验日期：_____　编号：_____

建设单位：_____　参加人员：_____

物业服务企业：_____　参加人员：_____

序号	查验项目	查验方法	查验情况
1	管理软件设计功能	在管理计算机上对管理软件的所有功能逐项进行演示和操作，系统软件功能应全部符合设计要求	
2	管理软件安全性能	在管理计算机上对管理软件的安全性能进行演示和操作，包括操作人员的分级授权、操作人员操作信息的详细只读存储记录	
3	系统监控功能检测	在管理计算机上检查系统有无漏报、误报情况，检查系统布放和撤防的管理功能、非正常关机报警功能以及系统自检和巡检功能	
4	系统报警功能检测	人为触发防盗探测器，报警控制中心应可实时接收来自入侵探测器发生的报警信号，包括时间、区域及类别。报警信号应能保持至手动复位	

续上表

序号	查验项目	查验方法	查验情况
5	系统报警速度检测	人为触发入侵探测器，以探测器指示灯亮为起点，已报警控制中心接收到报警信号为终点，测其持续时间；令外部连线断路或短路，以断路或短路为起点，以报警控制中心接收到报警信号为终点，测其持续时间，应在报警信号发出警示，响应时间小于4秒	
6	系统联动功能检测	人为触发报警器，检查系统联动功能，包括报警信号对相关现场照明系统的自动触发、对监控摄像机的自动启动、视频监视画面的自动调入、相关出入口的自动启闭、录像机的自动启动等	
7	探测器防破坏功能	分别在系统布放和撤防状态下，人工模拟破坏（包括拆除报警器和线路开关、短路、电源线被剪等），检查现场探测器的防破坏报警功能，报警信号应持续到报警原因被排除后方能实现复位；故障报警不应影响非故障回路的报警功能	
8	信息存储和上传功能	在系统管理计算机上监察报警信号的显示、记录、存储和联网上传功能，包括：报警信号装置的功能和准确性，报警信息的不可篡改性，报警系统的通信接口、通信协议和数据格式与城市"110"报警系统的兼容性，报警信号上传的人工确认等功能	
9	系统漏报误报检测	在现场采用模拟法给出若干报警事件，在监控中心检查有无漏报和误报现象	
10	主/备电源自动切换	1）模拟市电停电方式，检测系统设备用电自动投入的切换功能和切换时间； 2）主电源恢复时，又能自动转换到主电源供电，并对备用电源自动充电，电源转换时，不应出现误报报警； 3）主电源断电时，备用电源容量应满足满载设置警戒条件下连续工作8小时要求	

备注：

记录人：　　　　　　时间：　　　　　　审核人：

软水处理设备查验记录表

物业项目：_____ 查验日期：_____ 编号：_____

建设单位：_____ 参加人员：_____

物业服务企业：_____ 参加人员：_____

项目	1		2	
	配置标准	实际	配置标准	实际
设备名称				
型号				
品牌				
生产厂家				
用途与台数				
安装地点				
仪表				
附件				
渗漏				
离子交换剂及质量				
处理水量/$m^3 \cdot h^{-1}$				
水质化验结果				
总硬度				
pH（25 ℃）				
溶解氧/$mg \cdot L^{-1}$				
含油量/$mg \cdot L^{-1}$				
试用时间				
运行状态				
再生还原情况				

存在问题：

记录人：_____ 时间：_____ 审核人：_____

弱电系统的工程分项表

序号	子分部工程	分项工程	备注
1.1	楼宇自控系统	中央管理工作站	楼宇自控系统的查验应在建筑给水排水、采暖工程、电气安装工程、通风与空调工程以及电梯安装工程验收合格后进行
1.2		控制器与末端设备	
1.3		冷冻机子系统	
1.4		热力站子系统	
1.5		空调机子系统	
1.6		给排水子系统	
1.7		变配电子系统	
1.8		公共照明子系统	
1.9		电梯子系统	
2.1	安全技术防范系统	中央计算机	
2.2		入侵警报系统	
2.3		视频监控系统	
2.4		出入口控制系统	
2.5		楼宇对讲系统	
2.6		周界防范系统	
2.7		电子巡更系统	
3.1	广播会议设备系统	厅堂扩声系统	
3.2		数字会议系统	
3.3		同声传译系统	
4	有线电视与卫星接收系统	有线电视与卫星接收系统	
5	停车场管理系统	停车场管理系统	

散热器查验记录表

物业项目：_____ 查验日期：_____ 编号：_____

建设单位：_____ 参加人员：_____

物业服务企业：_____ 参加人员：_____

项目	1		2	
	配置标准	实际	配置标准	实际
名称				
机组品牌				
生产厂家				
用途与台数				
安装地点				
型号				
规格				
主要性能				
管道				
电气与供电				
油漆防腐				
阀门				
标识				
安装质量				
标识				
试用时间				
运行状态				
房间温度/℃				
存在问题：				

记录人： 时间： 审核人：

尚未移交资料清单

序号	资料名称	未移交资料名称	补交时限	备注
1	竣工图、竣工验收资料			
2	共用设施清单及其安装、使用和维护保养等技术资料			
3	供水、供电、供气、供热、通信、有线电视等准许使用文件			
4	物业保修文件和物业使用说明书			
5	承接查验所必需的其他资料			

建设单位：
签字（盖章） 日期：

物业服务企业：
签字（盖章） 日期：

设备图纸、资料及备件查验记录表

物业项目：_____　　查验日期：_____　　编号：_____

建设单位：_____　　参加人员：_____

物业服务企业：_____　　参加人员：_____

序号	项目	内容	设计配置标准				查验实际				备注
			1	2	3	4	1	2	3	4	
1	图纸资料	图名									依据设备出厂装箱单与有关合同
		图号									
		页数									
		说明书									
2	备品备件	名称									
		型号									
		规格									
		数量									
		完好程度									
3	专业工具	名称									
		型号									
		规格									
		数量									
		完好程度									
		使用说明									
4	防护用品	名称									
		型号									
		规格									
		数量									
		完好程度									
		使用说明									
5	其他										

记录人：_____　　时间：_____　　审核人：_____　　时间：_____

设施设备现场查验前风险分析与控制措施

序号	验收过程中的风险分析	控制措施	备注
1	损坏设备	做好准备,带好工具,使用前认真检查,使用时规范操作,注意善后	(1)由厂家或安装单位的专业人员操作; (2)做好应急预案; (3)现场查验前培训
2	遗留物品	清点、登记所带物品	
3	防止触电、撞伤	退出相关设备电源,戴安全帽	
4	防止高空坠落	使用合格的梯子,系上安全带	
5	验收漏项	对照现场查验工作计划逐项验收,做好记录	

深井与水泵查验记录表

物业项目:_____   查验日期:_____   编号:_____

建设单位:_____   参加人员:_____

物业服务企业:_____   参加人员:_____

项目	1		2	
	配置标准	实际	配置标准	实际
名称				
用途与数量				
深井地点				
施工单位深井开凿深度				
深井成井深度				
深井开凿井径				
深井成管管径				
深井井管材质				
深井填料规格与数量				
深井滤水管管径				
深井滤水管长度				
深井滤水管位置				

续上表

项目	1		2	
	配置标准	实际	配置标准	实际
深井沉沙管长度				
深井泵房建筑物				
电源、动力、照明				
深井泵名称				
深井泵品牌				
生产厂家				
深井泵型号				
深井泵规格				
深井泵出水量/$m^3 \cdot h^{-1}$				
深井泵总扬程				
出水含沙量				
出水 pH				
深井排沙时间				
深井泵额定功率/kW				
深井泵电流/A				
试运行时间				
运行状态				

记录人：　　　　　　时间：　　　　　　审核人：

视频监视系统查验记录表

物业项目：_____　　查验日期：_____　　编号：_____

建设单位：_____　　参加人员：_____

物业服务企业：_____　　参加人员：_____

序号	查验项目	查验方法	查验情况
1	设备接入率和完好率	按照前端设备的 20% 抽取，在监控中心进行操作，监察摄像机和云台的所有控制功能应 100% 符合设计要求	

225

续上表

序号	查验项目	查验方法	查验情况
2	对前端设备的配合使用	在监控中心的主机进行各项操作，检查主机对前端设备的操作功能、图像切换功能，应符合设计要求	
3	图像字符叠加功能	在监控主机上人为修改年/月/日/星期/时/分/秒、摄像机标号以及录像模式设定，检查字符叠加功能，应符合设计要求	
4	系统报警功能	人为设置报警时间，如视频丢失、硬盘满、报警满等警告的时间，监测监控主机和相关设备的相应功能和时间，应符合设计要求	
5	布放设置功能	在监控主机进行布放设置，现场检查布放设置的情况，应符合设置要求	
6	系统设置功能	在现场人为设置2～3次不同报警事件，检查系统联动，应符合设计要求	
7	图像存储和回放功能	现场检查图像的回放模式、回放质量、保存时间、图像压缩格式、分辨率、录像速度、录像的时间间隔，应符合设计要求	
8	图像清晰度和抗干扰能力	检测视频图像质量，主观评价，不应低于4级标准	
9	摄像机的低照度指标	摄像机在低照度下的图像质量应满足使用要求	
10	矩阵控制器的切换功能	现场检查矩阵控制器的切换功能，包括通用巡视、序列巡视、监视器巡视，应符合设计要求	
11	矩阵控制器的控制功能	现场检查矩阵控制器对云台、镜头及其他附属设备的控制功能，应符合设计要求	
12	操作权限设置功能	检查操作权限的设置，应符合使用要求	
备注：			

记录人：　　　　　时间：　　　　　审核人：

室内供水管道与附件查验记录表

物业项目：_____　　查验日期：_____　　编号：_____

建设单位：_____　　参加人员：_____

物业服务企业：_____　　参加人员：_____

项目	1		2		3		4		5	
	标准	实际	标准	实际	标准	实际	标准	实际	标准	实际
管道名称										
用途与数量										
管道材质										
安装地点										
规格										
连接方式										
安装质量										
固定支架及紧固										
防腐与油漆										
压力表										
用水附件										
阀门										
安全阀										
减压装置										
防漏措施										
与建筑体密封										
其他事项：										

记录人：_____　　时间：_____　　审核人：_____

室内卫生器具查验记录表

物业项目：_____　　查验日期：_____　　编号：_____
建设单位：_____　　参加人员：_____
物业服务企业：_____　参加人员：_____

项目	1		2		3		4	
	标准	实际	标准	实际	标准	实际	标准	实际
器具名称								
品牌								
生产厂家								
用途与数量								
安装地点								
规格								
连接方式								
安装质量								
固定支架及紧固								
防腐与油漆								
阀门								
用水附件								
与建筑体密封								
水压试验								
排水试验								
闭水试验								
开关灵活								
使用情况								

其他情况：

记录人：　　　　　时间：　　　　　审核人：

室外排水系统查验记录表

物业项目：_____　　查验日期：_____　　编号：_____

建设单位：_____　　参加人员：_____

物业服务企业：_____　　参加人员：_____

项目	1		2		3		4	
	标准	实际	标准	实际	标准	实际	标准	实际
管道名称								
管道材质								
用途与数量								
安装地点								
规格								
连接方式								
井、池盖外观质量								
井盖防腐油漆								
连接处的密封								
井、池内清洁								
灌水试验								
通球试验								
其他事项：								

记录人：_____　　时间：_____　　审核人：_____

智能会议系统查验记录表

物业项目：_____　　查验日期：_____　　编号：_____

建设单位：_____　　参加人员：_____

物业服务企业：_____　　参加人员：_____

序号	名称	规格与型号	数量	安放地点	外观查验	备注
1	中央控制机					
2	中控触摸屏					
3	控制模块					
4	音、视频矩阵					
5	VGC 矩阵					
6	矩阵切换器					
7	数字发言主机					
8	主席机					
9	代表机					
10	功率放大器					
11	专业音箱					
12	效果器					
13	调音台					
14	均衡器					
15	啸声抑制器					
16	混音台					
17	有线话筒					
18	无线话筒					
19	视频显示系统					
20	投影仪					
21	手写式触摸屏					
22	云台摄像机					
23	液晶电视					
24	LED 会标					
其他：						

记录人：_____　　时间：_____　　审核人：_____

水池、水箱查验记录表

物业项目：_____ 查验日期：_____ 编号：_____

建设单位：_____ 参加人员：_____

物业服务企业：_____ 参加人员：_____

项目	1		2		3	
	配置标准	实际	配置标准	实际	配置标准	实际
名称						
用途与台数						
安装地点						
容积						
材质						
阀门						
仪表						
附件						
渗漏						
水位控制						
溢水试验						
其他事项：						

记录人：_____ 时间：_____ 审核人：_____

太阳能热水器查验记录表

物业项目：_____ 查验日期：_____ 编号：_____

建设单位：_____ 参加人员：_____

物业服务企业：_____ 参加人员：_____

项目	1		2		3	
	配置标准	实际	配置标准	实际	配置标准	实际
名称						
品牌						
生产厂家						
用途与台数						
安装地点						
型号						
规格						
阀门						
附件						
渗漏						
接地电阻/kΩ						
充水试验						
溢排水试验						
试用时间						
水温/℃						
压力/MPa						
试用状态						
其他事项：						

记录人：_____ 时间：_____ 审核人：_____

厅堂扩音系统查验记录表

物业项目：_____   查验日期：_____   编号：_____

建设单位：_____   参加人员：_____

物业服务企业：_____   参加人员：_____

序号	名称	规格型号	数量	安放地点	外观查验	备注
1	无线话筒					
2	有线话筒					
3	CD 机					
4	DVD 机					
5	监听音箱					
6	调音台					
7	均衡器					
8	压限器					
9	分频器					
10	效果器					
11	啸声抑制器					
12	激励器					
13	延时器					
14	主功放					
15	低音功效					
16	高音功效					
17	主音箱					
18	低音音箱					
19	高音音箱					
20	后场音箱					
21	反送音箱					
22	时序电源					
其他：						

记录人：_____   时间：_____   审核人：_____

停车场查验记录表

物业项目：_____　　查验日期：_____　　编号：_____

建设单位：_____　　参加人员：_____

物业服务企业：_____　　参加人员：_____

序号	名称	规格型号	数量	安放地点	外观查验	备注
1	管理计算机					
2	出口管理站					
3	入口管理站					
4	摄像机					
5	发卡器					
6	读卡器					
7	挡车器					
8	信息显示屏					
9	寻车器					
10	车位站位器					
11	票据打印机					
其他：						

记录人：　　　　　时间：　　　　　审核人：

通风机管查验记录表

物业项目：_____   查验日期：_____   编号：_____

建设单位：_____   参加人员：_____

物业服务企业：_____   参加人员：_____

项目	1		2	
	配置标准	实际	配置标准	实际
名称				
机组品牌				
生产厂家				
用途与台数				
安装地点				
型号				
规格				
主要性能				
风过滤器				
管道				
电气与供电				
油漆防腐				
阀门				
标识				
仪表				
安装质量				
标识				
风量/$m^3 \cdot h^{-1}$				
风机电流/A				
风机转速/$r \cdot min^{-1}$				
电机温升/℃				
用电量/$kW \cdot h$				
风机效率/%				
试用时间				
运行状态				
存在问题：				

同声传译系统查验记录表

物业项目：_____　　查验日期：_____　　编号：_____

建设单位：_____　　参加人员：_____

物业服务企业：_____　　参加人员：_____

序号	名称	规格与型号	数量	安放地点	外观查验	备注
1	同传主机					
2	译音分配放大器					
3	干线分离器					
4	多通道选择器					
5	红外发射机					
6	供电设备					
7	激励设备					
8	译音员用传声器					
9	操作人员传声器					
10	有线耳机					
11	红外线耳机					
12	红外线接收机					
13	红外辐射板					
其他：						

记录人：_____　　时间：_____　　审核人：_____

网络控制器 NCU 查验记录表

物业项目：_____   查验日期：_____   编号：_____

建设单位：_____   参加人员：_____

物业服务企业：_____   参加人员：_____

序号	测试项目	测试情况	备注
1	规格、型号与数量		
2	控制器外观质量		
3	固定支架及线路连接		
4	安放地点及控制的子系统		
5	NCU 对 DDC 的监控功能		
6	NCU 的独立诊断功能		
7	后备电池的支持能力		
8	系统接口功能		
9	多用户使用功能		
10	密码与权限设定功能		
11	控制其网络联机功能		
其他：			

记录人：_____   时间：_____   审核人：_____

承接查验问题跟踪处理记录表

项目：_____ 专业：_____ 编号：_____

序号	问题项目与内容	解决时限与标准

物业服务企业：
签字（盖章）：　　　　　　　　日期：

建设单位：
签字（盖章）：　　　　　　　　日期：

复验结果：
签字（盖章）：　　　　　　　　日期：

备注：

承接查验最终遗留问题汇总表

项目：_____　　专业：_____　　编号：_____

序号	问题项目与内容	解决方案

建设单位：
企业签字（盖章）：　　　　　　　　　　日期：

物业服务企业：
签字（盖章）：　　　　　　　　　　　　日期：

备注：

物业项目移交表

物业项目：_____　移交日期：____年___月___日　编号：_____
建设单位：_____　物业服务企业：_____

序号	移交内容	移交方式
交方	签字（盖章）：	日期：
接方	签字（盖章）：	日期：

物业资料查验移交表

物业项目：_____　移交日期：____年___月___日　编号：_____

建设单位：_____　物业服务企业：_____

序号	资料名称	编码	册数	备注
交方	签字（盖章）：		日期：	
接方	签字（盖章）：		日期：	

吸收式冷（温）水机组查验记录表

物业项目：_____　查验日期：_____　编号：_____

建设单位：_____　参加人员：_____

物业服务企业：_____　参加人员：_____

项目	1		2	
	配置标准	实际	配置标准	实际
机组名称				
机组型号				
机组品牌				
生产厂家				
额定制冷/热量/kW				

241

续上表

项目			1		2	
			配置标准	实际	配置标准	实际
用途与台数						
额定耗气（汽）量/m³						
安装地点						
溴化锂溶液质量/kg						
溶液泵型号与数量						
真空泵及真空泵油						
热源（气源）						
安装质量						
各部渗漏						
管道与附件						
阀门、仪表						
控制与保护						
冷凝压力/kPa						
蒸发压力/kPa						
真空度/kPa						
浓溶液温度/℃						
稀溶液温度/℃						
冷媒水	进口	压力/MPa				
		温度/℃				
	流量/m³·h⁻¹					
	出口	压力/MPa				
		温度/℃				
冷却水	进口	压力/MPa				
		温度/℃				
	流量/m³·h⁻¹					
	出口	压力/MPa				
		温度/℃				

续上表

项目	1		2	
	配置标准	实际	配置标准	实际
实际耗气（汽）量/m³				
溶液泵运行状态				
真空泵运行状态				
运行声响				
机组振动				
试机时间				
防腐与油漆				
保温与标识				
存在问题：				

记录人：　　　　　时间：　　　　　审核人：

系统设施设备查验计划表

物业项目：_____　　　编号：_____

建设单位：_____　　　参加人员：_____

物业服务企业：_____　　参加人员：_____

序号	计划时间	查验项目	查验内容	检查人	记录人	负责人

编制：　　　　　日期：　　　　　审核：　　　　　确认：

消防系统各部位查验划分表

火灾自动报警系统查验范围分项划分表

序号	子分部项		查验范围分项
1	系统验收	探索器类设备	点型火灾探测器、线型感温火灾探测器、红外光束感烟火灾探测器、空气采样式火灾探测器、点型火焰探测器、图像火灾探测器、可燃气体探测器等
		控制器类设备	火灾报警控制器、消防联动控制器、区域显示器、气体灭火控制器、可燃气体报警控制器
		其他设备	手动报警按钮、消防电话、消防应急广播、消防设备应急电源、系统备用电源、消防控制中心图形显示装置等
		整体系统	系统性能

自动喷水灭火系统查验范围分项划分表

序号	子分部项	查验范围分项
1	供水设施安装与施工	消防水泵和稳压泵安装、消防水箱安装和消防水池施工、消防气压给水设备安装、消防水泵接合器安装
2	管网及系统组件安装	管网安装、喷头安装、报警阀组安装、其他组件安装
3	系统施压和冲洗	水压试验、气压试验、冲洗
4	系统调试	水源测试、消防水泵测试、稳压泵调试、报警阀组调试、排水装置调试、联动试验

消火栓灭火系统查验范围分项划分表

序号	子分部项	查验范围分项
1	供水设施安装与施工	消防水泵、消防水箱安装和消防水池施工、消防气压给水设备安装、消防水泵接合器安装
2	管网及系统组件安装	管网安装、消火栓安装、消防软管卷盘安装、水龙带安装、其他组件安装、水枪的配置等
3	系统施压和冲洗	水压试验、气压试验、冲洗
4	系统调试	水源测试、消防水泵调试、排水装置调试、消火栓试射试验、联动试验

气体灭火系统查验范围分项划分表

序号	子分部项	查验范围分项
1	系统组件	灭火剂储存装置、选择阀及信号反馈装置、阀驱动装置、灭火剂输送管道、喷嘴、灭火系统、控制组件
2	系统验收	防火区或保护对象与储存装置间验收
		设备和灭火剂输送管道验收
		系统功能验收

泡沫灭火系统查验范围分项划分表

序号	子分部项	查验范围分项
1	系统组件	泡沫液储罐、泡沫比例混合器、泡沫生产装置、消防泵、泡沫消火栓、阀门、压力表、管道过滤器、金属软管
2	系统验收	低、中倍数泡沫灭火系统喷泡沫功能：混合比、发泡倍数、到最远防护区域储罐的时间、湿式连用系统水与泡沫的转换时间
		高倍数泡沫灭火系统喷泡沫功能：混合比、泡沫供给速度、自接到火灾模拟信号至开始喷泡沫的时间

固定消防灭火系统查验范围分项划分表

序号	子分部项	查验范围分项
1	系统组件	消防炮、泡沫比例混合装置和泡沫液储罐、干粉罐和氮气瓶组、消防泵组、管道与阀门、消防炮塔、动力源
2	系统验收	系统启动功能：系统手动启动功能、主/备电源的切换功能、消防泵组的功能、联动控制功能
		系统喷射功能：水炮、泡沫炮、干粉炮、水幕的喷射压力、转角、混合比、系统喷射响应时间等

消火栓灭火系统查验记录表

物业项目：_____ 查验日期：_____ 编号：_____

建设单位：_____ 参加人员：_____

物业服务企业：_____ 参加人员：_____

序号	查验项目名称	配置标准	实际配置	查验内容记录	评定结果
1					
2					
3					
4					
5					
6					
7					
8					
9					
10					
11					
查验结果					

记录人：_____ 日期：_____ 审核人：_____ 日期：_____

备用电源查验记录表

物业项目：_____ 查验日期：_____ 编号：_____

建设单位：_____ 参加人员：_____

物业服务企业：_____ 参加人员：_____

序号	查验项目	查验情况	备注
1	规格与型号		
2	主要技术参数		
3	维保与操作手册		
4	专用工具		
5	备品备件		

续上表

序号	查验项目	查验情况	备注
6	外观质量		
7	启动电池		
8	绝缘电阻		
9	相序		
10	接地		
11	排烟风机		
12	油箱储量		
13	其他项目		
14	试验运行		
其他：			

记录人：　　　　　日期：　　　　　审核人：　　　　　日期：

游泳池及附属设施设备查验记录表

物业项目：_____　　查验日期：_____　　编号：_____

建设单位：_____　　参加人员：_____

物业服务企业：_____　　参加人员：_____

项目	1		2		3	
	配置标准	实际	配置标准	实际	配置标准	实际
名称						
品牌						
生产厂家						
用途与台数						
安装地点						
型号						
规格						
阀门						
仪表						
附件						
渗漏						

续上表

项目	1		2		3	
	配置标准	实际	配置标准	实际	配置标准	实际
水压试验						
安全阀试验						
试用时间						
水温/℃						
水质						
运行状态						
其他事项：						

记录人：　　　　　　时间：　　　　　　审核人：

有线电视及卫星电视接收系统查验记录表

物业项目：_____　　查验日期：_____　　编号：_____

建设单位：_____　　参加人员：_____

物业服务企业：_____　　参加人员：_____

序号	名称	规格与型号	数量	安放地点	外观查验	备注
1	网络机柜					
2	捷变频调制器					
3	C波段高频头					
4	Ku波段高频头					
5	C波段卫星天线					
6	Ku波段卫星天线					
7	卫星接收机					
8	光接收机					
9	光终端盒					
10	十六路混合器					
11	双向干线放大器					
12	电源供电器					
13	分支器、分配器					
其他：						

记录人：　　　　　　时间：　　　　　　审核人：

照明灯具现场查验记录表

物业项目：_____ 查验日期：_____ 编号：_____

建设单位：_____ 参加人员：_____

物业服务企业：_____ 参加人员：_____

序号	查验项目	查验情况	备注
1	灯具名称		
2	灯具数量		
3	规格与型号		
4	光源类型		
5	安装地点		
6	额定功率/kW		
7	额定电压/V		
8	外观是否完好		
9	固定是否套牢		
10	电气连接是否紧固		
11	金属立柱及灯具可接近裸露导体接地或接零是否可靠		
12	通电时运行是否正常		
其他：			

记录人：_____ 时间：_____ 审核人：_____

蒸汽压缩式冷水（热泵）机组查验记录表

物业项目：_____ 查验日期：_____ 编号：_____

建设单位：_____ 参加人员：_____

物业服务企业：_____ 参加人员：_____

项目	1		2	
	配置标准	实际	配置标准	实际
机组名称				
机组型号				
机组品牌				
生产厂家				

249

续上表

项目			1		2	
			配置标准	实际	配置标准	实际
额定制冷、热量/kW						
用途与台数						
安装地点						
制冷工质质量/kg						
润滑油质量/kg						
电动机型号、规格						
控制柜型号、功能						
蒸发器型号、规格						
冷凝器型号、规格						
输入功率/kW						
能效比						
各部零部件						
安装质量						
各部渗漏						
管道与附件						
阀门、仪表						
机组保护功能						
冷凝压力/kPa						
蒸发压力/kPa						
油压/kPa						
油压差/kPa						
油箱/kPa						
冷凝温度/℃						
蒸发温度/℃						
冷媒水	进口	压力/MPa				
		温度/℃				
		流量/m³·h^{-1}				
	出口	压力/MPa				
		温度/℃				

续上表

项目			1		2	
			配置标准	实际	配置标准	实际
冷却水	进口	压力/MPa				
		温度/℃				
	流量/m³·h⁻¹					
	出口	压力/MPa				
		温度/℃				
电机电流/A						
电机温度/℃						
运行声响						
机组振动						
试机时间						
防腐与油漆						
保温与标识						
存在问题：						

记录人：　　　　　时间：　　　　　审核人：

执行机构查验记录表

物业项目：_____　　查验日期：_____　　编号：_____

建设单位：_____　　参加人员：_____

物业服务企业：_____　　参加人员：_____

序号	测试项目	测试情况	备注
1	规格、型号与数量		
2	安装质量		
3	安装位置		
4	机械部分		
5	被控设备、器件		
6	工作电压的检测		

251

续上表

序号	测试项目	测试情况	备注
7	组装质量的检测		
8	机械连接的检测		
9	动作精确性的检测		
10	动作准确性的检测		
11	自动复位功能的检测		
12	响应时间的检测		
13	防水防震的检测		
14	随动设备的检测		
15	有无异常声音、气味		
其他:			

记录人：　　　　　时间：　　　　　审核人：

直接数字控制器 DDC 查验记录表

序号	测试项目	测试情况	备注
1	规格、型号与数量		
2	控制器外观质量		
3	固定支架及线路标识		
4	安放地点及上级子系统		
5	对中央计算机的响应		
6	对网络控制器的响应		
7	控制对象是否准确		
8	输出与返回数据精度		
9	DDC 运行的可靠性、稳定性		
其他:			

记录人：　　　　　时间：　　　　　审核人：

直流屏查验记录表

物业项目：_____ 查验日期：_____ 编号：_____

建设单位：_____ 参加人员：_____

物业服务企业：_____ 参加人员：_____

序号	查验项目	查验情况	备注
1	规格与型号		
2	基本参数		
3	外观质量		
4	基本功能		
5	保护接地		
6	绝缘电阻		
7	监控装置		
8	信号试验		

其他：

中水设备查验记录表

物业项目：_____ 查验日期：_____ 编号：_____

建设单位：_____ 参加人员：_____

物业服务企业：_____ 参加人员：_____

项目	1		2		3	
	配置标准	实际	配置标准	实际	配置标准	实际
名称						
机组品牌						
生产厂家						
用途与台数						
安装地点						
型号						

续上表

项目	1		2		3	
	配置标准	实际	配置标准	实际	配置标准	实际
规格						
阀门						
仪表						
附件						
渗漏						
水压试验						
安全试验						
试用时间						
水质						
水量						
运行状态						
其他事项：						

记录人：　　　　　时间：　　　　　审核人：

中央管理工作站试运行记录表

物业项目：_____　　查验日期：_____　　编号：_____

建设单位：_____　　参加人员：_____

物业服务企业：_____　　参加人员：_____

序号	测试项目	测试方法	测试情况	备注
1	软件功能	检测计算机的开机密码是否正确，对人员操作权限的认定是否正确，可否拒绝非法操作、越权操作等		
		检测计算机的管理软件以及数据库管理软件运行是否正常，是否具有正版授权		
		计算机人机界面是否具有友好、汉化、图形化特点，图形切换流程是否清楚易懂、便于操作；报警信息的显示和处理应直观有效		

续上表

序号	测试项目	测试方法	测试情况	备注
2	数据备份	检测中央管理工作站数据库数据备份情况，存储点的历史记录、趋势分析，操作人员进入/退出记录，以及报警记录等是否齐全准确；中央管理工作站存储的历史数据时间应大于3个月		
3	数据精度	检测中央管理工作站所设定的参数与现场所测得的对象参数是否相符，其数据精度是否在规定的范围以内		
4	指令下达	在中央管理工作站下达模拟输出量或数字输出量的指令，观察现场执行机构或对象是否动作准确、有效以及指令返回时间；中央管理工作站的指令应被无冲突地执行		
5	报警功能	在DDC站输入端人为制造故障，观察中央管理工作站是否有报警故障数据登录，有否声光报警提示及其响应时间		
6	打印功能	检查数据报表和打印是否正确、清晰以及响应时间；进行报警打印，查看报警点的名称、说明、时间、日期是否正确		
7	备用电源	人为制造中央管理工作站断电，检测备用电源的切换功能；恢复送电后，检查中央管理工作站的数据是否完好，有否丢失数据，监管功能是否安装有效；UPS电源不间断供电能力应大于30分钟，检查电压与频率的稳定性是否符合出厂要求		
8	系统接地	工作接地系统是否可靠。采用建筑物金属体作为接地装置时，其接地电阻应不大于1欧姆；采用单独接地装置时，其接地电阻应不大于设备要求的最小值		

其他：

记录人： 时间： 审核人：

中央管理工作站查验记录表

物业项目：_____　　查验日期：_____　　编号：_____

建设单位：_____　　参加人员：_____

物业服务企业：_____　　参加人员：_____

序号	名称	规格型号	数量	安放地点	外观查验	备注
1	中央管理工作站					
2	显示器					
3	键盘					
4	鼠标					
5	操作系统软件					
6	系统运行软件					
7	数据库软件					
8	防病毒软件					
9	打印机					
10	调制解调器					
11	专用附件					
12	UPS 电源					
13	接地系统					

其他：

记录人：_____　　时间：_____　　审核人：_____

中央计算机查验记录表

物业项目：_____　　查验日期：_____　　编号：_____

建设单位：_____　　参加人员：_____

物业服务企业：_____　　参加人员：_____

序号	查验项目	查验情况	备注
1	在监控中心检查设备的运行情况，检查对前端设备的监控情况、图像质量和图像调用等		
2	在现场人为设置报警时间，在监控中心检查系统的报警功能		

续上表

序号	查验项目	查验情况	备注
3	在监控中心检查图像和其他信息（入侵报警、出入口控制、电子巡更等）记录的保存情况，检查信息的回放、查询和统计功能		
4	在现场设置报警事件，检查其他相关子系统的联动响应和监控中心设备的响应情况		
其他：			

记录人：　　　　　时间：　　　　　审核人：

自动喷水灭火系统查验记录表

物业项目：_____　　查验日期：_____　　编号：_____

建设单位：_____　　参加人员：_____

物业服务企业：_____　　参加人员：_____

序号	查验项目名称	配置标准	实际配置	查验内容记录	评定结果
1					
2					
3					
4					
5					
6					
7					
8					
9					
10					
11					
查验结果					

记录人：　　　　　日期：　　　　　审核人：　　　　　日期：

组合式供水设备查验记录表

物业项目：_____ 查验日期：_____ 编号：_____

建设单位：_____ 参加人员：_____

物业服务企业：_____ 参加人员：_____

项目	配置标准	实际
机组名称		
机组品牌		
生产厂家		
型号		
规格		
用途与数量		
安装地点		
稳流补偿器型号		
稳流补偿器规格		
真空控制器型号		
气压罐型号		
气压罐规格		
配备水箱材质及容积		
配备水箱尺寸		
配备变频器型号		
配备水泵型号与规格		
配备水泵台数		

续上表

项目	配置标准	实际
配备控制柜型号		
各部阀门		
压力表		
负压表		
压力传感器		
过滤器		
止回阀		
超压保护装置		
供水压力/MPa		
供水流量/$m^3 \cdot h^{-1}$		
启动时负压值		
气压罐压力/MPa		
正常时变频器频率		
变频器运行状况		
水泵运行状态		
水泵运行声响		
水泵运行振动		
电机电流/A		
电机温度/℃		

其他事项：

记录人： 　　　　时间： 　　　　审核人：

地产房屋质量维修工作单

序号：

以下由受理报修的物业人员填写				
报修人		联系电话		
维修项目		紧急程度	□加急	□普通
报修地址				
受理人		受理时间	完成时限	
报修内容				
以下由维修单位人员填写				
维修单位		接单人	接单时间	
维修结果				
报修人验收意见 （报修人亲笔填写）	□满意　□基本满意　□不满意 签名：　　　　　　日期：			
以下由接受回单和回访的物业人员填写				
回单接收人		回单时间	回单人	
回访人		回访时间	回访方式	□电话　□上门
回访结果	□满意　□基本满意　□不满意			
归档处理	□维修结束，归档 □报修人不满意，另单处理【编号：　　　】，归档 签名：			

客户投诉处理工作单

编号：

受理日期： 年 月 日

以下内容由受理人员填写			
客户名称		联系电话	
项目名称		物业编号	
投诉方式：□来访【 时 分】 □函件 □电话【号码： 时 分】			
投诉类别	□房屋质量问题 □办证问题 □物业服务 □其他：_____		
投诉内容摘要： 受理人：_____ 日期：			
以下内容由处理人员填写			
处理部门		接单人	接单时间
处理意见	签名： 日期：		
领导批示	签名： 日期：		
回单时间		物业签收	
回访人	时间	回访结果	□非常满意 □满意 □不满意
归档经手		归档日期	

注：本表一式四份：物业公司存根一份，投诉人一份，地产公司一份，客户档案保存一份。

地产房屋质量维修返工处理单

序号：

以下由物业人员填写				
报修人		联系电话		
原维修单编号		返工原因	□客户验收不合格 □物业验收不合格	
报修地址				
出单人		出单时间		完成时限
返工要求				
以下由维修单位人员填写				
维修单位		接单人		接单时间
维修结果				
报修人验收意见 （报修人亲笔填写）	□满意　□基本满意　□不满意 　　　　　　　　签名：　　　　　日期：			
以下由接受回单和回访的物业人员填写				
回单接收人		回单时间		回单人
回访人		回访时间		回访方式　□电话　□上门
回访结果	□满意　□基本满意　□不满意			
归档处理	□维修结束，归档 □报修人不满意，另单处理【编号：　　　　　】，归档 签名：			

质量维修超时维修申请

项目名称：　　　　　　　编号：

报修人		联系电话	
报修地址			
首次接单日期		联系电话	
质保责任单位		接单人	

维修内容：

　　因上述维修工作由于□接单后两天内未维修　□已超过处理时限　□第二次维修后仍未能通过业主验收　□出现第二次返修，根据"遗留工程超时维修处理流程"规定，申请于＿＿月＿＿日后进入超时维修。

　　　　　　　　　　物业服务中心负责人签名：＿＿＿＿　　日期：＿＿＿＿

审核意见：
□同意申请
□不同意申请，转由地产公司客户服务部直接处理
　　　　　　　　　　　　　　　　签名：＿＿＿＿　　日期：＿＿＿＿

签收记录	1. 地产公司：　　　签收人：　　　　日期： 或传真记录：接受传真号码：　　发出时间：　　月　日　时　分 2. 质保单位：　　　签收人：　　　　日期： 或传真记录：接受传真号码：　　发出时间：　　月　日　时　分 3. 物业公司：　　　签收人：　　　　日期： 或传真记录：接受传真号码：　　发出时间：　　月　日　时　分

　　备注：地产公司接到物业的超时维修申请，无论同意与否必须在两天内回复物业，两天内不回复视同地产公司同意申请。

第三章

装 修 管 理

一、流程图

装修手续办理流程

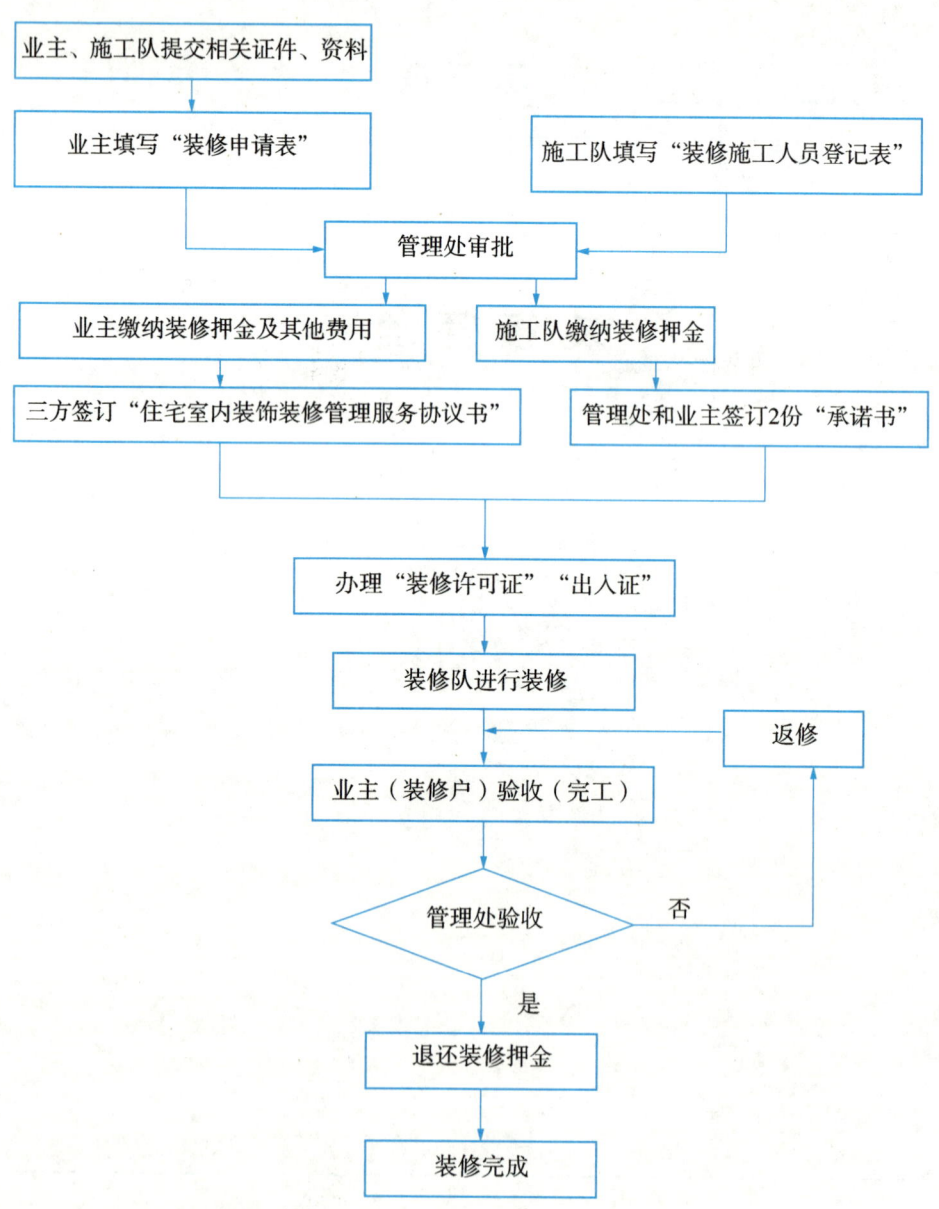

装修管理组织架构及职责流程

| 管理处经理 | 负责装修项目申请的批准 |

| 工程主管 | 负责装修项目申请的初审及日常巡查 |

| 装修管理员 | 负责日常施工的巡查监管 |

装修服务流程

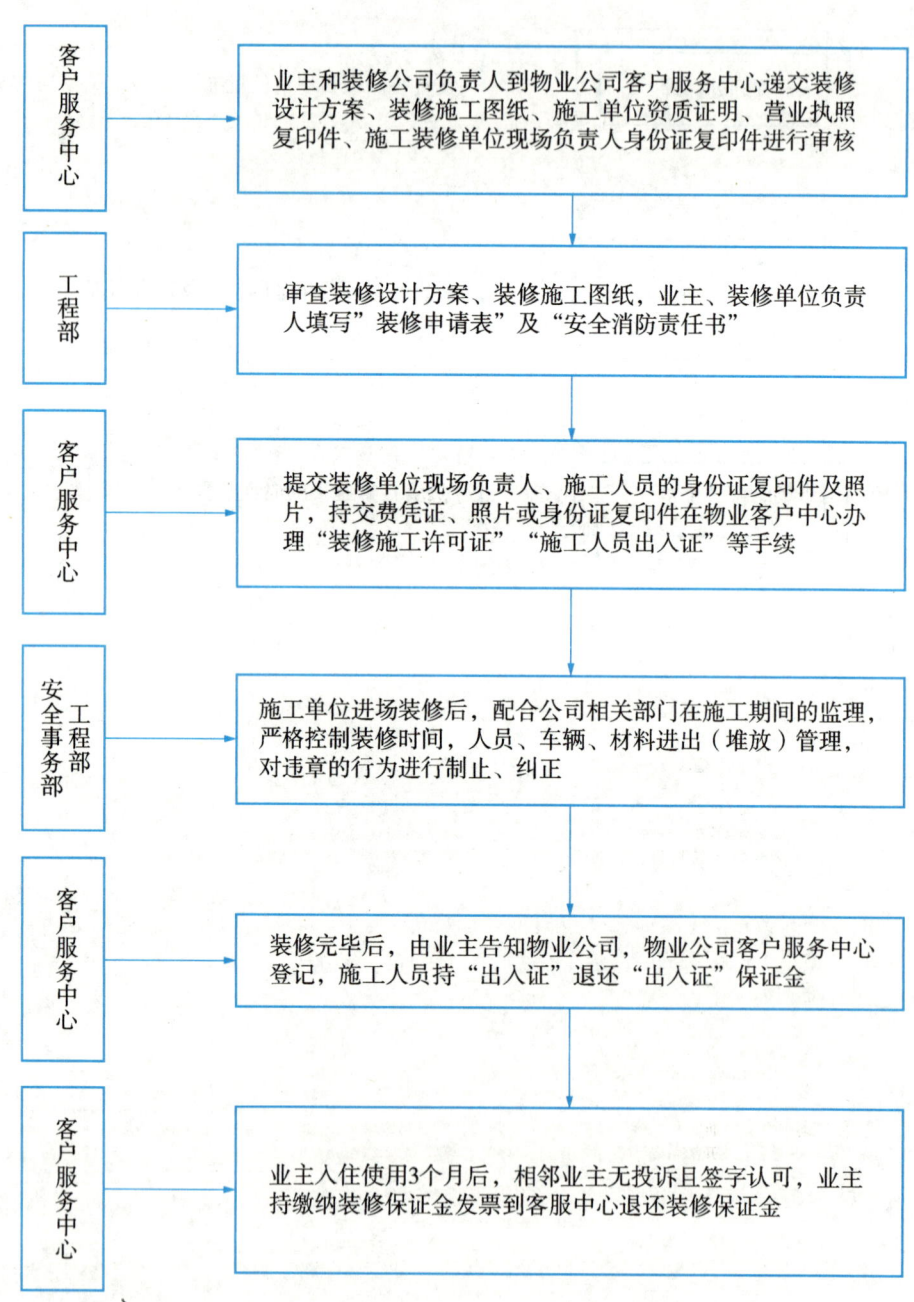

建筑施工及二次装修管理工作流程

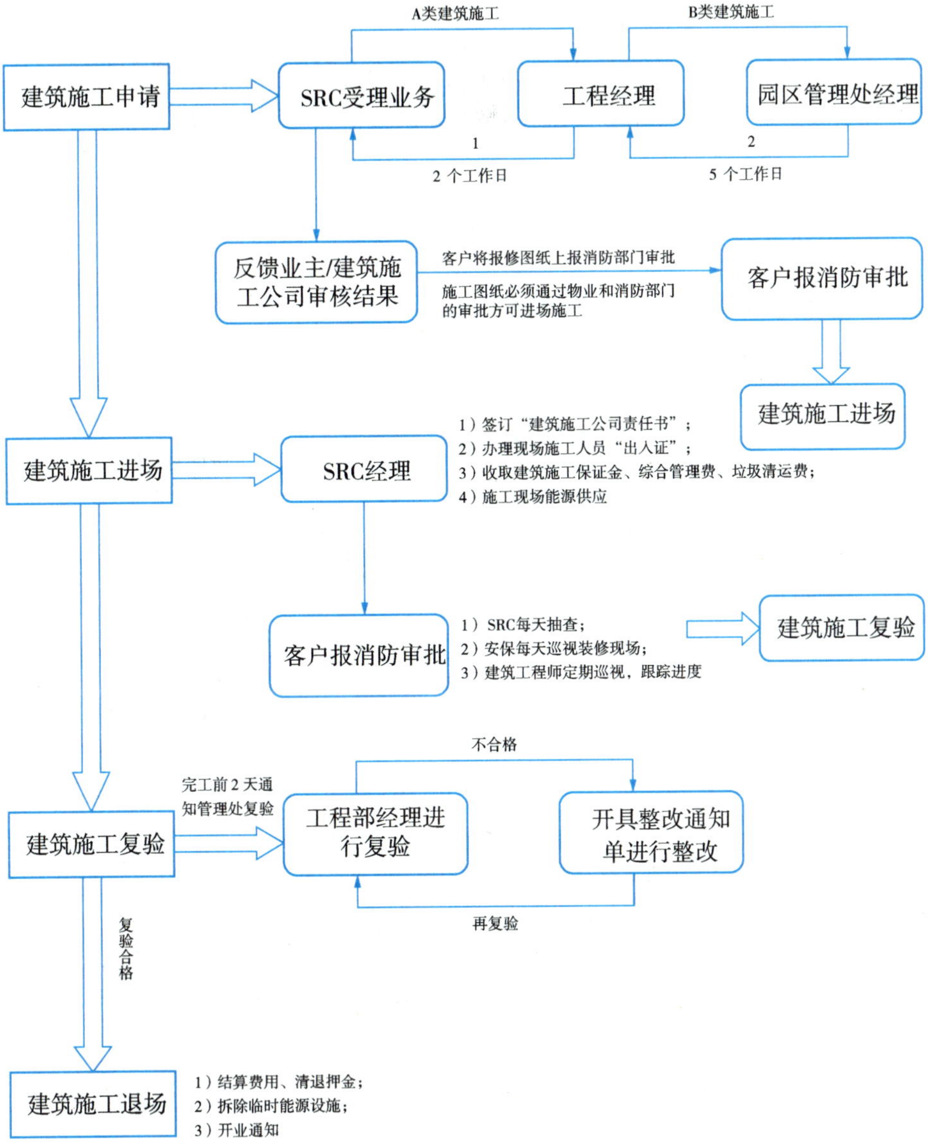

```
                              A类建筑施工           B类建筑施工
                         ┌──────────┐         ┌──────────┐
建筑施工申请 ──▶ SRC受理业务 ◀────▶ 工程经理    园区管理处经理
                         1                2
                    2个工作日           5个工作日

                    ▼
            反馈业主/建筑施     客户将报修图纸上报消防部门审批        客户报消防审批
            工公司审核结果     施工图纸必须通过物业和消防部门
                             的审批方可进场施工
                                                                建筑施工进场

                                    1）签订"建筑施工公司责任书"；
建筑施工进场 ──▶ SRC经理        2）办理现场施工人员"出入证"；
                              3）收取建筑施工保证金、综合管理费、垃圾清运费；
                              4）施工现场能源供应

                                    1）SRC每天抽查；
             客户报消防审批    2）安保每天巡视装修现场；      建筑施工复验
                              3）建筑工程师定期巡视，跟踪进度

                                         不合格
             完工前2天通
             知管理处复验    工程部经理进  ◀──▶  开具整改通知
建筑施工复验 ──▶  行复验                        单进行整改
                                         再复验

             复验合格
                 ▼
                             1）结算费用、清退押金；
建筑施工退场                  2）拆除临时能源设施；
                             3）开业通知
```

269

二次装修办理流程

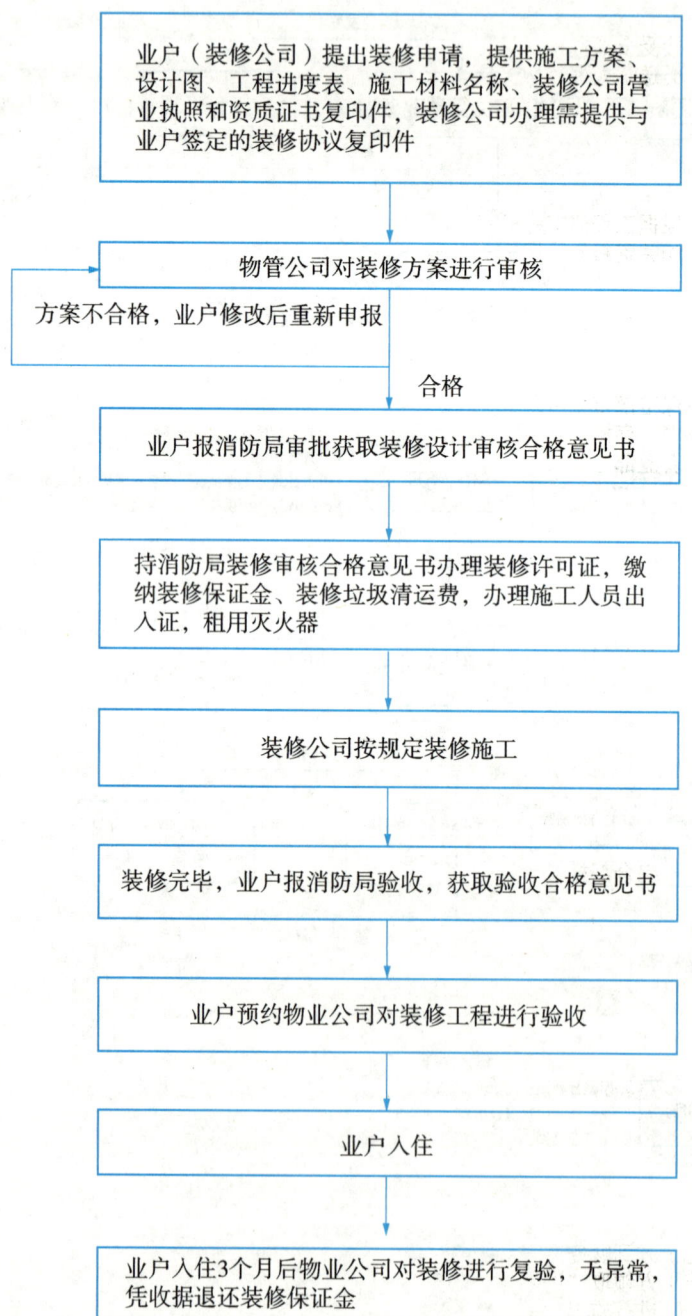

二次装修施工流程

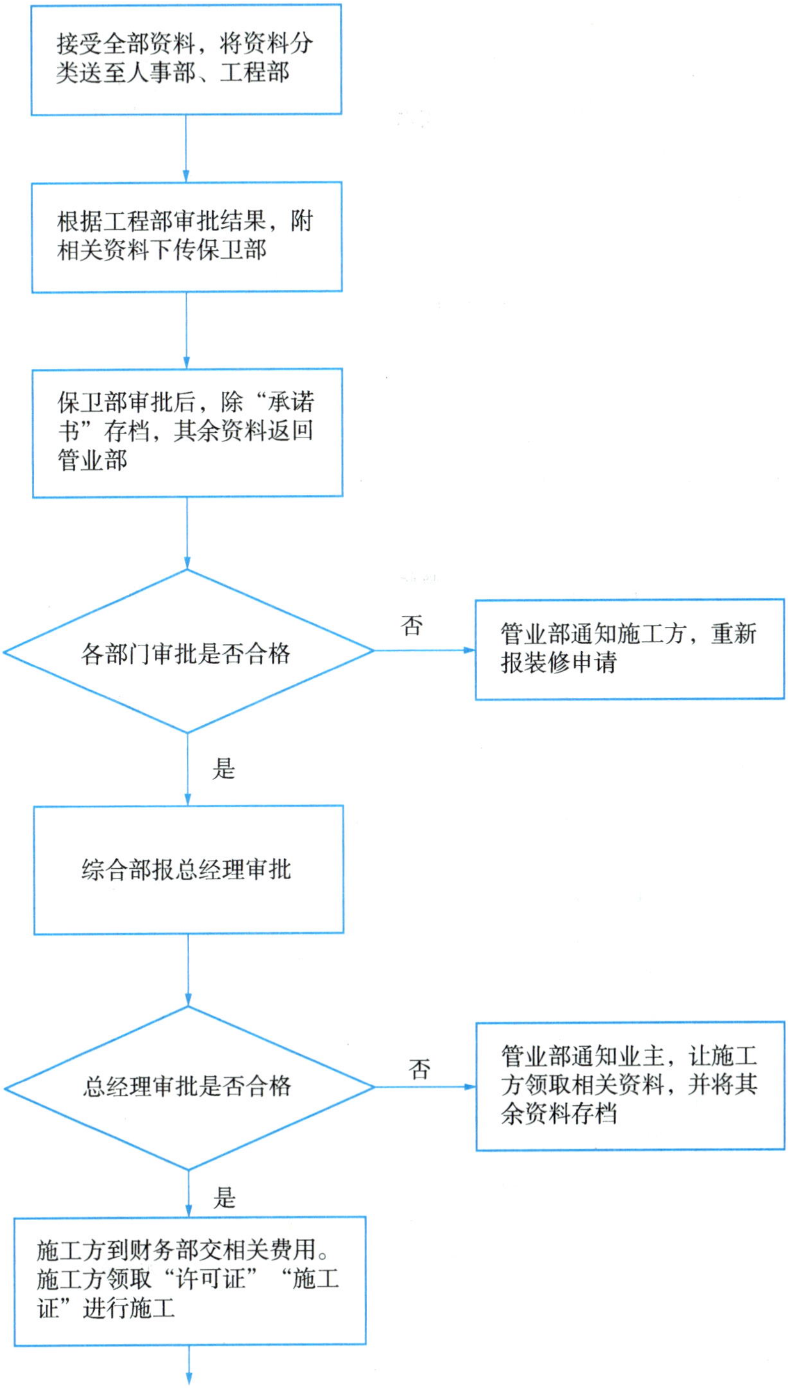

```
接受全部资料，将资料分类送至人事部、工程部
          ↓
根据工程部审批结果，附相关资料下传保卫部
          ↓
保卫部审批后，除"承诺书"存档，其余资料返回管业部
          ↓
   各部门审批是否合格 ──否──> 管业部通知施工方，重新报装修申请
          │是
          ↓
   综合部报总经理审批
          ↓
   总经理审批是否合格 ──否──> 管业部通知业主，让施工方领取相关资料，并将其余资料存档
          │是
          ↓
施工方到财务部交相关费用。施工方领取"许可证""施工证"进行施工
          ↓
```

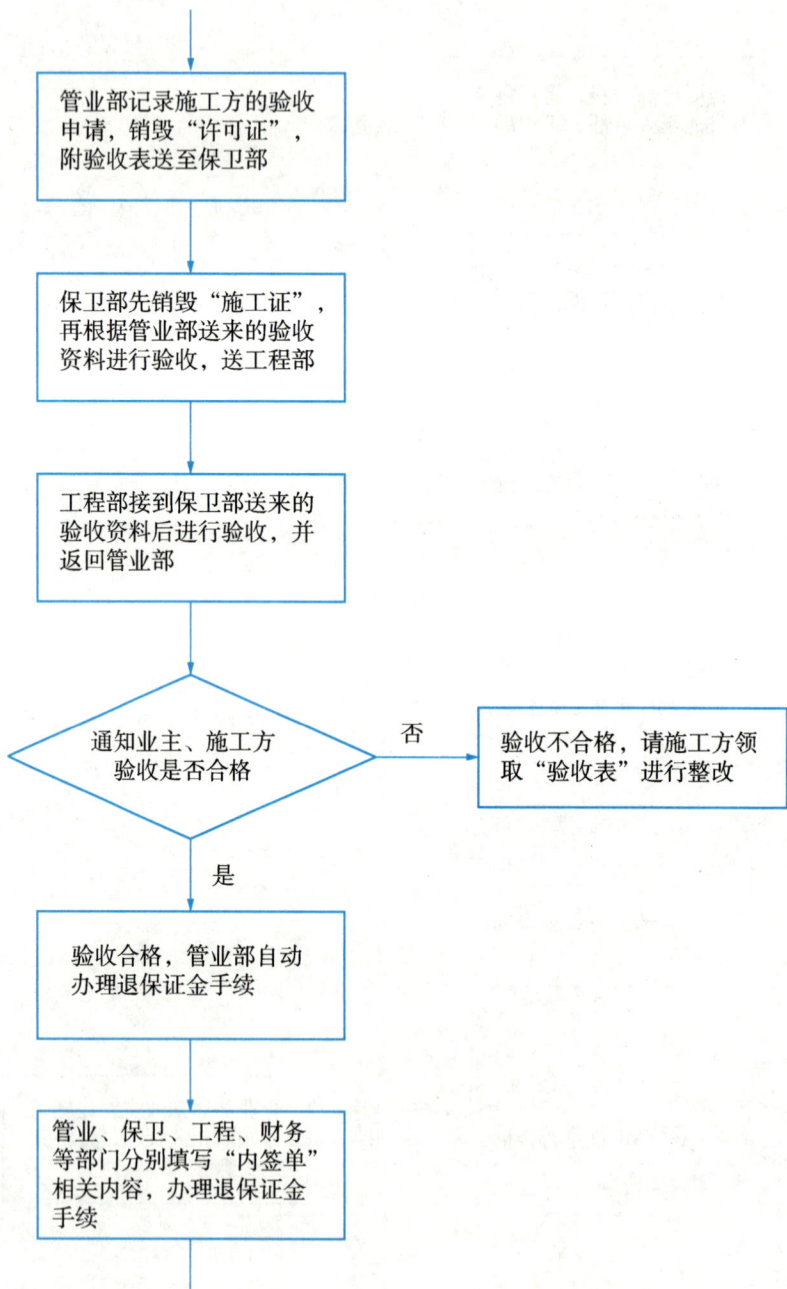

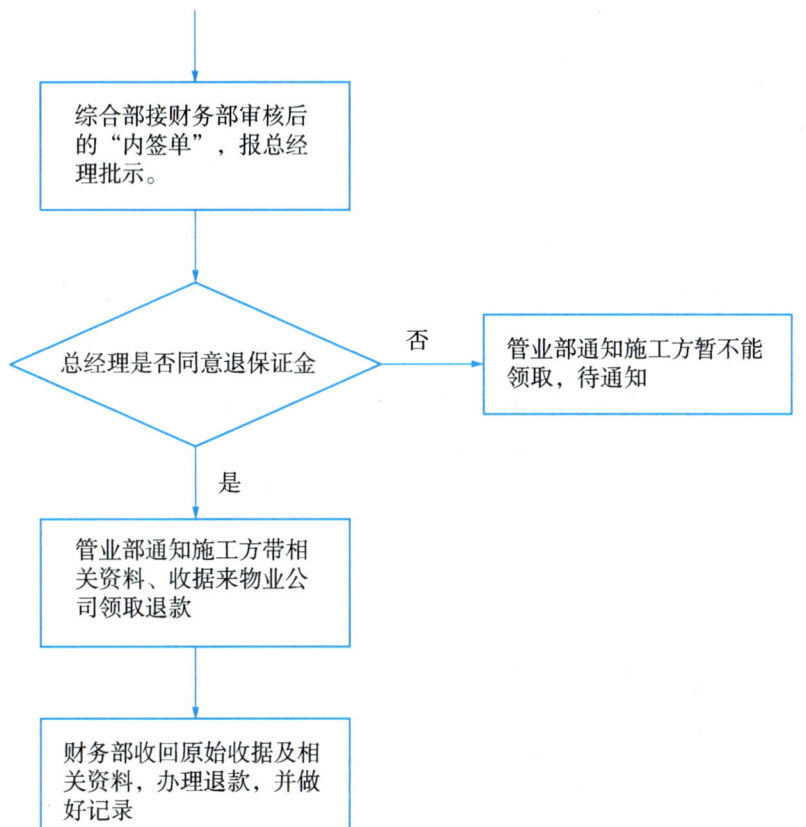

二、实用表格

装 修 申 请

* 施工方第一次到物业公司

一、管业部

发放相关资料：

①"××××××××装修协议书"（以下简称"协议书"），3份；

②"××××××××装修管理规定"，1份；

③"××××××××装修办理流程说明"，1份；

④"××××××××业主（使用人）装修施工申请表"（以下简称"申请表"），1份；

⑤"××××××××二次装修工程区域治安、消防承诺书"（以下简称"承诺书"），1份。

* 施工方第二次到物业公司

一、管业部

1. 检查施工方是否将如下资料备齐：

①"××××××××装修协议书"，3份；

②"××××××××业主（使用人）装修施工申请表"，1份；

③装修施工全套图纸，2套；

④装修公司营业执照副本复印件（须加盖公司原始公章，如是外地企业须持当地施工许可证），1份；

⑤装修公司企业资质证复印件（须加盖公司原始公章），1份；

⑥"××××××××二次装修工程区域治安、消防承诺书"（有装修单位公章），1份；

⑦装修公司与业主签署的装修合同复印件（加盖公司原始公章或带合同正本作为参考），1份；

⑧施工人员身份证复印件（如是外地人员须持务工证、暂住证），1份；

⑨施工人员1英寸照片，各2张；

⑩施工进度表，1份。

2. 于申请第1日填写好"装修审批单"（以下简称"审批单"）的相关内容；如缺少其中任一资料，便不予受理装修申请业务。

3. 接到申请第1日将审批单、申请表、图纸交至工程部进行审批。

4. 将施工方送至的协议书，填写"印鉴使用申请表"（以下简称"用印申请"）后报至综合部加盖物业公司公章。

5. 将营业执照、装修合同、资质证、承诺书、身份证、照片等资料全部暂时存在该业主的档案资料中。

二、综合部

1. 接到管业部的用印申请，报总经理审批。

2. 于当日将协议书返回管业部。

三、工程部

1. 接到管业部送来的审批单、申请表、图纸。

2. 自接到以上资料2个工作日内完成装修图纸等审批工作。

3. 在申请的第3个工作日结束前，将以上3份资料返回管业部。

四、管业部

1. 接到综合部返回的协议书，将其中1份存在该业主的档案资料中，其余2份准备在装修审批合格后返回给施工单位及业主。

2. 接到工程部返回的审批单、申请表、图纸。

工程部审批合格：

于申请的第3个工作日内将审批单、申请单、承诺书复印件、图纸及施工人员身份证、照片，送至保卫部进行审批。

工程部审批不合格：

于申请的第3个工作日内将审批单、申请单、承诺书复印件、图纸（不附加身份证、照片），送至保卫部进行审批。

五、保卫部

于申请的第3个工作日内接到管业部送来的审批单、申请表、图纸、承诺书复印件（或包括身份证、照片）的4份（或6份）资料对图纸进行审批。

工程部、保卫部审批均合格：

根据身份证、照片制作施工证，做好的施工证暂留在保卫部，并于当日将审批单、申请表、图纸、身份证、照片返回管业部；承诺书复印件本部门存档。

工程部审批不合格，保卫部审批合格：

保卫部审批合格后，于当日将审批单、申请表、图纸返回管业部；承诺书复印件本部门存档。

工程部审批合格，保卫部审批不合格：

保卫部审批不合格，于当日将审批单、申请表、图纸、身份证、照片返回管业部；承诺书复印件本部门存档。

工程部、保卫部审批均不合格：

于当日将审批单、申请表、图纸返回管业部；承诺书复印件本部门存档。

六、管业部

审批不合格：

1. 于申请的第 4 个工作日接到保卫部返回的审批单、申请表、图纸（或包括身份证、照片）。

2. 电话通知业主、施工方装修施工审批不合格，并由施工方到物业公司管业部领取"审批单"业主、施工方的各 1 联、图纸 1 套、申请表复印件 1 份。

3. 其余资料：

①协议书，1 份，在管业部暂时存档，以备第 2 次申请时继续使用（另 2 份已返回业主、施工方）；

②申请表，1 份，原件留在管业部存档，作为永久资料，不再使用；

③图纸，1 套，原件留在管业部存档，作为永久资料，不再使用（另一套返施工单位）；

④营业执照，1 份，在管业部暂时存档，以备第 2 次申请时继续使用；

⑤资质证，1 份，在管业部暂时存档，以备第 2 次申请时继续使用；

⑥承诺书，1 份，在管业部暂时存档，以备第 2 次申请时继续使用；

⑦装修合同复印件，1 份，在管业部暂时存档，以备第 2 次申请时继续使用；

⑧身份证，1 套，在管业部暂时存档，以备第 2 次申请时继续使用；

⑨照片，各 2 张共 2 套，在管业部暂时存档，以备第 2 次申请时继续使用。

审批合格：

1. 于申请的第 4 个工作日内接到保卫部返回的审批单、申请表、图纸、身份证、照片。

2. 将身份证、照片 1 套，连同以上①、④~⑦资料暂时存在该业主档案资料中。

3. 将各部门审批过的审批单、申请表、图纸，加上打印完整的"许可证"，于申请的第 4 个工作日内一并报至综合部。

七、综合部

1. 接到管业部上报的审批单、申请表、图纸、许可证。

2. 于上报的当日将审批资料报至物业公司总经理。

总经理签批不同意：

将总经理签批后的审批单、申请表、图纸、许可证返回管业部。

总经理签批同意：

将总经理签批后的审批单、申请表、图纸、许可证返回管业部，并在许可证上加盖物业公司公章，在图纸上加盖"审图合格"章。

八、管业部

接到签批过的审批单、申请表、图纸、许可证。

总经理签批不同意：

1. 电话通知业主、施工方装修施工审批不合格，到物业公司管业部领取"审批单"业主、施工单位的各1联、图纸1套、申请表复印件1份。其余资料同"六、管业部"中"审批不合格"第3条。

2. 将审批单各联送至相关部门存档，便于第2次申报作为附件。

总经理签批同意：

1. 接到签批过的审批单、申请表、图纸、许可证。

2. 电话通知业主及施工方全部审批手续办理完毕，由施工方来物业公司办理交费手续。

3. 给施工方审批单复印件1份，告之施工方带审批单复印件到财务部缴纳相关费用。

4. 收到财务部给施工方开具的相关费用收据复印件，发给施工单位许可证、"审批单"业主和施工方相应各1联，加盖"审图合格"章的图纸1套。

5. 告知施工方到保卫部领取施工证。

6. 将审批单各联送至相关部门存档。

九、保卫部

接到财务部给施工方开具的相关费用收据复印件，发给施工方施工证，并将发放编号、数量与收据做好登记、存档。

十、财务部

1. 接到施工方的审批单复印件，收取施工方相关费用：

①装修责任保证金：5000元/单元（现金）；

②装修管理费：0.2元/（米^2·天）；

③"施工证"胸卡押金20元/个；

④"施工证"胸卡工本费10元/个。

2. 做好收取费用的登记记录，以便查询，并将审批单复印件存档。

装修工程竣工验收申请单

＊施工方提前 3 天到管业部申请竣工验收

一、管业部

1. 请施工方出具业主的验收合格证明（原件），将复印件存档。

2. 收回施工方许可证原件，做好回收记录后销毁。

3. 填写"验收申请表"及回执，将回执交给施工方（回执上半联暂时存档，待用），并让其到保卫部交回施工证。

4. 提取该装修工程的图纸原件 1 份、申请表原件 1 份，并附上"装修验收表" 1 张送至保卫部。

二、保卫部

1. 收回施工方全部施工证原件，核对后做好回收记录后销毁。

2. 接到管业部送来的图纸、申请表、验收表。

3. 于当日（即申请的第 1 个工作日）内完成验收。

4. 下班前送至工程部。

三、工程部

1. 接到保卫部送来的图纸、申请表、验收表。

2. 于次日（即申请的第 2 个工作日）内完成验收。

3. 下班前送至管业部。

四、管业部

接到工程部送来的图纸、申请表、验收表。

验收不合格：

1. 当日（即申请的第 3 个工作日）通知业主及施工方验收不合格，施工方来管业部领取验收表复印件。

2. 填写"验收申请"上验收后需填写的内容。

验收合格：

1. 当日（即申请的第 3 个工作日）通知业主及施工方验收合格，管业部将自动为其办理退保证金手续。

2. 填写"验收申请"上验收后需填写的内容。

3. 将图纸、申请表、验收申请存档。

请退保证金申请单

一、管业部

1. 填写"内签单"上本部门相关内容，并注明相关收据复印件的编号、已收回许可证记录、违章罚款记录（是否已交罚款，并附"违章通知"全部原件）。

2. 于当日下班前（即退款的第 1 个工作日）将内签单、验收表或附有"违章通知"送至保卫部会签。

二、保卫部

1. 接到管业部送来的内签单、验收表或附有"违章通知"。

2. 填写"内签单"上本部门相关内容，并注明相关收据复印件的编号、已收回施工证记录、违章罚款记录（是否已交罚款，并附"违章通知"全部原件）。

3. 退款的第 2 个工作日下班前将内签单、验收表或附有"违章通知"送至工程部会签。

三、工程部

1. 接到保卫部送来的内签单、验收表或附有"违章通知"。

2. 填写"内签单"上本部门相关内容、违章罚款记录（是否已交罚款，并附"违章通知"全部原件）。

3. 退款的第 3 个工作日下班前将内签单、验收表或附有"违章通知"送至财务部。

四、财务部

1. 接到工程部送来的内签单、验收表或附有"违章通知"。

2. 审核付款金额，并填写"内签单"上本部门相关内容。

3. 退款的第 4 个工作日下班前将内签单、验收表或附有"违章通知"送至综合部。

五、综合部

1. 接到财务部送来的内签单、验收单或附有"违章通知"。

2. 报至总经理签批。

3. 于退款的第 5 个工作日返回管业部。

六、管业部

接到综合部返回的内签单、验收单或附有"违章通知"。

总经理签批不同意：

1. 如为"内签单"会签出现错误，当日通知施工方暂不能领取保证金，待通知。

2. 如总经理批示验收质量有疑问，需重新进行验收，于当日通知施工方暂不能领取押金，等待物业公司的再次验收通知。

总经理签批同意：

1. 当日通知施工方带原始收据到管业部办理退保证金手续。

2. 将验收单原件、内签单复印件存在该业主档案资料中。

3. 将内签单原件给施工方，让施工方带其到财务部领取退款。

七、财务部

1. 让施工方在原始收据背面签字确认，并收回原始收据及内签单，为其办理退款手续。

2. 根据"违章通知"上罚款数额，如施工方未交罚款，让其缴纳现金，或从退款金额中扣除。

3. 做好保证金退还记录。

装修工程施工变更申请

* 施工方到物业公司申请施工延期

一、管业部

施工延期：

1. 查验施工方过期许可证的有效期。

2. 根据过期许可证内容开具变更单，填写相关内容。

3. 收回过期许可证，附在变更单后于当日送至保卫部。

施工整改：

填写变更单相关内容，并提取验收表原件附后送至保卫部。

二、保卫部

1. 接到管业部送来延期施工的变更单与过期许可证，或整改施工的变更单与验收表。

2. 当时签署相关意见。

3. 将变更单、过期许可证或验收表送至工程部。

三、工程部

1. 接到保卫部送来的变更单、过期许可证或验收表。

2. 当时签署相关意见。

3. 将变更单、过期许可证或验收表送回管业部。

四、管业部

接到工程部送回的变更单、过期许可证或验收表。

同意延期：

1. 销毁过期许可证，制作新的许可证，做好收发记录。

2. 将新许可证后附变更单报至综合部。

不同意延期：

1. 销毁过期许可证，做好记录，并将变更单存档。

2. 让施工方根据各部门签署意见再报。

同意整改：

1. 制作新的许可证，做好发放记录。

2. 将新许可证后附变更单报至综合部，验收表存档。

不同意整改：

1. 让施工方根据各部门签署意见再报。

2. 将变更单、验收表存档。

五、综合部

1. 接到管业部送来的许可证与变更单。

2. 报至总经理签批。

3. 在许可证上加盖物业公司公章，附变更单返回管业部。

六、管业部

1. 接到综合部返回的许可证与变更单。

2. 让施工方持新许可证到财务部交施工证的费用，然后带许可证、收据原件及复印件到保卫部办施工证。

3. 将变更单存档，并做好变更记录。

七、财务部

1. 见到总经理签批后的许可证，收取施工证相关费用。

2. 做好收费记录。

八、保卫部

1. 接到施工方收据原件及复印件，并见到新许可证方可为其办理施工证。

2. 将收据复印件存档，并做好记录。

3. 许可证原件、施工证返给施工方。

整改验收申请

* 施工方到物业公司申请二次验收

一、管业部

1. 请施工方出具业主的验收合格证明（原件），将复印件存档。

2. 收回施工方许可证原件，做好回收记录后销毁。

3. 填写"验收申请"及回执，将回执交给施工方，让其到保卫部交回施工证。

4. 提取图纸 1 份、申请表原件、一次验收表，并附本次验收表送至保卫部。

二、保卫部

1. 接到施工方交回的施工证，将其销毁，并做好记录。

2. 接到管业部送来的图纸、申请表、一次验收表及本次验收表。

3. 于当日完成验收工作，下班前将图纸、申请表、两次的验收表送至工程部。

三、工程部

1. 接到保卫部送来的图纸、申请表、两次的验收表。

2. 于次日（即申请的第 2 个工作日）完成验收。

3. 下班前将图纸、申请表、两次的验收表返回管业部。

四、管业部

接到工程部送来的图纸、申请表、两次的验收表。

验收不合格：

1. 当日（即申请的第 3 个工作日）通知业主及施工方验收不合格，施工方来管业部领取验收表复印件。

2. 填写"验收申请"上验收后需填写的内容。

验收合格：

1. 当日（即申请的第 3 个工作日）通知业主及施工方验收合格，管业部将自动为其办理退保证金手续。

2. 填写"验收申请"上验收后需填写的内容。

3. 将图纸、申请表、验收申请存档。

装修施工人员登记表

施工房号			业主		联系电话	
施工单位			负责人		联系电话	
序号	姓名	性别	身份证件号码	工种	临时出入证号码	备注
1						
2						
3						
4						
5						
6						
7						
8						
9						
10						
11						
12						
13						
14						
15						

装修公司确认	业主确认	物业管理公司确认
签章： 　　　年　月　日	签章： 　　　年　月　日	签章： 　　　年　月　日

备注：

房屋装修验收单

房号		业主		联系电话	
施工单位		负责人		联系电话	
开工日期	年　月　日	验收日期	年　月　日		

验 收 内 容			
序号	验收项目	验收结果及意见	
1	承重墙及墙体结构		
2	燃气表及管路		
3	强、弱电气线路改动		
4	给、排水管路		
5	厕、厨防水		
6	楼梯栏杆墙面		
7	楼道占用及垃圾清理情况		
8	空调安装位置		
9	智能化设施		
10			
11			
12			
备注			
会签栏	业主	装修施工单位	物业公司验收人
物业管理公司意见	签章：　　　　　　　　　　　　　年　月　日		

装修过程检查记录表

房号： 业主： 联系电话：
施工负责人： 联系电话： 开工时间：

检查时间	墙体（注意承重墙）	燃气表、管路	给、排水管路	地面顶面	厕、厨防水	装修垃圾处理情况（注意下水管道）	强、弱电线路	是否有火灾隐患	楼梯栏杆墙面是否破损	是否占用楼道、乱扔垃圾	装修人员证件及有无留宿	其他	检查人	备注

房屋装修拆改申请表

业主姓名		房号		联系电话	
施工单位				联系电话	
装修拆改项目内容（附施工图）	\multicolumn{5}{c}{业主签章： 年　　月　　日}
开发商或业主委员会意见	\multicolumn{5}{c}{签章： 年　　月　　日}
政府主管部门审核意见	\multicolumn{5}{c}{签章： 年　　月　　日}
物业管理公司意见	\multicolumn{5}{c}{签章： 年　　月　　日}
备注					

二次装修施工现场检查表

编号：

楼号/房号		施工单位		业主/租户名称	
序号	检查项目	发现时间/具体说明		处理结果	处理人
1	现场是否张贴许可证				
2	动火是否持有动火证				
3	动火是否符合要求				
4	油漆作业是否与动火交叉进行				
5	施工人员是否持有出入证				
6	施工单位是否私拆公共设施				
7	施工现场是否配备灭火器				
8	灭火器是否灵敏有效				
9	灭火器是否摆放在明显位置				
10	现场是否有烟头及吸烟现象				
11	施工人员是否使用公共设施				
12	施工人员是否随地大小便				
13	施工人员是否在现场留宿				
14	施工人员是否在空租区逗留				
15	是否在公共区域堆放材料垃圾				
16	办公时间是否进行有噪音施工				
17	办公时间是否进行有异味施工				
18	油漆作业及清理现场是否关门				
19	现场是否存有易燃易爆危险品				
20	是否乱接电线及不使用插头				
21	是否损坏电梯间保护装置				
22	租区、通道、机房门是否损坏				
23	公用区域设施维护（地、墙）				
24	施工材质是否达标				
25	防止高空落物				

日期： 检查人： 领班：

二次装修施工用电申请表

_____座_____单元　　　　　　　　　　　　　　　　日期：

业主名称		用电负责人		电话	
施工单位名称		联系人		电话	
施工期限					
配电箱表底数					
电动工具名称	数量	额定功率	额定电压	备注	

物业主管：　　　　　　　　　　　申请人：

二次装修收费记录表

序号	用户名称	单元号	住户面积	装修起止日期		装修责任单位	装修责任保证金	装修管理费		施工证、胸卡		灭火器		备注
				预定日期	实际日期			预收	提前或延期差额	押金	工本费	押金	租金	

总经理：　　　　　　部门经理：　　　　　　制表人：　　　　　　审表人：

二次装修验收记录表

业主/租户名称		座/单元	
施工单位		竣工日期	
装修部位		公共区域	
验收内容	检查情况		处理意见
分隔承重结构变动			
天花/楼板施工			
门窗装饰影响			
给排水变动			
强电变动			
弱电变动			
空调系统			
通风系统			
消防系统			
灭火器			
其他			

初验	业主/租户（签署/盖章）： 日期：	保安/消防代表（签署/盖章）： 日期：
	工程代表（签署/盖章）： 日期：	客服部代表（签署/盖章）： 日期：
复验	业主/租户（签署/盖章）： 日期：	保安/消防代表：（签署/盖章） 日期：
	工程代表（签署/盖章）： 日期：	客服部代表（签署/盖章）： 日期：
	费用结算情况： 客服部代表（签署/盖章）： 日期： 业主/装修公司代表（签署/盖章）： 日期：	

二次装修检查日报表

序号：　　　　　　　　　　　　　　　　　　　　　　　　　　　　座号

检查日期		报告人		报告日期	
已入场施工单位数量		新入场施工单位			
检查情况				施工人员违规记录	
处理结果					
保卫部经理			总经理		

房屋返修通知单（第一联）

经我司与业主共同验收房屋，发现＿＿幢＿＿单元＿＿楼＿＿号存在以下工程质量问题：

序号	问题	承诺处理时限	处理情况	备注（未处理原因）
1			□已 □否	
2			□已 □否	
3			□已 □否	
4			□已 □否	
5			□已 □否	

为保证房屋正常使用，业主顺利入住，请贵司按《房屋使用说明书》中承诺的时限及时给予处理为谢。

年　　月　　日

全部问题处理完成时间		跟踪人签字	

（第一联：存根）

房屋返修通知单（第二联）

经我司与业主共同验收房屋，发现＿＿幢＿＿单元＿＿楼＿＿号存在以下工程质量问题：

序号	问题	承诺处理时限	处理情况	备注（未处理原因）
1			□已 □否	
2			□已 □否	
3			□已 □否	
4			□已 □否	
5			□已 □否	

为保证房屋正常使用，业主顺利入住，请贵司按《房屋使用说明书》中承诺的时限及时给予处理为谢。

年　　月　　日

（第二联：交开发商）

装修工程送审资料清单

单元：　　　　　　　　公司：

序号	资料名称	图号	收图日期	送审日期	备注

送表单位：　　　　　　　　　　　接收单位：
经手人：　　　　　　　　　　　　接收经手人：
日期：　　　　　　　　　　　　　日期：

违章通知单

序号：

_____：

经查实，您（单位）从事_____行为，违反_____规定，现管理如下：

1. 立即停止上述行为；
2. 限期____天恢复或_____处理好；
3. 赔偿经济损失（处罚）____元（人民币），大写：_____元；
4. 没收_____；
5. _____。

限于____天内到_____接受处理，逾期加倍处罚，并按规定强制执行。

若有疑问或异议，请于_____年____月____日前到_____查询或复议。

通知单发出部门：　　　　发单人：　　　　部门经理：

被处罚人：　　　　总经理：

验收申请表

　　_____兹于____年___月___日受理____座____号的装修验收申请。

资料：□业主书面验收合格证明，并留存复印件。

申请验收人：_____　　日期：____年___月___日

管业部经办人：_____　　日期：____年___月___日

—*—*—*—*—*—*—*—*—*—*—*—*—*—*—*—*—

（以下内容为验收后的通知记录）

　　_____物业公司于____年___月___日通知____座____号装修验收：

□合格　□不合格

业主联系人：_____先生/女士

施工方联系人：_____先生/女士

　　　　　管业部经办人：_____　　日期：____年___月___日

验收申请回执

　　_____物业公司兹于____年___月___日受理____座____号的装修验收申请，将于三日后通知业主及施工单位验收结果。

申请验收人：_____　　日期：____年___月___日

管业部经办人：_____　　日期：____年___月___日

业主（使用人）装修施工申请表

_____ 座　单元地址：_____　填报时间：_____

业主姓名		联系电话	
装修公司名称		装修公司联系电话	
装修公司负责人姓名		其他联系方式	
现场负责人姓名		其他联系方式	
申请装修内容 （包括装修项目、范围、标准、时间及施工图纸等）			
1. 地面做法			
2. 墙面做法			
3. 室内门窗			
4. 天花做法			
5. 厨房做法			
6. 卫生间做法			
7. 阳台做法			
8. 给水管路做法			
9. 电线管路做法			
10. 暖气			
用电设备			
设备名称	功率/kW	数量	合计功率/kW
总功率			
说明	1. 装修增、改项目需另行申报，经物业公司工程部负责人对设计施工方案批准后方可施工。 2. 本业主（使用人）和装修公司保证装修内容不超过以上范围、标准，并按期完成。严格遵守当地政府的有关住宅装修管理法规及物业公司制定的管理规定。 3. 申请时如资料未备齐，限3日内备齐，否则该表自动失效。 4. 物业公司负责现场验收，如各系统管道无跑、冒、滴、漏现象，各排水管道及地漏排泄通畅，无堵塞现象，并无违章现象，则退证后方可退还装修责任保证金。 5. 本表复印后一式3份，物业公司执原件，复印件分别由业主、装修公司各执一份。		
业主填报时间		装修公司填报时间	
业主签名		装修公司负责人签名	
备注：			

装修单元检查记录表（工程部）

单元号： 　　　　　　　　编号：
装修公司名称： 　　　　　施工负责人： 　　　　　联系电话：

检查内容	
（1）施工内容是否在审批通过范围内； （2）施工对强电系统有无影响和破坏； （3）配电箱、照明、管线、插座、风机盘管及排风机是否按规范施工； （4）施工用电规范及安全； （5）施工电动工具用电负荷及安全； （6）安装的电器有无合格证； （7）检查隐蔽工程质量并做记录； （8）施工对建筑结构有无影响和破坏；	（9）装修施工对卫生间、厨房的防水层有无破坏； （10）装修材料（木质）是否做防火处理，刷防火涂料； （11）单元墙面、地面、门、窗是否按规范施工； （12）检查燃气施工人员的资质及施工质量； （13）上水管、下水管、洁具安装是否按规范施工； （14）其他

日期	时间	巡检记录	检查人	备注	总经理签字
		（1）　（2）　（3）　（4）　（5） （6）　（7）　（8）　（9）　（10） （11）（12）（13）（14）			
		（1）　（2）　（3）　（4）　（5） （6）　（7）　（8）　（9）　（10） （11）（12）（13）（14）			
		（1）　（2）　（3）　（4）　（5） （6）　（7）　（8）　（9）　（10） （11）（12）（13）（14）			

注：符合要求打"√"，不符合要求打"✕"。

装修房检查日报表

编号：

装修房号		业主姓名	
装修施工单位		负责人及电话	
装修期限		装修许可证号	
结构变更			

日期	检查情况						处理意见	检查人
	结构	防水	管道	电气	清洁	占道	天然气		

说明：1. 对装修中损坏房屋结构、厨卫防水层的应及时制止并摘要记录。
2. 对管道及电气施工应按平面布置及施工验收规范进行检查并记录。
3. 对出渣清声、公共场地占用情况应做检查记录，对违者应及时制止。

装修期间加班申请表

业主名称：_____ 楼层/房间：_____

事　　由：_____

加班时间：由____年____月____日至____年____月____日

　　　　　由____时至____时

装修公司/业户签署及盖章：_____

（以下由物业公司填写）

管业部：

　　不批准/批准：

　　原因：_____

　　审批人（签字）：_____　日期：____年____月____日

保卫部：

　　不批准/批准：

　　原因：_____

　　审批人（签字）：_____　日期：____年____月____日

总经理意见及签字：_____

　　　　　　　　　　　　　　日期：____年____月____日

注：一切装修加班申请须24小时前向物业公司递交申请表，经物业公司书面批准后方可进行。

装修入场通知

兹有＿＿＿＿＿＿单元＿＿＿＿＿＿＿＿业主（面积：　　　）前往贵司办理装修手续，请贵司予以承办，并核实收取以下物件：

1. □电话：＿＿＿台

2. □车位：＿＿＿个

3. □有线电视：＿＿＿户

4. □水表卡：＿＿＿张

5. □电表卡：＿＿＿张

6. □煤气卡：＿＿＿张

7. □车位磁卡：＿＿＿张

8. □户门磁卡：＿＿＿张

＿＿＿＿＿＿＿＿＿销售部

签署及盖章：

年　　月　　日

299

装修申请表

房号：		房屋建筑面积：		申请日期：	年 月 日
业户姓名			联系电话		
单位名称及详细地址					
装修单位	全称			执照号	
	负责人		联系电话		装修人数
消防施工单位：			联系人及电话：		
申请装修范围和内容	空调外机须喷涂成黑色，以保持大厦外观的色彩统一 窗帘颜色应采用灰色、咖啡色				
附件材料					
申请装修期限		年 月 日至 年 月 日			
装修保证	本用户和施工队保证：遵守《装修管理规定》和物管处规定，保证按期完成，并不超出申请装修范围，若有违约，愿接受物管部处罚。 业户（住户）签名： 施工队负责人签名：				
物管部经理审批：					
			签名：	年 月 日	
收费情况：装修保证金：_____ 　　　　　垃圾清运费：_____					
			财务经办人（签署/盖章）： 日期：		

装修审批单

编号：

	用户名称：		装 修 资 料			
管业部			序号	资料名称	份数	收到
	单元号码	建筑面积	1	装修协议书	3份	
	业主：		2	业主（使用人）装修施工申请表	1份	
	联系电话：		3	装修施工全套图纸	2套	
	施工单位：		4	装修公司营业执照副本复印件（加公章）	1份	
	负责人：		5	装修公司企业资质证明复印件（加公章）	1份	
	联系电话：		6	二次装修工程区域治安、消防承诺书	1份	
	施工人数：		7	装修公司与业主的装修合同复印件	1份	
	开始施工： 年 月 日 时 分		8	施工人员身份证复印件（或暂住证）	1套	
	完成施工： 年 月 日 时 分		9	施工人员1英寸照片各2张	2套	
工程部	收件时间： 月 日 时 分 资料：□装修审批单1份 □业主（使用人）装修施工申请表1份 □装修施工图纸2套 □其他 □同意 □不同意 　　　　工程部经理：					
保卫部	收件时间： 月 日 时 分 资料：□装修审批单1份 □业主（使用人）装修施工申请表1份 □装修施工图纸2套 □二次装修工程区域治安、消防承诺书复印件1份 □施工人员身份证复印件、照片 □同意 □不同意 □需报防火委 　　保卫部经理：					
总经理	□同意 □不同意 　　　　　　　　　　　　　　年 月 日					

注：第一联：工程部；第二联：施工单位；第三联：管业部；第四联：保卫部；第五联：业主。

装修完工查验申请表

_____ 物业服务中心：　　　　　　序号：

（以下内容由业主填写）			
业主姓名		电话	
单元		预约时间	
申请人声明	本人/本单位已经完成室内装饰装修，现按《装修指南》要求向物业服务中心申请完工查验。本人非常清楚并认可物业服务中心对本人/本单位的室内装饰装修工程的完工查验不代表对工程质量的检验，因此，无论本次完工查验是否通过，物业服务中心对本人/本单位的室内装饰装修工程均不承担任何保证或鉴定责任。 　　　　声明人：　　　　　　　　　　　日期：		
（以下内容由物业服务中心工作人员填写）			
现场查验日期		现场查验人员	
查验意见	现场查验意见： 　　　　　　　　　现场查验人员签名：_____　日期：_____ 工程管理部门负责人意见： 　　　　　　　　　　　　　　签名：_____　日期：_____		
批准	物业服务中心负责人：_____　日期：_____		
押金退还	装修押金：□全额退还　□部分退还，余额：_____元　□暂不退还 　　　　　　经手人：_____　日期：_____ 证件押金：□退还证件押金，数量：_____个，金额：_____元　□暂不退还 　　　　　　经手人：_____　日期：_____		

注：本表一式3份，工程部保留一份，客服部一份，一份存入业主档案。

装修现场监控记录表

编号：　　　　版本：　　　　表格生效期：　　　　序号：

姓名			楼栋号及房号				
内容	时间	安全员签名	检查情况	时间	安全员签名	检查情况	
安全员检查：装修许可证、出入卡、消防措施、材料堆放、垃圾处理、装修时间、违章留宿、生火做饭、装修人数							
	时间	工程部签名		检查情况			
工程部检查：是否乱接线、改管线、打墙、钻孔、破坏防水层、破坏承重结构等							

303

装修质量验收表

部门/专业		验收意见
保卫部		□验收合格　　　　　　　　□验收不合格 验收人：　　　　　部门经理：　　　　　日期：
工程部	土建	验收人：
	强电	验收人：
	弱电	验收人：
	给、排水	验收人：
	空调	验收人：
	其他	□验收合格　　　　　　　　□验收不合格 部门经理：　　　　　日期：
管业部		□通知业主、施工方施工验收合格 □通知业主、施工方施工验收不合格 验收人：　　　　　部门经理：　　　　　日期：
备注		

租户装修申请表

租户公司：_____ 负责人：_____

租赁期限：_____ 联系电话：_____

单元面积：_____ 装修期：_____

施工单位名称：_____ 现场负责人：_____

紧急联系电话：_____

装修公司执照号码：_____ 装修单位应注意：

装修公司资质证明：_____ ①2套施工图； □

装修员工人数：_____ ②施工单位之营业执照及 □

　　　　　　　　　　　　　　　　　　资质证书（各1份副本）；

　　　　　　　　　　　　　　　　　③消防局审批意见书1份； □

　　　　　　　　　　　　　　　　　④购买工程一切险及第三者责任 □

　　　　　　　　　　　　　　　　　险之发票；

　　　　　　　　　　　　　　　　　⑤装修报监受理单 □

管理处收件人：_____ 日期：_____

管理处意见：_____

_____

_____

_____

签署：_____ 日期：_____

此表一式三份：①管理部一份（签收）：_____

　　　　　　　②工程部一份（签收）：_____

　　　　　　　③租户一份（签收）：_____

装修人员出入证发放登记表

装修房：　　　　　　装修公司：　　　　　　有效期：
序号：　　　　　　　装修负责人：　　　　　负责人身份证号码：
负责人电话：

出入证号	姓名	身份证号码	领用人签名	时间	经办人

装修房巡查表

管理处：

装修房号		业主姓名	
装修施工单位		负责人及电话	
装修限期		装修许可证号	

日期	检查情况						施工进度及处理意见	巡查人
	结构	防水	管道	电气	清洁	占道	天然气		

说明：1. 对装修中损坏房屋结构、厨房防水层的应及时制止并摘要记录。
　　　2. 对管道及电气施工应按平面布置及施工验收规范进行检查并记录。
　　　3. 对除渣清运、公共场地占用情况应做检查记录，对违者应及时制止。

检查人：

装修验收表

业主姓名		房号		联系电话	
装修单位		装修负责人		联系电话	

一次验收	一次验收时间：			
	验收内容：			
	业主承诺：如因装修质量造成本人或他人损失，并引起水电气及其他跑、冒、滴、漏事故由本人负责。 业主签字： 　　年　月　日	工程维修部意见： 年　月　日	安保部意见： 年　月　日	客户服务中心： 年　月　日

二次验收	二次验收时间：		
	验收内容：		
	业主签字： 年　月　日	工程维修部意见： 年　月　日	客户中心主管意见： 年　月　日

备注：

 第三章 装修管理

装修违章通知书（存根）

编号：＿＿＿＿＿ 版本：＿＿＿＿＿ 表格生效期：＿＿＿＿＿ 序号：＿＿＿＿＿

被通知单位：＿＿＿＿＿ 接单人：＿＿＿＿＿ 签发人：＿＿＿＿＿ 签发时间：＿＿＿＿＿

● 违反了装修管理责任书中的第＿＿＿＿＿条，其中内容如下：

1. ＿＿＿＿＿＿＿＿＿＿＿＿＿＿＿＿＿＿＿＿＿＿＿＿＿＿＿＿＿＿＿＿＿＿＿＿＿＿
2. ＿＿＿＿＿＿＿＿＿＿＿＿＿＿＿＿＿＿＿＿＿＿＿＿＿＿＿＿＿＿＿＿＿＿＿＿＿＿
3. ＿＿＿＿＿＿＿＿＿＿＿＿＿＿＿＿＿＿＿＿＿＿＿＿＿＿＿＿＿＿＿＿＿＿＿＿＿＿
4. ＿＿＿＿＿＿＿＿＿＿＿＿＿＿＿＿＿＿＿＿＿＿＿＿＿＿＿＿＿＿＿＿＿＿＿＿＿＿

● 警告和处理要求：

1	2	3	4

● 处理情况：

●

注：中缝处和"装修违章通知书"落款处加盖管理处章生效。

装修违章通知书（业主）

（序号：＿＿＿＿＿）

被通知单位：＿＿＿＿＿ 接单人：＿＿＿＿＿ 签发人：＿＿＿＿＿ 签发时间：＿＿＿＿＿

● 违反了装修工程施工队治安责任书中的第＿＿＿＿＿条，其中内容如下：

1. ＿＿＿＿＿＿＿＿＿＿＿＿＿＿＿＿＿＿＿＿＿＿＿＿＿＿＿＿＿＿＿＿＿＿＿＿＿＿
2. ＿＿＿＿＿＿＿＿＿＿＿＿＿＿＿＿＿＿＿＿＿＿＿＿＿＿＿＿＿＿＿＿＿＿＿＿＿＿
3. ＿＿＿＿＿＿＿＿＿＿＿＿＿＿＿＿＿＿＿＿＿＿＿＿＿＿＿＿＿＿＿＿＿＿＿＿＿＿
4. ＿＿＿＿＿＿＿＿＿＿＿＿＿＿＿＿＿＿＿＿＿＿＿＿＿＿＿＿＿＿＿＿＿＿＿＿＿＿

● 警告和处理要求：

1	2	3	4

××物业管理有限公司　　　　管理处

年　　月　　日

装修检查情况记录表

时间	（区）房号	证件号码	人数	消防器材	留宿	异常情况/违纪现象的处理	值班员

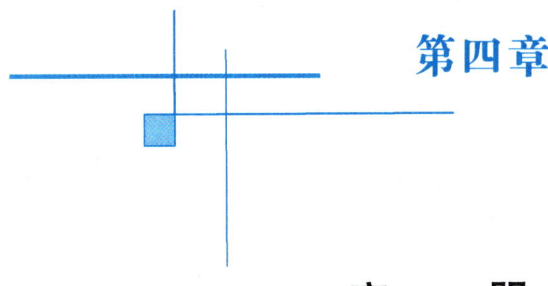

第四章

客　　服

一、流程图

服务运作系统流程

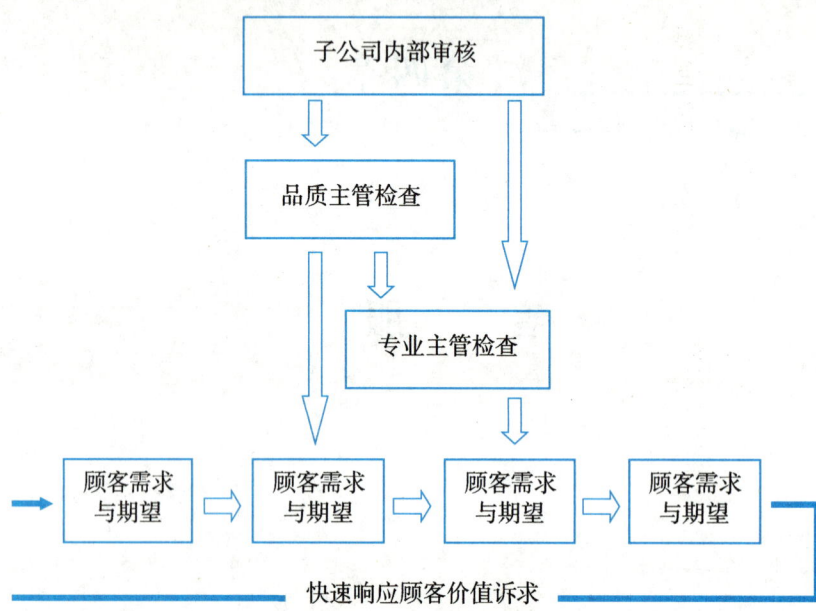

第四章 客服

信息发布管理流程

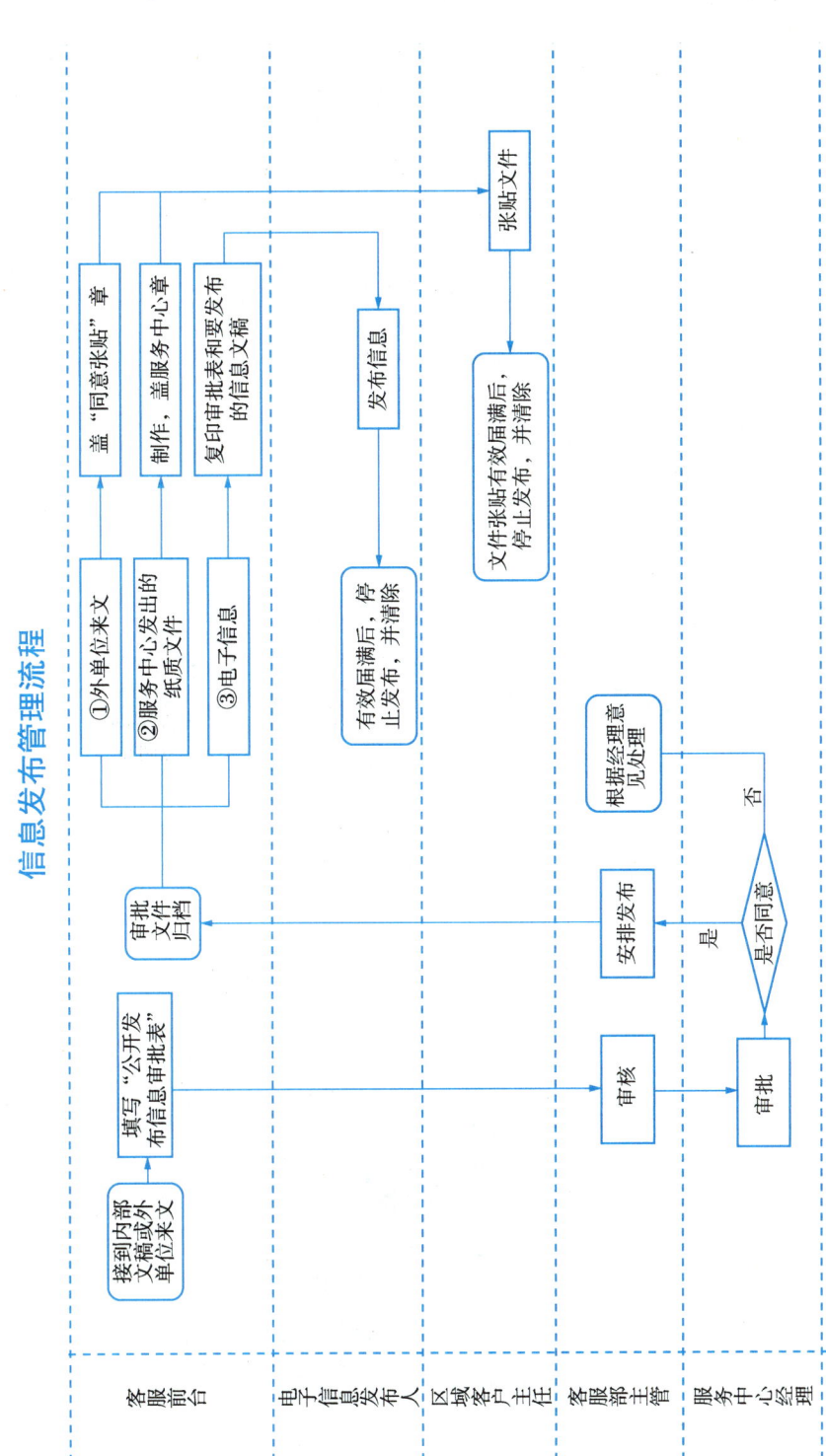

顾客满意经营原理

④ 服务买受人 买受惊喜服务

① 换位思考——管理创新

② 充分沟通——现场督导

③ 严守标准——技能创新

服务买受人 需求希望标准

组织管理者 管理要求标准

提供服务者 现场提供标准

客户服务"三化"图

专业化 **P**

标准化 **S**

活性化 **E**

呼叫中心作业流程（1）

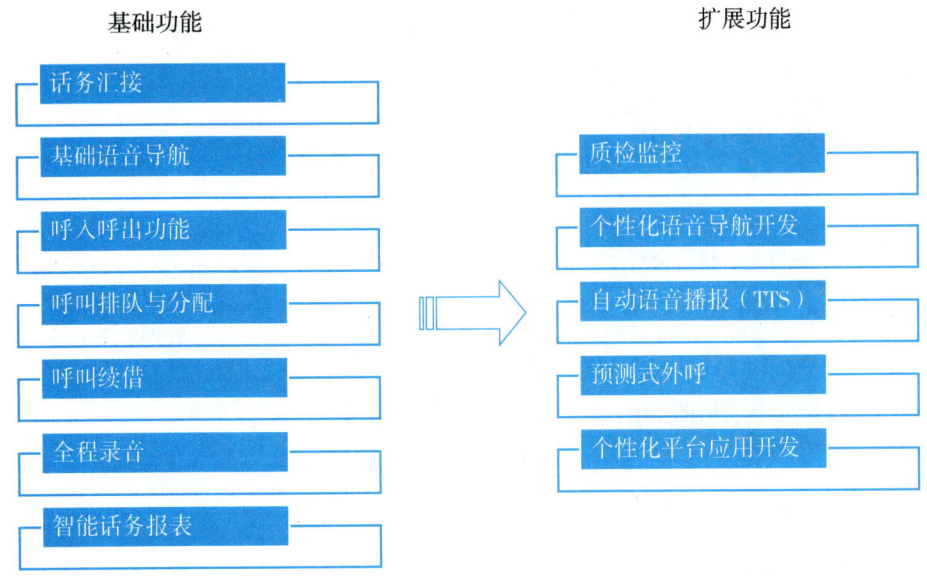

呼叫中心作业流程（2）

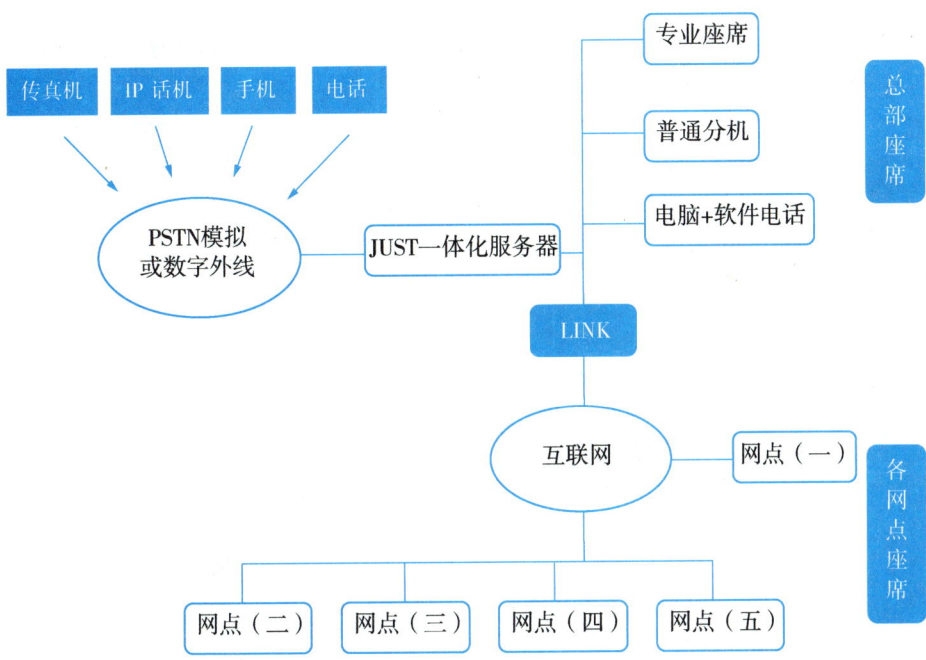

交房工作流程

流程	责任部门	相关表格
拟定交房计划，向业主以挂号信形式邮寄"接房通知书"	客户服务部	
核对业主资料、核算交房入住费用	客户服务部/财务部	"业主资料登记卡"等
缴费后，管理员协助业主签署接房有关文件资料	客户服务部	
现场验楼，核对水电气表，填写"接房记录表"	客户服务部/工程部	"接房记录表"等
填写"入住登记表"，管理员引导住户搬家	客户服务部/保安部	"入住登记表"等

客户服务信息系统运行流程

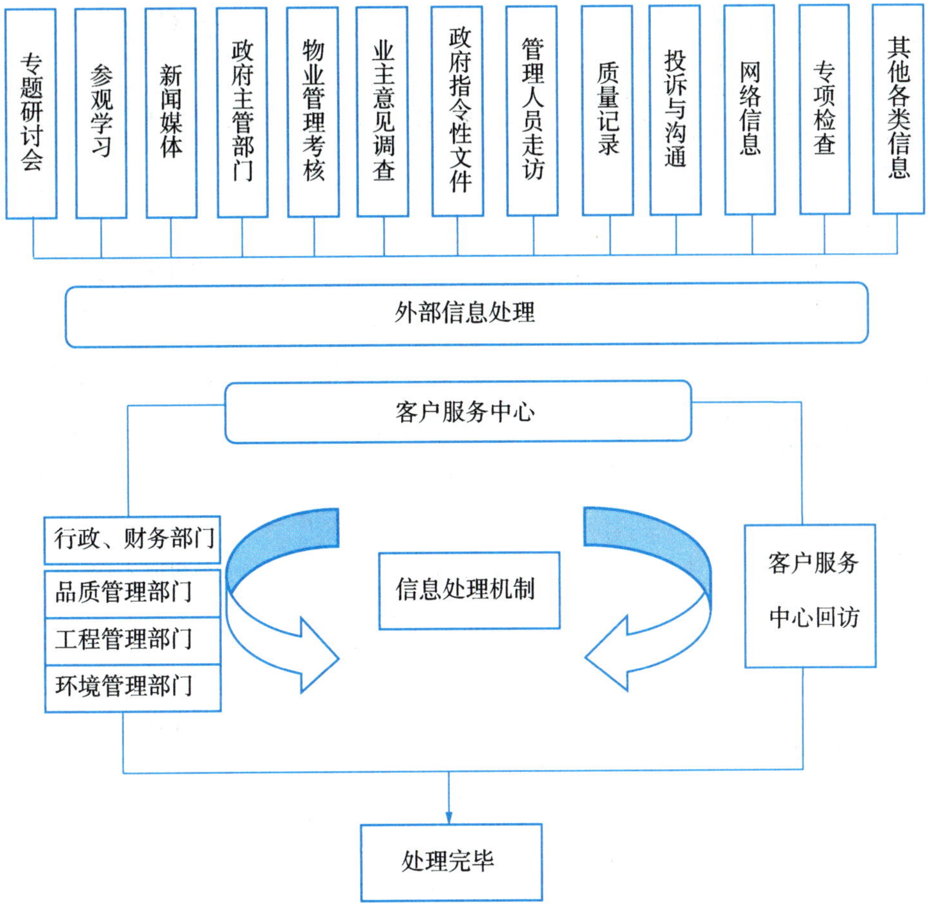

```
专题研讨会 | 参观学习 | 新闻媒体 | 政府主管部门 | 物业管理考核 | 业主意见调查 | 政府指令性文件 | 管理人员走访 | 质量记录 | 投诉与沟通 | 网络信息 | 专项检查 | 其他各类信息
```

外部信息处理

客户服务中心

行政、财务部门
品质管理部门
工程管理部门
环境管理部门

信息处理机制

客户服务中心回访

处理完毕

客户需求分析流程

群体特点分析		客户需求
1	生活作息	高峰期人车出入便利、快捷
2	中青年为主，思维活跃，爱好广泛	普遍的个性化服务需求
3	文化层次高，生活节奏快	对服务质量要求高，便利生活
4	注重对子女的教育和老人的归属感	有针对性的社区文化活动
5	关注居住环境，期望物业的保值、增值	安全、完好、整洁、温馨的生活空间

业主入住服务流程

开发商工作组
1. 核定业主身份，确认已付清楼款。
2. 由开发商财务组在"入住会签单"上盖章

↓

物业公司财务组
1. 收取管理费（预收3个月）。
2. 由财务组在"入住会签单"上盖章

↓

物业公司审核签约组
1. 交验业主收楼时应带的资料。
2. 填写业主资料登记表，签署业主管理规约等资料，发放入伙资料。
3. 由物业公司审核签约组在"入住会签单"上盖章

↓

物业公司验楼组
1. 带领业主验楼，抄取水、电、气、纯净水各表读数。
2. 填写"接管验收记录"，由业主签名后发放钥匙。
3. 由业主在"入住会签单"上签名

入住手续办理流程

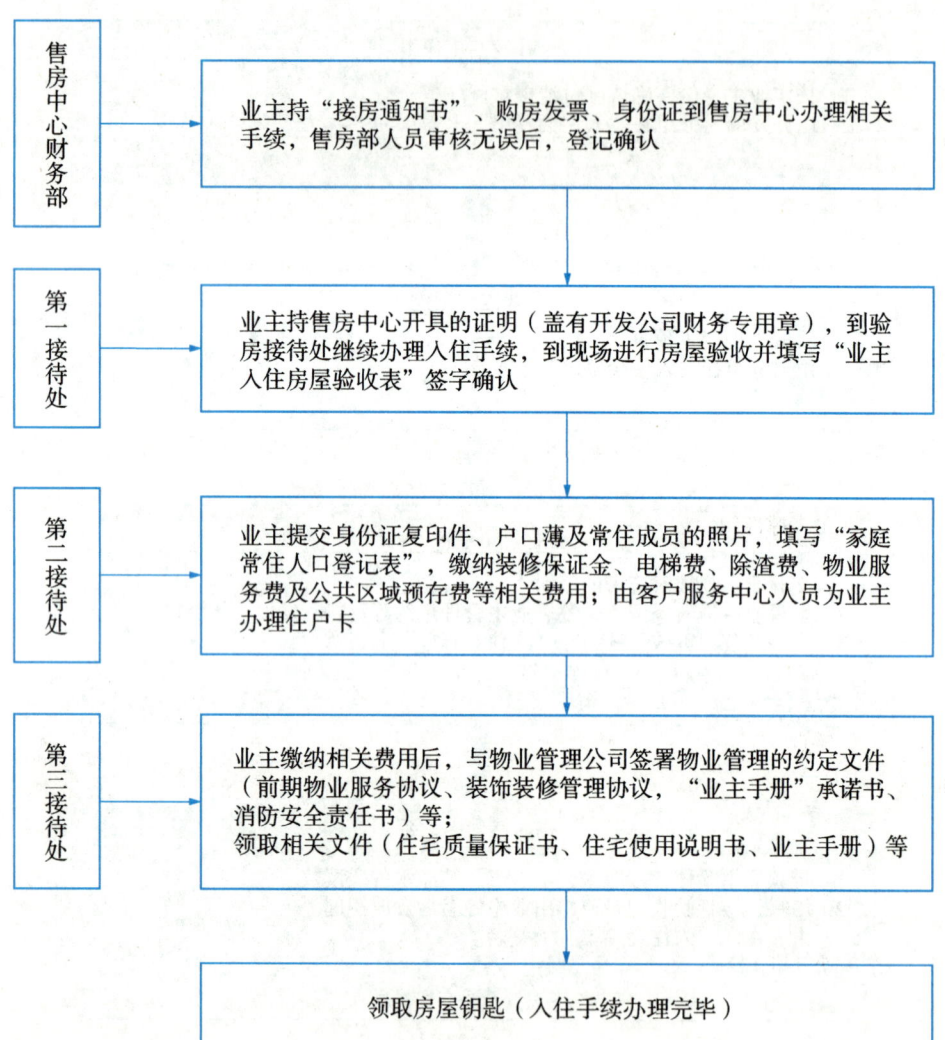

客户服务模式流程

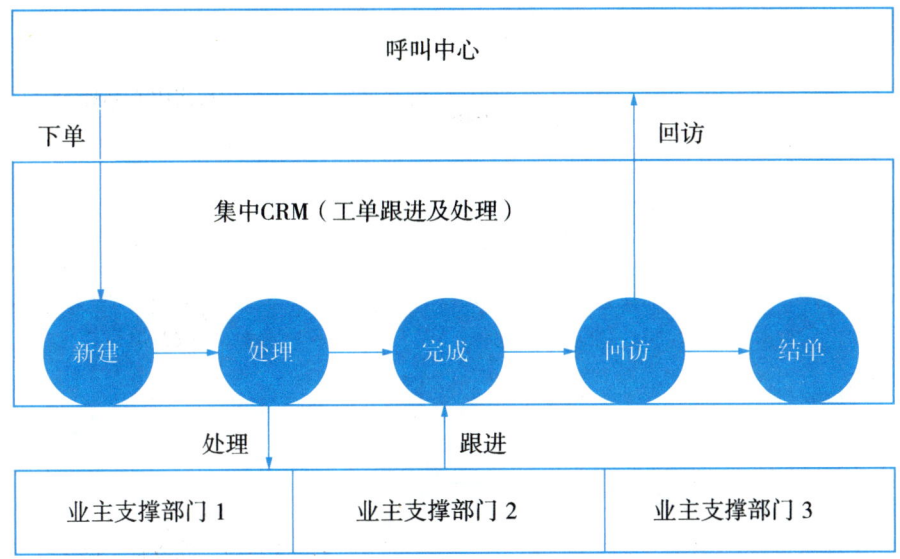

特色服务系统建立流程

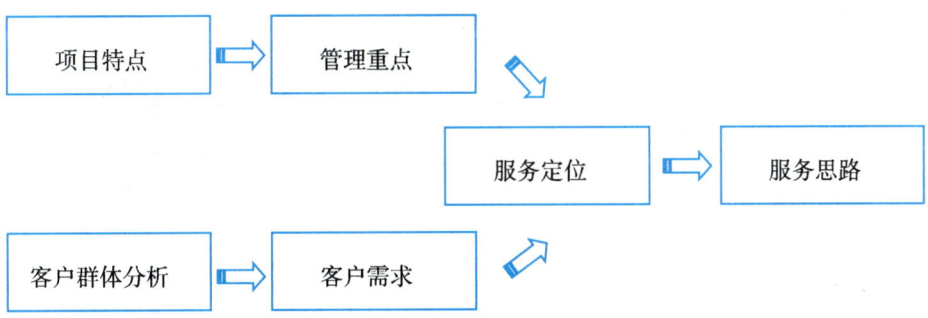

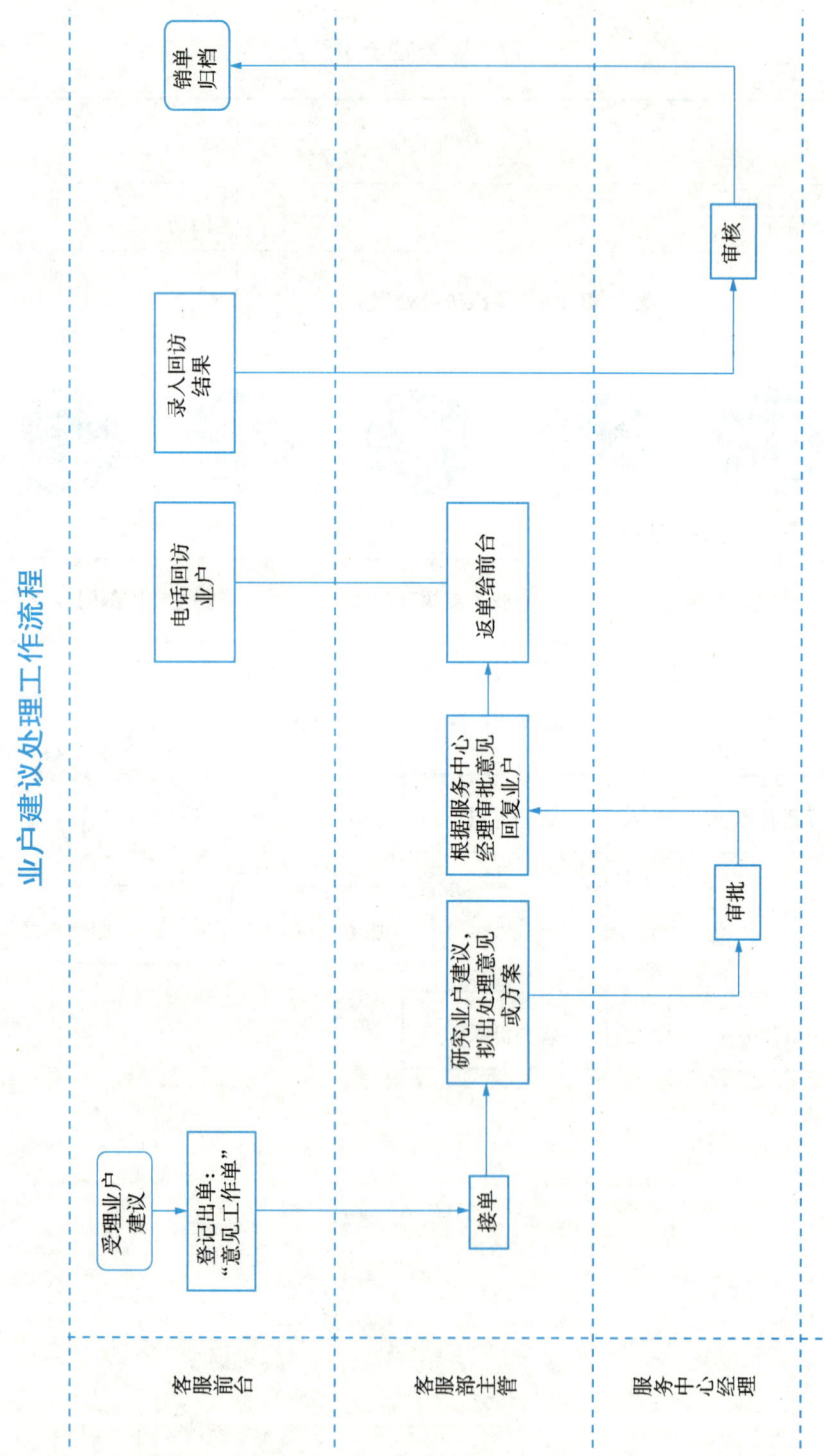

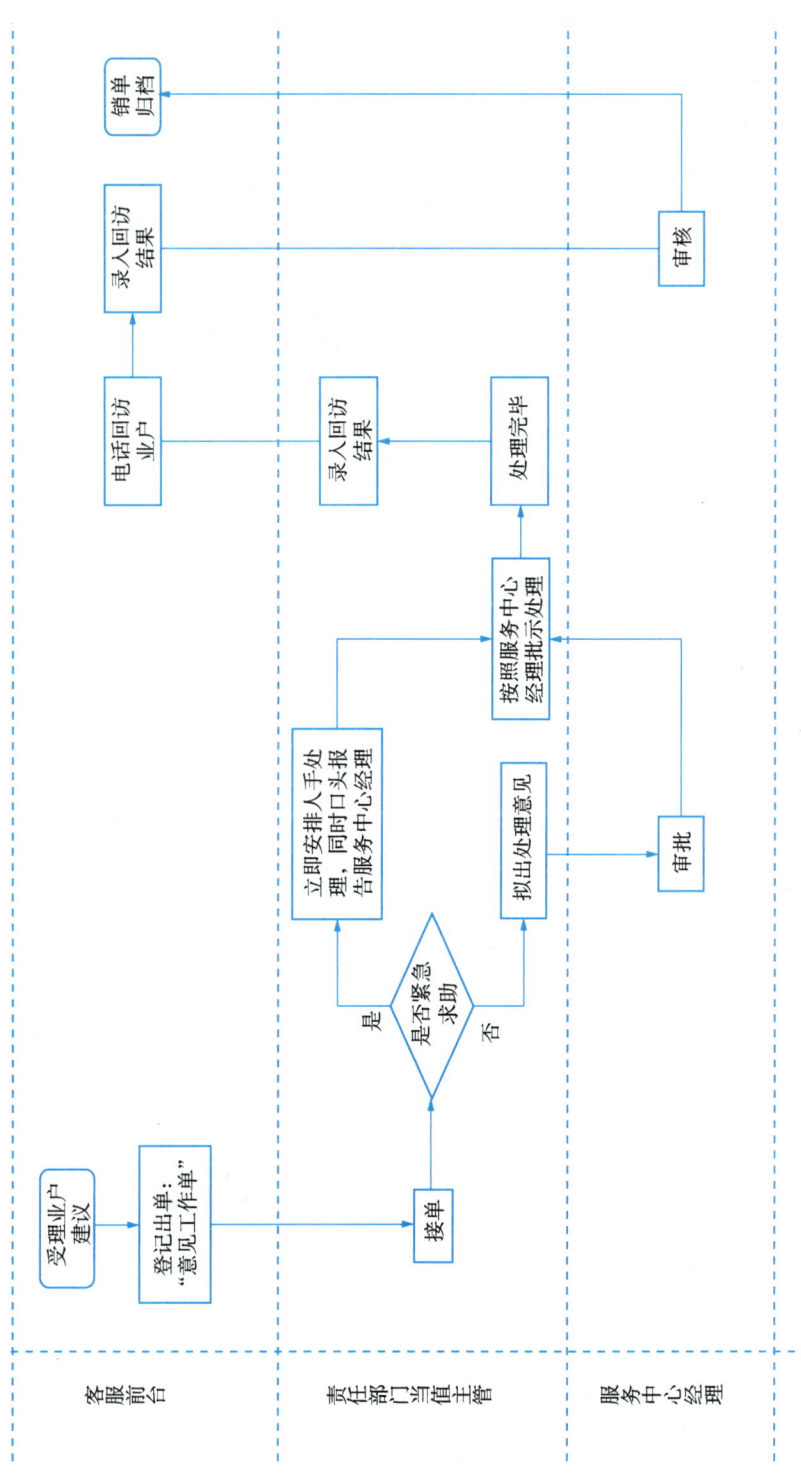

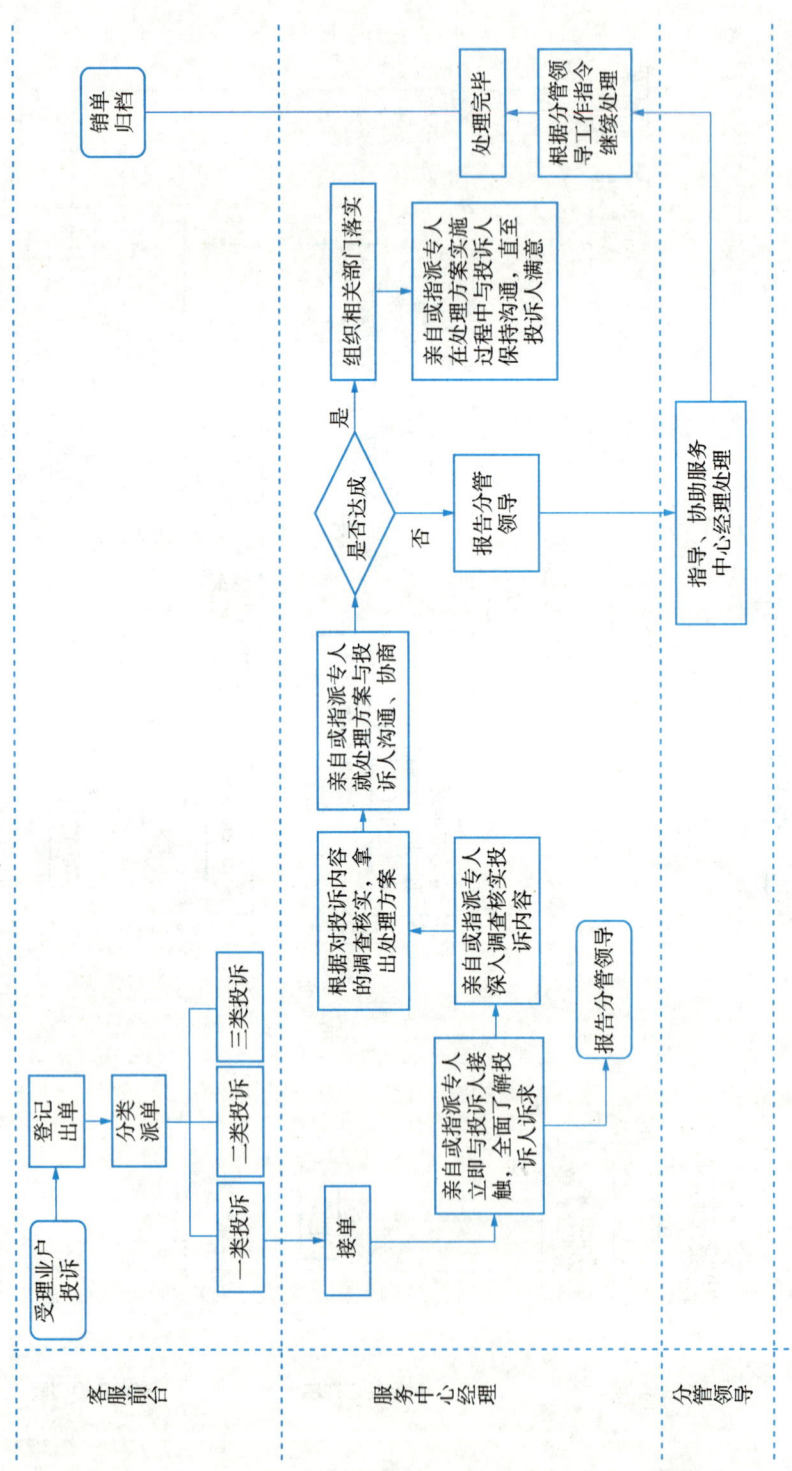

业户投诉（二类投诉）处理流程

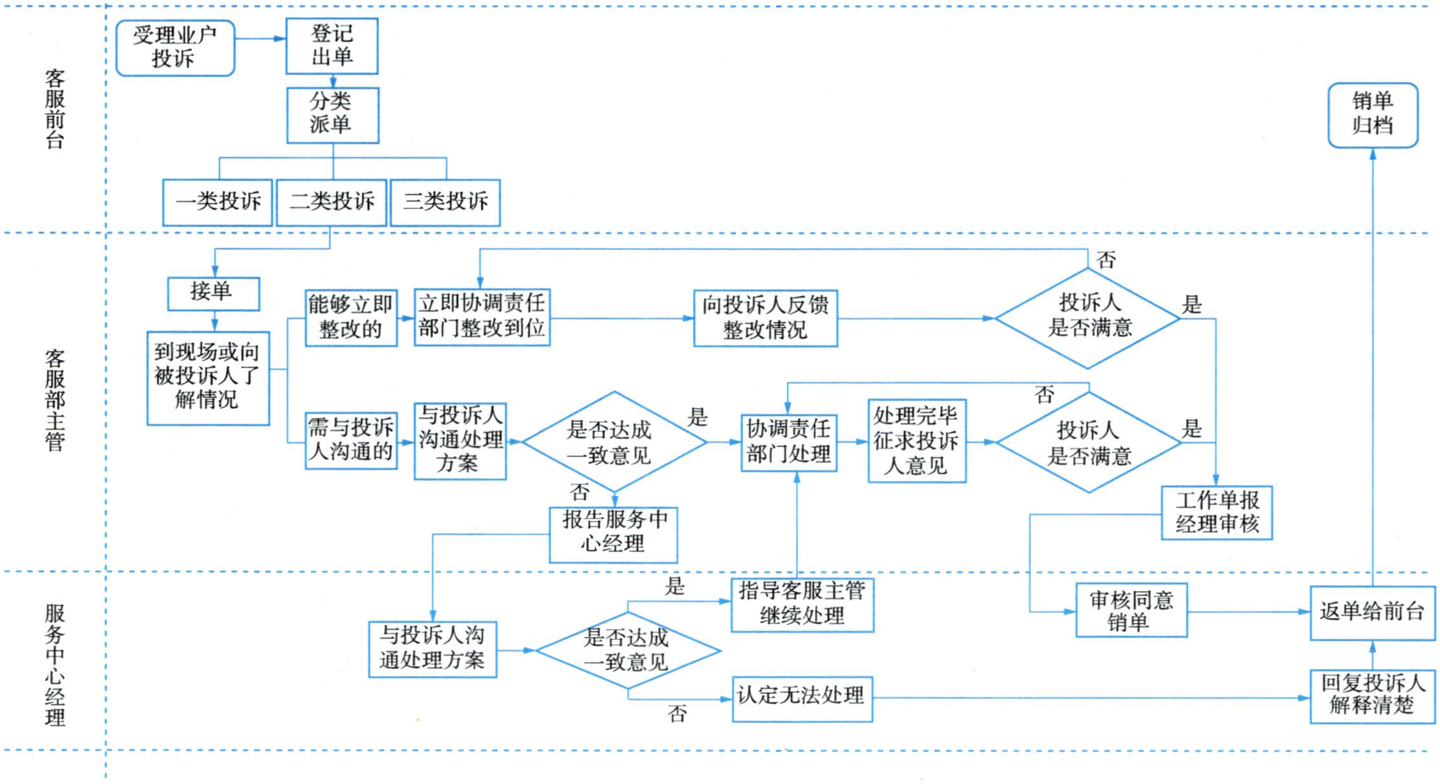

业户投诉（三类投诉）处理流程

业户问询、质疑处理工作流程

客服前台： 受理业户投诉 → 登记出单："意见工作单" → 能够立即解释或答的 / 无法立即解释或答的

能够立即解释或答的 → 立即解释清楚答业户 → 业户是否满意
- 是 → 录入处理结果 → 销单归档
- 否 → 移交区域客户主任处理

无法立即解释或答的 → 接单（区域客户主任）

区域客户主任： 接单 → 详细向相关部门了解业户问询、质疑事项 → 向上级主管报告了解到的情况 → 联系业户，回复业户 → 业户是否满意
- 是 → 返单给前台 → 录入回访结果 → 电话回访业户 → 审核 → 销单归档
- 否 → 报告上级主管

客服部主管： 报告上级主管 → 指导区域客户主任亲自与业户沟通、解释 → 回访业户直至满意 → 审核

指导区域客户主任正确回复业户 → （连接至联系业户，回复业户）

327

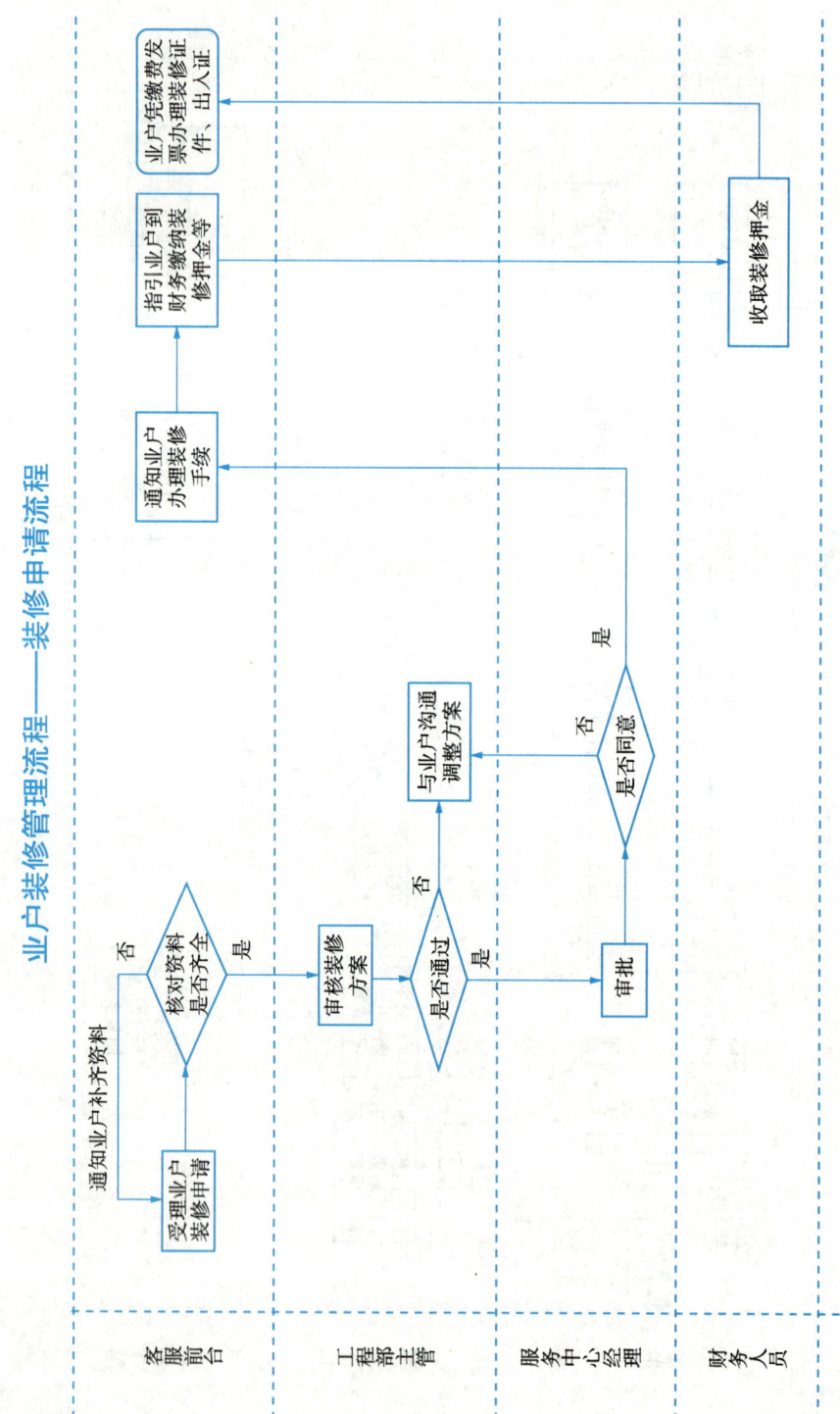

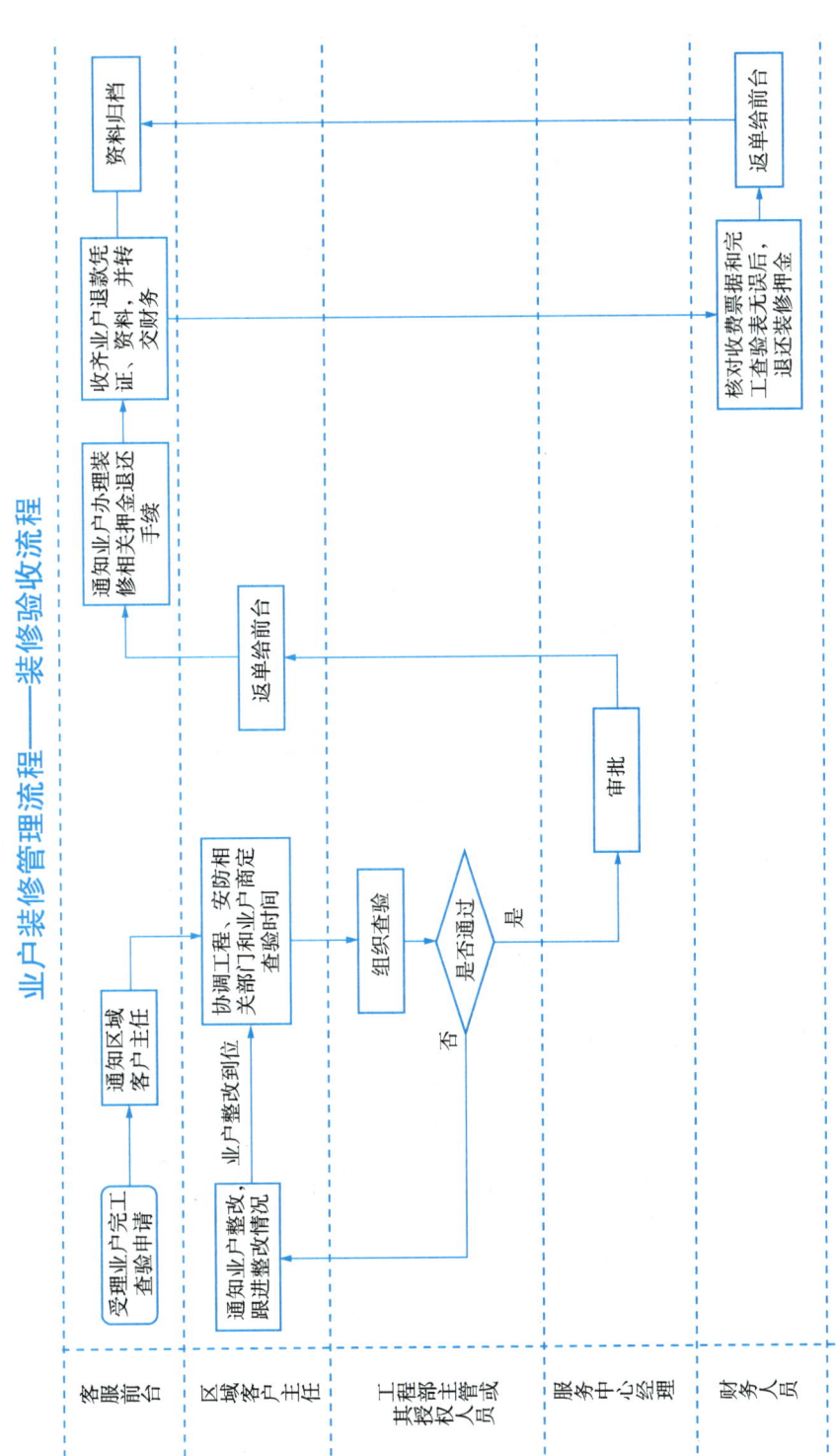

业主投诉程序

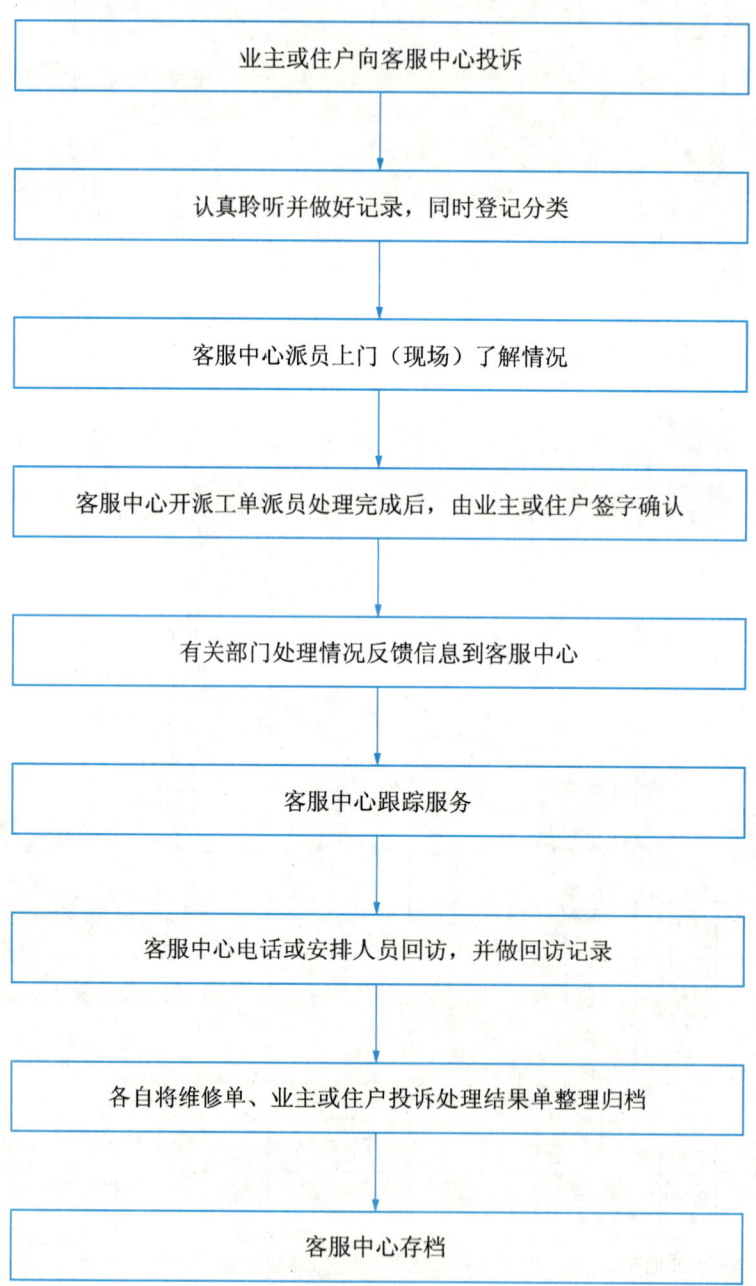

小区幼童服务流程

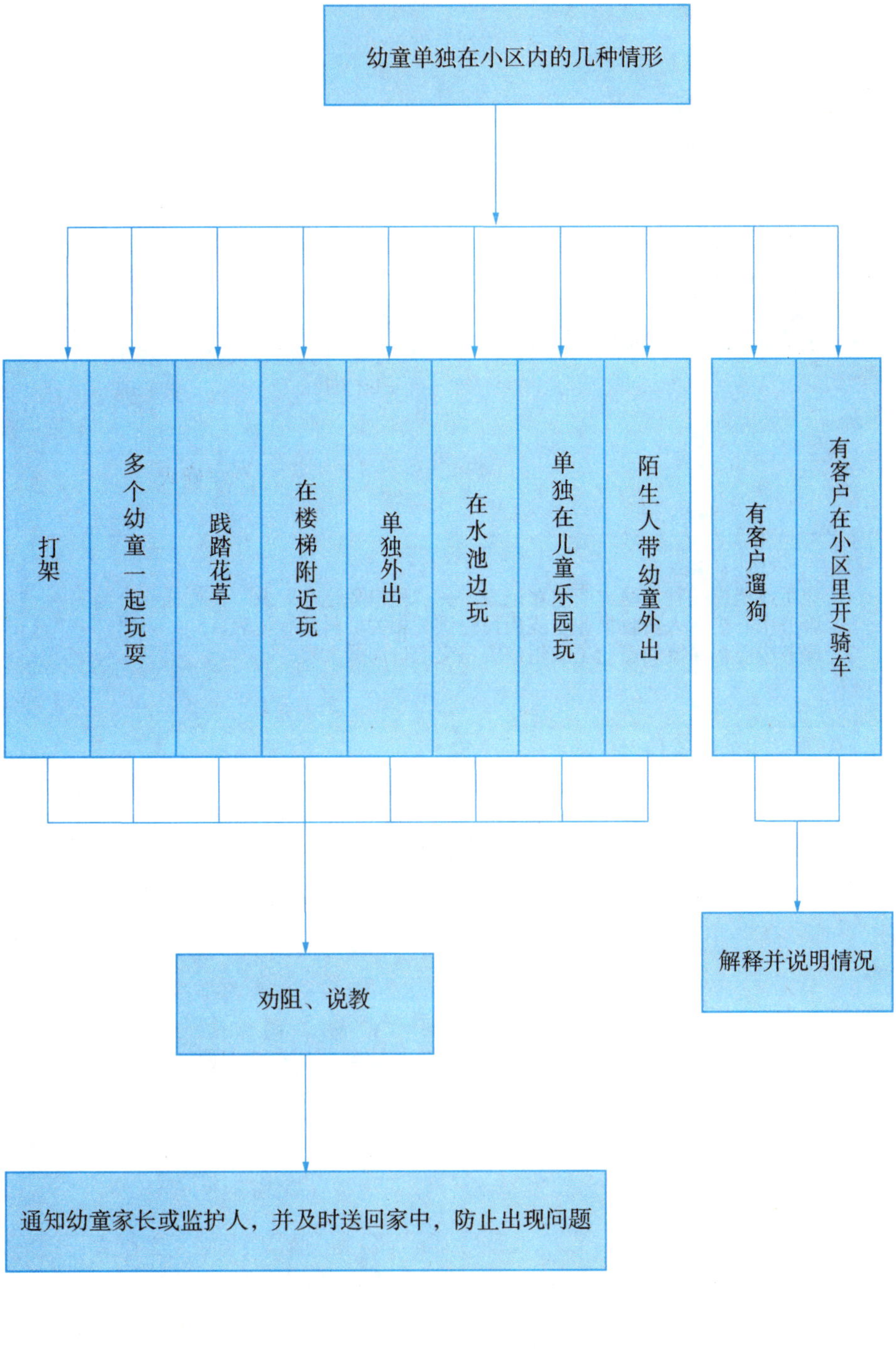

```
幼童单独在小区内的几种情形
```

- 打架
- 多个幼童一起玩耍
- 践踏花草
- 在楼梯附近玩
- 单独外出
- 在水池边玩
- 单独在儿童乐园玩
- 陌生人带幼童外出

→ 劝阻、说教 → 通知幼童家长或监护人，并及时送回家中，防止出现问题

- 有客户遛狗
- 有客户在小区里开\骑车

→ 解释并说明情况

租户入住流程

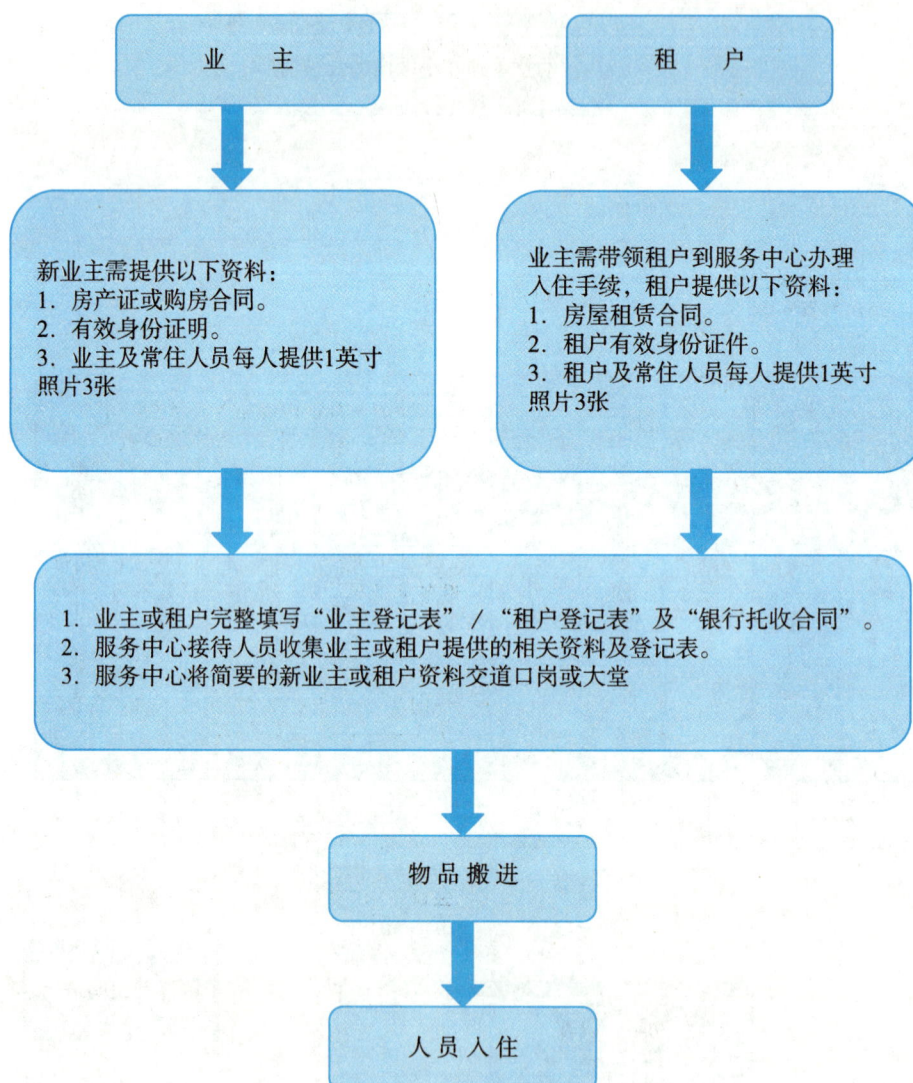

会议设备系统操作流程

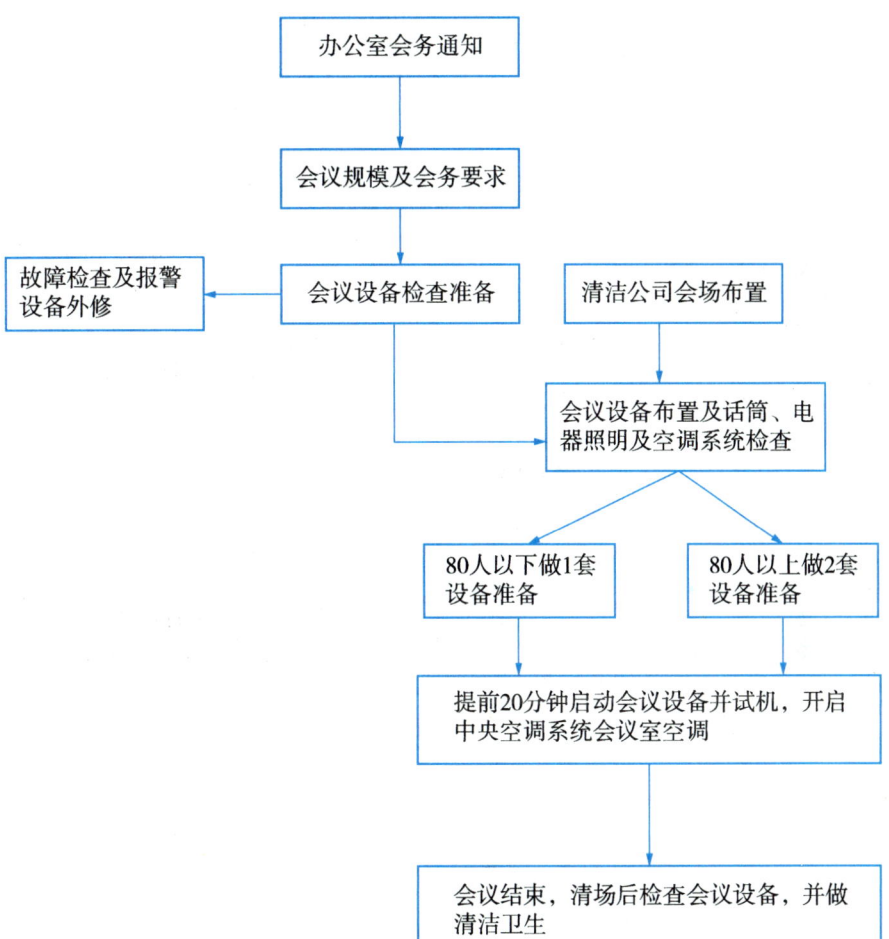

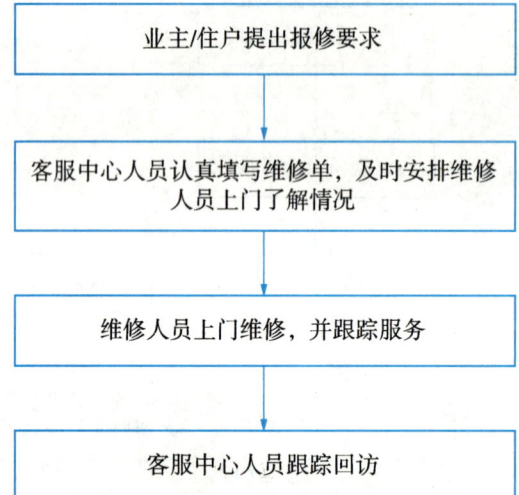

公共区域维修服务流程

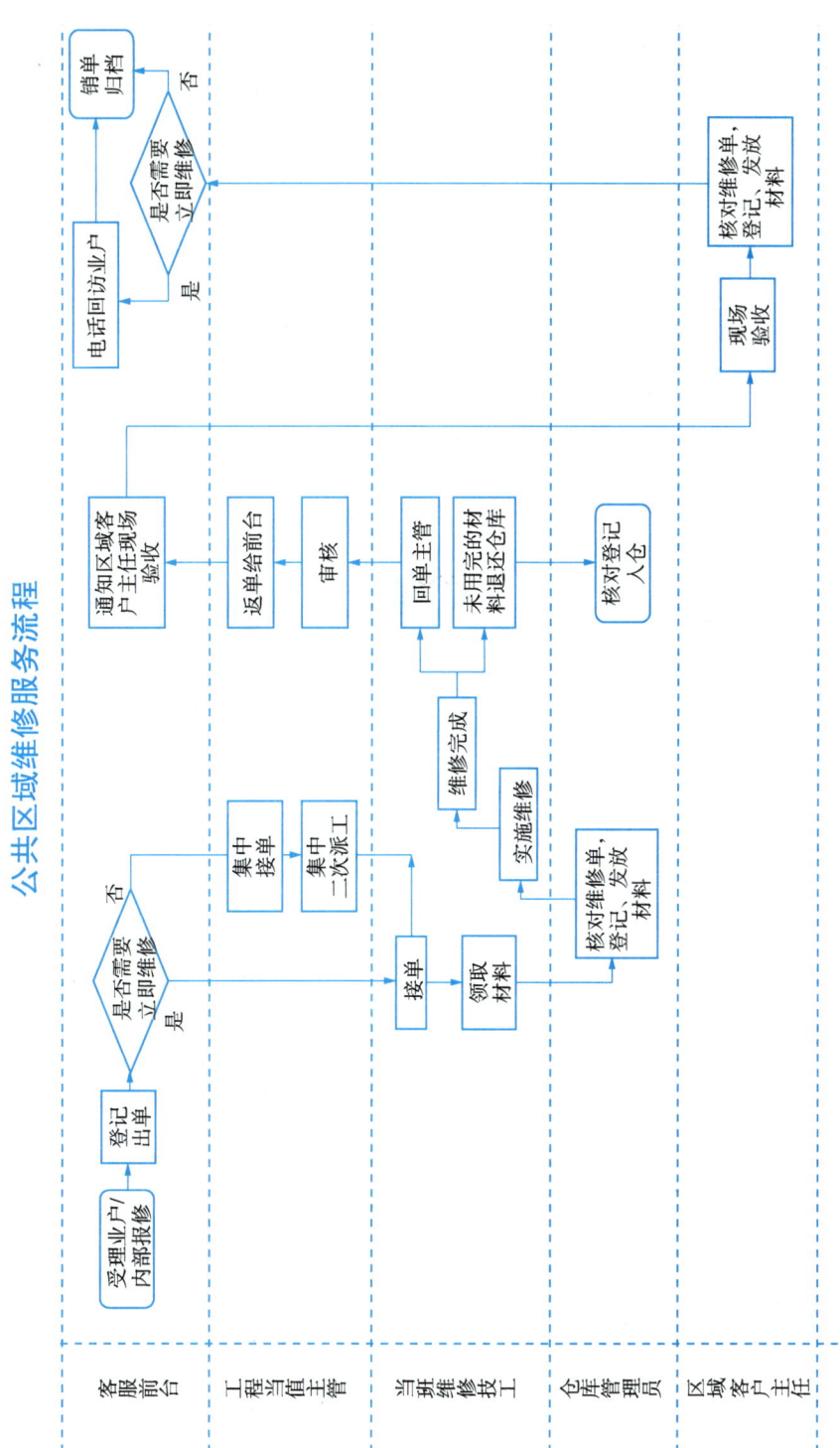

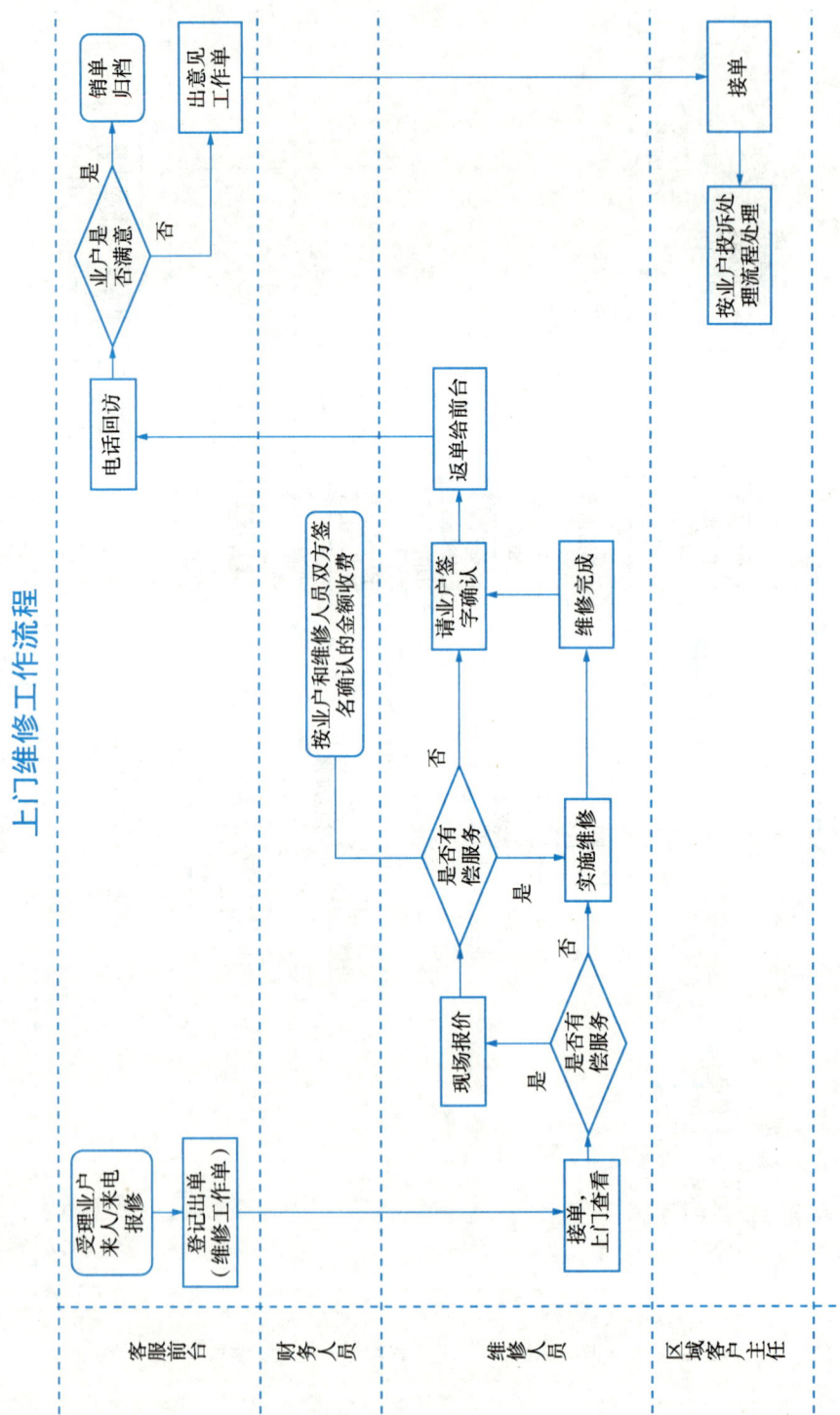

智能化系统维护保养流程

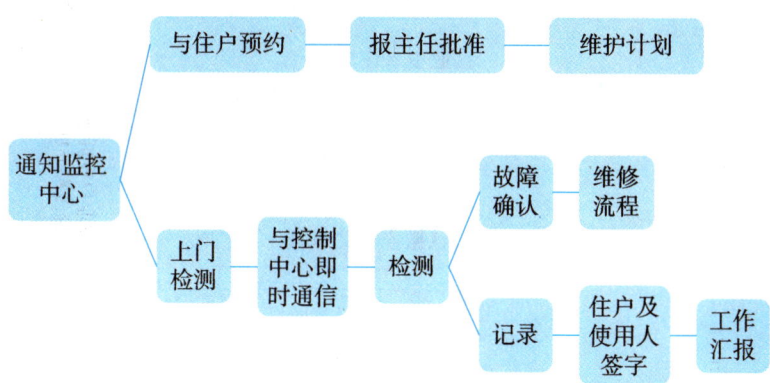

故障处理流程

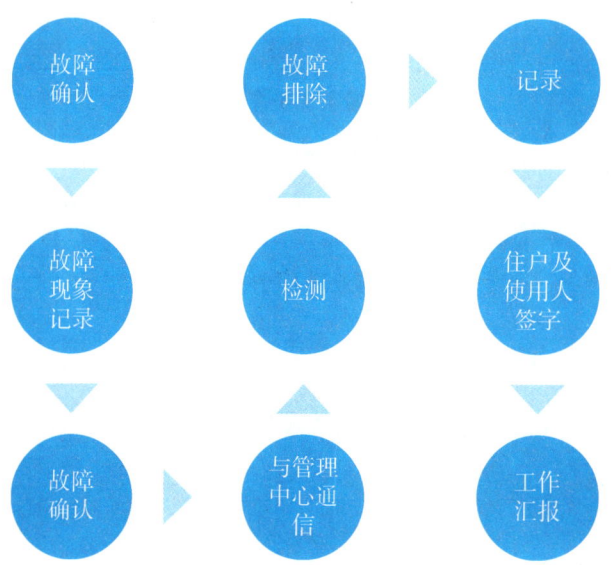

客户入住流程

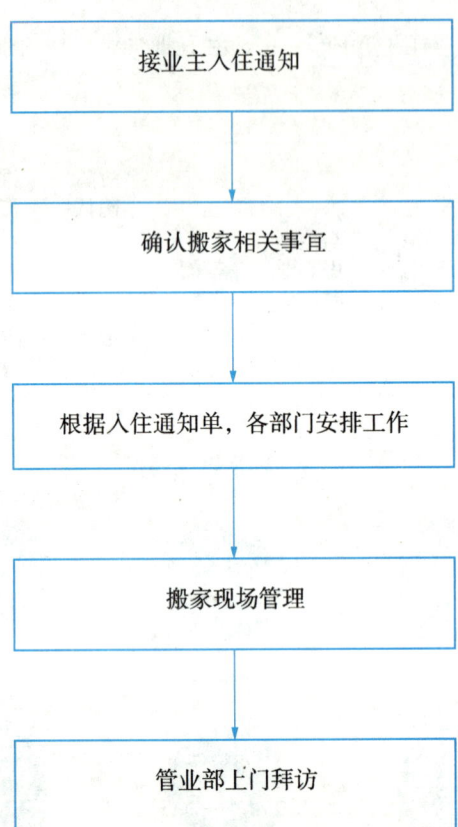

物业租赁服务流程

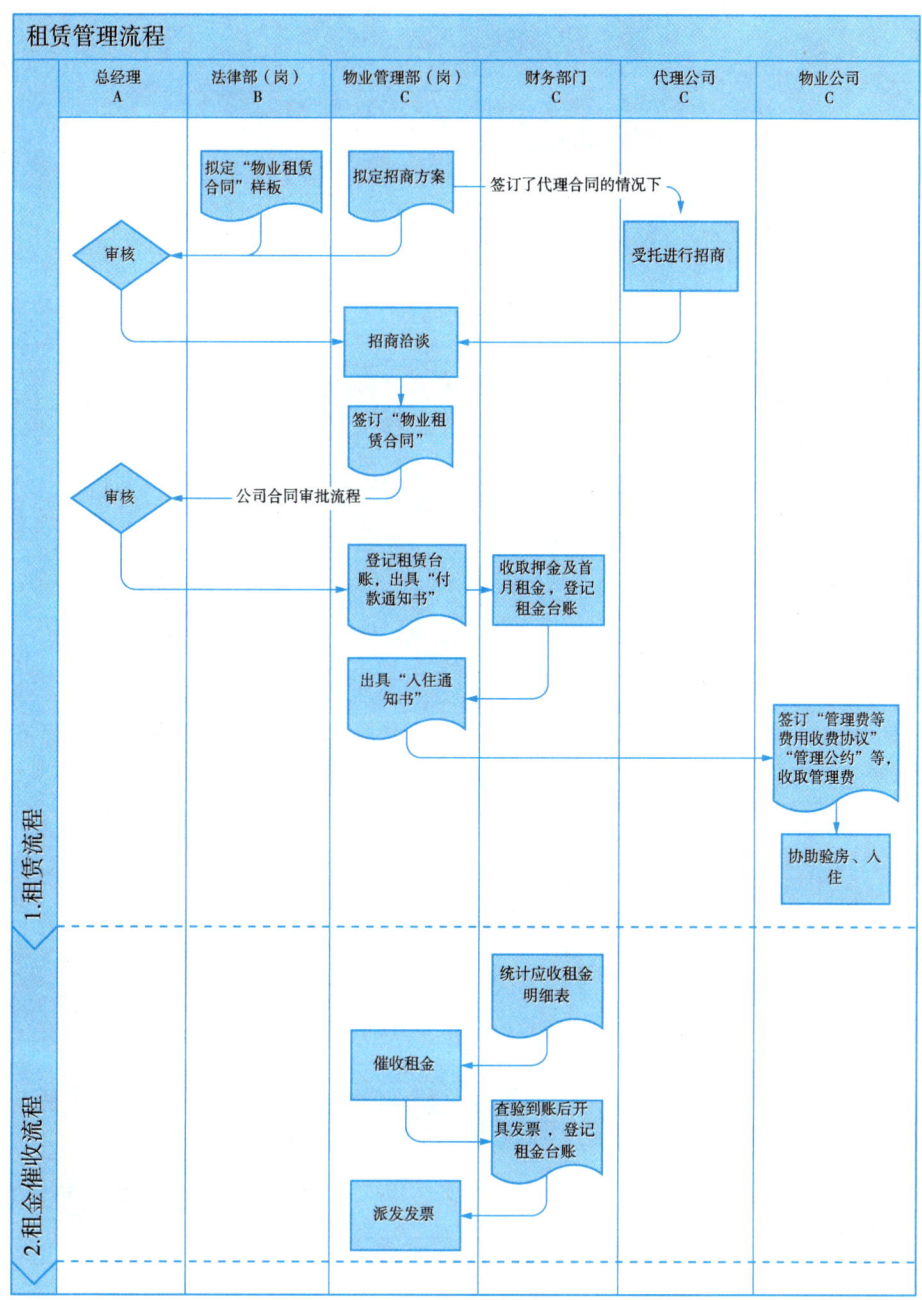

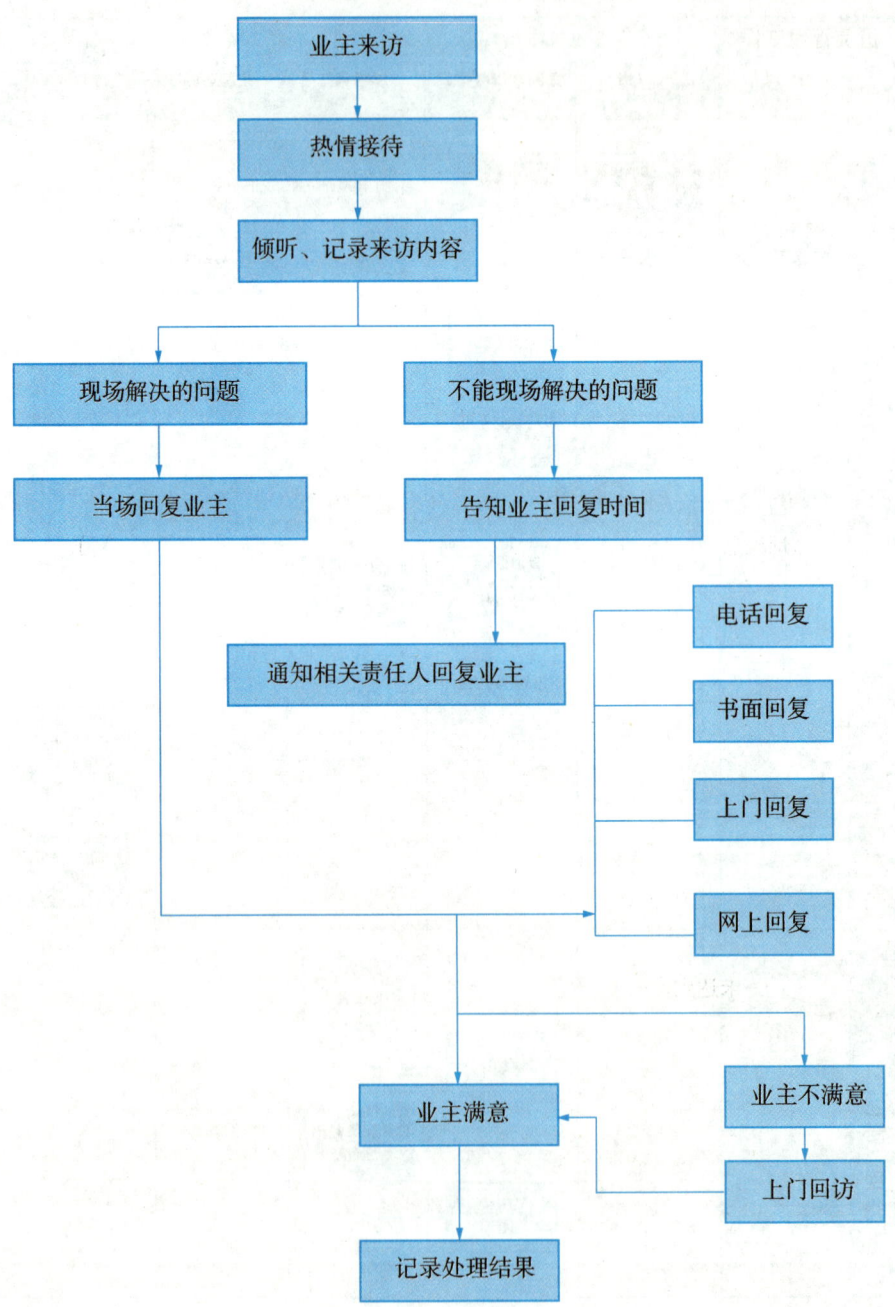

与业主委员会/业主大会沟通服务流程

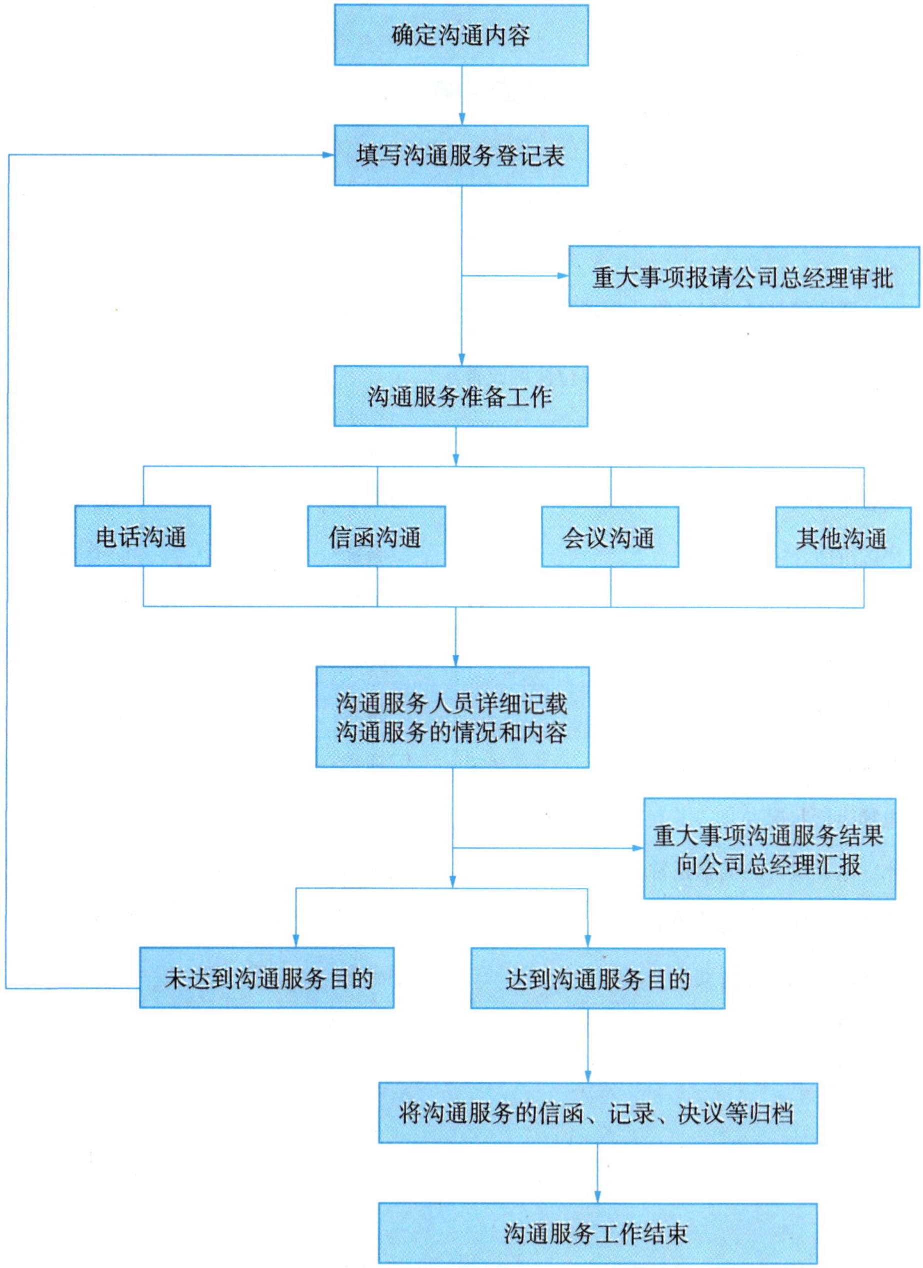

```
确定沟通内容
    ↓
填写沟通服务登记表 → 重大事项报请公司总经理审批
    ↓
沟通服务准备工作
    ↓
电话沟通 / 信函沟通 / 会议沟通 / 其他沟通
    ↓
沟通服务人员详细记载沟通服务的情况和内容
    ↓
重大事项沟通服务结果向公司总经理汇报
    ↓
未达到沟通服务目的（返回填写沟通服务登记表） / 达到沟通服务目的
    ↓
将沟通服务的信函、记录、决议等归档
    ↓
沟通服务工作结束
```

二、实用表格

客户满意度调查表

小区名称：_____　　姓　　名：_____

房　　号：_____　　联系电话：_____

尊敬的各位住户：
　　感谢您对××××物业管理有限公司工作的支持，我们一直致力于为住户创造一个良好的生活环境，希望您能认真参加此次测评，我们将非常重视您的意见和建议，并在实际工作中加以改善或与相关单位协调改善。

服务态度、工作效率	□满意	□一般	□不满意
安管服务	□满意	□一般	□不满意
小区清洁	□满意	□一般	□不满意
小区绿化	□满意	□一般	□不满意
技工维修服务质量	□满意	□一般	□不满意
特约维修收费标准	□满意	□一般	□不满意
车场管理	□满意	□一般	□不满意
电梯运行状况	□满意	□一般	□不满意
水、电、煤气的供给正常	□满意	□一般	□不满意
电话、有线电视的使用情况	□满意	□一般	□不满意
小区的社区文化活动	□满意	□一般	□不满意

您的意见和建议：

调查人员：　　　　　　　　　调查日期：　　年　　月　　日

区域公司本级受理客户报修、求助、建议、咨询处理工作单

序号：

(以下由公司填写)			
区域		项目名称	
房号		姓名	
联系电话		时间	年 月 日 时 分
类别	□报修　□求助　□建议　□咨询		
方式	□来电　□来访　□函件　□电邮		
内容摘要	受理人：　　　　日期：　　年　　月　　日		
处理方式	□传真到物业服务中心前台【号码：　　　】时间：　月　日　时　分 □报品质部经理		
[以下由处理部门填写（物业服务中心）]			
处理过程与结果	处理人：　　　　　　　　日期： 服务中心（总）经理： （可另外附页）		

续上表

	（以下由公司填写）			
调查核实情况	□打电话给客户进一步了解和核实　　□上门家访向客户调查和核实 □打电话向服务中心了解情况　　　　□派人到现场核实 调查人员：　　　　　　　　　　日期： 品质部负责人：　　　　　　　　　日期：			
处理过程跟进记录	时间 （月日时）	跟进方式 （□电话 □现场）	处理部门反馈情况/处理进度	跟进人
处理过程中与客户沟通记录	时间	内容		工作人员
回访记录	时间：　　月　　日　　时　　分　　回访人： 评价：□满意　　□基本满意　　□不满意 其他意见：			
说明：处理时间超过 2 天（接到投诉的次日起计算）的，从第 3 天开始，公司品质部必须每天对处理部门的处理工作进度进行电话跟进，必要时由品质部派人到现场跟进并将跟进结果上报，直至处理完毕。				

区域公司本级受理客户投诉处理工作单

序号：

(以下由公司填写)			
区域		项目名称	
房号		姓名	
联系电话		时间	年 月 日 时 分
投诉方式	□来电　□来访　□函件　□电邮		
内容摘要	业主投诉问题如下： 受理人：　　　日期：　　年　月　日		
处理方式	□传真到物业服务中心前台【号码：　　　】时间：　月　日　时　分 □报品质部经理		
[以下由处理部门填写（物业服务中心）]			
处理过程与结果	 处理人：　　　　　　　日期： 服务中心（总）经理： （可另外附页）		

续上表

	（以下由公司填写）			
调查核实情况	□打电话给客户进一步了解和核实　　□上门家访向客户调查和核实 □打电话向服务中心了解情况　　　　□派人到现场核实 　　　　　　　　　　　调查人员：　　　　　　　　日期： 　　　　　　　　　　　品质部负责人：　　　　　　日期：			
处理过程跟进记录	时间 （　月　日　时）	跟进方式 （□电话 □现场）	处理部门反馈情况/处理进度	跟进人
处理过程中与客户沟通记录	时间	内容		工作人员
回访记录	时间：　　月　　日　　时　　分　　回访人： 评价：□满意　　□基本满意　　□不满意 其他意见：			
说明：投诉处理时间超过2天（接到投诉的次日起计算）的，从第3天开始，公司品质部必须每天对处理部门的投诉处理工作进度进行电话跟进，必要时由品质部派人到现场跟进并将跟进结果上报，直至投诉处理完毕。				

续上表

审核意见	
品质部意见	建议（□是　□否）纳入物业考核范围的有效投诉 签名：　　　　　　　时间：
公司分管领导	建议（□是　□否）纳入物业考核范围的有效投诉 签名：　　　　　　　时间：
公司项目分管领导	建议（□是　□否）纳入物业考核范围的有效投诉 签名：　　　　　　　时间：
公司总经理	（□是　□否）纳入物业考核范围的有效投诉 签名：　　　　　　　时间：
（以下由归档人填写）	
归档时间	卷宗编号　　　　　归档人

客户服务情况统计分析报告

编号：　　　　　版本：　　　　　表格生效期：　　　　　序号：

部门		统计时间段			
服务类别		服务回访情况（满意度）			
		顾客评价	服务及时性	服务技能	服务态度
家政服务	钟点服务				
	定点长期服务				
	外包服务				
维修服务					

顾客需求：

居家服务情况及需求分析：

签名：　　　　　年　　月　　日

部门经理：

签名：　　　　　年　　月　　日

注：满意度计算方法：（5×很满意总数＋4×满意总数＋3×一般总数＋2×不满意总数＋1×很不满意总数）／（很满意总数＋满意总数＋一般总数＋不满意总数＋很不满意总数）。

钥匙清单

部门：　　　　　　　　　　　　　　　　　序号：

序号	接收日期	钥匙名称	数量	保管人

入住流转表

房号：　　　　　业主姓名：　　　　　建筑面积：　　　　　套内面积：

（1）物管接待处　　　　　　　　　　　　（2）开发商财务处

入住资料审核合格 特此证明！ 接待处盖章： 　　　　　年　　月　　日	已缴费用已核实，符合交房条件 特此证明！ 审核人： 　　　　　年　　月　　日

（3）物管财务处　　　　　　　　　　　　（4）物管接待处

已预收 3 个月物管费 特此证明！ 经办人： 　　　　　年　　月　　日	入住手续完毕 特此证明！ 管理处代表签字： 业主签字：

备款说明：1. 购房余款、大修基金、契税等费用详见"费用明细表"。

2. 物管费：交房时按建筑面积＿＿＿＿元/米^2（一、二楼物业管理费按建筑面积＿＿＿＿元/米^2 计）预存＿＿＿个月全价物业管理费。

注：在＿＿＿年＿＿月＿＿日至＿＿＿年＿＿月＿＿日期间接房的业主，所预存的物业管理费均从＿＿＿年＿＿月＿＿日起计，若业主未装修、未入住，且水、电、气三表均未走动，则按半价计算物业管理费。

　　　　　　　　　　　　　　　　　　　　　　　　　物业管理有限公司
　　　　　　　　　　　　　　　　　　　　　　　　　　　年　　月　　日

业主资料登记表

物业名称：_____ 房号：_____

业主详细资料	业主：_____ 性别：_____ 民族：_____ 籍贯：_____ 工作单位：_____ 兴趣爱好：_____ 常住地址：_____ 通信地址：_____ 出生年月：_____ 身份证号码：_____ 暂住证号码：_____ 电话：_____ 手机：_____ 紧急事故联系人：_____ 电话：_____ 手机：_____ 车辆名称：_____ 车辆颜色：_____ 车牌号码：_____
家庭成员详细资料	照片　姓名：_____　　　照片　姓名：_____ 　　　性别：_____　　　　　　性别：_____ 　　　出生年月：_____　　　　出生年月：_____ 　　　身份证号码：_____　　　身份证号码：_____ 　　　与业主关系：_____　　　与业主关系：_____ 　　　联络方式：_____　　　　联络方式：_____ 　　　兴趣爱好：_____　　　　兴趣爱好：_____ 照片　姓名：_____　　　照片　姓名：_____ 　　　性别：_____　　　　　　性别：_____ 　　　出生年月：_____　　　　出生年月：_____ 　　　身份证号码：_____　　　身份证号码：_____ 　　　与业主关系：_____　　　与业主关系：_____ 　　　联络方式：_____　　　　联络方式：_____ 　　　兴趣爱好：_____　　　　兴趣爱好：_____

注：1. 请业主在接房前详细填写。
　　2. 管理处对资料保密。

物品领用清单

房号：　　　　　　　姓名：

时间	序号	物品名称	单位	数量	领用人	领用时间	经办人
交房时	1						
	2						
	3						
	4						
	5						
	6						
	8						
	9						
	10						
	11						
	12						
装修时	13						
	14						
	15						
	16						
	17						
	18						
	19						
	20						
入住时	21						
	22						
	23						
	24						
	25						
	26						
	27						
	28						
其他	29						
	30						
	31						
	32						
	33						
	34						

收 楼 书

鉴于_____工程已经竣工,并经××市有关部门验收鉴定合格。

____栋____单元____楼____号业主_____已于____年____月____日在××××有限公司××××物业管理有限公司相关人员的陪同下对所购房屋进行了验收,并检查了该房屋的建筑质量和附属设施情况,双方一致认为该房屋可以交付给业主,业主同意接收该房屋。为此,双方特签订本收楼书,并确认下列条款:

1. 双方确认,自____年____月____日起,该房屋由××××有限公司交付给业主。

2. 业主在此确认收到该房屋钥匙__把,其中装修钥匙__把,正式钥匙__把。

3. 业主确认收到××××有限公司发放的"新建商品房屋质量保证书""新建商品房屋使用说明书"。

4. 业主已与物业公司签订"物业管理服务协议",并确认已收到××××物业管理公司发送的"业主手册""临时管理规约"各一本,并已仔细阅读及承诺遵守执行。

5. ××××有限公司确认,尽管该房屋已交付业主,但仍负有房屋销售合同和"××市新建商品房屋质量保证书"规定的保修义务。

6. 业主同时确认该房屋的建筑质量符合双方所签"商品房销售合同"的规定,业主无异议。

7. 本收楼书自双方签字之日起生效。

8. 本收楼书一式两份,双方各执一份。

业主签字:　　　　　　　　　　　　物业管理有限公司
(盖章)
委托代理人签字:　　　　　　　　　代表签字:
(盖章)
　　年　　月　　日　　　　　　　　年　　月　　日

装修申请表

物业名称：	房号：	建筑面积：	序号：

业主姓名		联系电话	
装饰公司		装修性质	
项目负责人		联系电话	
装修期限			

装修项目：
客户服务中心签字：　　　　　　　时间：

工程维修部审核意见：
签字：　　　　　　　时间：

财务部意见：
1. 已缴纳装修保证金＿＿＿＿＿＿元（□业主　□装饰公司）。
2. 已缴纳除渣费（二次转运费）＿＿＿＿＿＿元。
3. 其他：＿＿＿＿＿＿元
签字：　　　　　　　时间：

业主、装饰方已明白"装修管理服务协议""装修许可证""装修管理规定"等文件中的相关规定，并承诺遵守其内容。
业主签字：＿＿＿＿＿＿　　时间：＿＿＿＿＿＿
装饰方签字：＿＿＿＿＿＿　　时间：＿＿＿＿＿＿

装修保证金退款：
1. 扣款项目：＿＿＿＿＿＿　扣款：＿＿＿＿＿＿元。
＿＿＿＿＿＿　扣款：＿＿＿＿＿＿元。
2. 退款：＿＿＿＿＿＿元
经办人签字：　　　　　　　时间：

管道通水试验记录

经住户_____与××××物业管理有限公司人员共同查验_____小区_____号房屋情况如下。

项　　目	验收情况	项　　目	验收情况
厨房下水道		空调位地漏	
主卫生间下水管道			
次卫生间下水管道			
休闲阳台地漏			
生活阳台地漏			

查验人：　　　　　　业主：　　　　　　时间：　　年　月　日

关水（泼水）试验记录

房屋编号		施工单位	
试验部位	关水时间	检查结果	备注

查验人：　　　　　　业主：　　　　　　时间：　　年　月　日

装修许可证

装修房屋：_____　　装修期限：_____
装修范围：_____
装修单位：_____
项目负责人：_____

颁证单位：物业管理有限公司
　　　　　　年　月　日

装修许可证（附）

装修房屋：_____ 装修范围：_____
装修期限：_____ 装修单位：_____
项目负责人：_____

　　施工时间：在集中交房后两个月内，允许装修公司每日8：00—21：00施工。超过此日期后，每日施工时间为8：00—12：00，14：00—19：00，其余时间为静音作业（周六、周日及法定节假日9：00—20：00必须静音作业）。静音作业期间，禁止使用电动工具及进行强烈振荡性作业。

1. 请业主和施工单位仔细阅读《装修管理服务协议》等本小区的相关规定。
2. 必须按建筑原貌保持房屋外立面及门窗尺寸大小和颜色。
3. 不得在户外安装雨篷、外置式防盗网、外伸式晾衣架。
4. 不得封闭阳台及入户花园上落水管，户内各种上下水管道的活动检查口应预留出，以便检修。
5. 不得随意改变户内烟道口位置或扩大烟道口尺寸。
6. 不得破坏房屋主体、承重结构，不得改变房屋的使用功能。
7. 不得拆除连接阳台的门窗、墙体，封闭观景阳台、生活阳台及入户花园。不能在上述区域上搭建棚、架、台等有碍观瞻之物，不允许做储物柜等影响房屋外立面整体形象的物体。
8. 室内严禁用红砖在楼板上做隔墙，每户红砖数量最多不超过300块。
9. 不得在未做防水处理的楼地面搅拌砂浆或用水冲洗、浸泡楼板。
10. 不得随意在共用墙上开凿鞋柜或电视墙。
11. 空调外机安装应符合物管公司的相关规定，不得随意安装；室内外机排水应进入相应的排水管道，不得随意散排。严禁将不具排污功能的空调冷凝管作排（污）水管使用。
12. 为方便维修时拆卸，厨房、卫生间吊顶建议采用小正方形铝扣板。
13. 不得改变观景阳台、生活阳台及入户花园的墙面、顶面材质及颜色。
14. 装修前请确认防水是否渗漏，管道是否畅通，以便及时通知相关单位进行处理。不得破坏厨房、卫生间的防水层，且必须作二次防水处理。
15. 户内天然气设施不得随意包装、封闭。安装嵌入式灶具的，必须在橱柜内留出足够的通风排气孔，开敞式厨房必须安装煤气报警器。
16. 为保障业主对供水的正常使用，室内给水管管径≥6分米，并安装户内总水阀。
17. 空调孔不能移位，空调外机安装于指定的百叶内。

动火许可证

装修单元		业主姓名	
动火施工单位		业主签字	
动火现场负责人		负责人联系方式	
动火时间	自　　年　　月　　日起至　　年　　月　　日止		

安全防火措施：

1. 烧焊人员须持有作业证；动火前应清除现场易燃物品，并配备 2 支 5 千克干粉灭火器。
2. "五不焊"：①作业环境不安全不焊；②焊接设备出现故障不焊；③盛装易燃易爆的容器和管道未处理不焊；④工件通过或接触可燃物不焊；⑤无防火监护人不焊。
3. 气焊、气割作业时，氧气瓶、乙炔瓶与焊割距炉子等距离不小于 5 米。
4. 电焊回路线设专用地线，不得接在建筑物或各种管道架上。
5. 动火时如遇到跑油和可燃气体，须立即停火，并用灭火器给予扑灭。
6. 收工时要认真检查并清理现场遗留的杂物，消除火险隐患。
7. 火警电话：119；管理处电话：

附注：此"动火许可证"须贴于装修施工现场醒目位置，以便消防监督人员和保安人员核查。

物业管理有限公司
年　　月　　日

派　工　单

管理处名称：　　　　　　　　　　　　　维修单号：

报修人		报修地址		联系电话		
报修时间		服务类型		是否内部派工		
客户是否提供材料				预约服务时间		
报修内容				开始维修时间		
				完成时间		
开单人		开单时间		维修费用	人工费	
接单人		接单时间			材料费	
维修结果		使用材料			其他费用	
					共计金额	

顾客评价与确认：1. 非常满意；2. 满意；3. 较满意；4. 一般；5. 不满意；6. 很不满意

回访	
备注	

维修人员签字：　　　　　　　客户签字：　　　　　　　单据日期：

客户投诉记录表

年　　月　　日　　　　　　　　派工单号：

客户姓名		房号		投诉方式	□电话　□亲临　□网络 □来函　□聚众　□媒体
记录人		投诉类型		投诉级别	□一级投诉　□二级投诉 □三级投诉　□四级投诉
投诉内容					
投诉原因分析及管理处拟办意见					
投诉处理过程记录					
客服部意见 （一、二级投诉）					
公司领导意见 （一、二级投诉）					
集团（或项目）营销策划部意见					
投诉处理结果					
客户评价及确认					客户签名：
管理处负责人处理投诉完成意见					
备注					

违章整改通知书

物业名称:　　　　房号:　　　　（物管公司存根）　序号:

业主		装饰单位	
装修项目负责人		发送方式	
问题描述			
整改意见			
联系人		联系电话	
为了我们共同的家园有一个美好的居住生活环境,请您理解、支持我们的工作!谢谢合作。			

物业管理有限公司
年　月　日

回访记录表

房号		业主姓名	
联系电话		回访方式	□电话　□面谈
回访时间			
回访内容	业主签名：　　　　　回访人签名：　　　　　时间：		
主管意见			
管理处主任审批			
备注			

代办水、电、气收支汇总日报表

管理处：　　　　　　　　　　　　　　　　年　　月　　日

项　　目		金额/元
上日结存		
本日收款	缴款单起号	
	缴款单止号	
本日实际缴费	水费户数/家	
	电费户数/家	
	气费户数/家	
本日退款	家数	
本日补款	家数	
本日结存		

主管签字：　　　　　　　　　　　　制表人：

房屋出租/出售委托书

本人授权××××物业管理有限公司将本人合法拥有的＿＿＿＿＿＿小区＿＿＿＿＿号房屋，以＿＿＿＿＿＿元/月的价格公开出租/出售，该房屋为＿＿＿房＿＿＿厅＿＿＿卫户型，建筑面积＿＿＿＿＿＿＿＿＿＿平方米。

装修情况：＿＿＿＿＿＿＿＿＿＿＿＿＿＿＿＿＿＿＿＿

本人自愿留下＿＿＿＿＿＿＿＿钥匙＿＿＿把，用于物业公司带客户看房。××××物业管理公司不承担保管本住宅家庭财产的责任。

出租/出售其他事项及托管钥匙领取要求：

（以上内容的变更或终止授权，须由业主提出书面申请。）

委托人签名：
委托时间：
委托人联系电话：
经办人：

业主满意度调查表

尊敬的业主：

您好！首先感谢您对我们物业工作的支持与配合，为了更好地为您提供优质称心的品质服务，物业公司将进行_____年业主满意度调查。您几分钟的付出对激励我们努力工作、改进不足非常重要，谢谢！

请在您认为合适的选项下画"√"。

调查项目		很满意	满意	较满意	不满意	很不满意	调查项目		很满意	满意	较满意	不满意	很不满意
保安	保安队员的仪容仪表						客户中心	客户中心人员仪容仪表					
	保安队员的服务态度							客户中心人员服务态度					
	小区内安全防范工作							客户中心人员服务技能					
	您对保安工作的总体评价							客户中心员工工作效率					
工程维修	工程人员的仪容仪表							您对客户中心的总体评价					
	工程人员的服务态度						社区活动	社区活动的开展质量					
	工程维修的服务技能							您对社区活动的总体评价					
	工程维修服务的及时性												
	公共设施设备维护情况						车库管理	车库管理员的仪容仪表					
	您对工程维修的总体评价							车库管理员的服务态度					
保洁	保洁员的仪容仪表							您对车库的总体评价					
	保洁员的服务态度						绿化	绿化的效果					
	保洁员的服务技能							您对绿化的总体评价					
	公共区域环境卫生状况												
	您对清洁工作的总体评价												

您对××××物业的总体服务评价（请在相应处画√）：
□很满意　　□满意　　□较满意　　□不满意　　□很不满意

让您感到温馨的服务	
您的其他建议和意见	

续上表

您对开发商的建议和意见	

说明：1. 您在5日内填完后，请投递至您所在楼栋指定的"回执箱"内，也可直接交到客户服务中心。
2. 涉及开发商的建议或意见，物管公司将及时转达并跟进。
3. 非常感谢您提出的宝贵意见或建议，本调查表存在的不完善之处，我们将做出调整，请您谅解。

_____小区_____栋_____层_____号 业主姓名： 联系电话：

业主满意度调查监控表

管理处： 　　　　　　　　　　　　　　　　　　　序号：

序号	房号	是否发放	是否回收	有无建议	是否回复	备注

备注：每完成一项，请在相应栏打"√"。

外地业主汇款情况电话登记表

管理处：　　　　　　　　　　　填表日期：　　年　　月　　日

业主姓名		房号		财务联
汇款时间		汇款人姓名		
汇款银行				
汇款金额/元		联系人电话		

内部资金转移单

调入部门：　　　　　　日期：　　　　　　单位：　元

	原因或用途	金额
支出		
收入		

补充金额（大写）：　　　　　　　　　　（小写）：

调入部门（管理处）财务：　　　　　调出部门（公司）财务：

发票（收据）领用登记表

管理处：

领用日期	数量	起止号码	领用人	归还日期

银行存款余额调节表

存款种类：　　　　账号：　　　　　　年　　月　　日　　单位：元

项目	金额	项目	金额	备注
企业账面余额		银行账面余额		
加：银行已收，企业未收		加：企业已收，银行未收		
减：银行已付，企业未付		减：企业已付，银行未付		
调整后的存款余额		调整后的存款余额		

审核：　　　　　　　　　　　　　　　　制表：

销售月报表（配件）

管理处：　　　　　　　　　　　年　　月　　　　　　　　　　　单位：元

序号	物品名称	计量单位	上月结存	本月领入	本月发出（销售）			本月赠送	本月损耗	本月结存	备注
			数量	数量	单价	数量	金额	数量	数量	数量	
合计		—									

说明：1. 本表本月发出（销售）中的数量和金额"＋"代表销售，"－"代表销售退回。
　　　2. 本表本月发出（销售）中的金额合计数应与收费月报表中的销售配件费金额相同。

销售月报表（公众卡）

序号	物品名称	计量单位	上月结存	本月领入	本月发出（销售）			本月赠送	本月损耗	本月结存	备注
			数量	数量	单价	数量	金额	数量	数量	数量	

销售月报表（车卡）

序号	类型	计量单位	上月结存	本月领入	本月销售	本月赠送	本月报损	本月结存	备注
			数量	数量	数量	数量	数量	数量	

管理处负责人：　　　　　　　　　客户中心主管：

客户中心代管物资及销售配件收发结存表

管理处： 报表时间： 年 月 日

序号	材料编码	材料名称	规格及型号	计量单位	每户业主配送数量	上月结存数量	本月领入数量	本月发出数量				本月结存数量	备注
								出售	配送	赠送	损耗		
小计													

管理处负责人： 客户中心主管： 制表人：

管理处中途申请空置房统计表

年　　月

序号	房号	业主姓名	申请日期	申请空置期间	已交全价物管费时间	已交全价物管费金额/元	退半价物管费时间	已退半价物管费金额/元
总计							—	

制表人：

出 门 条

编号：

出门日期		时间期限	
业主姓名		房号	
经办人			

需搬离物品的名称及数量：

搬离原因：

出门人签名：	客户中心前台确认：	当值保安队员签名：

注：第一联：客户服务中心（白色）；第二联：安保部（红色）。

钥匙借用登记表

部门：　　　　　　　　　　　　　　　　　　　序号：

借用时间	单 位	钥匙名称	数量	借用人	电话号码	借用经办人	归还时间	归还人签名	归还经办人	备注

注：请钥匙借用人务必在当日内归还钥匙。

托管钥匙登记表

部门：　　　　　　　　　　　　　　　　　　　序号：

序号	房号	数量	托管时间	托管人	接收人	领取时间	领取人签名	经办人签名	备注

房屋验收交接表

物业名称：　　　　　　　　　　　　房号：

项目	现场情况记录	备注
防盗门	□无划痕　　□配件齐全　　□把手灵活 □与墙面结合紧密　　□锁具正常、灵活	
墙面	□无裂痕　　□无空鼓　　□平整	
顶面	□无裂痕　　□无空鼓　　□平整	
地面	□无裂痕　　□无空鼓　　□平整	
厨房	□已做防水处理　　□无渗漏	
卫生间	□已做防水处理　　□无渗漏	
铁花栏杆	□无缺损	
塑钢门窗	□配件齐全　　□玻璃完好　　□开关灵活 □与墙面结合紧密	
给、排水	□配件齐全	
强、弱电系统	□配件齐全	
其他		
水表度数：	电表度数：　　　　　气表度数：	
管理处代表签名	时间	业主签名	电话	时间

注：1. 本表主要作用是清点设施、设备的数量以及检查设施、设备外观的完好情况。
　　2. 如果业主与验房工作人员发现问题，请在备注做好详细记录。
　　3. 业主在装修前和装修中发现户内设施、设备的质量功能有问题，在保修期内如不属人为破坏的，责任单位将立即无条件整改。

报事报修记录表

管理处：　　　　　　　　　　　　　　　　　　　　　　　　　序号：

序号	报事时间	房号	联系电话	接报事人	事件内容	派工方式	完成情况	备注

报事报修统计表

管理处：　　　　　　　　　　　　　　　　　　　　　　　　　序号：

序号	类别	本月总数	已处理完毕数	上月末未处理完总数	本月末未处理完总数	及时率	回访数	回访满意度
1	报事							
2	投诉							
3	住户报修							
4	有偿服务							
5	公区报修							
6	社区文化		—	—	—			

373

续上表

序号	类别	本月总数	已处理完毕数	上月末未处理完总数	本月末未处理完总数	及时率	回访数	回访满意度
7	工程整改							
8	设备维保							—
9	合计							
数据分析	本月重点及未处理完原因：							

违章整改记录表

管理处：　　　　　　　　　　　　　　　　　　　　　　　序号：

序号	房号	发现时间	违章内容	处理部门	处理时间	处理结果	备注
1							
2							
3							
4							
5							
6							
8							
9							

续上表

序号	房号	发现时间	违章内容	处理部门	处理时间	处理结果	备注
10							
11							
12							
13							
14							
15							

巡查记录表

管理处：　　　　　　　　　　　　　　　　　　　　　　　　年　　月　　日

时间	区域	检查记录	处理情况

说明：公共区域：楼梯间、电梯、消火栓、灯饰，有无违章装修、治安隐患、消防隐患，以及公共设施、清洁卫生、环境绿化、标识牌等。

空置房：房门及附属设施、闭路线路、可视对讲线路、电话线路、安防线路、地面、楼面、墙面、窗户、阳台门、栏杆楼梯、电表、水电、水阀、燃气设施、排水管道、地漏、防水层。

主管：　　　　　　　　　　　　　　　　　　检查人：

房屋动态表

管理处：　　　　　　　　　　　　　　　　年　　月
未接：　　已接：◆　　装修：☆　　入住：★

楼层	房号			楼层	房号			楼层	房号			楼层	房号		

邮件发放登记表

管理处：　　　　　　　　　　　　　　　　　　　序号：

序号	送达时间	房号	收件人姓名	邮件名称	来函地址	邮件编号	经办人	通知领取记录	收件人签名	收件时间	快递员签字

待租/待售房屋信息登记表

管理处：　　　　　　　　　　　　　　　　　　　　序号：

序号	租/售房号	房屋面积	业主姓名	租/售要求（标准，价位）	联系电话	登记时间	租售情况	拆除时间	经办人

催费记录表

管理处：　　　　　　　　　　　　　　　　　　　　　　　　　　　年　　月

序号	房号	业主姓名	联系电话	欠费月份	费用名称	欠费金额	催费记录（　　日　时　分）

欠费统计表

管理处：　　　　　　　　　　　　　　　　　　　　　　　　　　　　年　　月

序号	房号	业主姓名	欠费时间	欠费金额	欠费原因	协调次数

欠费原因	户数	百分比	金额	百分比	建议改进措施
合计					—

制表人：　　　　　　　客户中心主管：　　　　　　　管理处负责人：

通告发放登记表

管理处：

序号	发放时间	截止时间	发放份数	发放范围	发布主题	信息提供部门

建议和意见汇总表

管理处：

项目	类别	序号	具体内容
让客户感到温馨的服务			
客户的其他建议或意见			
客户对开发商的建议或意见			

备注：表格栏数可自行添加。

制表：　　　　　　　　　审核：　　　　　　　　　年　月　日

物品放行登记表

管理处：　　　　　　　　　　　　　　　　　　　序号：

日期	品名及数量	携带人	证件名称及号码	从何处带出	核实情况	值班员

情况反映记录单

序号:　　　　　　　　　　　　　　　　　　　　　　　　　年　月　日

报告人姓名		部门		职务		电话	
有无见证人		见证人姓名		部门		电话	
报告时间				发生地点			
事件发生经过							
记录人				时间			
处理方法							
保卫部经理							
总经理							
备注							

注：保卫部留存备案。

物业管理费收费标准明细

_____年___月___日至_____年___月___日有效

项目	单位（按建筑面积）	标准/元	交付日期	结算周期
管理费	元/（平方米·月）		首期管理费于签署本合同的同时支付，此后于每月5日前交下一个月的管理费	1次/月
保证金	元/平方米	相当于3个月的管理费	签署本合同时或甲方通知的时间	—
供暖费	元/（平方米·供暖季）		首期供暖费于签署本合同的同时支付，此后于每年11月1日前支付下一个供暖季的供暖费	1次/年
供冷费	元/（平方米·供冷季）		首期空调费于签署本合同的同时支付，此后于每年6月1日前支付下一个供冷季的空调费	1次/年

注：1. 每年供暖季供暖日期不晚于11月15日，停暖日期不早于3月15日，供暖出风口温度以国家制定的相关标准为准。

2. 每年供冷季供冷日期不晚于6月15日，停冷日期不早于9月15日，供冷出风口温度以国家制定的相关标准为准。

物业管理缴费单

编号：

公司名称			单元		缴费日期	
序号	项目		单价/元	数量	金额/元	备注
总计（大写）：						
缴款人				管业部经办人		
管业部经理				财务部		
总经理						

注：第一联：客户留存；第二联：财务部留存；第三联：管业部留存。

业主（使用人）入住通知单

业主（使用人）姓名：_____ 房间号：_____

管业部	搬家公司名称				
	搬家车辆数量		搬家人员着装		□统一 □不统一
	启迁地点		启迁时间		___时___分
	预计到厦时间	___年___月___日___时___分			
	需要电梯：□是 □否		开电梯时间：___时___分至___时___分		
	预留车位：□是 □否		预留车位地上：___个；___地下：___个		
	加派保安：□是 □否		加派___名，分别设在：		
	入室保洁：□是 □否		保洁内容（另签协议）：		
	接通水电：□是 □否		于___年___月___日始接通水、电、气		
	其他：				
	记录人		记录时间		
工程部	接单时间：___年___月___日___时___分 接单人：___				
	电梯使用情况：（□是 □否）可以为业主开通专用电梯 不同意原因：				
	电梯编号		安排开梯人		
	接通水电情况：（□是 □否）可以为业主接通水、电、气 同意：于___月___日始接通；不同意，原因：				
	其他：				
	工程部经办人		部门经理		
保卫部	接单时间：___年___月___日___时___分 接单人：___				
	加派保安：（□是 □否）加派保安___名协助物品保卫工作				
	预留车位：（□是 □否）预留车位___个，分别是___#、___#、___#				
	其他：				
	保卫部经办人		部门经理		
综合部	接单时间：___年___月___日___时___分 接单人：___				
	准备物资：□指示牌___个 □花篮___个 □其他				
总经理					
管业部	接单时间：___年___月___日___时___分 接单人：___				
	通知业主入住搬家的准备工作就绪，可以于___年___月___日正式入住				
	业主（使用人）有无其他意见：				

业主收费情况记录表

房号: 单元 号		户主姓名					性别				
联系方式						手机号码					
应交月份	应交费用	物业管理费	垃圾清运费	车场使用费	水费	电费	收视费	特约服务费	其他	小计	备注
1月	应收款										
	实收款										
2月	应收款										
	实收款										
3月	应收款										
	实收款										
4月	应收款										
	实收款										
5月	应收款										
	实收款										
6月	应收款										
	实收款										
7月	应收款										
	实收款										
8月	应收款										
	实收款										
9月	应收款										
	实收款										
10月	应收款										
	实收款										
11月	应收款										
	实收款										
12月	应收款										
	实收款										
合计	应收款										
	实收款										

387

业主投诉记录表

项目：　　　　　　　　　　　　　　　　　　　　　　　　年　　月

事由：	
	记录人： 年　月　日
处理：	主管： 年　月　日
回访：	主管： 年　月　日
事由：	
	记录人： 年　月　日
处理：	主管： 年　月　日
回访：	主管： 年　月　日
事由：	
	记录人： 年　月　日
处理：	主管： 年　月　日
回访：	主管： 年　月　日

业主意见征询表

尊敬的业主/住户，感谢您选择××为您提供服务！感谢您对××物业管理中心的一贯支持与厚爱！为了进一步提高本小区的物业管理质量，改善工作中存在及考虑不周的问题，请您将真实的看法和感受填写下表，以便日后为您提供更好的服务。对您的支持与合作，我们表示衷心的感谢！

请您在认为合适的选项◎打"√"并填写您的意见。

1. 您对物业管理中心的员工服务态度是否满意？
   ◎很满意/比如：_____
   ◎比较满意/但仍需要从如下方面做改进：_____
   _____
   ◎不满意/主要原因是：_____
   _____

2. 您对物业客户服务中心目前提供的服务内容（手续办理/报修处理/特约服务响应/纯水供应/灭火器租赁等）是否满意？
   ◎很满意/其中最满意的服务是：_____
   ◎比较满意/但仍需要从如下方面做改进：_____
   _____
   ◎不满意/主要原因是：_____
   _____
   ◎您认为还需要提供以下方面的服务：_____
   _____
   ◎您认为我们提供的特约服务项目（新居拓荒/家政保洁/票务代订/代收发邮件等）及收费标准令您满意吗？
   ◎您还需要我们从哪些方面努力改进此类工作？_____
   _____

3. 您对物业管理中心目前对小区的装修管理有何意见？
   ◎装修管理还不够细致，需做改进/比如：_____
   _____
   ◎装修管理与相关服务基本完善/但仍需要从如下方面做改进：_____
   _____
   ◎装修管理手续繁复，应做必要改进/比如：_____
   _____

续上表

◎您认为我们还需要从哪些方面进行加强？_____

◎如有您感到（□特别满意 □特别不满意）的客户服务人员，请写出其姓名或工号：
缘由：_____

◎您的其他意见：_____

4. 您对小区现阶段的环境日常保洁的服务质量有何意见？
  ◎保洁质量较好/唯需做如下改进则更好：_____

  ◎保洁质量一般/需要从如下方面加强：_____

  ◎保洁质量不能令您满意/具体体现在如下方面：_____

  ◎如有您感到（□特别满意 □特别不满意）的保洁员，请写出其姓名或工号：
  缘由：_____

  ◎您还有关于保洁服务或类似方面的其他意见吗？_____

5. 您对目前的小区安全服务有何意见？
  ◎保安服务严谨细致，防范严密/唯需做如下改进则更好：_____

  ◎保安服务一般/需要从如下方面加强：_____

  ◎保安服务不能令人满意/具体体现在如下方面：_____

  ◎您对安全人员的精神面貌、礼仪、礼节是否感到满意？□满意 □一般 □差
  ◎您经常看见安全人员在小区内巡逻吗？□经常 □很少 □没有
  ◎夜间是否看到有执勤安全员离岗、串岗、睡岗现象？□没有 □偶尔有 □有
  ◎您认为小区的目前治安情况如何？□好 □一般 □差
  ◎您认为应对安全人员加强哪方面的培训？□礼节礼貌 □岗位职责 □军事化培训
  ◎您是否支持小区进出口岗查验证件和出入登记？□支持 □不支持
  ◎您对小区出入管理的准确意见：_____

续上表

◎如有您感到（☐特别满意 ☐特别不满意）的保安员，请写出其姓名或工号：＿＿＿
缘由：＿＿＿＿＿＿＿＿＿＿＿＿＿＿＿＿＿＿＿＿＿＿＿＿＿＿＿＿＿＿＿＿

◎您还有关于保安服务或类似方面的其他意见吗？＿＿＿＿＿＿＿＿＿＿＿＿＿
＿＿＿＿＿＿＿＿＿＿＿＿＿＿＿＿＿＿＿＿＿＿＿＿＿＿＿＿＿＿＿＿＿＿＿

6. 您对小区配套设备、设施维护有何意见？

◎设备、设施维护保养及时，唯需做如下改进则更好：＿＿＿＿＿＿＿＿＿＿
＿＿＿＿＿＿＿＿＿＿＿＿＿＿＿＿＿＿＿＿＿＿＿＿＿＿＿＿＿＿＿＿＿＿＿

◎设备、设施维护保养情况一般，需从如下方面改进提高：＿＿＿＿＿＿＿＿
＿＿＿＿＿＿＿＿＿＿＿＿＿＿＿＿＿＿＿＿＿＿＿＿＿＿＿＿＿＿＿＿＿＿＿

◎设备、设施维护保养情况较差，不能令您满意。未能令您满意之处为：＿＿
＿＿＿＿＿＿＿＿＿＿＿＿＿＿＿＿＿＿＿＿＿＿＿＿＿＿＿＿＿＿＿＿＿＿＿

◎您对小区公共硬件设施有何改进意见：＿＿＿＿＿＿＿＿＿＿＿＿＿＿＿＿
＿＿＿＿＿＿＿＿＿＿＿＿＿＿＿＿＿＿＿＿＿＿＿＿＿＿＿＿＿＿＿＿＿＿＿

◎如有您感到（☐特别满意 ☐特别不满意）的工程维修员，请写出其姓名或工号：
缘由：＿＿＿＿＿＿＿＿＿＿＿＿＿＿＿＿＿＿＿＿＿＿＿＿＿＿＿＿＿＿＿＿

◎您还有关于公共设备、设施维修服务或类似方面的其他意见吗？＿＿＿＿＿
＿＿＿＿＿＿＿＿＿＿＿＿＿＿＿＿＿＿＿＿＿＿＿＿＿＿＿＿＿＿＿＿＿＿＿

7. 您对小区绿化有何意见？

◎需要增加绿化率。具体意见：＿＿＿＿＿＿＿＿＿＿＿＿＿＿＿＿＿＿＿＿
＿＿＿＿＿＿＿＿＿＿＿＿＿＿＿＿＿＿＿＿＿＿＿＿＿＿＿＿＿＿＿＿＿＿＿

◎绿化已能令您满意。令您满意之处为：＿＿＿＿＿＿＿＿＿＿＿＿＿＿＿＿
＿＿＿＿＿＿＿＿＿＿＿＿＿＿＿＿＿＿＿＿＿＿＿＿＿＿＿＿＿＿＿＿＿＿＿

◎绿化不能令您满意。未能令您满意之处为：＿＿＿＿＿＿＿＿＿＿＿＿＿＿
＿＿＿＿＿＿＿＿＿＿＿＿＿＿＿＿＿＿＿＿＿＿＿＿＿＿＿＿＿＿＿＿＿＿＿

◎如要达到突出"生态社区"概念之目的，您认为还需做何改进？＿＿＿＿＿
＿＿＿＿＿＿＿＿＿＿＿＿＿＿＿＿＿＿＿＿＿＿＿＿＿＿＿＿＿＿＿＿＿＿＿
＿＿＿＿＿＿＿＿＿＿＿＿＿＿＿＿＿＿＿＿＿＿＿＿＿＿＿＿＿＿＿＿＿＿＿

◎您还有关于小区绿化与景观或类似方面的其他意见吗？＿＿＿＿＿＿＿＿＿
＿＿＿＿＿＿＿＿＿＿＿＿＿＿＿＿＿＿＿＿＿＿＿＿＿＿＿＿＿＿＿＿＿＿＿

续上表

8. 您对小区物业管理其他方面有何意见？
   ◎ 您认为我们的管理规范吗？_____
      对此您有何改进建议？_____
   ◎ 您认为我们的服务效率令您满意吗？_____
      对此您有何改进建议？_____
   ◎ 您与我们联系感到方便吗？_____
      对此您有何改进建议？_____
   ◎ 您的投诉都得到了满意的回复吗？_____
      对此您有何改进建议？_____
      您还有其他投诉吗？_____
   ◎ 您认为对物业管理服务最满意的是：_____
      _____
   ◎ 您认为对物业管理服务最不满意的是：_____
      _____
   ◎ 除上以外，您认为我们还需要在物业管理与服务方面做哪些改进：_____
      _____
   ◎ 您对目前的物业管理服务的总体评价为：_____
      _____
   ◎ 请您给我们目前的服务工作进行一个量化评分，您认为应该是_____%（百分制）
9. 您的其他需要和建议：_____
   _____
   _____
   _____
   _____

☆ 您有任何意见、建议及对我们工作的不满意，请您拨打××公司项目经理电话：
                办公室：   手机：
            您只需要打个电话，剩下的事情我们来做！

您的房号：
您的签名：
日　　期：

有偿服务价格表

类别	项目		收费标准	备注
清洁	地毯清洗	化纤地毯		
		毛纺地毯		
		装饰地毯		
	地板打蜡保养	木地板打蜡		
		石材地板打蜡		
	沙发清洗	布艺沙发		
		真皮沙发		
	软隔断间、墙壁清洗保养			
	百叶窗清洗			
	电脑清洗保养			
	办公软椅清洗保养			
	办公桌、书柜保养			
	玻璃清洗			
	新房使用前开荒			
	油烟罩清洗			
	空调清洗			
	出风口清洁			
	灯栅清洁			
工程	轻钢龙骨石膏板隔墙			
	轻钢龙骨石膏板吊顶			
	更换地毯			
	修补地毯			
	木门维修			
	窗帘安装			

续上表

类别	项目	收费标准	备注
工程	壁柜、窗台柜制作		
	墙面、地面贴瓷砖		
	石材修补		
	安装镜框或牌画		
	木桌、椅维修		
	玻璃门锁修理		
	更换自备门锁		
	更换自备抽屉锁		
	修补乳胶漆		
	修补油漆		
	更换自备灯泡、日光灯		
	更换日光灯（20 W）		
	更换日光灯（40 W）		
	更换灯泡（25 W、40 W）		
	更换日光灯镇流器（电子、电感）		
	更换日光灯镇流器（电子管脚式）		
	更换日光灯启辉器		
	更换节能灯（8 W）		
	更换节能灯（14 W）		
	更换单极开关		
	更换双控开关		
	更换二、三眼插座		
	更换插头（10 A）		
	更换插头（10 A）		
	更换空开		

续上表

类别	项目	收费标准	备注
工程	更换空开		
	更换空开		
	更换空开		
	更换空开		
	更换空开		
	更换空开		
	塑铜线		
	塑铜线		
	塑铜线		
	PVC 管		
	三通		
	直通		
	弯头		
	塑线槽		
	装饰线槽		
	装饰线槽		
	移、增电话机		
	移电视插座		
	更换冷水龙头		
	更换热水龙头		
	更换阀门		
	更换阀门		
	更换阀门		
	更换阀门		
	更换浴盆混合器		
	更换下水口		
	更换下水口		
	更换卫生洁具小五金件		
	疏通地漏、下水管		

续上表

类别	项目	收费标准	备注
工程	更换风机盘管		
	安装自备空调机		
	风机盘管保养		
	煤气灶具维修		
	角线安装		
	煤气采暖器维修		
其他	绿植租摆服务		
	送餐服务		
	送水服务		
	中文打印		
	英文打印		
	复印		
	塑封		
	洗衣服务	领带		
		衬衫		
		西服上衣		
		马夹		
		裤子		
		裙子		
		棉大衣		
		皮大衣		
		皮夹克		

法律法规及其他要求登录一览表

版本：　　　　　　　生效日期：　　　　　　序号：

序号	文件级别	文件类别	文件名称	生效日期	发文部门及文号	备注

关于成立业主大会的告知书

_____街道办事处：

住宅区于_____年___月___日竣工，现已交付的专有部分面积超过建筑物总面积的_____%，已符合"____物业管理条例"、住房和城乡建设部《业主大会和业主委员会指导规则》规定的成立业主大会的条件。

物业详细地址：

联系人：

联系电话：

特此告知。

告知单位：

地产公司（盖章）_____

物业公司（盖章）_____

_____年___月___日

附件：1. 房屋交付使用通知书（复印件）；

   2. 竣工验收证明材料（复印件）；

   3. 告知单位（人）的身份证明（产权证、法人营业执照复印件或居民身份证）。

业主大会筹备组业主代表推荐表

我们推荐_____先生/女士为本小区第一届业主大会筹备组业主代表。

推荐人签名	栋/房号	电话

_____市_____区_____街道办事处(代章)

_____年____月____日

关于业主大会会议筹备组组成人员名单的通告

根据有关法律法规的规定，现成立_____市_____住宅区业主大会会议筹备组，筹备组组长为_____，副组长为_____。具体名单如下：

姓名	性别	年龄	政治面貌	学历	工作单位（职务）	楼座房号	备注
							街道办事处或乡镇人民政府代表
							居民委员会代表
							建设单位代表
							业主代表
							业主代表
							业主代表
							业主代表

联系电话：
特此通告。

_____市_____区_____街道办事处（代章）

_____年____月____日

业主大会筹备小组第一次会议纪要

时间：
地点：
参加人员：
主持：
记录：
会议形成的决议：
   1. 首次业主大会召开的形式。
   2. 业主委员会候选人的人数及产生办法。
   3. 业主委员会委员的选举办法。

_____市_____区_____住宅区业主大会会议筹备组

筹备组组长（签名）：

_____年____月____日

关于业主委员会委员候选人接受报名的通知
(XX业筹［XXXX］XXX)

尊敬的各位业主：

××月××日在区＿＿＿＿街道办事处领导的指导下，召开了（物业名称）业主大会筹备组首次会议。根据会议精神，拟定于××月××日前产生＿＿＿（单数）名业主委员会委员候选人，产生办法如下：

一、业主委员会委员应具备的条件

A. 本物业区域内具有完全民事行为能力的业主；

B. 遵守国家有关法律、法规，按规定缴纳维修资金；

C. 遵守业主大会议事规则、管理规约，模范履行业主义务，及时缴纳各项与物业服务相关的费用，无违章搭建建筑物、构筑物，无擅自改变物业使用功能等行为；

D. 热心公益事业，责任心强，公正廉洁，具有社会公信力，无损害公共利益的行为；

E. 具有一定的组织能力；

F. 具备必要的工作时间；

G. 本人及其近亲属未在为本物业区域提供物业服务的企业及其下属单位任职。

二、业主委员会委员候选人的产生方式

业主委员会委员候选人由筹备组推荐，十名以上业主也可联名推荐委员和候补委员各一名。符合以上条件并且愿意参加业主委员会的业主，请于××××年××月××日前到物业服务中心领取表格登记，经十名以上业主推荐后于××月××日前将填好的表格交给筹备组×××先生/小姐。

成立（物业名称）业主委员会是我们每一位业主的共同事务，希望全体业主积极参与并给予大力支持。（业主大会筹备组首次会议纪要详见小区公告栏）。

特此通知。

＿＿＿市＿＿＿区＿＿＿＿＿＿＿住宅区（大厦、工业区）业主大会会议筹备组

筹备组组长（签名）：

＿＿＿年＿＿月＿＿日

业主委员会委员候选人推荐表

填表日期：　　年　　月　　日

被推荐人简要情况	姓名		性别		楼座房号	
	出生年月		政治面貌		学历	
	工作单位				联系电话	
	职务/职称		户籍			
	被推荐人简历：					
	被推荐人（签名）：					

推荐人简要情况	姓名	楼座房号	产权证号	联系电话	姓名	楼座房号	产权证号	联系电话

筹备组意见	
	组长（签名）： 　　　　　　　　　　　　　　　　　　　　　　　　年　　月　　日

注：1. 筹备组应当审核候选人的资格，并由筹备组组长代表筹备组签署意见。
　　2. "被推荐人简要情况"由被推荐人填写。
　　3. 业主联名推荐的，应由推荐人本人填写"推荐人简要情况"；筹备组推荐的，由筹备组直接在"筹备组意见"栏注明。

关于业主大会会议审议事项的通告

根据有关法律法规的规定，_____市_____区_____住宅区业主大会筹备组确定本次业主大会会议的议程是：

1. 审议通过业主管理规约。
2. 审议通过业主大会议事规则。
3. 选举产生业主委员会委员。
4. _____。
5. _____。

上述事项的书面材料，已在住宅区_____处以书面形式通告，对上述事项的审议表决采取如下形式：

如有任何疑义，请于_____年____月____日之前，与筹备组联系。

联系人：　　　　　　　　电　话：
地　址：

附：选票，表决票，业主大会选举、表决投票委托书示范文本。

特此通告。

　　　　　　　　　　　　　　　　_____市_____区_____住宅区业主大会会议筹备组
　　　　　　　　　　　　　　　　　　　筹备组组长（签名）：
　　　　　　　　　　　　　　　　　　　　　　_____年____月____日

关于业主委员会委员候选人名单的公示

根据有关法律法规的规定，_____市_____区_____住宅区业主大会会议筹备组讨论决定：本物业管理区域业主委员会由___名委员组成，选举实行差额选举的方式（__人中选__人）。现将委员候选人名单公示如下（以姓氏笔画排序）：

姓名	性别	年龄	政治面貌	学历	工作单位及职务、职称	户籍	楼座房号

如有疑义，请于_____年___月___日之前与筹备组联系。

联系人：　　　　　　　　　　电　话：

地　址：　　　　　　　　　　时　间：

_____市_____区_____住宅区业主大会会议筹备组

筹备组组长（签名）：

_____年___月___日

业主大会表决票

序号	表决事项	同意	不同意	弃权
1				
2				
3				
4				
5				

说明：1. 本选票请用黑色墨水笔填写，用铅笔填写或涂改的为废票。
　　　2. 请在"同意""不同意""弃权"栏内填上您的姓名，一项表决内容只能选"同意""不同意""弃权"之一，多选或不选、涂改均视为无效。
　　　3. 收取此表决票时，应认真核对业主身份及投票权数，非业主本人投票的，被委托人应出具身份证、业主选举证、授权委托书、业主身份证复印件等有关的书面证明。

楼座房号：_____　　建筑面积：_____平方米

投票权数：按业主人数计：_____票，按专有部分面积计：_____票

产权证号：_____　　是否委托投票：□否　□是（请选择）

业主（签名）：_____

业主委托投票的代理人（签名）：_____

填写时间：_____年___月___日

_____住宅区业主大会会议筹备组/业主委员会（签章）：

　　　　　　　　　　　　　　　　　　　　　　　_____年___月___日

··

表决票存根

编号：_____　房号：_____　建筑面积：_____平方米

投票权数：按业主人数计：_____票，按专有部分面积计：_____票

领票业主签名：_____　业主电话：_____

代理人签名：_____

领票时间：_____

投票权人告知书

（物业名称）业主大会筹备组：

　　_____市_____区_____住宅区_____房现为共有产权。现产权人共同决定由其中一位产权人_____代表全体产权人参加本物业管理区域业主大会会议。

　　委托期间：_____年___月___日至_____年___月___日

　　委托事项：代表共有人参加业主大会，并行使投票权。

对于该代表人在此次业主大会上的投票表决等行为，我们共有产权人均予以承认。

特此告知。

全体产权人签名：

日期：

业主大会选举、表决投票委托书

本人为＿＿＿市＿＿＿区＿＿＿＿住宅区＿＿＿＿＿房业主（产权证号：＿＿＿＿＿建筑面积：＿＿＿＿＿），兹委托＿＿＿＿代表本人参加本物业管理区域业主大会会议。

委托期间：＿＿＿年＿＿月＿＿日至＿＿＿年＿＿月＿＿日

委托事项：代表本人参加业主大会，并在业主大会上反馈本人的意见。

本人对此次业主大会表决事项的意见如下：

1. 本人同意＿＿＿＿、＿＿＿＿、＿＿＿＿、＿＿＿＿、＿＿＿＿当选为业主委员会委员。（注：填写同意的业主委员会候选人姓名）

2. 对以下议题本人的意见是：（注：填写"同意""反对""弃权"）

    A. 管理规约：＿＿＿＿＿

    B. 业主大会议事规则：＿＿＿＿＿

    C.

委托人（签章）：＿＿＿＿＿＿＿＿＿　　　受托人（签章）：＿＿＿＿＿＿＿＿＿

身份证号码：＿＿＿＿＿＿＿＿＿＿　　　　身份证号码：＿＿＿＿＿＿＿＿＿＿

联系电话：＿＿＿＿＿＿＿＿＿＿＿　　　　联系电话：＿＿＿＿＿＿＿＿＿＿＿

　　　　　　　　　　　　　　　　　　　　　　　　＿＿＿年＿＿月＿＿日

附：委托人选举证、双方当事人身份证复印件、房产证复印件。

××关于业主大会决定及业主委员会组成人员的通告

　　_____市_____区_____（物业名称）住宅区首次业主大会会议于_____年___月___日至___日举行。会议审议通过了"管理规约""业主大会议事规则"和_____；选举_____、_____、_____、_____、_____为业主委员会委员。

　　_____年___月___日举行了业主委员会会议，会议推选_____为主任，_____为副主任。

首次业主大会会议筹备组依法履行职责完毕。

特此通告。

_____市_____区_____（物业名称）首次业主大会会议筹备组

筹备组组长（签名）：

_____年___月___日

商情信息发布审批表

编号：　　　　　版本：　　　　　生效日期：　　　　　序号：

	商家名称		负责人		联系电话	
商家基本信息（可选）	营业执照					
	税务登记证					
	组织机构代码证					
	商家经营范围					
商情信息	商情内容					
	发布范围					
	发布时间					
	收费标准					
审批意见： 　　　　　　　　　　　　　　　　　　　　　　签字：_____ 　　　　　　　　　　　　　　　　　　　　　　　　年　月　日						

注：首次合作商家必须验证"营业执照""税务登记证""组织机构代码证"等，并将复印件作为合同附件。

客户访谈记录

编号：　　　　　　版本：　　　　　　生效日期：　　　　　　序号：

访谈对象（房号/姓名）		访谈实施人		访谈时间	

主动沟通内容：

客户信息收集：

客户意见及处理建议：

部门负责人审核：